U0944404

中国传统文化1000问

赵景宜　编著

广西人民出版社

图书在版编目（CIP）数据

中国传统文化1000问 / 赵景宜编著. —南宁：广西人民出版社，2014. 2（2018.8重印）

ISBN 978-7-219-08550-9

I. ①中… II. ①赵… III. ①中华文化–问题解答 IV. ①K203-44

中国版本图书馆CIP数据核字（2013）第217644号

ZHONGGUO CHUANTONG WENHUA 1000 WEN

策划编辑　杨　冰
责任编辑　覃结玲
责任校对　唐柳娜　梁小琪
封面设计　王　霞
印前制作　麦林书装

出版发行　广西人民出版社
社　　址　广西南宁市桂春路6号
邮　　编　530028
印　　刷　广西民族印刷包装集团有限公司
开　　本　710mm×1010mm　1/16
印　　张　19
字　　数　280千字
版　　次　2014年2月　第1版
印　　次　2018年8月　第4次印刷
书　　号　ISBN 978-7-219-08550-9
定　　价　36. 00元

目录
Contents

目录
Contents

I 历史思想篇

中国历史朝代年表

朝代			年代
夏			约前2070—前1600
商			前1600—前1046
周	西周		前1046—前771
	东周		前770—前256
秦			前221—前206
汉	西汉		前206—公元25
	东汉		25—220
三国	魏		220—265
	蜀		221—263
	吴		222—280
晋	西晋		265—317
	东晋		317—420
南北朝	南朝	宋	420—479
		齐	479—502
		梁	502—557
		陈	557—589

朝代			年代
南北朝	北朝	北魏	386—534
		东魏	534—550
		北齐	550—577
		西魏	535—556
		北周	557—581
隋			581—618
唐			618—907
五代十国	后梁		907—923
	后唐		923—936
	后晋		936—947
	后汉		947—950
	后周		951—960
宋	北宋		960—1127
	南宋		1127—1279
辽			907—1125
西夏			1038—1227
金			1115—1234
元			1206—1368
明			1368—1644
清			1616—1911
中华民国			1912—1949

第一章　先秦时期

先秦时期，指秦朝建立以前的历史时代，起自远古人类产生时期，经历夏、商、西周，以及春秋、战国等历史阶段，至前221年秦始皇灭六国为止（约前21世纪—前221）。在长达1800多年的历史中，中国的祖先创造了光辉灿烂的历史文明。其中，夏商时期的甲骨文、殷商的青铜器，都是人类文明的历史标志。这一时期的大思想家孔子和其他学派诸子，开创了中国历史上第一次文化学术的繁荣；军事家孙武的《孙子兵法》，至今仍被广泛应用于军事、经济等领域；屈原是中国历史上的伟大诗人……在这个历史阶段中，中国从分裂逐步走向统一。

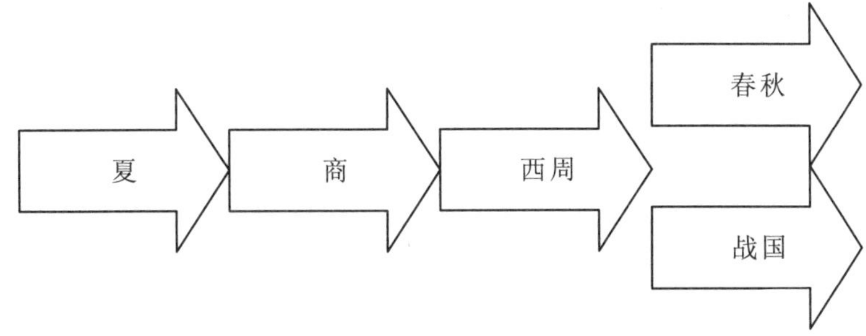

1. 夏商西周时期的主要思想有哪些？

我国政治哲学思想起源于先秦时期，而先秦思想则发轫于商周。这一时期的政治思想带有浓厚的神本主义色彩，也奠定了后世政治理念的核心基础。殷商时期认为"帝"是殷人的保护神和象征，因此殷王依靠"帝"与祖先崇拜来维护统治。西周时期的政治观念将宗教权威和政治权威合二为一，主要体现为王权神授与天下王有。从根本上来说，政治思想是社会各个阶级对如何维护国家政权的态度和主张，经济的、哲学的、伦理的等思想，最终都以各种方式融为政治观念。

2. 殷商时期思想的主要特点是什么？

殷商时期的主要思想体系是王权思想。它根源于原始氏族社会时期人们对自然以及祖先的崇拜。商王自命为"天"在人世间的代表，代表"天"来统治人民，并以“君权神授”“君神一体”等王权思想体系来蛊惑或威胁民众，使民众心甘情愿地屈从于王权的统治之下。在这一“王权至上”的思想体系建立之中，统治者将王权和神权结合，用以束缚民众的精神意志，并成为该体系发展的最大动力。

3. 从商到周的政治思想有什么变化?

商周时期的思想体系中心都是“天命”“王权”，这个思维过程从强化，到弱化，再到强化。夏朝到商朝经历了一个强化的过程，商朝到周朝又有一个弱化。周初的统治者除了制定了一整套系统完备的礼乐典章制度，还对商亡的历史经验教训和如何巩固统治的问题进行了深入的总结与反思，提出了一系列很有见地的政治主张和理论。

表1 西周政治制度和政治主张

政治制度	政治主张
嫡长子继承制	天命唯德是授
封邦建国制	敬德、保民、慎罚
宗庙祭祀制	王权神授、天下王有

4. 周公在中国历史上地位如何?

■ 周公

“周公”实际上指的是周代的爵位，但是我们一般提到的“周公”，姓姬，名旦，为周文王姬昌第四子，因封地在周而得名。他是西周时期卓越的政治家、军事家、思想家、教育家，被尊为“元圣”。武王死后，其子成王年幼，由他摄政。管叔、蔡叔、霍叔等联合武庚和东方夷族反叛，他出师东征，平定“三监”叛乱，在巩固和发展周王朝的统治上起了关键性的作用。相传他制礼作乐，建立典章制度，对中国历史的发展产生了深远影响。其思想主要表现为主张“明德慎罚”，开启了中国注重德治主义、民本主义的政治思想传统，其言论见于《尚书》的《大诰》《康诰》《多士》《无逸》《立政》等篇，被尊为儒学奠基人。

5. 什么是“敬天保民”?

周初统治者在总结前朝统治经验之后，主张“天”将统治人间的权力（即“天命”）交予有德的人，如果统治者失德的话也将失去“天”的庇护。因此，统治者应该尊崇天帝与祖宗的教诲，爱护天下的百姓，做有德有道之君。这就意味着统治者既要顺应天意，又要顺应人心，通过道德教化的办法使天下人民臣服，在适用法律、实施刑罚时应该宽缓、谨慎，君臣上下、父子兄弟都按既有的“礼”的秩序去生活，从而达到一种和谐安定的境界，使天下长治久安。

随着社会经济的发展，统治阶级表现的剥削欲的专利思想也逐步增强。但总的来说，“敬天保民”是周初期统治的基本政治和基本的治国方针，为以“礼法结合”为特征的中国传统法制奠定了理论基础。

6. 春秋时期的“轻天重民”思想是如何形成的？

春秋时期，奴隶制逐渐解体，封建制逐渐形成，宗法与神权政治走向末路，反映到社会思想上就是对“天”的信仰的动摇与重民思想的建立。此时，“天”被改造为一个泛化的、自然化的概念，其神秘主义的性质大大减弱，并且人们开始主要从政治本身的原因来说明、解释政治的兴亡，而不仅仅求解于神意或天命。即政治的兴亡取决于民心之向背和统治者的政策与品质。这种把民的地位摆在神之上和反对人祭的思想是奴隶制崩溃的反映。

7. 什么是“诸子百家”？

诸子百家是对春秋至汉初各种学术派别的总称。春秋战国时期，中国社会政治与思想文化经历了一场深刻变革，人们更多地转向对天下兴亡的思考，在如何统一天下、治理国家、教化民众等方面形成了各种不同的学派。这些学派被称为“百家”，其创立者和代表人物被合称为“诸子”，如儒家的孔子、孟子，墨家的墨子，道家的老子、庄子，等。“诸子”也指他们的代表作。各学派的人物针对一些社会问题和思想问题四处游说，推行自己的政治主张，或著书立说，人们的思想空前活跃，在中国文化史上形成了一个“百家争鸣”的空前繁荣的局面。

8. 春秋战国时期为什么被称为中国的“轴心时代”？

“轴心时代”是德国哲学家雅斯贝斯的著名命题。黑格尔认为，全部历史由基督推出，而“上帝之子”的出现是历史的轴心。即历史轴心是一系列对人类具有非凡意义的事件。因此，雅斯贝斯认为，非凡的事件都集中发生在前800—前200年间，这些事件标志着人类精神的第一次觉醒，并把这个时期称作“轴心时代”。这个时期，在中国就是春秋战国时期。此时中国出现了老子和孔子，中国哲学中的全部流派也都产生于这一时期。同时，各个文明都出现了伟大的精神导师——古希腊有苏格拉底、柏拉图、亚里士多德，以色列有犹太教的先知们，古印度有释迦牟尼……虽然中国、印度、中东和希腊之间有千山万水的阻隔，但它们在“轴心时代”的文化却有很多相通的地方。

9. 春秋战国时期有哪些重要思想流派?

诸子百家中流传最为广泛的是儒家、道家、阴阳家、法家、名家、墨家、杂家、农家、小说家、纵横家。他们的学术观点反映在他们的文学作品中，也形成了不同的学术和文学派别，在具有重要的学术价值的同时，也具有文学价值。

从人类文明演化历史看，诸子百家被一些现代著作认为是早期的学科分类体系，儒家、法家、兵家、纵横家等偏向政治军事与伦理领域，墨家、道家、名家、医家和农家等偏向自然工艺与逻辑等领域，禅家、杂家、书画家等则偏向人文艺术等领域。并且，西方近代科学发展所需的一些因素在中华文化已经萌芽，比如，儒家的社会伦理化（科学社会规范）、墨家的实践经验化（实验技艺方法）、禅宗的概念澄清化（理论思维顿悟）和道家的系统逻辑模式（全息结构模型），以及一些技术发明的原型等。

表2　先秦主要政治思想流派

流派	思想内容	政治态度
儒家	人治	复古、保守
墨家	礼治	
道家	无治	趋时、利势
法家	法治	悲观、抗议

10. 什么是“九流十家”?

“九流十家”是我国先秦时期到汉初学术思想派别的总称。西汉著名学者刘歆编著的《七略·诸子略》中，将先秦至汉初的诸多学派划分为十家，即儒家、道家、阴阳家、法家、名家、墨家、纵横家、杂家、农家、小说家，并分别指出其学术渊源及主要特点。十家中小说家属于艺文，除去不算，称为九流。

11. 什么是儒学?

儒学是我国历代对儒家学说的一种别称。儒学起源于春秋时期，儒家与道家、墨家、法家、阴阳家等并称为“诸子百家”。西汉武帝时期起，儒学成为中国社会的正统思想，并由此开始在中国封建社会长达2000多年的思想统治。儒学的精髓可以概括为“仁”“义”“礼”“智”“信”。儒学不仅在政治上作为统治者的思想武器，同时在社会上也对中国传统文化的塑造产生了巨大的影响。

12. 儒学在中国思想史上地位如何?

儒学自春秋末年由孔子创立至今，对中国社会尤其是中国传统思想文化的主体部分产生了深远的影响，以至于扩展到中国社会和中国人的生活、行为、思维方式、价值取向与价值观念等各个方面，并起到支配性的作用。历史上，尤其是汉代“独尊儒术”之后，儒家提出的君臣、父子、夫妇、长幼、朋友五伦之序的伦理思想和“仁”“义”“礼”“智”“信”“忠”“孝”“悌”等道德规范，由于其能够充分满足以家庭为基本单位的宗法型社会生活及维系这社会君主专制统治秩序的现实需要，因而被历代国家政权自觉地用来作为整合社会人际关系，稳定社会秩序的基本工具。儒学实际上成为中国历史上具有国家意识形态性质的观念体系。因此，儒学在中国思想史上的地位可以说是举足轻重的。

13. 儒学的代表人物有哪些?

儒学自产生以后，历朝历代诞生了无数儒家学派的贤能之士。春秋时期的孔子是儒学的创始人，被后人尊称为“圣人”；战国时期的孟子，被后人尊称为“亚圣”，同时期的还有战国时期赵国人荀子；西汉儒学大师董仲舒；宋明时期新儒学的代表人物周敦颐、程颢、程颐、朱熹，将儒家思想与佛教思想结合的陆九渊及其继承者王阳明；20世纪20年代的新儒学代表梁漱溟、熊十力、牟宗三等。

14. 为什么孔子被称为“圣人”?

孔子（前551—前479），春秋末期思想家、政治家、教育家，儒家的创始者。鲁国陬邑（今山东曲阜东南）人。曾整理《诗》《书》等，并把鲁史官所记《春秋》加以删修，成为我国第一部编年体的历史著作。现存《论语》一书，记有孔子的谈话和孔子与门人的问答。

■ 孔子

孔子思想对春秋战国及以后的中国历史文化都产生了深远的影响，对治家治国产生了巨大的作用，为历代所推崇。孔子死后的第二年，孔子住的阙里，被后人盖起了三间祠堂，塑了像，后来成为孔庙。孔子的坟墓被后人垒高了，以后逐渐成为孔林，后人还在阙里造了孔府。西汉元光元年（前134年），董仲舒提出“罢黜百家，独尊儒术”主张，孔子及其儒学的地位越来越高，孔子遂被尊为“圣人”。至清代，孔子被尊为“万世师表”“至圣先师”，孔学（儒学）也被尊为神学。

15. 如何理解孔子关于“仁”的思想?

“仁”在中国古代表示一种含义极广的道德范畴，本指人与人之间相互亲爱。孔子把“仁”作为最高的道德原则、道德标准和道德境界。他第一个把整体的道德规范集于一体，形成了以“仁”为核心的伦理思想结构，包括孝、弟（悌）、忠、恕、勇、恭、宽、信、敏、惠等内容。其中孝、悌是“仁”的基础，是仁学思想体系的基本支柱之一。他提出要为“仁”的实现而献身，即“杀身以成仁”的观点，对后世产生很大的影响。

16. 孔子的名字是如何得来的?

对于孔子名字是如何得来的，目前在学术界还存在异议，不过较为流行的说法主要有两种。一种说法在西汉史学家司马迁的《史记·孔子世家》中有着明确的记载，孔子“生而首上圩顶，故因名曰丘云。字仲尼，姓孔氏”。也就是说，孔子之所以名丘，字仲尼，是因为“生而首上圩顶”，即得名于出生后的生理特征（头部）。另一种说法是见于《孔子家语·本姓解》，“徵在既往，庙见，以夫之年大，惧不时有男（一作勇），而私祷尼丘山以祈焉。生孔子，故名丘字仲尼”。

17. 为什么孟子被称为“亚圣”?

孟子（约前372—前289），邹（今山东邹城东南）人，名轲，字子舆，又字子车、子居。是中国古代伟大的思想家、政治家、教育家。战国时期儒家代表人物之一。《孟子》一书是孟子的言论汇编，属语录体散文集，由孟子及其弟子共同编写而成，记录了孟子的政治、教育、哲学、伦理等思想观点和政治行动。孟子师承孔伋（孔子之孙，一般说是师承自孔伋的学生），继承并发扬了孔子的思想，成为仅次于孔子的一代儒家宗师，有“亚圣”之称，与孔子并称为“孔孟”。

18. 孟子的主要思想是什么?

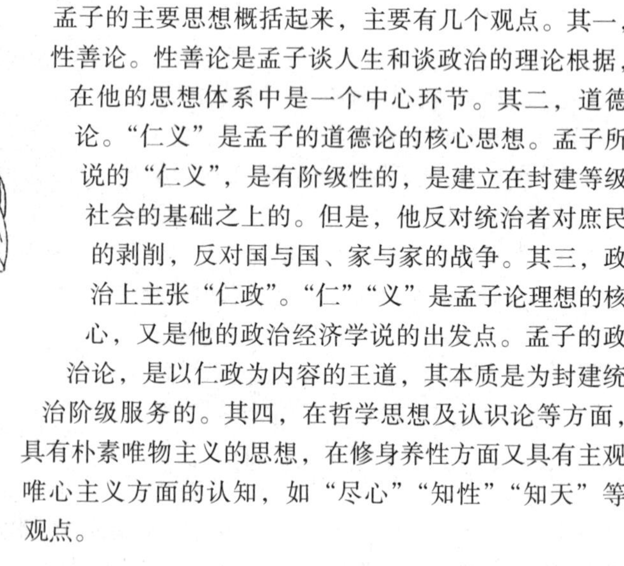

孟子的主要思想概括起来，主要有几个观点。其一，性善论。性善论是孟子谈人生和谈政治的理论根据，在他的思想体系中是一个中心环节。其二，道德论。“仁义”是孟子的道德论的核心思想。孟子所说的“仁义”，是有阶级性的，是建立在封建等级社会的基础之上的。但是，他反对统治者对庶民的剥削，反对国与国、家与家的战争。其三，政治上主张“仁政”。“仁”“义”是孟子论理想的核心，又是他的政治经济学说的出发点。孟子的政治论，是以仁政为内容的王道，其本质是为封建统治阶级服务的。其四，在哲学思想及认识论等方面，具有朴素唯物主义的思想，在修身养性方面又具有主观唯心主义方面的认知，如“尽心”“知性”“知天”等观点。

■ 孟子

19. 如何理解孟子的“尽心”与“尽性”说？

孟子曰：“尽其心者，知其性也。知其性，则知天矣。存其心，养其性，所以事天也。夭寿不贰，修身以俟之，所以立命也。”故孟子认为仁义礼智是人先天所固有的。同时，“心”又是仁义礼智的载体和发动者。而“心”的概念，作为哲学范畴的提出和使用，孟子是首创。在儒家学说中，孟子以人性本善而成一家之言。在道德修养方面，孟子根据自己的性善理论，提出了以“尽心、知性、知天”为核心的道德修养论，并以人性本善为前提，人心中固有的本来善性要通过“尽心”“存心”“养性”来扩充、保存与培养心、性的善端。在孟子的心性观中，“心”是道德善性的源泉，心性本善，才能有后来的道德之善。

20. 荀子的儒家思想有哪些特别之处？

荀子的思想偏向经验以及人事方面，是从社会脉络方面出发，重视社会秩序，反对神秘主义的思想，重视人为的努力。孔子中心思想为“仁”，孟子中心思想为“义”，荀子继二人后提出“礼”，重视社会上人们行为的规范。荀子以孔子为圣人，但反对孟子和子思为首的“思孟学派”哲学思想，认为子贡与自己才是继承孔子思想的学者。荀子认为人生来就想满足欲望，若欲望得不到满足便会发生争执，因此主张人性本恶，须要由圣王及礼法的教化，来“化性起伪”使人格提高。

■ 荀子

21. 孔子、孟子、荀子之间的思想有无区别？

孔子和孟子思想的区别：孔子强调仁，注重人性；孟子强调义，注重适当、合理。两者的共同点：都是通过人的道德的强调达到社会的和谐。

荀子和孔孟思想的区别：儒家通过与墨家和名家的思想交锋，开始寻求学理上的依据。荀子发展了孔孟的思想，也认为个人道德是社会合理的前提。他认为人性具有趋向于恶的可能性，善是人为努力的结果。必须通过后天的努力抑制恶的趋势，通过修养达到善。这种对恶的抑制和对善的培养是通过礼来实现的，因此荀子比孔孟更强调礼制。

22. 道家的代表人物有哪些？

道家，先秦时期的一个思想派别，以老子、庄子为主要代表。道家的思想崇尚自然，有辩证法的因素和无神论的倾向，同时主张清静无为，反对斗争。除此之外，道家的代表人物还有战国时期的列子，他强调人在自然天地间的积极作用，并认为人在一种“不任强使力”的生存状态下，不忧天，不畏天，才是最好的生存状态。

23. 为什么说老子是道家思想的创始人?

老子著《道德经》一书，其中以“道”为核心，说明宇宙本质、构成、生灭、变化，提出“道生万物”“有生于无”，认为道无状无缘，视之不见，听之不闻，但“道法自然”，有本质、规律的含义，提出“反者道之动”，主张无为而治，知足不争；反对战争，认为战乱之源在于人为与物欲；要求回归自然，主张“小国寡民”“结绳而用”。又有“见素抱朴”“大音希声”等伦理、美学观点。老子学说影响深远，为后世各派吸收、阐发。故后世将其作为道家创始人，道教奉之为教主，封建统治者曾封之“太上玄元皇帝”称号。

■ 老子

24. 如何理解老子之“道”的具体含义?

“道”是老子哲学的专有名词和最高概念，指“万物产生的根源与归宿”。老子认为“道”是自然界、人类社会和思维的法则。在老子哲学中，“道”意味着普遍的存在、视之不见的、与物质世界不可分开的、主宰万物的法则。在老子学说中，“道”不仅意味着客观世界的自然法则，而且还意味着万物的物质实体。“道”的基本特点可以归纳为：一、“道”是自然法则，它排斥一切神或“天志”；二、“道”永远存在，它是永存的世界的自然性；三、“道”在时间与空间上都是无限的；四、“道”是万物的本质；五、“道”是世界的物质基础。

25. 为什么说庄子是战国时期道家思想的代表人物?

庄子（约前369—前286），战国时哲学家，名周，宋国蒙（今河南商丘东北）人。著有《庄子》。

庄子是老子之后道家理论最重要的开创者，他更详尽地处理了人与自然的关系、人的可开创能力，包括智慧上、认识能力上、身体能量上等等。庄子同样站在天道自然的命题基础上，提出了从人的自我修养到面对整个社会国家的处世之道，庄子书内七篇之作，就是他从世界观到知识论到工夫论到社会哲学的内圣外王之道的理论。所以后世学者将庄子列为战国时期道家思想的重要代表人物。

■ 庄子

26. 如何理解庄子的齐物论思想？

“齐物论”是庄子哲学的重要思想，主要包含齐物与齐论两个意思。庄子认为世界万物包括人的品性和感情，看起来是千差万别，归根结底却又是齐一的，这就是“齐物”。庄子还认为人们的各种看法和观点，看起来也是千差万别的，但世间万物既是齐一的，言论归根结底也应是齐一的，没有所谓是非和不同，这就是“齐论”。

27. 老子与庄子关于“道”之思想有什么异同？

老子和庄子都认为“道”是宇宙万物的本源，是实际存在的，并且都是有规律的。但二者之“道”的内涵不同。老子言“道”是一个不可究诘的宇宙本体概念，侧重于形而上理论思辨的层面；庄子之“道”则是直接关系现实人生的，重心在人的主体个体的精神存在上。老子之“道”，囊括自然界和人类生活在内的大宇宙的整体性和统一性，以及它自身固有的生命力与创造力，仅限于哲学上的启示。而庄子是以人的精神自由为出发点，以现实的人生体验代替了老子的宇宙论倾向，没有形而上学的纯哲学思辨，因此真正具有审美意义。

28. 墨家的代表人物有哪些？

墨家是中国古代主要哲学派别之一，约产生于战国时期。墨家是一个纪律严密的学术团体，其首领称“巨（矩）子”，其成员到各国为官必须推行墨家主张，所得俸禄亦须向团体奉献。墨家的主要代表人物为墨子（约前468—前376），春秋战国时思想家、政治家，墨家的创始人。名翟。提出“兼爱”“非攻”等观点，创立墨家学说，并有《墨子》一书传世。

■ 墨子

29. 墨子的主要思想有哪些？

墨子的主要思想是“兼爱”“非攻”等。“兼爱”，即完全的博爱；“非攻”，即反对侵略战争。此外，还有“尚贤”，即不分贵贱唯才是举；“尚同”，上下一心为人民服务，为社会兴利除弊；“天志”，掌握自然规律；“明鬼”，尊重前人智慧和经验；“非命”，通过努力奋斗掌握自己的命运；“非乐”，摆脱划分等级的礼乐束缚，废除烦琐奢靡的编钟制造和演奏；“节用”，节约以扩大生产，反对奢侈享乐生活；“节葬”，不把社会财富浪费在死人身上等。

30. 如何理解墨子的“兼相爱”与“交相利”思想?

“兼相爱”与“交相利”思想是墨家法律观的核心，墨家以“兼爱”和“交利”为标准衡量各国的法律制度，评价各家的思想学说，特别要将其贯彻到立法司法之中。“兼相爱”是针对“别相恶”而言，指不分亲疏、贵贱、贫富，一视同仁地爱所有的人。“交相利”是针对“交相贼”而言，主张人们互相帮助，共谋福利，反对互相争夺。

31. 儒、墨、道三家思想有什么重要区别?

儒家的代表是孔子、孟子和荀子。孔子竭力提倡“礼治”，认为社会规范思想是“礼”，社会规范的核心是“仁”。孟子认为人性问题是中国社会思想史的核心问题之一，提出了“性善论”。荀子提出“人性恶”假说，十分重视礼义等外在社会规范在社会运行中的功能。

墨家的代表是墨子，提出了“非攻”“兼爱”的社会整合方案，提倡社会平等。墨子对社会问题的观察也比较敏锐，提出了“节用”“节葬”“非乐”之说。这使墨子社会思想带有“入世苦行”的特点。他所构想出的理想社会是一个“兼爱”“省用”的社会。

道家的代表是老子和庄子。老子对社会发展持冷静的态度，并善于分析本源。认为世上万物都有一定之规，都有共性所在，即都不能违反自然之道。庄子从相对主义立场出发，讨论人世的言论争辩与价值观问题，得出人类与动植物天然平等的结论，他构想了一个人的生物本性得到充分体现，人与自然和谐相处，从而踏上了“大道”的社会。

32. 法家的代表人物有哪些?

法家是先秦诸子中对法律最为重视的一派。他们以主张“依法治国”的“法治”而闻名，而且提出了一整套的理论和方法。这为后来建立的中央集权的秦朝制定各项政策提供了有效的理论依据，后来的汉朝继承了秦朝的集权体制以及法律体制，这就是我国古代封建社会的政治与法制主体。法家主要代表人物有商鞅、申不害、韩非子、李斯等。

33. 韩非子为什么被认为是法家的集大成者?

韩非（即韩非子）（约前280—前233），战国末哲学家，法家主要代表人物。著有《韩非子》。

韩非是我国法家思想的集大成者。他在总结批判前期法家理论的基础上，建立和完善了法家思想体系，成为古代法家学派最具代表性的人物和封建法治理论的奠基人。他提出的法、术、势三种理论观点，一直是封建统治者治国平天下的理论依据。所谓“法”，就是指法律、法令。所谓“术”，就是指统治的权术。所谓“势”，就是指权力、势力。这三者是互相依存、缺一不可的，其中“法”是公开的，是约束公众的；“术”是统治者个人掌握的，要深藏不露；“势”是“法”和“术”的基础，是最重要的，只有握有实权，有了巨大的权势，才可以推行法治，使用权术。

■ 韩非子

34. 韩非子的“五蠹”思想讲的是什么？

韩非子的“五蠹”思想出自其著作《五蠹》。“五蠹”，指的是当时社会上的五种人：其一，学者，指战国末期的儒家；其二，言谈者，指纵横家；其三，带剑者，指游侠；其四，患御者，指依附贵族私门的人；其五，工商之民。韩非子曰：“此五者，邦之蠹也。”也就是说韩非子认为这五种人无益于耕战，就像蛀虫那样有害于社会。

表3　韩非子文中的“五蠹”

学者	提倡法先王、讲仁义的儒家学说
言谈者	游说诸侯以谋取富贵的纵横家
带剑者	携带剑器的游侠
患御者	君王贵族所宠幸之臣
工商之民	经商做工的人

35. 法家与道家的思想有没有关系？

“无为而无不为。”无为是道家的观念，也是法家的观念。韩非和法家认为，君主必须具备一种大德，就是顺随无为的过程。他自己应当无为，让别人替他无不为。道家与法家代表中国思想的两个极端。道家认为，人本来完全是天真的；法家认为，人本来完全是邪恶的。道家主张绝对的个人自由；法家主张绝对的社会控制。可是在无为的观念上，两个极端却有某些共同之处。

36. 什么是名家？

名家是先秦以思维的形式、规律和名实关系为研究对象的学派，战国时称“刑名家”或“辩者”，西汉始称“名家”。“名”是指事物的名称、概念。名家主要活跃在先秦的春秋战国时期，以善于辩论、善于语言分析而著称于世。由于种种原因，名家这个学派后来几乎没有了继承人，一般人在谈到先秦诸子百家的时候，甚至还有可能忽略它。首先正式提出“名家”这个说法的，是汉代的学者。代表人物有邓析子、尹文子、惠子、公孙龙。

37. 名家与法家的思想有没有关系？

名家和法家有相近似的社会背景。二者产生的时间比较接近，在实质上，两者都符合新兴阶层的利益需求。从某种程度上说，二者不同的只不过是名家是温和派，法家是激进派罢了。这种相近似的社会背景产生了相近似的务实观，说得更直白一点，这种务实就是刑制。名、法两家还是有区别的，明显的不同在于，名家的理论体系中，仍保留了一个最高的伦理价值，那就是泛爱。法家却抛弃了这一点，将法的暴力色彩加以强化，形成了自己的法、术、势相结合的刑制，提倡严刑峻法、信赏必罚。法家虽然实现了名家未竟的事业——为新兴势力的利益诉求而斗争，但因为走向了极端的功利，最终因为苛法暴政导致日后强大的秦帝国顷刻间土崩瓦解。

38. 什么是阴阳家？

阴阳家是流行于战国末期到汉初的一种学派。《史记》称其“深观阴阳消息，而作迂怪之变”。《汉书·艺文志》将其列为“九流”之一，认为它最早出于古代传说中唐尧时执掌天文、历数和机祥的官吏。代表人物有邹衍等。

39. 阴阳家的主要思想是什么？

阴阳家的思想主要源于孔子创立的儒家和儒家所推崇的“六经”。在自然观上，利用《周易》经传的阴阳观念，提出了宇宙演化论；又从《尚书·禹贡》的“九州划分”，进而提出“大九州”说；在历史观上，则把《尚书·洪范》的五行观改造为“五德终始”说，认为历代王朝的更替兴衰均由金、木、水、火、土五种势力支配；在政治伦理上赞成儒家仁义学说。同时强调“因阴阳之大顺”，包含若干天文、历法、气象和地理学的知识，有一定的科学价值。

40. 什么是杂家？

杂家，中国战国末至汉初的哲学学派，以博采各家之说见长，以“兼儒墨，合名法”为特点，“于百家之道无不贯综”。《汉书·艺文志》将其列为“九流”之一。杂家的出现是统一的封建国家建立过程中思想文化融合的结果。杂家著作秦代以《吕氏春秋》为代表，西汉以淮南王刘安编纂的《淮南子》为代表，分别为秦相吕不韦和汉淮南王刘安召集门客所作，对诸子百家兼收并蓄，但略嫌庞杂。自从《汉书·艺文志》第一次把《吕氏春秋》归入“杂家”之后，这个学派才正式被定名。

41. 杂家的代表人物是谁?

杂家的代表人物主要有吕不韦、刘安。

吕不韦（？—前235），战国末年秦相，门下有宾客三千，家僮万人，且命宾客编纂《吕氏春秋》，有八览、六论、十二纪共20余万言，汇合了先秦各派学说，“兼儒墨，合名法”。

刘安（前179—前122），汉高祖刘邦之孙，淮南厉王刘长之子。他才思敏捷，好读书，善文辞，乐于鼓琴。他是西汉知名的思想家、文学家，奉汉武帝之命所著《离骚传》是中国最早对屈原及其《离骚》作高度评价的著作。曾“招致宾客方术之士数千人”，集体编写了《鸿烈》（后称《淮南鸿烈》《淮南子》）一书。

■ 吕不韦

42. 什么是农家?

农家，是战时在经济生活中注重农业生产的学派，被《汉书·艺文志》列为“九流”之一。该学派主张推行耕战政策，奖励发展农业生产，研究农业生产问题。代表人物是战国时期楚国人许行。农家学说的基础为“顺民心，忠爱民”“修饥谨，救灾荒”。农家著作有《神农》20篇，《野老》17篇，《宰氏》17篇，《董安国》17篇，《尹都尉》17篇，《赵氏》17篇，等等，均已佚。

43. 什么是小说家?

小说家，是先秦与西汉杂记民间古事的学派。在春秋战国时代，小说家指的是一类记录民间街谈巷语的人，而小说家被归类于诸子百家中的其中一家。《汉书·艺文志》曰“小说家者流，盖出于稗官；街谈巷语，道听途说者之所造也”，意即小说家所做的事以记录民间街谈巷语，并呈报上级等为主，然而小说家虽然自成一家，但被视为不入流者，刘歆列“九流十家”，唯小说家不在“九流”之列，影响甚小。然而小说家反映了古代平民思想的侧面，却是其他九流学派都无法代替的。

44. 什么是纵横家?

纵横即合纵连横。纵横家，即战国时以从事政治外交活动为主的一派，是诸子百家之一，创始人端木赐（端木赐即孔子弟子子贡，他是纵横术可考最早使用者，故为创始人），杰出代表人物有苏代、姚贾、苏秦、张仪、公孙衍等。被《汉书·艺文志》列为“九流”之一。合纵派的主要代表是苏秦，连横派的主要代表是张仪。

45. 纵横家有没有著作传世?

纵横家著作今仅存《鬼谷子》12篇、《战国策》33篇、《苏子》31篇、《张子》10篇。《鬼谷子》是一部研究社会政治斗争谋略权术的书，其理论非常详细具体，也非常微妙。《战国策》一书是游说辞总集，几乎所有纵横家谋士的言行都在此书。《战国策》一书有三大特点：一智谋细，二虚实间，三文辞妙。

46. 孙子为什么被后世称为“兵圣”?

孙武，春秋时期吴国名将和伟大的军事理论家，字长卿，后人尊称为“孙子”“孙武子”，齐国乐安人。孙武被后人尊崇为“兵圣”“兵家之祖”和“兵家之师”，他除了战功显赫外，更主要的是他留给后世一部不朽的军事名著——《孙子兵法》。它是中国古典军事文化遗产中的璀璨瑰宝，也是中国优秀传统文化的重要组成部分。

■ 孙武

47. 如何理解《周易》中《经》的哲学思想?

今本《周易》的内容主要包括《经》和《传》两部分。《经》部分，主要是六十四卦的卦形符号与卦爻辞。所谓的“六十四卦”，是由“八卦”两两相重而得，“八卦”则是由“阴”、“阳”二爻三叠而成。《周易》的“阴”、“阳”，分别呈中断的与相连的线条形状，即“- -”与“—”。古人用阴阳范畴来表现寒暑、日月、男女、昼夜、奇偶等众多概念，正所谓“一阴一阳之谓道”。在“阴”与“阳”的基础上，圣人将其符号三叠而成八种不同形状，分别命名为不同的卦名并拟取相应的象征，称为“八卦”。

■ 八卦

48. 如何理解《周易》中《传》的哲学思想?

《传》实际上是阐释《周易》经文的专著，即《彖》(上下)、《象》(上下)、《文言》、《系辞》(上下)、《说卦》、《序卦》、《杂卦》，共计七种十篇。因其阐发经文大义，如本经之羽翼，故汉人称之“十翼”，后世统称《易传》。

49. 如何理解公孙龙的“白马非马”说?

“白马非马”，这是中国古代伟大的逻辑学家公孙龙（约前320—前250）提出的一个著名的逻辑问题，出自《公孙龙子·白马论》。公孙龙认为，事物和概念都是有差别的，所以概念与概念之间也绝没有联系。在他看来，“白马”与“马”这两个概念不同，因此它们之间毫无联系，从而推断出：“白马”不是“马”。他认为“白马”这个概念是既名“色”又名“形”的，而“马”这个概念只是名“形”，故而“白马非马”。“白马非马”的论断否认了一般和个别的统一的方面以及相互联系的方面，从这种形而上学的思想出发，势必将一般看成是独立自存的实体，其结果导致了客观唯心主义。

■ 公孙龙

50. “今文经学”与“古文经学”指的是什么?

两汉经学有今文经学和古文经学之分，这是西汉末年形成的经学研究中的两个派别。所谓“今文”和“古文”，最初只是指两种字体。“今文”指的是汉代通行的隶书，“古文”指秦始皇统一中国以前的古文字。传授经典的学者，所持底本是用战国时古字写的即为“古文家”，用隶书写的便是“今文家”。今文经学与古文经学，在经书的字体、文字、篇章等形式上，在经书中重要的名物、制度、解说等内容上都不相同。今文经学近于哲学，强调“经世致用”；古文经学近于史学，讲究考据。东汉时期，经今古文学的争论，其实质问题是谁是经学的正统和如何统一经学的思想。今文经学与古文经学之争，由单纯的对书籍本身的不同看法，扩大到了学术思想、学派体系、政治观念和社会地位等诸方面，几乎贯穿了整个漫长的封建社会，不仅对经学的发展产生了重要的影响，也对中国历史的发展产生了重要的影响。

第二章 秦汉魏晋南北朝时期

秦汉至南北朝，充满朝气的中国封建制度逐渐走向稳定时期，其间的社会结构、人际关系、技术革新与生活习俗，都呈现出前所未有的新气象。秦汉时期是中国历史上第一个大统一时期。也是统一多民族国家的奠基时期。前221年秦灭六国，首次完成了真正意义上的中国统一，经二世而亡。在经过短暂的分裂之后，汉朝继之而起，并基本延续秦的制度，史称“汉承秦制”。魏晋南北朝是中国历史上政权更迭最频繁的时期。长期的封建割据和连绵不断的战争，使这一时期中国文化的发展受到特别的影响。其突出表现则是玄学的兴起、佛教的输入、道教的勃兴及波斯、希腊文化的传入。从魏至隋的360余年间，以及在30余个大小王朝交替兴灭过程中，上述诸多新的文化因素互相影响、交相渗透，使这一时期儒学的发展及孔子的形象和历史地位等问题也趋于复杂化。

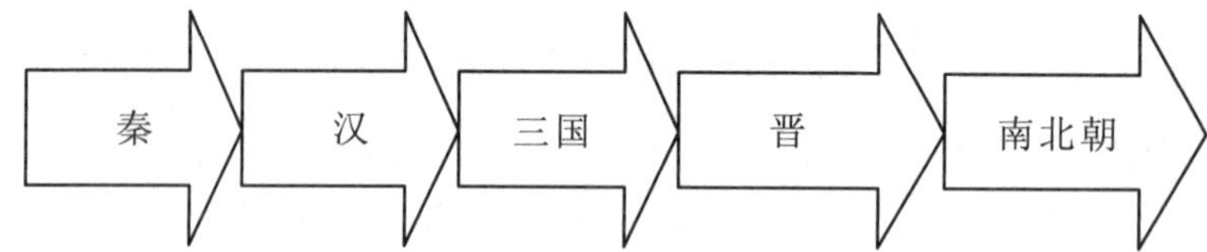

51. 为什么说秦代时法家思想走向极端化?

■ 李斯

秦的强大和统一是在法家思想的指导下取得的。秦统一后，法家思想仍然得到统治者的尊奉，并继续发展，走向了极端化，其代表人物是李斯。作为秦帝国政治制度和统治政策的主要制定者，李斯积极实践了法家思想，同时也推动了法家思想向着极端化方向的发展。李斯坚持思想文化专制，并提出“督责之术”。这些极端化的观点既不利于法家思想的发展，也不利于秦朝的统治。督责之术强化了君主的个人独裁，阻碍了统治集团其他成员参政议政，使得秦统治者的统治与应变能力急剧下降，最终导致了秦帝国的速亡。

52. 汉代与秦代相比较，政治思想发生了什么变化?

儒学自汉代占据了统治地位，其本身在学术形态及思想内容与形式上发生了深刻的变化，这种变化从思想发展的逻辑上讲，无疑是一种观念上的大退化，但却使儒家教义作为政治指导思想与现实政治和社会生活更为紧密地交织或整合在一起了。概括地讲，儒学在汉代发生的变化主要表现在以下几个方面：一、学术形态上由先秦诸子百家之学而演化为经学。二、政治观念的法家化。三、思维方式上的阴阳五行化。四、天人灾异之说的盛行。五、政治思想由乐观而走向悲观。在儒学的政治意识形态化过程中，最具影响的就是汉儒董仲舒建构了一套系统的天人合一的君主专制主义理论。

53. 董仲舒是怎样的一个人?

董仲舒（前179—前104），西汉景、武之世的著名公羊学大师。他以儒为主，糅以阴阳五行、法家、墨家等思想，形成了系统的天人政治论，对于传统政治思想的形成和发展有重大影响。其“天人合一”理论标志着先秦儒学向着神秘主义转化的完成。维护君权至上是董仲舒的基本政治主张之一，同时他又系统阐述了天谴说，并试图运用阴阳之道规范封建统治者的政策原则，提倡德刑兼备，以“德治”为主。儒家政治理论经过董仲舒的一番加工，更具坚定的原则性和灵活的调节性，增强了统治阶级的政治应变能力。

■ 董仲舒

54. 董仲舒是如何论述天人感应论的?

“天人感应”是中国古代哲学术语。天人感应思想源于中国先秦哲学，西汉时董仲舒将其发展为一系统的神秘主义学说。董仲舒认为，天和人同类相通，相互感应，天能干预人事，人亦能感应上天。董仲舒把天视为至上的人格神，认为天子违背了天意，不仁不义，天就会出现灾异进行谴责和警告；如果政通人和，天就会降下祥瑞以鼓励。天人感应的思想在汉代曾占据了统治地位，以此为基础形成谶纬之学风行一时，并在中国封建社会流传。

55. 董仲舒对阴阳和五行的看法如何?

关于阴阳之气，董仲舒认为人和天可以互相感应。他认为阴阳之气虽然是肉眼所看不见的，但充满了天地之间，是确实存在着的物质。“天地之间若虚而实”，这是当时自然科学的共同说法。对于五行，董仲舒吸取了战国以来的阴阳五行的思想，虚构出一个世界图模式，以说明他所认为的自然界和人类社会的秩序及其变化的规律。从空间方面想象，木居东方，火居南方，金居西方，水居北方，土居中央，这五种势力，好像是一种“天柱地维”，支持着整个的宇宙。

56. 什么是“天不变，道亦不变”？

董仲舒在给汉武帝的《对策》中提出：“道之大原出于天，天不变，道亦不变。”“天”指有意志的最高主宰者。所谓“道”，就是封建社会的根本法则，它总结了封建的道德、政治、教化、习俗等等。董仲舒把这个“道”和神秘的“天”结合起来，扩充为整个宇宙的根本规律，他认为，只要阴阳五行的运行规律及其所体现的天意不变，“道”便永远不会改变。

57. 如何理解董仲舒的“性三品”说？

“性三品”说是中国古代一种主张人性分为三等的理论。西汉董仲舒结合天人感应说，提出人性有上、中、下之别的观点。董仲舒认为：上等的“圣人之性”先天就是善的，不需教育；下等的“斗筲之性”，是经过教育，也难以转化为善的。这两种都是少数，都不可以名性，只有“中民之性”可以名性。中民是大多数，需要教育，所以董仲舒指出：“王承天意，以成民之性为任者也。”认为君王承天命，教育人民养成善德。他从人性论上论证了封建统治的合理性。

58. 王充的主要思想是什么？

王充是东汉杰出的唯物主义思想家和教育家，他的哲学思想可以概括为以下几点：天自然无为、天不能故生人、神灭无鬼、今胜于古等。他的代表作是《论衡》。秦汉时期，求仙、鬼神迷信思想盛行，秦始皇和汉武帝幻想长生不老，都曾派人为他们寻求仙药。董仲舒为神化皇帝，也宣扬迷信思想，说皇帝是代表天意统治人间，天用风调雨顺或降临灾害来显示它的意志。《论衡》认为天是没有意志的，也不会通过自然灾害来警告人。日食、月食、打雷、下雨，都是自然现象。他又说，人死了骨肉化为灰土，精神也随着消亡，怎么会变成鬼呢？世界上根本没有鬼神存在。

■ 王充

59. 如何理解王充的鬼神观？

王充的鬼神观集中体现在“神灭无鬼”这一观点中，也就是后世归纳的“神灭论”。王充认为人有生即有死。人之所以能生，由于他有精气血脉，而“人死血脉竭，竭而精气灭，灭而形体朽，朽而成灰土，何用为鬼”。他认为人死犹如火灭，火灭为何还能有光？他对于人的精神现象给予了唯物的解释，从而否定鬼的存在，破除了“善恶报应”的迷信思想。

60. 王充元气自然论的基本观点是什么？

王充认为世界上最根本的东西是元气，用“气”和“气化”来说明万物、人及各种自然现象的产生，认为物之生是元气的凝结，死灭则复归于元气，犹如水凝而为冰，冰释而复为水一样，表达了一个完整的思想。其宇宙演化模式为：天地—气（元气、精气等）—万物（包括人）。

61. 王充对“阴阳灾异和谴告说”持什么态度？

灾异和人生病一样，那是自然现象，与政治无关。王充说：“血脉不调，人生疾病；风气不和，岁生灾异。”灾异现象背后没有神秘的主宰。他又说：“夫天道，自然也，无为。如谴告人，是有为，非自然也。”比如“寒温之至，殆非政治所致”，天道自然无为，寒来暑往是自然规律，根本与人君的喜怒无关。再比如，雷雨属于自然现象，并不是上天发怒而对人的刑罚。

他进一步从政治上揭露谴告说。他说：“末世衰微，上下相非，灾异时至，则造谴告之言矣。”由于统治者政治上的没落、腐败，因而制造出谴告说。

62. 什么是玄学？

玄学是道家和儒家融合而出现的一种哲学、文化思潮，产生于魏晋，也是魏晋时期的主要哲学思潮，主要是对《老子》《庄子》和《周易》的研究和解说。“玄”字出自老子《道德经》“玄之又玄，众妙之门”，言道幽深微妙。魏晋之际，玄学含义是指立言与行事两个方面，并多以立言玄妙、行事雅远为玄远旷达。“玄远”，指远离具体事物，专门讨论“超言绝象”的本体论问题。因此，浮虚、玄虚、玄远之学可通称之为玄学。魏晋玄学，指魏晋时期以老庄（或三玄）思想为骨架，从两汉烦琐的经学中解放出来，企图调和“自然”与“名教”的一种特定的哲学思潮。它是中国哲学史上第一次企图使中国哲学在老庄思想基础上把儒道两大家结合起来的极有意义的哲学尝试，主要代表人物有何晏、王弼、阮籍、嵇康、向秀、郭象等。

63. 为什么玄学会成为魏晋时期主要的哲学思潮？

东汉末年，统治集团分裂，社会危机日益尖锐。在意识形态上居于支配地位的儒家思想开始动摇。士大夫对两汉经学的烦琐及三纲五常的陈词滥调普遍感到厌倦，于是转而寻找新的、形而上的哲学论辩。到了党锢之祸发生，传统的价值体系开始崩溃，“自然”“无为”的老庄思想开始抬头，人们开始崇尚贵生、避世，黄老思想也开始兴起。简言之，魏晋玄学是在汉代儒学衰落的基础上，为弥补儒学之不足而产生的；是由汉代道家思想、黄老之学演变发展而来的；是汉末魏初的清谈直接演化的产物。在这个阶层平面，要求在学术上平等交谈，自由聚会；在思维方法上，尊重理性；在人性论上，要求“自然”；在政治上，要求君主“无为”。

64. 魏晋玄学讨论的中心问题是什么?

名教与自然的关系是魏晋玄学讨论的中心问题。名教就是名分教化，指封建社会的礼乐制度和道德规范；自然的意思是自然而然、自然无为，它是道的特性和法则。从道家的观点来说，名教属于有为的范畴，自然属于无为的范畴，二者是相对的。所谓名教与自然的关系，实际上就是纲常礼法与自然无为的关系。魏晋玄学是对汉末时期虚伪名教的扬弃和反叛，玄学家大多既崇尚老庄的自然无为、追求放任自由的生活方式，又不能完全背弃名教礼法，于是名教与自然的矛盾就成为他们必须解决的问题。在这个问题上，他们或偏重于自然，或偏重于名教，或将二者调和起来，于是形成各种不同的观点，这就是所谓“名教自然之辩”。

65. 玄学的“贵无”与“崇有”两派有什么区别?

在哲学上，主要以有无问题为中心，形成玄学上的“贵无”与“崇有”两派。贵无派主张“以无为本”，认为万物统一于一个共同的本体“道”或“无”，世界万物之所以能够存在，就是因为有这个本体，形形色色的宇宙万物，都是这个本体的表现，即所谓“天地万物皆以无为为本”。崇有派主张“自生而必体有”，反对贵无派“以无为本”的说法，认为“有”之所以发生，并非另外有一个东西使之成为“有”，而是万物“自生”“自有”，把宇宙的全体看成是由万物自身所构成的，即所谓“始生者，自生也”“总混群本，终极之道也”。

表1　贵无派和崇有派的主张

派别	主张
贵无派	天地万物皆以无为为本
崇有派	自生而必体有

66. 魏晋时期的“无为”与“无君”两派有什么区别?

魏晋时期，在政治思想上，按其消极程度的深浅，可分为“无为”与“无君”两派。无为派认为政治制度为自然变化之产物，故主张有君为必要，而取无为之治术。然而，既已无为，何用有君？故另一派人则更进一步，发为无君之论，其中以鲍敬言之说前无古人而最为激切，可谓魏晋时期反政治思想最极端的表示。至此，秦汉数百年尊君的传统思想，遭遇空前的抨击。其后，反礼教运动与反专制思潮汇合，演化而为一种以放浪人生观为基础的无君论。

无为派 认为政治制度为自然变化之产物，故主张有君为必要，而取无为之治术。	既已无为，何用有君？	**无君派** 反礼教、反专制，是一种以放浪人生为基础的人生观。

67. 王弼是怎样的一个人?

王弼（226—249），魏晋玄学理论的奠基人，字辅嗣，山阳（今河南焦作）人。出身官僚世家，其人生短暂，但学术成就卓著。他著有《周易注》《周易略例》《老子注》《老子指略》《论语释疑》等数种。他用老子思想注解《周易》，并阐发自己的哲学观点，在学术上开一代新风——“正始玄风”。他提出了“以无为本的宇宙观和本体论”；在方法论方面，王弼对老子的辩证法思想有所继承和改造，善于运用对立的概念和辨名析理的方法阐述问题；认识论方面，王弼认为事物的本体是可以认识的，圣人的治世之道也是可以认识的。王弼自觉、认真地研究并建立起民族本体论哲学的世界观和认识论、方法论，无疑是我国哲学史上继《周易》、老子之“道学”和孔子之“儒学”之后的又一伟大的里程碑。

68. 如何理解王弼的“言”“意”“象”之辨?

王弼的认识论集中表现在他对《周易》中的“意”“象”“言”三个概念关系的论述上。所谓“言”是指卦象的卦辞和爻辞的解释；“象”是指卦象；“意”是卦象表达的思想，即义理。王弼指出，“言”“象”“意”三者之间是递进表达与被表达的关系。通过“言”可以认识“象”；通过“象”可以认识“意”。但明白了“意”，就不要再执着于“象”；明白了卦象，就不要执着于言辞。总之，王弼的认识逻辑是：“言”生于“象”，而说明“象”；“象”生于“意”，而说明“意”。王弼的认识论是可知论。只是他那个认识的对象——宇宙本体是虚构的，因此，不可能对客观世界有个正确的认识。

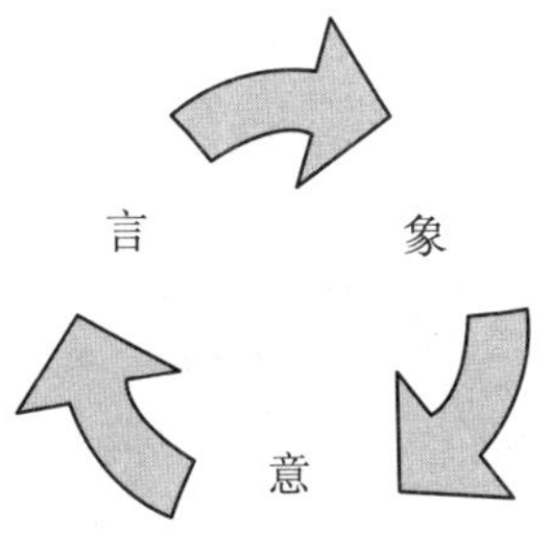

■ 言、象、意三者的关系

69. 如何理解王弼的名教与自然之辨?

王弼站在道家学说的立场上看待名教与自然的关系，主张名教出于自然。他的基本看法是，名教制度是大道离散的结果，因而名教的出现有其必然性。人为的名教虽然不可避免，但是它并不是理想的。理想的状态应当是恢复到自然无为，统治者应当用自然无为的办法统治天下，而不应过分地有为，这样才能实现持久稳固的统治。

70. 王弼在英雄史观上的看法是什么?

王弼认为圣人是最理想的统治者，而统治者又是社会中必不可少的。整个宇宙有一个最高的本体“道”或“无”，它是世界万物的宗主，世界万物因为有它而存在，而有秩序和条理。那么在社会上也应有一个至高无上的统治者，由他来当老百姓的主宰，给社会以秩序和条理。王弼认为“圣人”是具有天生智慧的天才、超天才式的人物。在他看来，只有这种具有天生智慧的人才能根据“道”的要求来处理做事，治理百姓。

71. 如何理解嵇康的“越名教而任自然”?

嵇康（223—262，或224—263），三国时期魏国的名士，与曹魏宗室通婚，拜为中散大夫。他崇尚老庄思想，喜好养生服药，为人不拘小节，言论放荡无忌，最后因反对阴谋篡权的司马氏集团而被杀害。在自然与名教的关系上，他提出“越名教而任自然”的主张，要求抛开虚伪名教的束缚而纯任自然本性。意思是要说明人应当淡泊名利，不为名教所拘束，不受虚假的荣华富贵的引诱，而按自己的自然本性和真情实感去生活。他自己就是这样一个按照自己的本性去生活的人。尽管他自知为世人所不容，但还是我行我素，不曾为了迎合名教的规范而扭曲自己的本性。

■ 嵇康

72. 在名教与自然的关系问题上，郭象的观点如何?

郭象（？—312），西晋哲学家，字子玄，河南（治今河南洛阳市东）人。官至黄门侍郎、太傅主簿。好老庄，善清谈。当时的人们在名教与自然的关系问题上，或者是推崇自然，或者是维护名教。郭象的理解则与众不同，他一方面肯定自然，另一方面又把名教说成是自然的体现，这样就把自然和名教等同起来，然后又要求人们安于名教，认为安于名教也就是顺从自然天性。郭象把名教等同于自然，表面上还是把自然标榜为最高的理想，实际上却是把自然降低为人为的名教。他是用自然的名义来表达对名教的认可。

73. 什么是“贵无论”?

所谓“贵无”，意思就是以无为贵。王弼对世界的基本看法是“天地万物皆以无为本”(《晋书·王衍传》)，由于他把“无”当作天地万物的根本，所以他的这种世界观学说被称为“贵无论”。王弼认为，天地万物有一个统一的根本，这个根本就是“无”。王弼把有形有名的具体事物称为“有”，把无形无名的抽象本体称为“无”，并从本末体用的角度说明“有”和“无”的关系。他把“无”作为天地万物的根本，实际上是把万“有”归结为一种抽象的观念，但是他通过有限与无限、个别与一般的关系的分析寻求万物的统一性之所在，因而使他关于有无本末关系的理论成为比较自觉的本体论学说，体现了中国哲学理论思维水准的新高度。

74. 什么是“崇有论”?

裴頠（267—300），字逸民，河东闻喜（今属山西）人，西晋时期的思想家。他曾任散骑常侍、国子祭酒兼右军将军、尚书左仆射之职。他著有《崇有论》一篇，站在维护等级秩序和名教礼法的立场上，从理论上对当时清谈玄理、不务实事的风气加以批判。裴頠也肯定天地万物有一个最终的根本，但他认为这个根本不是“无”，而是“道”。把众多事物总括起来的那个根本的东西就是最高的“道”，众多的事物各有自己的性质，区分为不同的类别。显然，他也是从万物的统一性这一角度来理解世界的“宗极”的。在他看来，在千差万别的众多事物当中，有一个可以把它们混同统括起来的宗主，这个宗主就是道，而道又是一切具体事物的总和。这样说来，道和万有是不能分离的，万有构成道的基础。

75. 裴頠是如何论述其崇有学说的?

裴頠反对王弼、何晏的“贵无论”，提出崇有论。他认为万有的整体是最根本的“道”，万有不是由“无”产生的，而是“自生”的，“自生而必体有”。他还认为万物生化有其规律。从崇有论出发，他重视现实存在的事物，不满轻视事功的放达风气，力图论证封建等级制度的合理性。裴頠的思想在当时有很大影响，被认为是崇有派领袖。

76. 裴頠是如何反对贵无派的?

裴頠认为万有最初的产生都是自本自生，万有既然是自生的，则其本体就是它自身，“无”不能成为“有”的本体。他说：“夫至无者，无以能生，故始生者，自生也。自生而必体有，则有遗而生亏矣。生以有为己分，则虚无是有之所谓遗者也。”在裴頠看来，万物的本体就是事物自身的存在，万物皆因“有”而生成，不能从“无”而派生。同时他又认为，“无”是“有”的丧失和转化。

77. 郭象的“独化论”都包括什么内容?

魏晋时期关于有无本末问题的讨论中，郭象沿着裴頠的观点走向极端，把作为具体存在的有说成绝对的，否认在万有之上有任何终极的根本，从而彻底取消了形而上的本体。

其独化论主要包括万物自生而没有造物主、事物独立生灭而互不联系、无因论、世界万物的统一性等内容，郭象的独化论既否认无能生有，也否认有能生有，把所谓世界万物的终极根本抛到可知世界的范围之外，这样就改变了王弼和裴頠的思维视角，消解了形而上的问题的意义，这在中国哲学史上是独放异彩的。

78. 如何理解郭象的“万物自生独化”说？

郭象的基本观点是万物“自生”而“独化”。“自生”即万物不能从无而生，“独化”即事物自己发生变化，不假外力。这是一种彻底的万物有本原存在的思想，因为郭象在《庄子注》中说：“若责其所待，而寻其所由，则寻其无极。卒至于无待，而独化之理明矣。”即要找出事物赖以产生的最终根源，则推上去永无穷尽，必然得出事物自己产生和自己运动的“独化理论”。郭象这一观点与庄子的“万物皆种也，以不同形相禅”是有相近之处的。

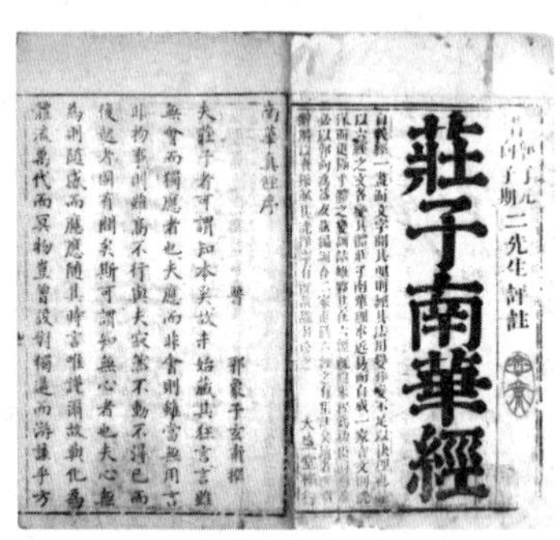
莊子南華經

南華真經序

郭象子玄撰

夫莊子者可謂知本矣故未始藏其狂言言雖
無會而獨應者也夫應而非會則雖當無用言
非物事則雖高不行與夫寂然不動不得已而
後起者固有閒矣斯可謂知無心者也夫心無
為則隨感而應應隨其時言唯謹爾故與化為
體流萬代而冥物豈曾設對獨遣而遊談乎方

■ 庄子南华经（晋）郭象注本

79. 郭象提出的“冥然自合”是什么意思？

郭象认为达到主体客体一致的方法是“冥然自合”。他认为，事物及其原理本来就是那个样子，只要顺着它就会与之相符，这就是“冥”。他说：“夫物有自然，理有至极，循而直往，则冥然自合，非所言也。”他又说：“冥极者，任其至分而无毫铢之加。”似乎是主张按照自然的本来面貌去认识自然，不要有任何主观上的附加，其实，他的真正意思是要取消主客物我的对立，从根本上取消认识，主张用“不识不知”“无心”“忘己”的方法使主观消融于客观，达到与玄冥之境融为一体的境界。

80. 如何理解僧肇的“不真空论”？

僧肇（384或374—414），东晋、后秦时期著名的佛经翻译家鸠摩罗什的弟子。本姓张，京兆（治今陕西西安）人。著有《肇论》《维摩诘经注》等。他最著名的思想是“不真空论”。所谓“空”，意思就是空幻（或虚幻）、虚假、不真实；“不真空”的意思就是不真即空、不真故空，也就是说不真实就意味着空，因为不真实，所以是空。他认为这种空幻意义上的空，就是世间万物一切现象的本质，僧肇的“不真空论”既否定了“崇有”的观点，也否定了“贵无”的观点，同时

■ 僧肇

又把它们包容到万物不真的般若“性空”学说之中，所以说他实际上是从佛教的立场对魏晋时期的有无之辩作了总结。通过这个总结，他把世界万物的根本是有还是无的问题，改变为世界万物是真还是假的问题，并通过对世界万物的虚假性的说明，告诉人们不要执着于世界上的种种幻象。

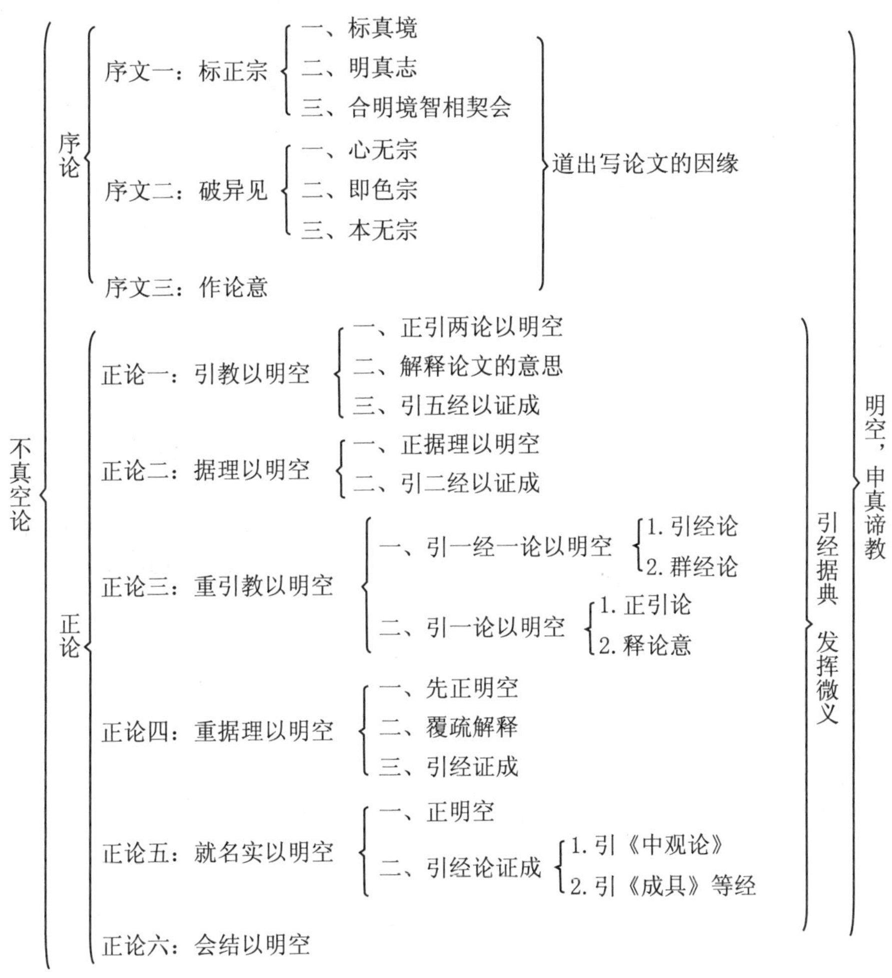

■ 不真空论

81. 魏晋时期，对于言意关系的问题都有哪些看法？

魏晋时期，对于言意关系的问题主要有三种不同的意见：一是以荀粲为代表的“言不尽意”说，二是以欧阳建为代表的“言尽意”说，三是以王弼为代表的“得意忘象”（或“得意忘言”）说。

表2　言意关系及表述

关系	代表	表述
言不尽意	荀粲	认为语言不能完全表达意义和思想，强调卦象符号表达意义的功能和经典文字传达语言的功能都非常有限
言尽意	欧阳建	认为语言完全可以表达思想，肯定了作为认识形式的语言是对客观事物的反映
得意忘象	王弼	认为言、象只是手段而不是目的，真正的"得意"可以抛开言、象，强调对于一切事物都应当把握其根本和实质，而不应被事物的细枝末节和表面现象所迷惑

82. 什么是"言不尽意"?

■ 荀粲

荀粲（约209—238），三国时期魏国人，曹操的高参荀彧家族的成员。他崇尚道家学说，主张"言不尽意"，认为语言不能完全表达意义和思想。他认为，既然圣人没有谈论过关于人性与天道的深奥道理，那么圣人思想的精华就没有包含在儒家经典所记录的圣人言论之中，而是在经典的文字之外，所以那些保存下来的儒家经典只不过是圣人丢弃的糟粕而已。荀粲的"言不尽意"说所强调的，是卦象符号表达意义的功能和经典文字传达语言的功能都是非常有限的，他根据这个观点把儒家经典说成是圣人遗留的糟粕，明显地表现了对儒家经典的蔑视态度。

83. 如何理解"言尽意"说?

欧阳建（？—300），西晋哲学家，字坚石，渤海南皮（今河北南皮东北）人，曾任尚书郎、冯翊太守。他是以奢侈著称的大官僚石崇的外甥。他著有《言尽意论》一文，提出"言尽意"说，把主张言不尽意的人称为"雷同君子"，把自己称为"违众先生"，认为语言完全可以表达思想。他把名称、语言看作是与事物及其规律完全一致的副本，实际上也就是肯定了作为认识形式的语言是对客观事物的反映，所以说他从反映论的立场肯定了语言的认识功能。但是他根据语言与事物的一致关系而断定语言可以完全表达意义（言尽意），在这个前提与结论之间却缺乏必要的过渡环节。实际上，语言与事物的关系和语言与意义的关系是两个不同的问题，根据语言与事物一致的关系，只能说语言可以如实地反映事物，而如实地反映事物的语言是否能够完全、充分地表达意义，还需要进一步的论证。

84. 什么是"得意忘象"说?

该说法是由王弼提出的。在言意关系问题上，王弼一方面肯定言、象具有表达意义的功能；另一方面又强调言、象只是表达意义的手段，为了不使手段妨碍目的（得意），可以把手段忘记，这就叫作“得意忘象”（得意忘言）。王弼一方面肯定卦象可以表达意义、语言可以说明卦象——这就意味着他承认认识的形式与认识的内容具有相应一致的关系。另一方面又把卦象与意义、语言与卦象的关系看作手段和目的的关系，并据此认为真正的把握意义就在于抛开卦象和语言——这意味着他又强调认识的内容与认识的形式并不相等，并且认为认识的内容可以脱离认识的形式。这种自相矛盾的观点表明，他是从理性主义的前提出发，得出了非理性主义的结论。

85. 汉魏两晋南北朝时期关于“形神关系问题”的代表性观点有什么？

人的身体和精神，在中国古代哲学中被分别称为“形”与“神”。形与神，或身与心、肉体与灵魂，它们之间的关系如何？或者更具体地说，人的身体死亡以后，人的精神是否随之消灭？这是汉魏两晋南北朝时期的哲学家们所关注的一个理论问题。这一时期形神关系问题的代表性观点有桓谭和王充的“形神关系论”、慧远的“形尽神不灭”说、范缜的“神灭论”等。

86. 关于“形神关系论”，桓谭的观点如何？

桓谭（约前20—后56），东汉哲学家、经学家，字君山，沛国相（今安徽濉溪西北）人。官至议郎给事中。著有《新论》二十九篇，早佚。他提出了著名的“烛火之喻”，用以批判神仙之说的长生不死观念。神仙家们把精神看作身体的决定因素，认为人的精神状态如何，可以决定人的寿命长短，因此只要善养精神就可以长生不死。桓谭认为精神寄居在身体之中，就如同灯烛上燃烧的火苗。如果灯烛烧尽了，火苗也不可能凭空燃烧。灯烛经过燃烧之后变成灰烬，这就如同人体衰老之后牙齿脱落、头发变白、肌肉枯干，可是精神并不能使身体重新焕发光彩。等到人的周身内外全都衰竭之后，于是气绝而死，这就好比灯烛和火苗同归于尽。在他看来，精神的存在决定于身体的存在，如果人的身体死亡，精神也会随之消灭。

87. 如何理解慧远的“形尽神不灭”说？

慧远（334—416），东晋时期的佛教思想家，著名高僧道安的弟子。本姓贾，雁门楼烦（今山西宁武附近）人。著有《法性论》《沙门不敬王者论》《庐山记》等。他对佛教理论的贡献，主要在于结合中国本土的观念，对佛教的因果报应说作了创造性的解释。正是为了说明因果报应的根据，他提出了“形尽神不灭”的观点。一方面，他通过“神”与“物”的区别来说明物化而神不灭。另一方面，为了说明精神是如何通过物质的变化而流传的，他又把身体和精神的关系比作木柴与火的关系，从而得出“形尽神不灭”的结论。慧远的“形尽神不灭”说在当时的确雄辩有力，在范缜的“神灭论”出现之前，一直没有被人驳倒，所以说他的观点虽然有违佛教的原意，但是却可以解决佛教在中国遇到的具体问题。

88. 慧远所提出的“薪火之喻”有怎样的含义？

为了说明精神是如何通过物质的变化而流传的，慧远把身体和精神的关系比作木柴与火的关系。他说火在木柴上燃烧，这就如同精神附着于人的身体。一根木柴上的火烧着另一根木柴，这就好像一个人的精神转移到另一个人的身上。这就是他提出的“薪火之喻”。在他看来，木柴经过燃烧以后一根接一根地化为灰烬，可是前一根木柴上的火却可以传续到后一根木柴上去，所以火不会随着一根木柴烧尽而熄灭。同样，人的身体可以一个接一个地死亡，可是精神却可以从前一个人的身上转移到后一个人的身上，所以精神不会随着一个人的死亡而消灭。

■ 慧远

89. “因果报应”的概念是怎样的？

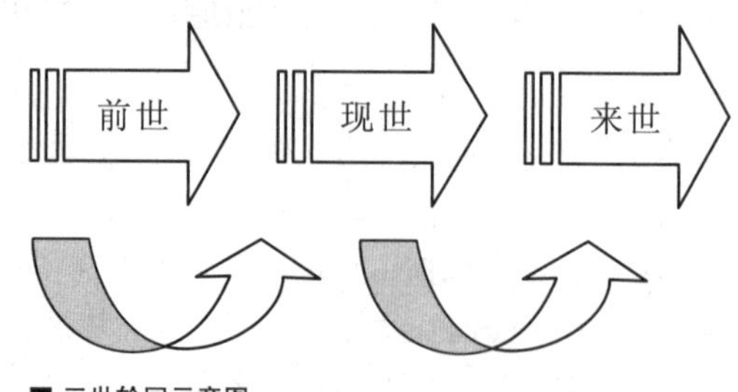

■ 三世轮回示意图

佛教教义中有所谓三世轮回、因果报应的说法。按照这个说法，众生的生命并不限于今生今世的一个周期，而是按照前世、现世、来世的时间顺序轮回周转，众生的一切善恶活动（因）都会招致相应的结果（果报、报应），而报应就通过生命的轮回体现出来，因此众生在每一次轮回中都根据自己前世作业的性质而相应地提升或降低其生命的层次。更具体地说，众生在现世遭遇的寿夭祸福与贫富贵贱，都是前世的作业的结果；众生在现世的所作所为，同样也会导致自己在来世得到相应的果报。这就是所谓“善有善报，恶有恶报”。

90. 范缜在哲学史上的最大贡献是什么？

范缜（约450—约510），南朝齐梁时唯物主义哲学家和无神论者，字子真，南乡舞阴（今河南泌阳西北）人。著有《神灭论》《答曹舍人》等篇。范缜在哲学史上的贡献，主要是提出了著名的“神灭论”，而他的神灭论正是他反佛教思想的一部分。在他生活的齐梁时代，佛教空前盛行，并且得到统治阶层的支持。范缜虽然身在官场，但是不肯随波逐流，而是旗帜鲜明地反对佛教。范缜的反佛教思想大体分为三个方面，即揭露佛教的社会危害、批驳佛教的因果报应说、提出形神关系的新解释。范缜的神灭论克服了以往各种神灭说的理论缺陷，达到了中国古代形神关系理论的最高水准，对佛教的“神不灭论”做出了有力的反驳。不过，范缜神灭论的实际影响却非常有限，远不及佛教理论的影响来得广泛而深远。

第三章　隋唐五代十国

在中国历史上，隋唐时期是中古时期，从时间上看，它承前启后，具有重要的历史地位。当然这一时期又是古代中国政治、经济文化最为繁盛的时期之一。581年，北周丞相杨坚受禅代周称帝，建立隋朝，定都长安。隋朝结束了魏晋以来长达300多年的分裂局面，开创了自秦汉以后的又一大统一的局面，同时它创立的三省六部制、科举制度等等都对中国政治的发展起到了积极作用。618年，李渊篡隋自立，建立唐朝，定都长安。此时的中国是如此的先进、文明、繁荣、强大，它在世界特别是亚洲历史发展中有着特殊地位，起着巨大的作用，成为当时亚洲的中心，也是世界中心地区之一。这一时期，是我国封建文化的高峰期。有光耀千古的文学作品，最突出的是诗歌；有五彩缤纷的艺术，书法和绘画成就辉煌，其中敦煌莫高窟是世界最大的艺术宝库之一。这些艺术珍品，使得古老的中华民族熠熠生辉。

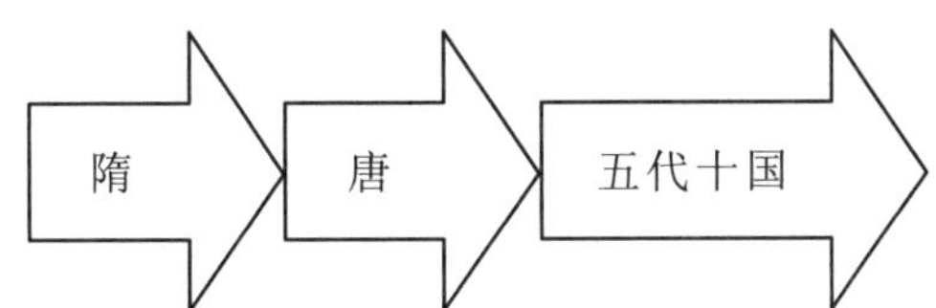

表1　五代基本情况一览表

序号	朝代	都城	统治年代	开国皇帝	灭亡
1	后梁	汴州（今河南开封）	907—923	太祖朱温	灭于后唐
2	后唐	洛阳（今河南洛阳）	923—936	庄宗李存勖	灭于后晋
3	后晋	汴州	936—947	高祖石敬瑭	灭于契丹
4	后汉	汴州	947—950	高祖刘知远	灭于后周
5	后周	汴州	951—960	太祖郭威	灭于北宋

表2　十国基本情况一览表

序号	朝代/政权	都城	统治年代	开国君主	灭亡
1	吴国	广陵（今江苏扬州）	907—937	太祖杨行密	灭于南唐
2	南唐	金陵（今江苏南京）	937—975	烈祖李昪	灭于北宋
3	前蜀	成都府（今四川成都）	907—932	高祖王建	灭于后唐
4	后蜀	成都	933—965	高祖孟知祥	灭于北宋
5	闽国	长乐府（今福建福州）	907—945	太祖王审知	灭于南唐
6	楚国（南楚）	长沙府（今湖南长沙）	927—951	武穆王马殷	灭于南唐
7	南汉	兴王府（今广东广州）	917—971	高祖刘龑	灭于北宋
8	南平（荆南）	江陵府（今湖北荆州）	924—963	武信王高季兴	灭于北宋
9	吴越	西府/杭州（今浙江杭州）	907—971	太祖钱镠	灭于北宋
10	北汉	太原府（今山西太原）	951—979	世祖刘旻	灭于北宋

表3　五代十国时期其余割据政权情况一览表

<table>
<tr><th>序号</th><th>政权名称</th><th>都城</th><th>称号/地位</th><th>统治者</th><th>统治年代</th><th>灭亡/结束</th></tr>
<tr><td>1</td><td>赵国</td><td>镇州（今河北正定）</td><td>赵王</td><td>王镕</td><td>883—921</td><td>灭于后唐</td></tr>
<tr><td rowspan="2">2</td><td rowspan="2">北平国</td><td rowspan="2">定州（今河北定州东）</td><td rowspan="2">北平王</td><td>王处直</td><td>907—921</td><td rowspan="2">灭于后唐</td></tr>
<tr><td>王都</td><td>921—929</td></tr>
<tr><td rowspan="2">3</td><td rowspan="2">晋国</td><td rowspan="2">太原府（今山西太原）</td><td rowspan="2">晋王</td><td>李克用</td><td>891—908</td><td rowspan="2">建立后唐</td></tr>
<tr><td>李存勖</td><td>908—923</td></tr>
<tr><td>4</td><td>岐国</td><td>凤翔府（今陕西凤翔）</td><td>岐王</td><td>李茂贞</td><td>907—923</td><td>灭于后唐</td></tr>
<tr><td rowspan="6">5</td><td rowspan="6">定难</td><td rowspan="6">夏州（今陕西靖边北）</td><td rowspan="2">定难节度使
夏国公</td><td>李思谏</td><td>895—908</td><td rowspan="6">建立西夏</td></tr>
<tr><td>李彝昌</td><td>908—909</td></tr>
<tr><td>定难节度使
朔方王</td><td>李仁福</td><td>909—933</td></tr>
<tr><td rowspan="3">定难节度使
夏国公</td><td>李彝超</td><td>933—935</td></tr>
<tr><td>李彝殷</td><td>935—967</td></tr>
<tr><td>李光睿</td><td>967—978</td></tr>
<tr><td>6</td><td>卢龙、
燕国</td><td>幽州（今北京）</td><td>卢龙节度使
燕王
皇帝</td><td>刘守光</td><td>907—913</td><td>灭于晋国</td></tr>
</table>

续表

序号	政权名称	都城	称号/地位	统治者	统治年代	灭亡/结束
7	殷国	建州（今福建建瓯）	皇帝	王延政	943—945	灭于南唐
8	武平（湖南）	潭州（今湖南长沙）	武平节度使	刘言	950—953	灭于北宋
				王逵	953—956	
				周行逢	956—962	
				周保权	962—963	
9	清源（泉漳）	泉州（今福建泉州）	泉漳都指挥使 清源节度使	留从效	945—962	灭于北宋
			清源节度使 泉漳留守	留绍镃	962—962	
			清源节度使	张汉思	962—963	
				陈洪进	963—978	
10	朔方（灵武）	灵州（今宁夏灵武）	朔方节度使 颍川郡王	韩逊	900—914	灭于西夏
			朔方节度留后 灵武节度使	韩洙	914—928	
			朔方节度留后	韩澄	928—929	
			朔方节度使	康福	929—932	
			朔方节度留后	张希崇	932—939	
			陈留王 朔方节度使	冯晖	939—952	
			灵州大都督府长史 朔方留后	冯继业	952—？	
			西平王、灵州知州	裴济	？—1002	
11	静海（交趾）	交州(今越南河内)	“静海”政权定位有争议，此略			走向独立
12	归义（西汉金山国）	敦煌（今甘肃敦煌）	“归义”政权定位有争议，此略			灭于西夏
13	河西	凉州（今甘肃武威）	“河西”政权定位有争议，此略			灭于西夏

91. 隋唐时期都有哪些具有中国特色的佛教宗派?

随着经济和文化的繁荣，佛教在隋唐时期得到空前发展。中国僧人在对佛教的经典和教义进行总结、评判、选择的基础上，在佛教的组织系统、理论体系和实践形式等方面进行了新的创造，先后形成了许多具有中国特色的佛教宗派，如三论宗、天台宗、法相宗、律宗、净土宗、禅宗、华严宗、密宗等，于是佛教在这一时期呈现繁荣发展的局面。在众多的佛教宗派当中，对中国哲学的影响比较深远的主要有法相宗、华严宗和禅宗。

表4　主要佛教宗派及代表人物

宗派	代表人物	主要思想
法相宗	玄奘	三自性说、五重观法、因明学说
华严宗	法藏	事事无碍论
禅宗	慧能	不立文字，教外别传；直指人心，见性成佛

92. 法相宗的创始人是谁?

■ 玄奘

法相宗的创始人是玄奘（602—664）。通称三藏法师，俗称唐僧。唐代佛教学者、旅行家，唯识宗创始人之一。曾编译《成唯识论》，撰有《大唐西域记》。他是中国历史上西行求法的代表、伟大的爱国僧人和杰出的佛经翻译家，对中印文化交流做出了巨大贡献。在佛教理论方面，玄奘信奉大乘佛教瑜伽行派的学说，把《解深密经》和《瑜伽师地论》作为佛教最高教义的经典依据。法相宗的佛教理论特别注重对法相（事物现象）的分析，而分析的结果是认为一切事物都是“识”的变现，它不能离开“识”而独立存在。万法唯“识”是法相宗哲学的基本命题。他们关于这一命题的论证，主要有三自性说、阿赖耶识缘起说、唯识四分说。

表5 玄奘译经概况

玄奘译经场所	弘福寺、玉华宫、弘法院、大慈恩寺、终南山大和宫、凝阴殿顺贤阁、积翠宫大内丽日殿、坊州玉华寺。高宗年间，玄奘一度请求去嵩山少林寺译经，未准。
玄奘译经程序	1. 译主：是译场的主要负责人，须精通梵、汉语文，深究大、小乘经论，辨析名相，证解微义，凡遇到翻译上的疑义，由他负判断的责任。 2. 证义：是译主的助手，将凡已译成的文字审查其意义与梵本有无出入之处，与译主斟酌后决定。 3. 证文：在译主宣读梵本时，注意它与原文有无舛误。 4. 书字：一称度语，将梵文音义写成中文。 5. 笔受：把梵文的字义翻译成中文的字义。 6. 缀文：因为梵、汉文字的结构和文法不同，由他加以整理，以符合汉文的结构。 7. 参译：校勘原文是否有错误，同时将译文回证原文，检查是否有误。 8. 刊定：由于梵、汉文体制的不同，刊定所译成的每句、每节、每章，去芜存精，使其简要明确。 9. 润文：把已译成的书，进行文字加工，使其文字流畅优美。 10. 梵呗：经过以上九道手续，翻译完备后，还要用梵音唱念一遍，修正音节的不和谐处，以便传诵。
玄奘译经细目	贞观十九年（645年）五月二日，玄奘在弘福寺翻经院开始译经，创译《大菩萨藏经》，至九月二日译毕，共二十卷，由沙门道宣执笔，并删缀词理。其后，玄奘在弘福寺翻经院译出的经论有： 《显扬圣教论颂》一卷，无著造，贞观十九年六月十日译，沙门辩机笔受。 《六门陀罗尼经》一卷，贞观十九年七月十四日译，沙门辩机笔受。 《佛地经》一卷，贞观十九年七月十五日译，沙门辩机笔受。 《显教圣教论》二十卷，无著造，贞观十九年十月一日始译，至贞观二十年（646年）正月十日毕，沙门智证等笔受。 《大乘阿毗达磨杂集论》十六卷，安慧造，贞观二十年正月十七日始译，至闰三月二十九日毕，沙门玄赜等笔受。 《瑜伽师地论》一百卷，无著造，贞观二十年五月十五日始译，至贞观二十二年（648年）五月十五毕，历时二年，沙门灵会、朗常等笔受。 《大乘五蕴论》一卷，世亲造，贞观二十一年（647年）二月二十四日译，沙门大乘光等笔受。 《摄大乘论无性释》十卷，贞观二十一年三月一日始译，至贞观二十三年（649年）六月十七日于大慈恩寺毕，沙门大乘巍、大乘林等笔受。 《解深密经》五卷，贞观二十一年五月十八日始译，至七月十三毕，沙门大乘光笔受。 《因明入正理论》一卷，商羯罗主造，贞观二十一年八月六日译，沙门知仁（一作明常）笔受。 《天请问经》一卷，贞观二十二年三月二十日译，沙门辩机笔受。 《胜宗十句义论》一卷，慧月造，贞观二十二年五月十五日译，沙门灵隽笔受。 《唯识三十论》一卷，世亲造，贞观二十二年五月二十九日译，沙门大乘光笔受。 贞观二十二年六月，玄奘奉敕至坊州宜君县（今陕西宜君县）凤凰谷玉华宫，唐太宗问法及翻译事，因再度请求御制经序（贞观二十年）七月十三日曾将译出经论五部、共十八卷进上求序），唐太宗遂撰《大唐三藏圣教序》。唐太宗又读《菩萨藏经》，译文很美，敕皇太子作《后序》。玄奘随驾在玉华宫暂住，至十月中旬方归，其间在弘法台译经一部，即：

续表

<table>
<tr><td>玄奘译经细目</td><td>《能断金刚般若波罗蜜多经》一卷，十月一日译，直中书杜行顗笔受。
其年十月，玄奘随唐太宗，又自洛阳宫还京，唐太宗特命在北阙紫微殿西别营一所，号弘法院，敕玄奘居住。自后一段时间，玄奘在白天随唐太宗谈论佛法，至晚回弘法院译经。在此期间翻译的经论有：
《大乘百法明门论》一卷，世亲造，贞观二十二年十一月十七日译，沙门玄忠笔受。
贞观二十二年十月，大慈恩寺建成，选大德五十人，以玄奘为上座，综理寺务。寺内别造翻经院，十二月玄奘奉敕入住。
《摄大乘论世亲释》十卷，贞观二十二年十二月八日始译，至贞观二十三年六月十七日于大慈恩寺译毕，沙门大乘巍等笔受。
《摄大乘论本》三卷，无著造，贞观二十二年闰十二月二十六日始译，至二十三年六月十七日于大慈恩寺毕，沙门大乘巍笔受。
《缘起圣道经》一卷，贞观二十三年正月一日译，沙门大乘光笔受。
《阿毗达磨识身足论》十六卷，提婆设摩造，贞观二十三年正月十五日始译，至八月八日于大慈恩寺译毕，沙门大乘光等笔受。
贞观二十三年四月至五月间，玄奘陪侍唐太宗至终南山大和宫，在翠微宫谈玄论道，并译经二部：
《甚希有经》一卷，贞观二十三年五月十八日译，沙门大乘钦笔受。
《般若波罗蜜多心经》一卷，贞观二十三年五月二十四日译，沙门知仁笔受。
贞观二十三年五月底，唐太宗崩于大和宫含风殿。玄奘自大和宫返大慈恩寺，从此专事翻译，夜以继日，从不间断。先后在大慈恩寺翻经院译出的经论有：
《如来示教胜军王经》一卷，贞观二十三年二月六日译，沙门大乘光笔受。
《菩萨戒羯磨文》一卷，贞观二十三年七月十五日译，沙门大乘光笔受。
《王法正理论》一卷，弥勒造，贞观二十三年七月十八日译，沙门大乘林笔受。
《最无比经》一卷，贞观二十三年七月十九日译，沙门大乘光笔受。
《菩萨戒本》一卷，贞观二十三年七月二十一日译，沙门大乘光笔受。
《大乘掌珍论》二卷，清辩造，贞观二十三年九月八日始译，至十三日毕，沙门大乘晖笔受。
《佛地经论》七卷，亲光等造，贞观二十三年十月三日始译，至十一月二十四日毕，沙门大乘光笔受。
《因明正理门论》一卷，陈那造，贞观二十三年十二月二十五日译，沙门知仁笔受。
《称赞净土佛摄受经》一卷，永徽元年（650年）正月一日译，沙门大乘光笔受。
《瑜伽师地论释》一卷，最胜子等造，永徽元年二月一日译，沙门大乘晖笔受。
《分别缘起初胜法门经》二卷，永徽元年二月三日始译，至八日译毕，沙门大乘櫛笔受。
《说无垢称经》六卷，永徽元年二月八日始译，至八月一日毕，沙门大乘光笔受。
《药师鳙璃光如来本愿功德经》一卷，永徽元年五月五日译，沙门慧立笔受。
《广百论》一卷，提婆造，永徽元年六月十日译，沙门大乘谌笔受。
《大乘广百论释论》十卷，永徽元年六月二十七日始译，十二月二十三日毕，沙门敬明等笔受。
《本事经》七卷，永徽元年九月十日始译，至十一月八日毕，沙门靖迈、神敢等笔受。
《诸佛心陀罗尼经》一卷，永徽元年九月二十六日译，沙门大乘云笔受。</td></tr>
</table>

93. 如何理解“三自性说”?

“三自性说”通过对事物实在、事物假有、事物虚幻而假有等三种“自性”的分析，说明事物的性质在于人对事物的认识，而人对事物真正性质（实相）的如实了解就体现了“识”的真实存在。“三自性”也叫“三性”，指遍计所执性、依他起性、圆成实性。遍计所执性是说人的主观妄想造成了所谓的自在实体。在这三性当中，遍计所执性强调事物的实有，依他起性强调事物的虚无，圆成实性则要求人们既不要把事物当作实有，也不要把事物当作虚无，这样的看法符合中道的原则，所以说它是最圆满的。

94. 如何理解“阿赖耶识缘起说”?

“阿赖耶识缘起说”也叫“阿赖耶识种子说”。“阿赖耶识缘起”是说一切事物以阿赖耶识为缘而生起，说阿赖耶识是生起一切事物的种子，这两种说法的意思都是说阿赖耶识是一切事物的根源。法相宗通过对各类意识功能的分析，说明阿赖耶识才是一切事物的最终根源。

95. 如何理解“唯识四分说”?

在“唯识四分说”中，法相宗对各个种类的意识作用共同具有的结构层次进行划分，从而说明一切事物只是意识的表象，表象没有超出意识的范围，不能脱离识而独立存在。法相宗的法相唯识学说涉及诸多认识论和心理学的问题，极大地丰富了中国古代的认识论理论。这一学说关于“万法唯识”或“万法唯心”的命题也是佛教各派广泛认同的观念，而且后来对中国近代哲学的变化产生了非常深远的影响。但是法相宗的理论是一种典型的烦琐哲学，很难为一般的佛教信众所掌握，因此这一宗派流传不久便销声匿迹了。

96. 华严宗的教义主要包括什么内容?

华严宗的教义主要有五教十宗的判教说和法界缘起的理论。华严宗认为佛的境界是一切差别的事物无尽缘起、周遍含容的大法界，人们就应当用这样的道理观察世界。华严宗根据这种观点提出了四法界、六相义、十玄门等学说，具体地阐明一切差别的事物之间都是交互含容、全息统一的，真心与妄念、本质与现象以及现象与现象之间都是相即相入、圆融无碍的关系。他们以《华严经》作为主要的经典依据，于是这一派就被称为华严宗。

97. 如何理解华严宗的“四法界说”?

华严宗把各种现象之间相即相入、无尽缘起的关系（法界缘起）作为禅定观想的主要内容，于是要求人们从这四个方面来观察现象世界的性质和关系，所以“四法界”也叫作“法界观”。“四法界”的“法界”是指事物的界限、分别，“四法界”就是指事物的四个方面，具体指事法界、理法界、理事无碍法界、事事无碍法界等四个方面。

表6 “四法界”释义

事法界	千差万别的事相，即各种具体的事物现象
理法界	事物的理体，即事物的真理和本质
理事无碍法界	事物的本质和现象之间交相含容、互不隔碍的关系
事事无碍法界	各种不同的事物之间融合统一、不相隔碍的关系。

禅观的方法也应有四种，但因事法界的种种事相数不胜数，“一一事相皆可成观”，所以关于事法界的观察方法可以省略。因此，法界缘起的道理实际上就体现为理法界、理事无碍法界和事事无碍法界等三个方面，而与这三个方面分别对应的禅观方法则是真空观、理事无碍观、周遍含容观。

98. 如何理解华严宗的“六相圆融说”？

“六相圆融”是说六相之间是圆融无碍的关系。“六相”是指总相、别相、同相、异相、成相、坏相，它们既是事物所具有的六种相状，也是用来说明事物关系的六个范畴。华严宗认为六相之间也是对立统一的关系，以此说明佛教的智慧是深刻领悟一切差别现象之间有着相交互涉、圆融无碍关系的精神境界，以及一乘（佛乘）圆教关于一念向善即可断除一切迷惑、具备一切功德的教义的理论根据。

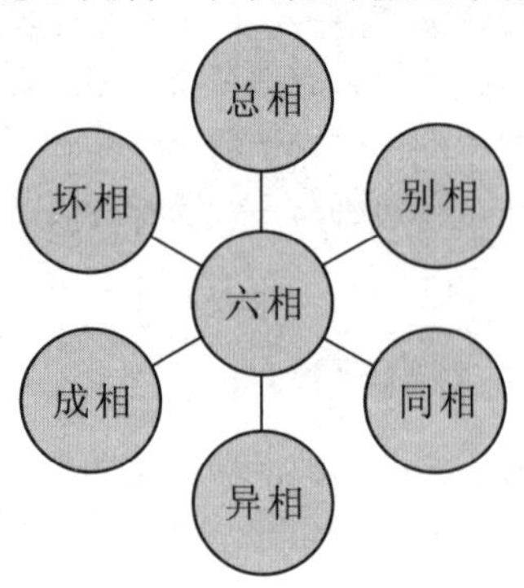

■ “六相圆融”示意图

99. 为什么禅宗也被称为“心宗”或“佛心宗”？

禅宗是中国佛教的实践派，他们很少有系统的教义理论体系。但这并不等于说禅宗没有自己的思想，实际上他们对于佛教中的许多问题都有自己的看法。其他宗派往往根据某一类佛教经典的教义建立自己的学说，而禅宗的思想则不拘泥于佛教经典的成说，因此他们自我标榜为“教外别传”。他们认为自己所传的乃是佛祖的“心印”，亦即佛教的觉悟之心，因此禅宗也被称为“心宗”或“佛心宗”。

初祖达摩
二祖慧可
三祖僧璨
四祖道信
五祖弘忍
北宋神秀
北宗
嵩山普寂
六祖慧能
南宗
菏泽神会
菏泽宗
永嘉玄觉
南岳怀让
南阳慧忠
青原行思
马祖道一
洪州宗
五祖弘忍
石头宗
磁洲法如
五台山无名
荆南惟忠
华严澄观
遂州道园
圭峰宗密
牛头法融
牛头宗
智岳
慧方
法持
智威
慧忠
鹤林玄素
佛窟惟则
径山道钦
百丈怀海
南泉普愿
赵州从谂
黄檗希运
沩山灵祐
临济义玄
临济宗
仰山慧寂
沩仰宗
兴化存奖
石霜楚圆
杨岐方会
杨岐派
黄龙慧南
黄龙派
明庵荣西
日本临济宗
天皇道悟
药山惟俨
龙潭崇信
云岳昙晟
德山宣鉴
洞山良价
雪峰义存
曹山本寂
曹洞宗
玄沙师备
云门文偃
云门宗
地藏桂琛
清凉文益
法眼宗
天台德韶
永明延寿
永平道元
日本曹洞宗

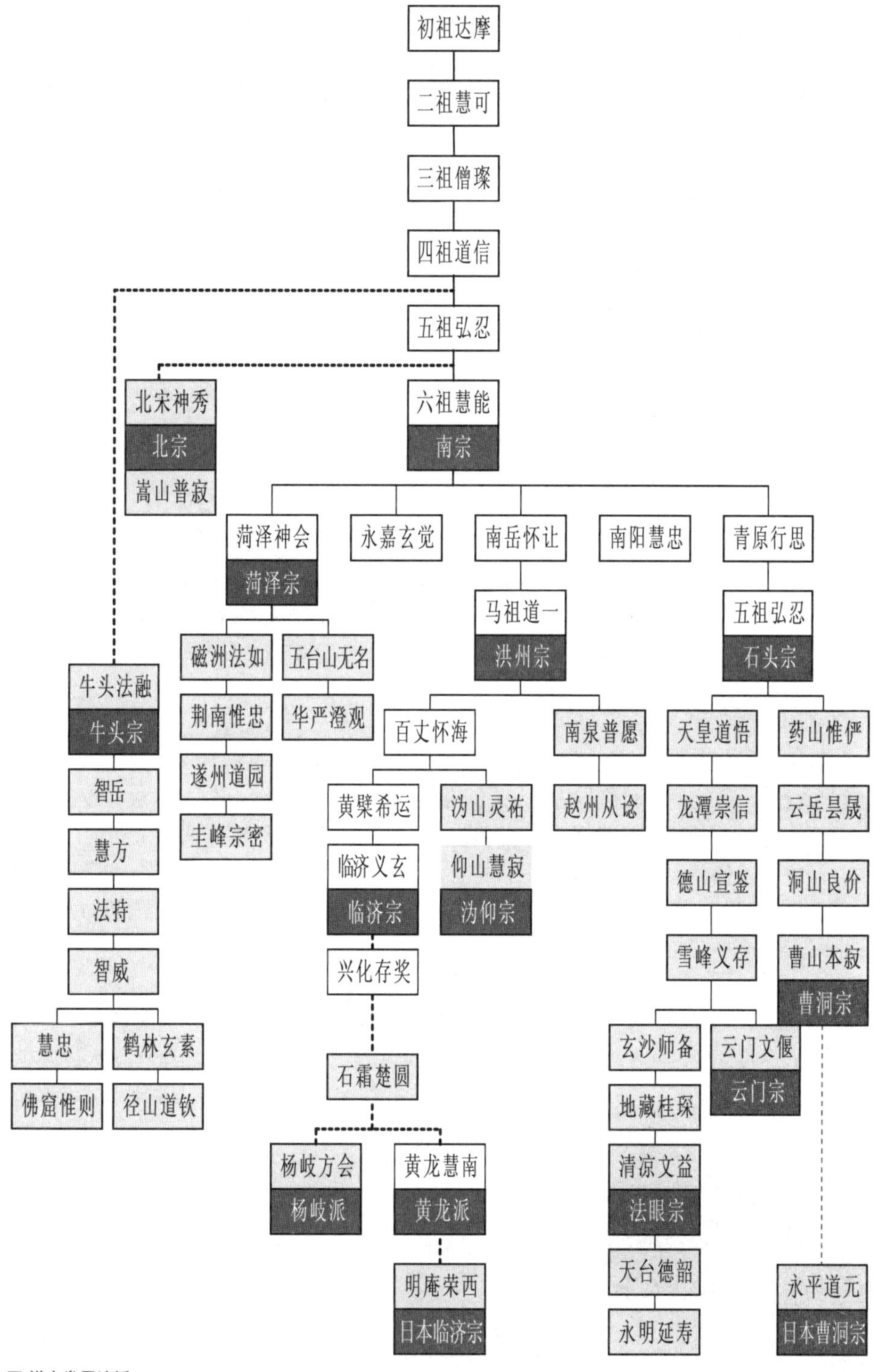

■ 禅宗发展流派

100. 禅宗是不是中国佛教的产物?

根据可考的文献资料，印度历史上并没有禅宗。就中国的情况来说，达摩禅法在当时还没有成为一个宗派，而且与后来禅宗的思想有明显区别。道信、弘忍的时代，在今湖北黄梅一带聚集了一批远离都市、不与官方往来的佛教信众，他们在思想观点上把大乘佛教的如来藏自性清净说和般若性空说结合起来，在生活实践上则一边生产一边修禅，于是成为当时佛教中一个独具特色的宗派，这便是早期禅宗。弘忍之后，禅宗内部发生分化，以慧能为代表的南宗激烈地批评以神秀（约606—706，弘忍的大弟子）为代表的北宗，形成了一股对道信以来的传统禅法加以改革的新兴佛教运动。之后南宗的势力逐渐蔓延、传续不断，并最终成为禅宗乃至整个中国佛教的主流。现在通常所说的禅宗，实际上就是指以慧能为代表的南宗。因此，禅宗并非印度佛教的移植和延伸，而是中国佛教的产物。

101. 禅宗对于心性问题的基本看法有哪些?

禅宗认为，人心具有两个方面：一是人心的本体，一是人心的现象。本体的方面就是清净的佛性或智慧，现象的方面就是染污的烦恼或妄念。前者是成佛得解脱的根据，后者是流转生死的原因。尽管现实的人心充满了种种妄念烦恼，但是人心当中潜在的佛性智慧不失不坏，人们只要使它发挥显露出来，就可以获得觉悟解脱。

102. 禅宗关于修行方法的观点有哪些?

既然烦恼妄念使人不能成佛，要想成佛得解脱就必须通过修行实践。那么，应当如何修行呢？这就是宗教修行方法论的问题了。禅宗关于这个问题的看法大致包括两方面的内容：一是修行实践的基本原则，二是修行实践的具体方法。关于前一个方面，禅宗中普遍认可的基本原则是自主性原则，他们称为“自悟自修”或“心法”；关于后一个方面，禅宗中没有，而且反对有通行固定的修行方法，所以他们的方法往往是因人而异的，这样的方法可以统称为“无法之法”或“法无定法”。

103. 慧能提出的修行实践方法有哪些?

■ 慧能

慧能（638—713），亦作惠能。唐代僧人，禅宗南宗创始人，被称为“禅宗六祖”。本姓卢，世居范阳（治今河北涿州），生在南海（今广东广州市）新兴。其说教在死后由弟子汇编成书，世称《六祖坛经》。

禅宗的修行方法多种多样，这里只能以慧能为例加以说明。慧能提出的修行实践方法主要是“定”“慧”和“无念”等。“定”是指坐禅入定，即禅定修习中使精神高度集中的过程；“慧”是指慧观或观想，即禅定修习中在内心深层进行的下意识冥想过程，它们本来是禅定修习的两个基本方面。所谓“无念”，就是既有意念又没有意念，指内心没有关于任何对象的意念。慧能对于无念所做的类似于心理描述式的说明，意在指出修行实践的关键就在于发挥人的灵性，而不在于一定要去想念什么或不想念什么。后来的禅宗正是沿着这个方向，运用拳击、棒打、喝叫之类的激烈动作来激发修行者对自己灵性的醒悟。

104. 禅宗关于解脱境界的观点包括“顿悟”，如何理解此观点?

禅宗认为，从众生到佛的转化就在一念之间，转化的形式就是“悟”或“顿悟”。顿悟意味着整个人心发生了质变。在禅宗看来，解脱与否并不在于觉悟的多少，而在于有没有觉悟，现实的人心要么觉悟，要么执迷。觉即解脱，迷即被缚，两者的性质截然不同，它们之间并没有中间状态或过渡环节。因此，即使是一念觉悟，人心的整个品质也属于佛；即使是一念执迷，人心的整个品质也属于众生。所以，顿悟成佛的境界就意味着人心发生了质的变化。

105. 在禅宗看来，有哪三种人生境界?

在禅宗看来，这三种人生境界属于三个不同的层次：一是执迷于世俗利益的层次，它是最底层的；二是摆脱了世俗利益的拘束而又被佛法束缚起来，它虽然高于第一个层次，但还不是彻底的解脱；三是不仅克服了世俗利益的拘束，而且摆脱了佛法的拘束，这样才潇洒解脱、自由自在，所以是最高的层次。可见，禅宗所说的解脱成佛并不是成为神仙上帝，而是成为无拘无束、彻底解脱的自由人。

自由人
被佛法束缚
执迷于世俗利益

■ 禅宗认为的三种人生境界

106. 如何理解法藏的“法界缘起”说?

法藏（643—712），唐代僧人。华严宗实际开创者，宗内称为三祖。本康居国人，共祖父侨居长安，以康为姓。“法界缘起”为华严宗的重要命题和基本教义，又名无尽缘起和性起缘起。法界通常是指实相、真如、实际等表示现象之本原、本质的概念，但其在此有特定的含义，用以指包括物质与精神现象和本质的宇宙万物。所谓缘起，意谓一切事物均待缘而起，依一定的条件而生起变化。法界缘起有两个要点，第一是世间一切现象均由法界清净心随缘生起，离开法界一心更无别物；第二是在此法界一心作用下，各种现象无不处于你

■ 法藏

中有我，我中有你，你即是我，我即是你的法界，“圆融无碍”“重重无尽”的联系中。

107. 什么是“十玄”?

“十玄”是中国佛教华严宗基本教义。它阐明佛教的各法门，彼此是互相关联、互相摄入而又周遍圆融的，是“四法界”中“事事无碍法界”的具体化和“华严观法”的基本内容。通过了十玄，便可进入幽玄莫测的华严法界，故称“十玄门”或“十无碍”。因这十门可以总摄一切缘起法，故又名“十玄缘起”。首创者为华严宗二祖智俨。他根据《华严经》每以十句解释缘起法相的说法，在“六相圆融”的基础上提出了“十玄无碍”之说。主要是说明缘起法之间互为条件、互相包含、相即相入、圆融无碍等复杂而又统一的关系。

108. 如何理解慧能的“本性是佛”思想?

为了宣扬“顿悟成佛”的思想，慧能提出了“本性即佛说”作为他的教义的理论基础，认为人人都有成佛的本性（或称本心）。佛性说的特点，在于他把佛性看成是人的唯一本性，既然佛性即是人性，为什么又有佛和众生的区别？慧能认为，他们的区别在于觉与不觉。“佛”不在遥远的彼岸世界，而在每个人的心中。“自心”不觉悟，即使终日念经、拜佛、坐禅布施也只是凡人。慧能把成佛的途径，全部转移到对自己“本性”的觉悟上来，提倡内求于心，这是他的顿悟成佛说的出发点。

109. 华严宗强调的“事事无碍”揭示了什么?

“事事”指各个具体事物，而“事事无碍”亦即世间的一切诸法都是相入相即、圆融无碍的，此即是彼，东即是西，物即是我，色即是心，一切的一切都是混融无碍的。因为万事万物都是本体所显现的虚幻现象，每一现象又包含本体，所以各种现象彼此都互相包容，“圆融无碍”，没有差别和对立。这是“四法界”的落点所在，也是华严宗圆融理论的最高境界。

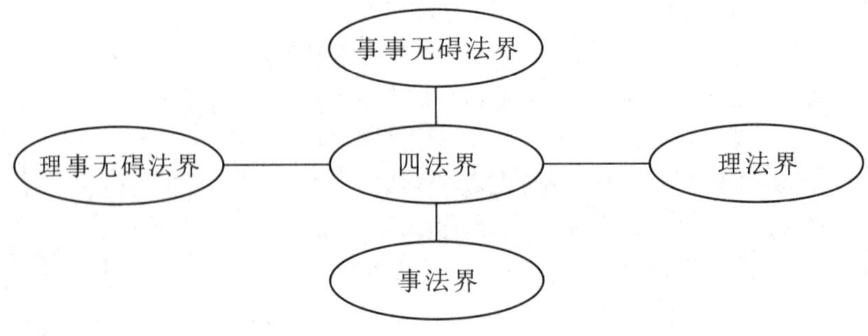

■ “四法界”示意图

110. 如何理解慧能的“自性真空”思想?

在慧能看来，所谓佛在心中，不是说佛性作为一种实体住在心中，而是讲“自性真空”，“无有一法可得”。所谓“自性真空”，是说心处于一种“空虚”的境地，这种“空”，不是空心静坐，念念思空，而是心连“空”的观念，甚至成佛的念头都不追求。他认为这种精神状态，即是佛的境地，也就是人的本性。

111. 为什么说韩愈在中国哲学史上占有重要的地位?

韩愈（768—824），字退之，河南河阳（今河南孟州南）人。唐代文学家、哲学家，古文运动的代表人物，在历史上以文章大师而闻名。他在思想上信奉儒家学说，为了捍卫儒家学说的正统地位而积极排斥佛、道二教，他构造了一个儒家学说的传承系统（道统），代表了儒学意识的觉醒，直接影响了宋代儒学的复兴，因此他在中国哲学史上也占有重要的地位。据史书记载，韩愈曾作有《论语注》《孟子注》《论语笔解》等儒家经典的注释，不过其中大部分已经佚失。他的诗文作品被后人编辑为《昌黎先生集》，其中的哲学论文主要有《原道》《谏迎佛骨表》等。

■ 韩愈

112. 韩愈是如何对佛、道进行批判的?

韩愈对佛、道的批判主要集中在社会经济和政治的层面，他指出佛、道对社会经济的危害，并根据圣人对于人类的重要作用批评道家的绝圣弃智观，批评佛、道为追求清净寂灭而逃避社会责任，反对把夷狄之法置于先王之教上。并且，他提出了对待佛、道的具体措施，就是要强迫僧人、道士还俗为民，烧毁佛、道经典，把佛寺、道观改为民宅，用儒家学说教导人民，使孤独残废的人也能得到扶养。这种主张就是要求运用粗暴的强制命令来禁止佛、道和推行儒教，但是并不能解决好复杂的宗教问题。

113. 什么是“夷狄之法”与“先王之教”?

“夷狄之法”是指外来的佛教，“先王之教”是指中国传统的儒家学说。韩愈认为如果把外来的佛教置于中国传统的儒家学说之上，那就会使人们都变得野蛮落后。这样的观点也不是韩愈的发明，它的出发点是维护本土文明的尊严，它的思维方式是传统的“夷夏之辨”。这种盲目尊崇本土固有文明的观点，明显带有“夜郎自大”的性质。

114. 韩愈的《原道》里表现了怎样的仁义道德观?

《原道》是一篇反对佛、道二教的论文。所谓“原道”，就是对“道”做一番正本清源的考察，以便澄清儒家所说的“道”不同于佛、道二教的道。在这篇文章里，韩愈对儒家所谓“道”的含义加以辨析，对佛、道二教提出批评，并提出了儒家的“道统”。韩愈对仁义道德提出自己的定义，并对仁义道德的内容加以辨析。在仁义道德四者当中，韩愈强调了仁义和道德的区别。他认为他所讲的道德是“合仁与义言之也”，这样的道德是大家都认可的；而老子所讲的道德是“去仁与义之言也”，它只是老子的一己私见。

115. 李翱在哲学史上有什么贡献?

李翱（772—836），唐代散文家、哲学家，字习之，陇西成纪（今甘肃静宁西南）人。曾师从韩愈学古文，在思想上也和韩愈一样信奉儒家学说。他的著作被编辑为《李文公集》，其中的《复性书》是他的代表性哲学论文。李翱在哲学史上的贡献，主要是借用佛教心性学说的理论模式说明儒家心性论中的本性与情感的关系，开创了儒家学说吸取外来佛教的思想养分以充实自身的理论范式，从而为后代儒学的发展提供了一种可资借鉴的模式。他在《复性书》里所要解决的，主要是人为什么能够成为圣人和人如何成为圣人的问题。

116. 如何理解李翱的“复性说”?

李翱认为，人如果要成为圣人，就必须回归到自己的本来状态，而回归到本来状态的基本途径就是“复性”。所谓“复性”，就是恢复本性、善性，成为圣人。性是本来就有的，所以复性只是本性的再发现，而不是本性的新发生。李翱的复性说虽然以孟子以来的儒家心性理论为基础，但同时也受到了佛教心性学说的影响。李翱复性说的出现，标志着儒家学说已经开始自觉地从理论思维模式的深层方面吸收利用佛教思想的养分来充实自己。宋代的儒家学者便沿着这一路径，广泛利用佛、道二教的理论思维模式解释儒家学说的各种问题，终于使寂迷了几百年的儒家学说重新振兴了起来。

117. 李翱对性情的关系是怎样理解的?

李翱从性情关系的角度，提出了“性”是人成为圣人的根据、“情”是人成为圣人的障碍的基本观点。性、情既相联系又相区别，一方面，性是人能成圣的根据，但是性受到情的蒙蔽；另一方面，性与情不能互相分离，但性是情的根本。圣人和凡人都是既有性也有情，二者的区别在于圣人可以保持本性，而凡人总是追逐情欲，从而迷失了自己的本性。因此得出，情欲使人为恶，所以情是万恶之源。

118. 依照佛教的发展，“缘起说”共有几种?

依佛教思想的发展，缘起说可有四种，分别是“业感缘起”“赖耶缘起”“真如缘起”及“法界缘起”。

表7 缘起说四种

学说名称	主张教派	教义阐释
业感缘起	小乘教	认为众生由惑而作业，由业而生苦果，由苦果再起惑作业，轮回不断，所以众生身心世界皆由业力所起
赖耶缘起	大乘始教	认为每一有情都有“阿赖耶识”，即一种深细难知的心识，它含藏能生起万法的无量种子，一切皆由这些种子遇缘而显现出来
真如缘起	大乘终教	认为“真如”随缘而生万法，所以森罗万象即是真如
法界缘起	华严教	认为法界乃一大缘起，宇宙万法融通，互为缘起，重重无尽，所以亦称为“无尽缘起”

119. 什么是“五教十宗”？

“五教十宗”是贤首宗的教相判释。贤首宗为表明自己的宗派在佛教当中的位置，依自宗的宗义把释迦如来一代所说的教法分别判作五教十宗。“五教”是依所诠法义的浅深，把佛一代所说的教分为五类，分别为小乘教、大乘始教、终教、顿教、圆教。“十宗”，是依佛说的义理，把佛一代所说的宗为十种：我法俱有宗、法有我无宗、法无去来宗、现通假实宗、俗妄真实宗、诸法但名宗、一切皆空宗、真德不空宗、相想俱绝宗、圆明具德宗。

120. 唐代时期政治思想的主要特点是什么？

唐代时期，君主专制、中央集权的各项制度都达到成熟阶段。与此相对应，政治思想进入综合、深化阶段，走向成熟。其特点主要表现在：儒学复交，经王通和贞观统治集团的努力，儒学由衰落走向复兴，重新获得主导地位；当朝君主、大臣如李世民、韩愈等积极探讨为君治国的道理，使其达到相当高的水准；对分封制与郡县制的争论做了总结，柳宗元作《封建论》一文，从社会发展的发展规律的高度，论证了郡县制取代分封制的必然性和郡县制的优越性，结束了汉魏以来在这个问题上的长期争论。

第四章　宋元时期

在经过了50多年的纷争后，960年北宋控制了中国大部分地区。1127年靖康之变，金国攻破北宋都城汴京，北宋灭亡。同年，宋钦宗的弟弟赵构在南京（今河南商丘）登上皇位，定都临安（今浙江杭州），史称南宋，偏安江南。1271年，忽必烈建立元朝，定都大都（今北京），南宋随之灭亡。但是，动乱背后的宋元时期，在文化上上承隋唐、下启明清，以自己鲜明的时代特色和独特的风格创造了中华文明史上又一个文化高峰。宋朝被西方学者称为中国的“文艺复兴”，元朝也成为中国封建文化高度繁荣的阶段。宋元时期的政治和经济条件为文化的发展提供了良好的客观环境。宋朝结束了五代十国以来长期分裂割据和混战的局面。那时经济发展，城市繁荣，航海和对外贸易空前活跃。元朝实现了全国性的统一，中外经济文化交流频繁。两大因素的结合，使宋元文化突飞猛进，涌现出一批著名的科学家、文学家和艺术家。

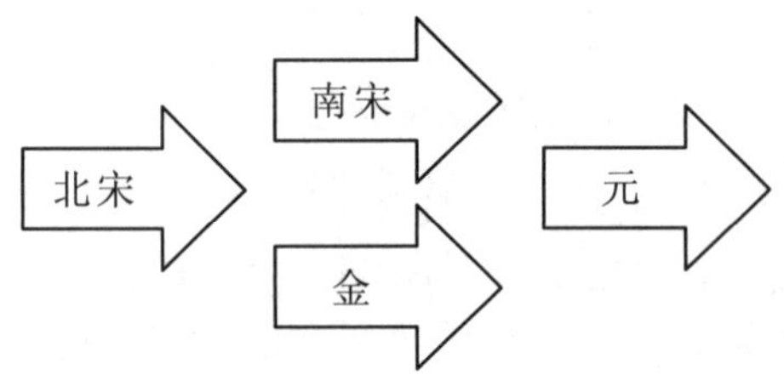

121. 什么是“理学”?

“理学”一词，在宋代最初曾被用来概括当时的儒学。南宋理学朱熹赋予理学的含义是讲道理或有道理之学，就其学派而言，则不仅是指后来被当作理学正统的北宋“五子”（周敦颐、邵雍、张载和程颢、程颐兄弟）之学，而且也将“二苏”（苏轼、苏辙）为代表的蜀学包括在内。与朱熹对立的心学一派的代表人物陆九渊亦使用“理学”一词来统称宋代的儒学，并认为“本朝理学，远过汉唐”。

122. 什么是“道学”?

“道学”一词起源较“理学”早，北宋的张载和“二程”就已经提到。而且，在后者那里，其意思一开始就比较明确，程颐以他和其兄二人所倡导的学说称为“道学”，并曾感叹初创时的情形道：“呜呼！自予兄弟倡明道学，世方惊疑。能使学者视效而信从，子与刘质夫为有力矣。”（《二程全书》）正是经过“二程”弟子们的努力，“道学”逐渐传播开来，“述其道学者甚众”。到南宋，“道学”已成为一种特征鲜明的学术派别的称呼。

123. 什么是“性理学”?

“性理学”的“性理”二字，意指性命义理或性命理气，因最初由程颐“性即理也”一语引出，故后人曾以此名称述程朱学派。但明清两代官方编定的理学读物《性理大全》《性理精义》均把程朱道学与陆九渊心学合起来编入其中。

124. 什么是“宋学”?

“宋学”是与“汉学”相对而言的。所谓“汉学”，是指盛行于汉唐时期儒家的学术风气和学术方法。汉儒治经，偏重于名词的注解训诂。对于经典的注解，由经而有传，由传而有注，由注而又有疏。这种治学方法，虽然对于看懂和理解儒学经典本身有相当大的帮助，但它同时也造成了一种只专注于文字而不重视对于义理的理解和发挥的问题。到了唐代，这种学风的弊病愈发明显。唐儒治经，依汉注作疏，以“疏不破注”为原则，以“疑经”为叛道，以“破注”为非法。此种治学学风和方法，思想的发展受到了严重的束缚。

125. 什么是“新儒学”?

“新儒学”的概念，英文为“Neo-Confucianism”。它的产生较晚，大致20世纪30年代开始使用，后来逐渐流行。国外一些汉学家，大都采用“新儒学”一词来指称与传统儒学风格与旨趣极为不同的宋明儒学。受其影响，当代不少学者沿用了这一说法，特别是在英译中国哲学文献中，基本上都采用“Neo-Confucianism”一词。与此相应，20世纪二三十年代以来，继承宋明儒学而形成的“现代新儒学”，也是因接续宋明儒学而得其名的。

126. 宋明理学的主要特点是什么?

宋明理学作为一种新的思想体系，无疑具有多方面的内容。从总体上看，它至少有以下三个主要的特点：其一，思辨化的儒学，传统儒学经由理学家的改造，道德信条式的理论体系终于变成以哲学形而上学做基础的哲学理论体系。其二，以伦理道德为核心的儒学，其旨趣在于人类对社会伦理价值与规范的正当性的认识和对于主体道德的个体自觉。其三，融合佛老（佛家和老庄思想的统称）的儒学，宋明理学家虽然对佛老都进行了批判，但佛教在当时对儒家学者的影响要远远超过道教，他们捍卫的是正统儒学的尊严，却利用了佛教的哲学思辨的智慧，他们强化的是儒家的人伦道德实践，但后来自身却又流于佛教禅学的空疏，这些历史教益可以说从不同方面披露了佛教对于宋明理学的深刻影响。

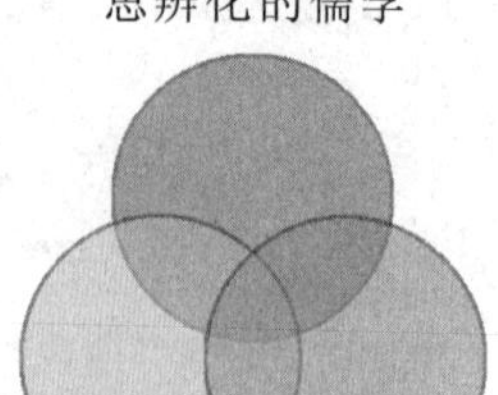

■ 宋明理学的三个主要特点

127. 宋明理学的主要学派有哪些?

按照各学派在理学中的地位和影响，我们可以分出理学中的主流派和非主流派。所谓主流派，包括在理学中居于正统地位的程朱道学一派，与程朱相抗衡而同居于理学中心地位的陆王心学一派及以张载、王廷相、王夫之等为代表的张王气学一派。所谓非主流派，是指在当时影响虽著于一时，然在理学流传发展中未能居于主导地位的其他学派，如司马光的涑水学、“二苏”的蜀学、胡宏和张拭为代表的湖湘学、吕祖谦的婺学等流派。同时，还有一些学派在严格的意义上并不属于理学，而是与理学的主张相对立的，但从他们学说的创立、其与理学家的争辩和对理学发展的影响来看，也在理学史上占有一定的地位，像王安石的新学，陈亮、叶适的功利之学等便是如此。

表1　宋明理学的流派

<table>
<tr><th>主流派</th><th>非主流派</th><th>其他流派</th></tr>
<tr><td>程朱道学</td><td>涑水学</td><td>新学</td></tr>
<tr><td>陆王心学</td><td>蜀学</td><td></td></tr>
<tr><td rowspan="2">张王气学</td><td>湖湘学</td><td>功利学</td></tr>
<tr><td>婺学</td><td></td></tr>
</table>

128. 理学的最初开创者是谁?

周敦颐和邵雍作为理学的最初开创者，他们对于理学理论的贡献，主要集中于儒家伦理道德的形而上学方面。他们两人各自构造了一个容纳自然、社会、人生为一体的宇宙论体系，其体系以儒家礼法为核心，糅合道教宇宙生成、万物演化的思想和佛教的思辨哲学，企图从“本然之全体”上构筑儒学的形而上学基础，曾被忽略了千年之久的太极范畴，也自此进入了理学义理间架的中心。周敦颐和邵雍为儒家道德伦理思想建立本体论基础的努力以及在儒学立场上融会佛老二家的治学实践，为宋明理学的形成开辟了道路。

129. 如何理解周敦颐的“无极太极论”?

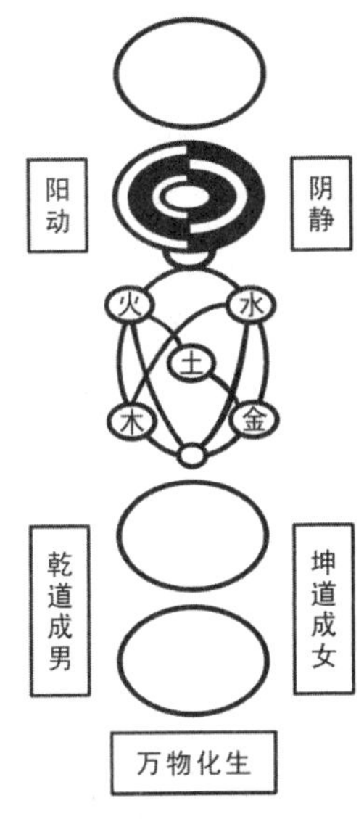

■《太极图说》

周敦颐（1017—1073），北宋哲学家。著有《太极图说》和《通书》等。《太极图说》是周敦颐对于《太极图》的解释，它是一篇文字精练而思想深刻的哲学论文，也是周敦颐哲学思想的纲领性表述。其首句“无极而太极”明白地体现了自无（无极）生有（太极）的道家生成论的影响。它表明在宇宙本原与生成的问题上，在把“无极”或“太极”作为宇宙的本原之后，具体阐述了太极化生的思想。即太极由于不同的动、静变化而产生阴、阳。阴阳的相互变合产生了水、火、木、金、土五行，五行在时间的顺序分布构成了四时。而二气（阴阳）五行的精华的凝聚，则产生了万物和人类，两性亦由此形成。由于太极动静的周而复始和阴阳二气的往复变化，宇宙万物也就生生不穷。

130. 如何理解周敦颐的“五性说”?

道德的根源在于“善恶分”。人如果是纯善、纯恶或根本无善恶，道德的存在便既无可能也无必要，没有存在的意义。而自从有了善恶之分后，便“万事出矣”，伦理道德也就成为必要的了。周敦颐以“五性说”来解释善恶的来源。他认为，善恶根源于人性。人有“五性”，“性者，刚、柔、善、恶、中而已矣”。由于人性存在着刚、柔、善、恶等不同的差异，所以道德是必要的。五性之中，中是圣人之性，是最好的人性，也是人性修养的目标。在此，周敦颐明显发挥了《中庸》的思想。

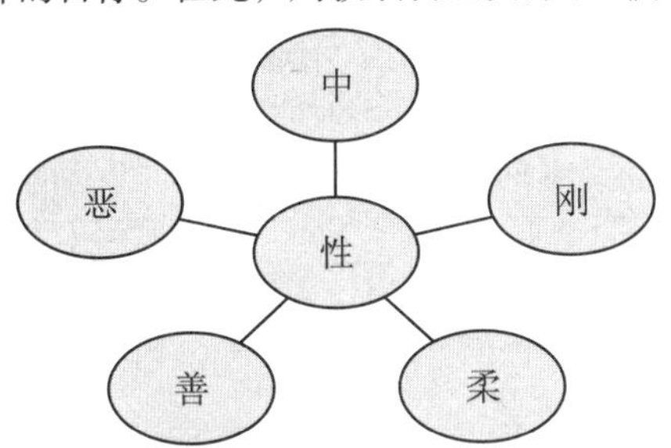

131. 如何理解周敦颐的“治平之道”?

治平之道在周敦颐看来是《大学》中修身齐家治国平天下的思想，即礼乐教化，辅以刑法，对理学家们有着深刻的影响。周敦颐的哲学思想也体现了这种理念。君主如何才能治理天下呢？周敦颐的答案是：制礼、作乐和刑法，“礼先而乐后，乐辅礼而行。礼乐之不足，辅以刑法”。同时，周敦颐也主张“慎刑”，反对滥刑。

制礼：
社会的行为准则
和伦理规范

作乐：
德育，以平和之声
来教化人的心志

刑法：
礼乐之不足，再辅以
刑法，主张“慎刑”

132. 为什么邵雍的学说被称为“先天学”？

邵雍（1011—1077），字尧夫，谥号康节，后遂称康节先生。因邵雍30岁以前曾居河南共城（今河南辉县市）于“苏门百源之上”读书学习，后人便称其学派为“百源学派”。他深研《周易》，精通象数，是宋明理学中象数学派的实际开山鼻祖和最为著名的代表。其学说之所以称为先天学，是因为由他所提出的一整套宇宙论图式，在天地万物之先便已存在。“图虽无文，吾终日言而未曾离乎是，盖天地万物之理在其中矣”（《观物外篇·下》）。先天学便是对先天图式中所蕴含的这种“天地万物之理”的阐发。

■ 邵雍

133. 如何理解邵雍的“先天学”？

邵雍的学说既被称为先天学，自然其主要的精力在阐述先天世界的生成变化。但现实的人类活动无疑又是在后天，所以他也要对此有所阐发。一般地说，邵雍认为自然的物质存在为先天，物质的活动则为后天。邵雍用他的先天后天说来解释宇宙的生成演化，同时也解释人类社会。邵雍认为，皇、帝、王、伯这四个阶段，分别是以道、德、功、力为特点的，人的主观性活动越来越强烈，背离自然状态也就越来越远。所以从道德评价上说，便是一代不如一代，历史是退化的，邵雍的历史退化论对朱熹的历史理论有重要的影响。

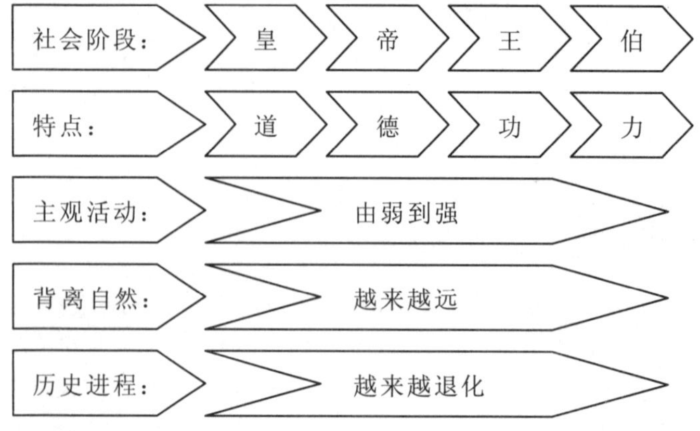

■ 邵雍的“先天学”

134. 如何理解邵雍的“观物论”?

邵雍的《观物篇》对伦理道德学说进行了探讨,他由“观物”而来的对性情说的见解,后来成为理学性情理论的一个重要来源。“观物”,即对人所生存的世界的观察和认识。邵雍认为,观物有不同层次和方式,并由此得到不同的结果和达到不同的境界。在这里,以目观物和以心观物之间虽然也有差别,但本质上都是从“我”的角度出发,而既然有“我”,也就不可能真正符合于物的本性,所以邵雍要求做到以理观物。

135. 邵雍的“观物论”对后来的理学家有什么影响?

邵雍的观物论对后来理学家的影响主要体现在两个方面,其一,性情说。其二,“无我”的观点。“无我”与周敦颐的“无欲”根本上是一致的,并由此导出理学家所追求的一种修养境界。用程颢、程颐的话来说,这个境界即“情顺万物而无情”,“无情”也就是无私,“廓然而大公,物来而顺应”,从而达到“大乐”或“至乐”,也就是周敦颐所说的“孔颜乐处”,其关键的问题都在于无私无欲。这在后来发展为宋明理学修养论的核心,道学和心学存理灭欲、正心去欲的主张,都与此有千丝万缕的联系。

136. “二程”指的是什么人?

“二程”是指程颢、程颐两兄弟,二人均为北宋理学代表人物。

程颢(1032—1085),字伯淳,洛阳人,后人称为“明道先生”。少年时由于父亲与周敦颐交好,曾与其弟一同问学于周敦颐。程颐后来回忆说:“昔受学于周茂叔,每令寻颜子、仲尼乐处,所乐何事。”(《遗书》卷二上,见《二程集》)另外,张载为“二程”的表叔,邵雍后来也居于洛阳,他们与“二程”在学术上有着相互交流的关系。著有《定性书》《识仁篇》等。

■ 程颢

程颐(1033—1107),字正叔,后人称“伊川先生”。17岁时读《论语》,自称已晓文义。18岁时,上书仁宗皇帝,陈述强国安民之道。他说:“窃惟固本之道,在于安民;安民之道,在于足衣食。”(《文集》卷五,见《二程全书》)并对当时与此道相悖的社会现状作了批评,且提出应对之策。自此之后,程颐多次作文指陈国事,其政治见解为当时士人所关注。著有《易传》《颜子所好何学论》等。

■ 程颐

137. 同为程朱理学的代表，朱熹的生平如何？

朱熹（1130—1200），字元晦，一字仲晦，号晦庵，后人尊称其为朱子。他19岁登进士第，并在随后不久进入政界。但50年中，他只有五分之一的时间在任官。朱熹学术源于“二程”，他早年曾拜师于多名儒家学者，但对他影响都不深，后又迷恋佛老之学，重把他带回到儒家的立场上来。后受教于李侗，这是他后来成为理学大家的重要起点。其主要的代表作有《四书章句集注》《周易本义》《诗集传》《楚辞集注》等。

■ 朱熹

138. 如何理解“理一分殊”？

“理一分殊”原是程颐概括张载《西铭》伦理思想时提出的命题，在朱熹已成为一般的理论构造之方。“理一”即本原之一理，“分殊”则指现实之万理。“理一分殊”说明了世界上的事物虽然千差万别，但最终又不得不受同一的宇宙本体支配。这一理论在维护社会“等级之别”方面有特定的价值，不同学派的学者后来事实上都接受了这一主张。该思想解释了天理的唯一性与儒家伦理规范和道德德目的多样性之间的关系，它也是程朱格物穷理观的本体论基础。

139. 如何理解程朱理学的“复性论”？

人性在先天与后天上的差异，使得道学家在道德理论上都主张一种我们可以称之为“复性论”的思维方式。但是复性论在道学思想和程朱理论中的表现又各不相同。学派主张思想道学反对道德命定论，主张气质变化，提出“存天理，灭人欲”。后天人性的不同只是决定了个人道德修养的起点不同，但是只要人一心向善，并通过正确的修养方法，每个人都有希望达到至善的彼岸。程朱的道德命定论认为人性先天本善，但人后天因禀赋有异而有善有恶。

表2 道学与程朱理学的不同

学派	主张	思想
道学	反对道德命定论，主张气质变化，提出“明天理，灭人欲”	后天人性的不同只是决定了个人道德修养的起点不同，但是只要人一心向善，并通过正确的修养方法，每个人都有希望达到至善的彼岸
程朱	道德命定论	人性先天本善，但人后天因禀赋有异而有善有恶

140. 什么是“格物”?

“格物”的概念，“二程”和朱熹都解释为“格物穷理”。格物也就是“至”物，与事物直接接触而穷究其中之理，“穷理”是格物的目的。朱熹强调，我们不可能穷尽对于无处不在的具体事物的认识，也就难以从对于有限事物的认识中达到对于无限天理的领悟。所以，人不能止步于具体的器物，必须在根本上实现超越，而这又特别体现在伦理观的方面，要求从待人接物等具体事物活动中认识到其中蕴含的“所当然之则”和“所以然之理”。

141. 什么是“致知”?

格物是致知的基础，致知则是格物的目的和深化。“致”，有推致和穷尽两重意义。格物要求的是认识的深度，致知则讲的是认识的广度。在此意义上，致知是格物的后续的功夫。人之不知只是被物欲所蒙蔽，格物的任务也就不是从外物获得知识，而是如同使被“昏翳”的镜子旋磨复明一样，打通物欲对本心的蒙蔽，实现本心之理与外物之理的相互映照而无处不明。朱熹称这一过程为“合内外之理”，它标志着格物致知认识活动的最后完成。

142. 程朱理学在知行问题上的观点有哪些?

“二程”和朱熹在知行问题上的观点可以概括地总结为以下五点：知本行次、知先行后、真知必能行又依赖于行、知行相须、知行两难与行重知轻。在这里，知虽然是行的指导，但行毕竟是知的完成和实现并能取得实际功效，所以行的作用又要大于知。

143. 如何理解程朱理学的“存天理，灭人欲”?

程朱理学存理灭欲的理欲观，作为道学伦理学说的核心和其哲学理论的最终归宿，对后世影响很大。程朱从道德理想主义出发，试图以存理灭欲的主张来限制当政者的私欲膨胀，引导皇帝和士大夫们一心为公，并使百姓归于善良，社会保持稳定。但他们由此提出的禁欲主义，如认为“饿死事极小，失节事极大”而反对寡妇再嫁等等，却使他们的良好愿望落空。宋明理学在解决理欲问题时所表现出来的错误和危害，就是在从印度传来并在当时影响很大的佛教禁欲主义的刺激下，片面总结传统学术的寡欲、无欲思想而形成的运思方向上的根本性偏差。

144. 什么是“陆王心学”?

“陆王”指的是心学代表人物陆九渊与王守仁，“陆王心学”主要强调人的本心作为道德主体，自身就决定道德法则和伦理规范，使道德实践的主体性原则凸现出来。

心学的演变历程：

作为儒学的一门学派，最早可追溯自孟子 → 北宋程颢开其端 → 南宋陆九渊则大启其门径，与朱熹的理学分庭抗礼 → 明朝，由王守仁首度提出“心学”两字，并提出心学的宗旨在于“致良知”，至此心学开始有清晰而独立的学术脉络

145. 如何理解陆九渊的“同心同理说”？

■ 陆九渊

陆九渊（1139—1193），南宋哲学家、教育家，被称为“象山先生”。著作被编为《象山先生全集》。陆九渊对孟子提出的“心”的概念进行了改造，把人皆有之的个体之心，发展为不随时间和空间变化的“同心”。同心同理说来自陆九渊幼时对于宇宙问题的思考。据说他13岁时，听人解“宇宙”二字为“四方上下曰宇，往古来今曰宙”，便忽然大悟，认识到宇宙“原来无穷”，通过宇宙的无限把个体存在的有限在心中破除。他进而得出结论说：“东海有圣人出焉，此心同也，此理同也。西海有圣人出焉，此心同也，此理同也。南海、北海有圣人出焉，此心同也，此理同也。千百世之上有圣人出焉，此心同也，此理同也。千百世之下有圣人出焉，此心同也，此理同也。”同心同理说是心理为一观的前提和基础。

146. 陆九渊提出的道德修养方法有哪些？

在“存天理，灭人欲”思想的指导下，具体的修养方法，有以下几个方面：第一，居敬存养。按王守仁的解释，“居敬”便是存养的功夫，亦即“存养此心之天理”。第二，省察克治。道德修养先是反省思诚，识得病根所在，接着要做真实的“克己”功夫，克除人欲，这也就是“破心中贼”。第三，事上磨炼。道德情感和道德意识还必须在具体的道德实践中得到实际的运用和体认，例如在事亲上才能真正体会什么是孝，在事兄上才能真正体会什么是悌。

表3　在“存天理”思想指导下，具体的修养方法

修养方法	思想内涵
居敬存养	按王守仁的解释，“居敬”便是存养功夫，亦即“存养此心之天理”
省察克治	道德修养先是反省思诚，识得病根所在，接着要做真实切己的“克己”功夫，克除人欲，这也就是“破心中贼”
事上磨炼	道德情感和道德意识必须在具体的道德实践中得到实际的运用和体认

147. 如何理解王守仁的“知行合一”?

王守仁（1472—1529），明代哲学家、教育家，世称“阳明先生”。著作由门人辑成《王文成公全书》三十八卷，其中在哲学上最有影响力的是《传习录》《大学问》。

■ 王守仁

“知行合一”的命题本身不是王守仁首先提出，但作为一种思想体系，作为心学唯一基本观点的继续和展开，知行合一仍应当从王守仁开始，并在事实上成了王学的代表性命题。知行合一的含义，王守仁有不同的讲法。在这里，与道德实践相对应的知，并不是对于外在物理的认识，而是对于引起或指导道德实践的主观意念的克制与省察。王守仁把“一念发动”的行为动机纳入道德实践的范围，道德修养从道德行为本身扩大到道德意识，这是道德至上主义的一种典型表现。

148. 什么是王门“四句教”?

王守仁在其晚年，曾将其学术宗旨归结为四句话：“无善无恶是心之体，有善有恶是意之动，知善知恶是良知，为善去恶是格物。”这四句话，王守仁自称为四句“宗旨”，学者则概括为王门“四句教”。其意是说，心体乃未发之中，静不容说，故不能以善恶断之，善恶是心体动而为意念之后的产物，而知善知恶本是良知的先天判断能力，为善去恶则是在良知指导下的格物的功夫，四句教反映了王守仁对于本体与善恶问题的基本思考。

149. 如何理解张载的“太虚即气”？

■ 张载

为了论证至虚至实和合的太虚本体，张载提出了“太虚即气”的著名命题。这一命题的意义，一是太虚只是气的本来状态，而非在气之外别有所谓“太虚”；二是太虚与气化互不相离，相互发明，从而否定佛老的虚无本体。也正因为如此，“太虚即气”也就具有了更为一般的强调从总体上辩证把握虚实关系的意义。他认为，太虚与气化虽有无形有形之别，但却都是真实无妄的存在。而佛老的性空、虚无却是建立在对现实世界真实性的否定的基础上的，以为天地万物都是虚假的幻象，从而将本体与现象作用双方分割开。

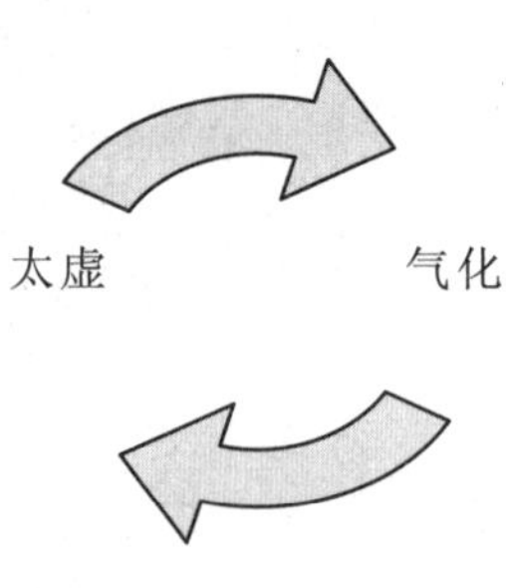

■ 太虚即气示意图

150. 张载关于“人性论”有哪些观点？

在“人性论”上，张载开创性地提出了“天地之性”和“气质之性”的说法，被朱熹誉为“极有功于圣门，有补于后学”。而在修养说、理欲观和人生境界的看法等方面，张载也提出了不少重要的思想，对后来的理学发展有深刻的影响。关于气质之性与天地之性的关系，张载认为二者代表着截然相反的两种道德属性。但从道德属性上来说，天地之性反映的是天理的要求，气质之性则是出于人的私欲的需要。这种既肯定气质之性的存在又不以气质之性为性的观点，也就是张载的“变化气质”说。变化气质突出了人在道德选择上的自觉努力和责任意识，对整个宋明理学的修养观具有深远的影响。

第五章 明清时期

明清时期，我国处于封建社会的晚期，统治者在加强封建专制主义政治的同时，也实施了文化专制政策。但是，思想文化的发展是不可能被禁绝的，明清文化成果依然灿烂。1368年，朱元璋领导的农民起义推翻元朝在中原的统治，建立了明朝。前期建都南京。朱棣发动靖难之役，于1421年迁都北京，明朝进入全盛时期。明朝中叶，带有反封建色彩的早期民主启蒙思想的出现，反映了资本主义萌芽缓慢发展的客观要求，在当时具有进步意义。随着西方文化的传入，中西文化产生了激烈的撞击，一些领域开始注意吸收来自域外的学说和技术。明朝晚期，居住在东北地区的满族开始兴盛起来，终于在1644年李自成攻克北京后不久，驱逐李自成，进入北京，建立了清朝。明清时代的文化是中国封建文化发展的顶峰，但依然沿着旧轨迹运行。虽然在资本主义萌芽产生和中西文化交流开始后曾一度出现了新现象，但并没有打破固有的格局。由于封建思想的桎梏，使原本处在世界领先的中国文化远远落后于欧洲文化，也为近代中国的悲剧发生埋下了伏笔。

151. 什么是“明清实学”？

“明清实学”是兴起于明末清初的强调务实、注重实用的哲学智慧，是中国哲学智慧的新发展，具有无比丰富的意蕴。明清实学的产生有其赖以产生和发展的社会基础，也是对中西文化会通之肇始的回应。学术思想尚虚玄而不务实学、实行，是当时中原积贫积弱的重要原因。明清实学反思程朱理学，批判佛道和阳明心学，是反思的哲学、批判的哲学。明清实学智慧具有厚重的文化人类学内涵和重大的现实意义。

152. 明清实学的历史起点是什么？

明清实学的历史起点，可以依据不同的标准加以界定，但东林务实之风的兴起无疑是当时最为引人注目的现象。明中后期社会，政治日趋腐败，危机四伏，经济日渐凋敝。历史处在转型期，呼唤着自己的思想先驱者。万历三十二年（1604年），由顾宪成、顾允成发起修复东林书院，又有高攀龙、钱一本、薛敷教、史孟麟、于孔兼等于书院聚众讲学。“风声雨声读书声声声入耳，家事国事天下事事事关心”的名联，恰是东林学蔚为风行的写照。东林学派初兴，东林书院吸引了许多志士仁人。

153. 如何理解顾宪成的“道性善”论?

东林学派以顾宪成首倡修复东林书院肇始。顾宪成（1550—1612），字叔时，号泾阳，明代无锡（今属江苏）人，被称为“东林先生”。顾宪成在其著作《还经录》中说“乾坤万物，一齐从‘善’字流出。圣人要范围天地，曲成万物，所以要培植此‘善’字”。顾宪成讲“性善”本体是“志在世道”，是以实击虚，以救时弊。顾宪成的“道性善”论则具体辨析了王学背离儒学正统而滑向释道异端的思想渊源，他对先秦儒学的实践理性精神的理解是比较透彻的，个中亦见明清实学肇端之精深。著有《小心斋札记》《顾端文遗书》。

154. 如何理解高攀龙“一草一木之理”的格致思想?

东林学的另一位代表人物是高攀龙（1562—1626），字云从，后字存之，号景逸，明无锡（今属江苏）人。高攀龙提出了须是格“一草一木之理”的不同主张。他指出：“一草一木是格物事，鸢飞鱼跃是格物事。”在他看来，“一草一木”之“格物”与“正心诚意”是统一的，以至以为“禽对语”“树交花”都会启发人的“浩然之气”，大至于天地，小至于草木，都可以格致其理。他的实践精神、科学理性是在程朱的基础上，循天人合一理路往前走的。高攀龙的格“一草一木”的“格物”论，正是顺应这个时代大趋势产生的，具有厚重的历史哲学意蕴。著有《高子遗书》。

155. 东林学派的民主思想是怎样的?

明万历前后，随着市民工商业的发展，社会民主思想也在萌芽形成。东林学人就以讲学与“讽议朝政”结合起来，经常组织集会活动。东林学人讲学“讽议朝政”的活动，亦带有反压迫和要求言论自由的倾向。他们要求天下人自已做主，以天下人是非为是非，矛头指向封建专制，要求还权于民。这里既不是以圣人的是非为是非，也不是以任意自心为是非，已开黄宗羲、傅山等明清之际早期启蒙主义思想之先河。

156. 东林学派的民主思想是怎样的?

与民主政治思想萌芽相一致，东林学人在经济思想方面提出了重工商的主张。东林名士赵南星指出：“士农工商，生人之本业。”东林学人提举工商为本，与农并齐，这种观念的转变具有较深刻的历史哲学内涵，反映了日益壮大的市民工商业者的社会要求，是顺应社会生产力不断提高、要求新的生产关系的历史趋势提出来的。

157. 如何理解黄宗羲“天下为主君为客”的民主政治思想?

黄宗羲（1610—1695），明清之际思想家、史学家。字太冲，号南雷，世称“梨洲先生”。著有《宋元学案》《明儒学案》《明夷待访录》《南雷文案》等。后人编有《黄梨洲文集》。

黄宗羲在其著作《明夷待访录》中指出：“古者以天下为主，君为客。”一方面，黄宗羲否定了封建君主专制，认为君不为主而为客；另一方面，黄宗羲认为天下人是天下的主体，这又是君为客的根据，两个方面是互为依据的关系。黄宗羲这种天下人为主的民主思想是以反君主专制为前提的。

158. 黄宗羲的社会经济思想是什么?

黄宗羲在提出“天下为主”的民主思想的同时，在经济上则站在市民阶层的立场上提出“工商皆本”的思想，以期提高市民工商业者的社会地位，维护他们的经济利益。黄宗羲的“工商皆本”思想，也是以他理想中的上古圣王之制为依据的，为工商业正名，具有开风气的意义。在传统文化中，看不到工商业活动中生动真实的物质和精神蕴含，看不到其中丰富的实践内容，处处为工商业发展设置阻隔，以至于使中国社会发展的步子变慢。黄宗羲强调“工商皆本”，指出的是一条重塑中华文明的路径。

159. 如何理解黄宗羲的“一气充周”?

对于宋明以来的理气之辨，黄宗羲认为天地之间只有一“气”，是唯一的实有。“气”的“和温凉寒”循环变化形成四时之序，“气”的变化成“序”而“名之谓理”。作为明清之际的实学思想家，他尤为强调理气的统一，认为气、理、心都只是一气。黄宗羲的哲学尽管强调理气的统一和心气的相通，但最终仍不离以心为本。

160. 顾炎武是怎样一个人?

明清之际，在原南朝画家顾野王所居住的园林亭林镇，出了一位著名的反思历史、主张经世致用、开清代林学之风的实学思想家顾炎武，也称“亭林先生”。顾炎武（1613—1682），字宁人，江苏昆山人。顾炎武祖上系江东四大富户之一。1626年，14岁的顾炎武与同乡归庄一起参加“复社”。在他32岁的那一年，李自成农民起义军推翻明王朝。同年五月清军入关，顾炎武积极投身抗清斗争。晚年为“黄培诗词悖案”所累，入狱7个月，后为友人营救出狱后，复回西北定居。1682年，顾炎武于古稀之年故于山西曲沃。其著作主要有《日知录》《天下郡国利病书》《音学五书》和《顾亭林诗文集》《肇域志》《韵补正》等。

■ 顾炎武

161. 顾炎武的民权思想是怎样的?

顾炎武终其一生扶明抗清。他游历南北，造士交友，总结了一个经世之要，就是还权于民，方能自立自强，这就是他游历沉思所得之“以天下之权寄天下之人”的民权思想。顾炎武认为君只是为民而立的，应服务于民，民是主、是天、是社会的主体。天下之权是寄寓于天下之人的，天子只是这个民权的执行者，是代表民众执行权力的。怎样执掌这种本属于民众的“天权”呢？那就是要还权于民，让人民享有民主权力。这里透露了顾炎武的历史哲学思考，他看到了社会历史潮流的深层内容。

162. 顾炎武在哲学基本理论上有着怎样的认识？

顾炎武在哲学基本理论上，从张载的“太虚不能无气，气不能不聚而为万物，万物不能不散而为太虚”的太虚与气的聚散观出发，认为其论“精矣乎”！顾炎武对“气”的“唯物”的规定，与西方以“原子”为基础的物质规定，显然是有别的。“唯物”与“唯变”的关系，也就是太虚之气与聚散运动的关系，物的存在与气化运动是相互作用的。这是顾炎武对传统儒家尤其是对以张载为代表的宋明新儒家以来的气化聚散理论继承总结的结果。

163. 顾炎武的经世致用思想包括什么内容？

顾炎武的实践力行哲学具体地展开为现实的经世致用思想。他反对空谈性命，要求经世致用，解决国计民生实际问题。顾炎武所理解的圣人之道，就是要求把个人的命运和社会国家的兴亡联系起来，在各种场合下都能保持自己的人格。他还认为，学行的基本途径就是学以致用，经世利民，否则就会成为“空虚之学”。顾炎武一方面认同文化的历史传承性；另一方面将先秦儒学的历史哲学智慧落实于实践实用，学用一致。

164. 王夫之在哲学史上的地位如何？

王夫之（1619—1692），明清之际思想家，字而农，号薑斋，衡阳（今属湖南）人。晚年居衡阳之石船山，世称“船山先生”。王夫之是明末清初杰出的思想家、哲学家，与方以智、顾炎武、黄宗羲同称明末四大学者。王夫之学问渊博，对天文、历法、数学、地理学等均有研究，尤精于经学、史学、文学。主要著作有《周易外传》《读四书大全说》《尚书引义》《张子正蒙注》《思问录内外篇》《黄书》《噩梦》等。王夫之的哲学思想，是17世纪中国特殊历史条件下的时代精神的精华，在中国哲学史上占有很高的地位。但他的哲学受时代和阶级的局限，具有二重性，既显示出可贵的价值，也有受到封建传统意识严重束缚的弱点。王夫之思想中的这种矛盾，是17世纪中国时代矛盾的一面镜子。

165. 如何理解王夫之的“诚者实有”？

王夫之哲学明显体现了重“实”的特色。他以“诚者实有”的命题，表达了客观实有的思想理念。“诚”是最高的范畴，是实有的最后根据或本原。由此，王夫之又将“诚”与“实有”划一。“诚”就是客观存在，就是本然自有。同时，由于“诚”的本体地位，所以它不需要依赖于外物的介入和支持。王夫之的实学以实有解《中庸》之“诚”，是立足当时的实际对“诚”所作的诠解，含有丰富的历史文化内容。

166. 王夫之“知行相资以为用”的认识论说明了什么？

王夫之的知识论重点阐发了“知行相资以为用”的知行关系问题。知行是相互依存、相辅为用的，不行不足以知，不知亦无以行，行中有知，知中有行，最终通过实践的功效，达到主客体的辩证统一。王夫之在这里进一步引申了“一二分合”的原理来阐述知行关系，认为知行是同而异、异而同的，异同分合而为“一二”，而为分合统一。王夫之的知行相资说旨在除王阳明心学之弊，推进实行践履的新风尚，从根本上拯救华夏。

167. 王夫之的历史观是怎样的？

处在“天崩地解”时代的王夫之对社会历史的运动发展，也有较深邃的思考。他认为历史有它自身的运动法则，是受一种必然趋势支配的，这就是他的“理势合一”的历史观。王夫之所理解的历史“理势”，是历史发展的一种必然趋势，一种合乎规律的不可抗拒的力量。正是这种“理势合一”之力，推动历史不断发展变化。王夫之在“理势合一”的历史哲学中，还涉及历史主体、社会历史发展动力等思想。当然，王夫之尚不足以看到农民起义是社会基本矛盾激化的表现，他在历史哲学方面有认同农民造反的一面，也有以自残拒绝农民军希望与之合作的一面。

168. 如何理解王夫之的“天下大公”？

面对山河破碎的现实，王夫之沉思历史，思考现实，提出了“天下大公”的社会政治主张。这既是传统的“天下为公”大同理念的传承，也同时注入了他所处的那个时代的历史内容。在王夫之心目中，天下者天下人之天下，是大公之天下，“天下大公”突出的是社会民主。他所理解的民主，不是近代意义的人民当家做主。而主要是指身负“天”命的君主，应该更多地考虑人民的意愿。王夫之一方面讲“天子”要更多地给天下以自由自主；另一方面，这种自由自主又是几千年文明史的传承的结果，对于君主专制制度尚没有根本性的突破。

169. 什么是“颜李学派”？

颜李学派，是清代初期思想领域颇具影响的一个学术流派，因该派的创始人为清初北方著名学者颜元与李塨，故得名。颜李学派以“实学”为口号，主张“实文、实行、实体、实用”，与清初官方提倡的宋明理学相对立，在社会上产生过相当大的影响，被称之为：“颜李之学数十年，海内之士靡然成风。”

颜元（1635—1704），清初思想家、教育家，字易直，又字浑然，号习斋。著有《四书正误》《四存编》《习斋记余》等。

■ 颜元

李塨（1659—1733），清初思想家。字刚主，号恕谷。著有《恕谷文集》等。

170. 颜李之学的社会经济政治思想是怎样的?

颜元在他早年写的《存学编》里，阐述了复井田、封建、学校的“王道”主张。如古代诸多思想家一样，颜元也从上古三代寻找建立理想社会的根据。但他未停留于一般三代“王道”的理解水平上，而是注入了他所处时代的经济政治内容，在他那里“复古”是寻求历史的一贯性，实质上则是提举自己的具有民主、民生内容的经济政治主张。其“复封建”的政治主张，在恢复分封制的口号下，反对“私天下”，主张政治民主。他的学校复古开新，颇具现代教育气息。

171. 如何理解颜元对“真情至性”的人性理解?

颜、李师徒生在封建社会没落、资本主义因素生长的明清之际。他们一方面从历史上寻找建构合理社会的理由；另一方面，则沉潜于历史深处，深思人之为人的根据，从人性深处确证自己的经济、政治主张。颜元从人的生理自然角度论证饮食男女是人的至正天理，进一步从自然与社会统一的视角上论证人的“真情至性”。他确认人的“真情至性”，是从物种发展—生物由低级到高级阶段进化来揭示人性的。同时，又不是将人性一般生物化，而是涉及人的文明与动植之区别和联系。在他所处的历史时代，他的“真情至性”之人性理解不乏深刻处。尽管他对人的社会本质的认识尚是模糊的，但与生物社会学的人性理解又毕竟不同。

172. 如何理解颜李学派的“实文、实行、实体、实用”?

颜元、李塨坚持气本论，主张“理即气之理”。在此气本体论的基础上，颜元主张“实文、实行、实体、实用，卒为天下造实绩”。“实”首先是体之实，是“实体”。颜元的“实文”“实行”是从知识论角度主张实学的，其“实用”“实绩”侧重于实际效果和价值，所说的实学就是“实文、实行、实体、实用”以务“实绩”。

173. 戴震是怎样的一个人?

戴震（1724—1777），字东原。戴震早年曾以行商、教书维持生计，科举之途极为不顺，五次会试均不第。其间，他攻读传统典籍，多有质疑问难之处。戴震在考据学、音韵学及天文、地理、数学等自然科学方面颇多建树，晚年入四库全书馆任纂修官。他是批判程朱理学、封建礼教最激烈者，其思想对中国近代资产阶级革命产生过积极影响。他一生著述颇丰，其哲学代表作是《原善》《声韵考》《声类表》《方言疏证》和《孟子字义疏证》，后者集中体现了他批判理学、总结传统学术的哲学智慧和精神。

■ 戴震

174. 如何理解戴震思想中的“道”“气”“理”的一致?

戴震继承张载、王廷相、王夫之以来的气本论传统，在本体论上主张“道”“气”“理”的统一。“道”含理气而为一，“气”是实存本身，“理”则是气的“不易之则”，即一定如此的规律性。“理”本身并非“实体”，实际存在的只有“气”。对于“道”“气”“理”三者的关系，简单地说来就是，“道”是阴阳五行的气化运动，理是气化运动的具体条理；“道”是气化世界对立变化的总规律（道主统），“理”则是标明具体事物本质的规定和规律性（理主分）。这样，戴震就从气本论的立场上，对“道”“气”“理”的范畴进行了统一。

表1 “道”“气”“理”的内涵

“道”	含“理”“气”而为一	“道”是阴阳五行的气化运动，是气化世界对立变化的总规律
“气”	实存本身	实际存在的只有“气”
“理”	“气”的“不易之则”，即一定如此的规律性	“理”本身并非“实体”，“理”是气化运动的具体条理，标明具体事物本质的规定和规律性

175. 什么是“血气心知”?

戴震在理气关系问题上坚持气本论，他认为人的自然生理、心理是本能的，是天地气化流行的产物。无论血气，心知和神明有多么大的差异，但它们都基于“一本”的人性自然基础。人既有自然属性，又具有社会属性，人的“血气心知”能知社会义理，使社会关系和谐，人自身凭借“血气心知”而成为社会的存在。这实际上就是要求从人的“血气心知”本性出发去衡量和调节人与自然、人与社会的关系。这个“可否之当”的理论蕴含是相当深邃的，比起同期西方的个性自由之人性理解，似乎要实际、具体得多。

176. 戴震是怎么对“以理杀人”进行批判的?

将“天理”与“人欲”两判，而以“人欲”为恶，既从方法上悖理，也造成极大的社会危害，其结果是人生无生，“以理杀人”。“以法杀人”是封建国家的行为，而“以理杀人”则是由天理所带来的对人心的桎梏。戴震呼吁民主、平等，呼吁打倒“理治”，而且其迫切性更甚于打倒“酷吏”之治。戴震要求社会民主，要求“天下为公”，“酷吏”固然是阻滞，而根本下手处是扳倒杀人之“天理”。

177. 阮元的生平如何?

阮元（1764—1849），清代学者。字伯元，号芸台，江苏仪征人。阮元25岁中进士，仕途坦畅，任过学政、巡抚和总督等高官。在任浙江学政期间，阮元组织学者历时2年编纂了《经籍籑诂》106卷，校刻《十三经注疏》并撰《十三经注疏校勘记》，广收唐以前的经学研究成果，《皇清经解》则汇集了到阮元为止的清代经学的新收获。阮元的学术成就堪称清代经学最后重镇。阮元除组织校勘编纂外，还写了许多经学著作，收入《揅经室集》，其中亦披露了他“实事求是”治经之真意所指。是他在乾嘉之际，用了4年时间，撰写了《畴人传》这部科技史专著。全书46卷，论述了自远古黄帝至清代共计243位中国科学家和37名外国科学家的生平事迹，在中国科技史上具有重要的意义。

178. 如何理解阮元的“实事求是”？

“实事求是”原出《汉书·河间献王刘德传》，评说刘德“修学好古，实事求是”。阮元讲“实事求是”，在表层上，一讲“推明”、一讲“反异”，在深层上则体现了他对历史发展的思考。在表层上的两个方面，其实是对汉学与宋学的体认问题。阮元的“实事求是”之经学就是“兼采汉宋”，同时去除汉宋之弊。

179. 阮元对戴震的“血气心知”有着怎样的理解？

在自然哲学思想方面，阮元主张气本论，与之相应，他对人性的理解大体与戴震的“血气心知”同调。他接着戴震的“血气心知”，将“血气”与“心知”分析开来，一求人的“血气”流行，二求“心知”协调人的社会关系。他认为人的“血气心知”之性，内在地包含着“九德、五典、五礼、七情、十义”，是自然本能与血缘亲情及其社会关系延伸的产物，圣人制礼作乐只是随顺人性的自然，是人的“血气心知”之内在规定性与外在表现形式的完美统一，是人性的最完满的体现。

180. 明清实学有着怎样的特点？

明清实学是中国古代思想发展的最后一个阶段，在这个时期，资本主义萌芽、发展，西方文化流入。在自然观方面，明清实学各家各派都以“气”为本体，进而确立了较明确的主客体理念，强调实践力行。在社会历史领域里，反对君主“私天下”成为一致呼声，以“复古”为形式，主张开新以实行民主民本政治。在人性论中，以“血气心知”规定人性。实践力行的智慧是华夏文明的基干所在，“实事求是”蕴含着十分深厚的传统智慧之精华，以之为价值原则、指导思想，华夏文明就熠熠有光，偏离它，就会贫弱、分裂、落后。当然，明清实学也有其历史局限性，它的“气”本自然观总体上仍然停留在经验的水平；民主民本政治理想也仅是提出问题，尚不可能找出实现的途径；它的人性理解亦缺乏理论和历史的深度。但是，明清实学“复古”以“开新”，开放、发展是其未来取向。西方列强以武力侵略，打断了中华文明按旧轨迹发展的理路，明清实学也完成了自己的历史使命。

表2 明清实学的主要观点的核心理论及思想内容

明清实学	核心理论	思想内容
自然观	以“气”为本体	确立了较明确的主客体理念，强调实践力行
社会历史领域	反对君主“私天下”	以“复古”为形式，主张开新以实行民主民本政治
人性领域	“血气心知”	以“血气心知”规定人性，先秦儒学倡导的大同、平等、自由、仁爱的伦理道德精神

Ⅱ 文化典籍篇

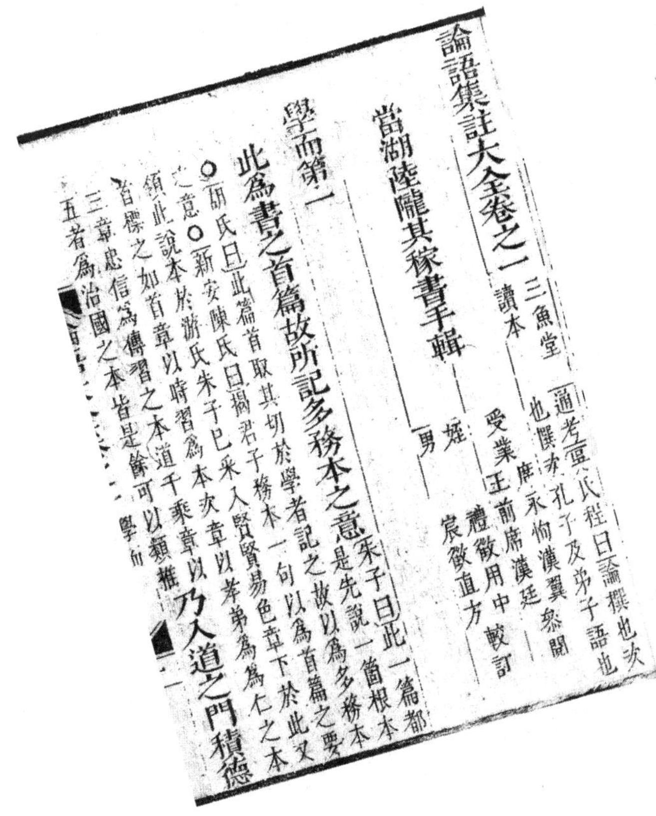
論語集註大全卷之一 三魚堂讀本 通考晁氏程曰論撰也次也撰次孔子及弟子語也

受業 席永恂漢翼 參閱 王前席漢廷

當湖陸隴其稼書手輯 姪 禮徵用中 較訂 男 宸徵直方

學而第一

此爲書之首篇故所記多務本之意朱子曰此一篇都是先說一箇根本○胡氏曰此篇首取其切於學者記之故以爲多務本之意○新安陳氏曰揭君子務本一句以爲首篇之要領此說本於游氏朱子已采入賢賢易色章下於此又首標之如首章以時習爲本次章以孝弟爲爲仁之本三章忠信爲傳習之本道千乘章以五者爲治國之本皆是餘可以類推乃入道之門積德

學而

第一章 文学

文学是国学文化的一个重要承载部分，它与中国的历史、文化紧密相连，显示出特有的民族性、传承性、时代性。它以汉民族文学为主，同时又兼容了其他少数民族的历史与文学，构成蔚为大观的中国古代文学。无论是中国古代的诗歌，还是散文、戏曲、小说，都有着明显的可以追寻的历史，并且呈现着创作和理论上的不断发展、丰富与日臻完善。每种题材的演进都是一部历史，而且脉络清晰，显示出以中国古代文字为载体的中国古代文学在内涵上的极大丰富和巨大的张力。

181. 历史上的文学体裁有哪些?

现在普遍认为文学体裁有四种，分别为小说、诗歌、戏剧和散文。中国历史上的不同朝代有其代表体裁，标志着这一体裁在当时得到了长足的发展。比如，先秦时期的诗歌、历史和诸子散文，秦汉时期的大赋、五言诗和乐府民歌，魏晋时期抒情小赋、小说，隋唐时期的近体诗、传奇和词的出现，宋元的散曲戏曲、长篇白话小说之类，纷纷代表了那个时代的文学成就。

表1　古代文学主要体裁一览表

文学体裁	文体特征	代表作品
赋	讲求文采、韵律，兼具诗歌和散文的性质	（唐）杜牧《阿房宫赋》等
骈文	句式四六字相间，讲究对仗的工整和声律的铿锵	（南梁）吴均《与朱元思书》
原	议论文体，从根本上考察、探讨某种理论主张或制度、习俗	（唐）韩愈《原毁》
辩	议论文体，批驳一个错误论点，或辨析某些事实	（唐）柳宗元《桐叶封弟辩》
说	议论说明文体，与“论”相类似，解释义理而以己意述之	（清）梁启超《少年中国说》
论	议论文体，包括史论与政论	（汉）贾谊《过秦论》
奏议	古代臣属进呈帝王的奏章的统称，包括奏、议、疏、表等	（宋）苏轼《教战守策》
序、跋	说明书籍著述或出版意旨、编次体例和作者情况的文章	（宋）欧阳修《伶官传序》

续表

文学体裁	文体特征	代表作品
赠序	古代送别各以诗文相赠，集而为之序的，称为赠序	（明）宋濂《送东阳马生序》
铭	古代刻在器物上用来警诫自己或者称述功德的文字	（唐）刘禹锡《陋室铭》
祭文	告祭死者或颂扬天地山川等神时所诵读的文章	（清）袁枚《祭妹文》
传奇	小说文体，情节奇特，指文言短篇小说或宋元戏曲等	（唐）李朝威《柳毅传》

182. 我国最早的文学样式是什么？

我国最早出现的文学样式是原始诗歌。它源于原始人的劳动呼声，是一种有声韵、有歌咏的文学。原始社会生产力低下，劳动是繁重的。在集体劳动中，为了协调动作、互相鼓励、提高劳动生产率，常常发出劳动的呼声。人类在劳动中也不断地激发出生活的热情，产生热烈的希望，常常变成一种不可遏止的冲动，于是很自然地将自己的感受通过语言表现出来。当这种语言同劳动呼声结合起来时，语言有了歌唱的形式，呼声有了它确切的含意，这就构成了文学。

183. 我国最早出现的记事文字是什么？

甲骨卜辞和殷商铜器铭文是我国最早的记事文字。

表2　我国最早的记事文字列表

文字	时期	记录形式	内容
甲骨卜辞	商周时期	刻在龟甲兽骨上	记录占卜
铜器铭文	殷商时期	铸在青铜器上	记奴隶主贵族的祭典、训诰，征伐功勋、赏赐策命和盟誓契约等

现存最长的青铜器铭文，见于西周晚期的毛公鼎，计32行，497字。甲骨文与青铜器铭文是研究我国奴隶制社会和封建社会早期的重要史料，也是研究当时汉字发展的珍贵资料。

184. 我国第一部神话集是什么作品？

《山海经》是先秦古籍，是目前最早的一部神话集，也是一部最古老的富有神话传说的地理书。它主要记述古代地理、物产、神话、巫术、宗教等，也包括古史、医药、民俗、民族等方面的内容。全书18篇，约31000字，包括《藏山经》5篇、《海外经》4篇、《海内经》5篇、《大荒经》4篇。我们生活中经常听到的神话，如夸父逐日、精卫填海和大禹治水等都出自于该书。

185. 为什么《诗经》被称为是我国现实主义文学的源头？

现实主义的基本原则，是按照生活的实际样式再现生活，并通过对生活真实的、具体的、形象的描写，表达作者的思想情感，反映社会生活的本质或本质的某些方面。《诗经》作为我国第一部诗歌总集，是我国现实主义文学的源头，它以丰富的内涵和深刻的思想为我们描绘了一幅无比生动的历史画卷，反映了我国从西周初年至春秋中叶500年间复杂的社会面貌。其中表现的“饮者歌其食，劳者歌其事”的现实主义精神，更是开了现实主义诗风的先河。

《诗经》选文赏析：

国风·秦风·蒹葭

蒹葭（jiān jiā）苍苍，白露为霜。所谓伊人，在水一方。
溯洄（sù huí）从之，道阻且长；溯游从之，宛在水中央。
蒹葭萋萋，白露未晞。所谓伊人，在水之湄。
溯洄从之，道阻且跻（jī）；溯游从之，宛在水中坻（chí）。
蒹葭采采，白露未已。所谓伊人，在水之涘（sì）。
溯洄从之，道阻且右；溯游从之，宛在水中沚（zhǐ）。

简评：这首诗以水、芦苇、霜、露等意象营造了一种朦胧、清新又神秘的意境。早晨的薄雾笼罩着一切，晶莹的露珠已凝成冰霜，一位羞涩的少女缓缓而行。诗中水的意象正代表了女性，体现出女性的美，而薄薄的雾就像是少女蒙上的纱。她一会儿出现在水边，一会儿又出现在水之中，寻找不到，急切而又无奈的心情正如有蚂蚁爬一般痒，又如刀绞一般痛。诗每章的头两句都是以秋景起兴，引出正文。它既点明了季节与时间，又渲染了蒹苍露白的凄清气氛，烘托了人物怅惘的心情，达到了寓情于景、情景交融的艺术境地。“蒹葭”“水”和“伊人”的形象交相辉映，浑然一体，用作起兴的事物与所要描绘的对象形成一个完整的艺术世界。

186. 《诗经》“六义”是指什么?

所谓《诗经》中的“六义”，即是指“风、雅、颂”三种诗歌形式与“赋、比、兴”三种表现手法。“风雅”和“比兴”更成为《诗经》中所体现出来的现实主义创作精神的代称。

表3 《诗经》“六义”列表

风	诗歌形式	带有地方色彩的音乐，包括十五“国风”，即十五个地方的民间歌谣，保存了大量劳动人民的口头创作
雅	诗歌形式	周王朝直接统治区的音乐，内容多描写统治阶级的日常生活
颂	诗歌形式	颂有形容的意思，内容多是歌颂周王朝祖先的“功德”，常在祭祀宗庙时演出
赋	表现手法	直接铺陈叙述
比	表现手法	比喻
兴	表现手法	以其他东西引出要说的内容

187. “楚辞”这个名称是怎么来的?

“楚辞”又称“楚词”，是战国时代的伟大诗人屈原创造的一种诗体。作品运用楚地（今两湖一带）的文学样式、方言声韵，叙写楚地的山川人物、历史风情，具有浓厚的地方特色，因此称为“楚辞”。汉代时，刘向把屈原的作品及宋玉等人“承袭屈赋”的作品编撰成集，名为《楚辞》，该集也成为我国第一部浪漫主义诗歌总集。

188. 我国第一首长篇抒情诗是什么?

我国第一首长篇抒情诗是战国末期楚国人屈原所著的《离骚》，它是中国古代诗歌史上最长的一首浪漫主义的政治抒情诗。诗人从自述身世、品德、理想写起，抒发了自己遭谗被害的苦闷与矛盾，抨击黑暗现实，表达了自己不与邪恶势力同流合污的斗争精神和至死不渝的爱国热情。诗中大量运用古代神话和传说，通过极其丰富的想象和联想，并采取铺张描述的写法，把现实人物、历史人物、神话人物交织在一起，把地上和天国、人间和幻境、过去和现在交织在一起，构成了瑰丽奇特、绚烂多彩的幻想世界，从而产生了强烈的艺术魅力。

189. 我国第一部语录体著作是什么?

《论语》是儒家学派的经典著作之一，由孔子的弟子及其再传弟子编撰而成。“论”是论纂的意思，“语”是话语、经典语句、箴言，“论语”即是论纂（先师孔子的）语言。它首创语录之体，以语录体和对话文体为主，记录了孔子及其弟子言行，集中体现了孔子的政治主张、伦理思想、道德观念及教育原则等，语言简洁精练，含义深刻。

190. 中国第一部哲学著作是什么?

《周易》是我国第一部哲学著作，古人用它来预测未来、决策国家大事、反映当前现象，上测天，下测地，中测人事。它的内容极其丰富，对中国几千年来的政治、经济、文化等各个领域都产生了极其深刻的影响，儒、释、道均从中吸取营养。

191. 乐府诗和新乐府诗指的是同一种诗吗?

两汉时期的乐府指音乐机关，至魏晋南北朝时变为一种带有音乐性的诗体的名称。它将文人歌功颂德的诗制成曲谱用于演奏，也收集民间的歌辞入乐，内容反映了战争、生活、爱情和人们的劳动情况等等。乐府诗歌句式长短不一，押韵自由，灵活多变，并多用生动的口语，感情真挚动人，充满浪漫主义色彩。乐府诗歌体裁对后世的歌行体的形成亦有影响。新乐府则是指唐人自立新题而作的乐府诗，新乐府的创作并不限于写新题乐府，也有古题乐府，但虽用古题，却能创新意，体现了诗歌革新的方向。

192. “歌行”是一种怎样的文学体裁?

歌行是古代诗歌的一体，属乐府诗一类，“行”是乐曲的意思。汉魏以后的乐府诗，提名为“歌”和“行”的颇多，如《大风歌》《燕歌行》等，二者虽名称不同，但在形式上并无严格的区别。后遂有“歌行”一体，其音节、格律，一般比较自由，形式采用五言、七言、杂言的古体，富于变化。

193. 我国第一首长篇叙事诗是什么?

《孔雀东南飞》是我国文学史上第一部长篇叙事诗，沈归愚称其为“古今第一首长诗”，因此它也被称为我国古代史上最长的一部叙事诗，是我国古代民间文学中的光辉诗篇之一。它取材于东汉献帝年间发生在庐江郡（治舒县，汉末迁皖县，均在今安徽境内）的一桩婚姻悲剧，通过刘兰芝与焦仲卿这对恩爱夫妇的爱情悲剧，控诉了封建礼教、家长统治和门阀观念的罪恶，表达了青年男女要求婚姻爱情自主的合理愿望。这首叙事诗故事完整，语言朴素，人物性格鲜明突出，结构紧凑完整，结尾运用了浪漫主义手法，是汉乐府民歌的杰作，与南北朝时期的《木兰辞》并称“乐府双璧”及“叙事诗双璧”。

194. 古体诗和近体诗有什么区别?

古体诗又称“古风”，是古代的自由体或半自由体诗歌，除了押韵外，不受任何格律的束缚。近体诗又叫“今体诗”，即现在所说的“格律诗”。二者区别在于：古体诗每首句数可多可少，近体诗每首有定句；古体诗的字数不定，近体诗句有定字；古体诗用韵不严，近体诗有严格的韵律；古体诗对字的平仄要求极宽，而近体诗对字的平仄大多有严格的要求；古体诗不要求对仗，近体诗除绝句外都要求按规定的位置对仗。

近体诗与古体诗实例对比：

登鹳雀楼	悯农（二首其一）
王之涣	李绅
白日依山尽，	春种一粒粟，
黄河入海流。	秋收万颗子。
欲穷千里目，	四海无闲田，
更上一层楼。	农夫犹饿死。

注：同是五言诗，《登鹳雀楼》为格律诗，而《悯农》则为古体诗。

195. 我们平时听到的“律诗”和“绝句”是如何划分的?

唐代出现的格律诗，分为律诗和绝句。

表4 律诗和绝句的差别

	起源	形式
律诗	起源于南北朝，成型于唐朝初年	篇有定句（每首八句），句有定字（五字或七字），字有定声（平仄相对），联有定对（中间两联对仗），因其格律严密而得名
绝句	“绝句”这一名称起源于南朝，来源于汉魏晋南北朝歌谣，唐以后盛行近体绝句	每首仅有四句，通常有五言、七言两种，简称五绝、七绝，也偶有六言绝句，格律相同于八句律诗中的前、后或中间两句

196. 我国现存最早的完整的文人五言诗是什么？

我国现存最早的完整的文人五言诗是东汉班固的《咏史》，其内容是西汉文帝时孝女缇萦为赎免父亲刑罚，请求卖身为奴的故事。该诗一直被认为“质木无文”，但作为一首早期的文人五言诗，在短短十几行间如此凝练地抒写缇萦救父事件的始末，其概括力与叙事之中抒发感情的能力在艺术上也是成功的。

197. 我国第一位女诗人是谁？

我国第一位女诗人是东汉末年的蔡文姬（约177—?），名琰，原字昭姬，晋时为避司马昭讳，改字文姬，东汉末年陈留圉（今河南开封杞县西南）人，东汉大文学家蔡邕的女儿，是中国历史上著名的才女和文学家。代表作有《胡笳十八拍》《悲愤诗》等。

198. 古代的“赋”就是今天的散文吗？

赋是由楚辞衍化来的，也继承了《诗经》讽刺的传统。汉朝是赋的产生发展时期，其体式包括骚体赋、散体赋（或称大赋）和抒情小赋等，语句上以四、六字句为主。句式错落有致并追求骈偶，语音上要求声律谐协，文辞上讲究藻饰和用典，内容上侧重于写景，借景抒情。赋是由散文与诗（包括骚体诗）交融而诞生的，是介于诗与散文之间的一种文体。

199. “汉赋四大家”指的是谁？

汉赋四大家，一般是指司马相如、扬雄、班固、张衡四人。

司马相如（约前179—前118），西汉辞赋家，字长卿，蜀郡成都人。代表作《子虚赋》《上林赋》等，也因与卓文君的爱情故事而闻名于民间，原集已散佚。

扬雄（前53—后18），一作杨雄，字子云，西汉哲学家、文学家、语言学家。代表作《甘泉》《羽猎》等，早期以辞赋闻名，晚年对辞赋的看法却有所转变。扬雄关于赋的评论，对赋的发展和后世对赋的评价有一定影响。

班固（32—92），东汉著名的史学家、文学家，东汉史学家班彪之子。代表作《两都赋》《幽通赋》等，但更闻名于世的是其撰写的西汉一代史书——《汉书》。

张衡（78—139），字平子，东汉科学家、文学家。代表作有《西京赋》《东京赋》等，描述了以前的同类大赋从未记载的若干新事物，是中国古代极珍贵的艺术史料。

200. 我们平时所说的“文言文”指的是什么？

文言文是中国的一种书面语言，主要包括以先秦时期的口语为基础而形成的书面语，俗称“之乎者也”。春秋战国时期，用于记载文字的纸张还未被发明，记载文字用的是竹简、丝绸等物，而丝绸价格昂贵、竹简笨重且记录的字数有限，为了能在“一卷”竹简上记下更多的事情，就需要将不重要的字删掉。可以说，“文言文”是世界上最早的文字记录“压缩”格式。后来当纸大规模使用时，统治阶级的来往“公文”使用习惯已经定型，会用“文言文”已经演变成读书识字的象征。

201. 我国第一部文学批评专著是什么著作？

我国第一部文学批评专著是三国时代曹丕所作《典论·论文》。《典论·论文》写于曹丕做魏太子时期，原有22篇，后大都亡佚，只存《自叙》《论文》《论方术》三篇。《典论·论文》是我国文学批评史上第一篇专题论文，所论的“文”是广义上的文章，也包括文学作品在内，涉及了文学批评中几个很重要的问题，虽不免有些粗略，但在文学批评史上起了开风气的作用，是中国文学批评史上一座重要的里程碑。

202. 中国第一部文选是什么？

《昭明文选》是中国现存最早的一部诗文总集，由南朝梁武帝的长子萧统组织文人共同编选。萧统死后谥“昭明”，所以称作《昭明文选》。《昭明文选》共30卷，共收录作家130家，大致划分为赋、诗、杂文三大类。这部诗文总集仅仅用30卷的篇幅，就大体上包罗了先秦至梁代初叶的重要作品，反映了各种文体发展的轮廓，为后人研究这七八百年的文学史保存了重要的资料。《昭明文选》为文学划定了范畴，是文学发展到一定阶段的结果，对文学的独立发展有促进作用。

203. 为什么说南朝齐代出现的“永明体”诗歌开创了格律诗的先河？

“永明体”亦称“新体诗”，永明是南朝齐武帝的年号，这种诗体要求严格，有四声八病之说，强调声韵格律。在“永明体”以前，诗坛上流行的是“古体诗”，亦称“古诗”“古风”，每篇句数不拘，有四言、五言、六言、七言、杂言诸体，不求对仗，平仄和用韵也比较自由。“永明体”的出现，标志着古体诗已暂告一段落，预示着近体诗即将出现。这种诗体的出现，对于纠正晋宋以来文人诗的语言过于艰涩的弊病，使创作转向清新通畅起了一定的作用，对“近体诗”的形成产生了重大影响。

204. 魏晋流行的玄言诗的“玄”是什么意思？

玄言诗是一种以阐释老庄和佛教哲理为主要内容的诗歌，约起于西晋之末而盛行于东晋。“玄”这一概念，最早见于《老子》：“玄之又玄，众妙之门。”王弼在《老子指略》说：“玄，谓之深者也。”玄学即研究幽深玄远问题的学说，其特点是玄理入诗，以诗为老庄哲学的说教和注解，严重脱离社会生活。自魏晋以后，社会动荡不安，士大夫托意玄虚以求全身远祸。到了西晋后期，这种风气逐步影响到诗歌创作，尤其是东晋时代，玄学与佛教逐步结合，许多诗人都用诗歌的形式来表达自己对玄理的领悟。

205. 韵文与非韵文之间的区别是什么?

韵文与散文相对，是指那些排列规则，讲究韵律的文体。它是最早的文学形式，其中包括诗、词、歌、赋、曲等，其特点是长于抒情、富有音乐的美感。非韵文类包括散文和骈文两类。这里的散文又有“广狭”二义之分，将那些不专用对偶、不用韵的散行文体（大部分古文属于这类）称之为广义的散文，把那些与诗歌、小说、戏剧并列的，以描写真实事物为基础的文学作品称之为狭义的散文。

表5 韵文与非韵文之间的区别

韵文	指排列规则，讲究韵律的文体	内容包括诗、词、歌、赋、曲等特点是长于抒情、富有音乐的美感
非韵文	散文	不专用对偶、不用韵的散行文体（大部分古文属于这类）称之为广义的散文；把那些与诗歌、小说、戏剧并列的，以描写真实事物为基础的文学作品称之为狭义的散文
	骈文	骈文是与散文相对而言的，其主要特点是以四六句式为主，讲究对仗，因句式两两相对，犹如两马并驾齐驱，故被称为骈体。在声韵上，则讲究运用平仄，韵律和谐；修辞上注重藻饰和用典

206. 司马相如的赋为何在文学史上有如此地位?

司马相如，西汉大辞赋家，其代表作品为《子虚赋》《上林赋》等。作品辞藻富丽，结构宏大，使他成为汉赋的代表作家，后人称之为赋圣。司马相如是公认的汉赋代表作家和赋论大师，也是一位文学大师和美学大家。他是汉赋的奠基人。他还充分地掌握了辞赋创作的审美规律，并通过自己的辞赋创作实践和有关辞赋创作的论述，对辞赋创作的审美创作与表现过程进行了不少探索。

207. 建安时期文学代表人物都有哪些?

建安是东汉末年汉献帝的年号，也就是196年至220年。这一时期重要的作家有“三曹”“七子”和女诗人蔡琰。

表6 “三曹”“七子”和蔡琰

“三曹”	曹操、曹丕、曹植	代表作有：曹操的《短歌行》、曹丕的《燕歌行》、曹植的《洛神赋》
“七子”	“七子”之称见于曹丕的《典论·论文》，指孔融、陈琳、王粲、徐幹、阮瑀、应玚、刘桢七人，其中以王粲成就最高	代表作有：王粲的《七哀诗》
蔡琰	我国第一位女诗人，原字昭姬，晋时避司马昭讳，改字文姬	代表作有：《胡笳十八拍》《悲愤诗》

208. “竹林七贤”都有哪些人物?

魏正始年间（240—249），嵇康、阮籍、山涛、向秀、刘伶、王戎和阮咸七人常聚在当时的山阳县（今河南辉县、修武一带）竹林之下，肆意酣畅，世谓“竹林七贤”。竹林七贤的作品基本上继承了建安文学的精神，但由于当时的血腥统治，作家不能直抒胸臆，所以不得不采用比兴、象征等手法，隐晦曲折地表达自己的思想感情。

■ 嵇康

209. 为什么说枚乘的《七发》标志着汉大赋的形成?

枚乘（？—前140），字叔，西汉辞赋家。其代表作《七发》见于南朝梁萧统《昭明文选》，是一篇讽喻性作品。赋中假托楚太子有病，吴客前去探望，以互相问答的形式构成八段文字。作品的主旨在于揭示贵族腐朽生活的戕害人身，提出了应进用文学方术之士的主张。《七发》辞采华美，气势壮观。《七发》的出现，标志着汉代散体大赋的正式形成，并影响后人的创作。并且赋中形成了一种主客问答形式的文体——“七体”。

210. 我国现存第一首完整的山水诗是什么作品?

曹操所写的《步出夏门行·观沧海》是我国现存第一首完整的山水诗，这首诗是建安十二年（207年）九月曹操北征乌桓，消灭了袁绍残留部队胜利班师途中登临碣石山时所作。此诗借诗人登山望海所见到的自然景物，描绘了祖国河山的雄伟壮丽，既刻画了高山大海的动人形象，更表达了诗人豪迈乐观的进取精神。它是建安时代描写自然景物的名篇，也是我国古典写景诗中出现较早的名作之一。

211. 我国第一首成熟的七言诗是什么?

曹丕所作的《燕歌行》是今存最早的一首完整的七言诗。它叙述了一位女子对丈夫的思念，笔致委婉，语言清丽，感情缠绵。这首诗突出的特点是写景与抒情的巧妙交融。它仿柏梁体，句句用韵，于平线的节奏中见摇曳之态。王夫之称此诗“倾情，倾度，倾声，古今无两”，虽是溢美之词，但此诗实为叠韵歌行之祖，对后世七言歌行的创作有很大影响。

212. 我国文学史上最早的政治抒情组诗是什么？

阮籍的《咏怀》八十二首是我国文学史上最早的政治抒情组诗。阮籍（210—263），三国魏文学家、思想家。字嗣宗，陈留尉氏（今属河南）人，是“建安七子”之一阮瑀的儿子，也是“竹林七贤”之一。他提倡老庄之学，政治上则采取谨慎避祸的态度。阮籍是建安以来第一个全力创作五言诗的人，其《咏怀》把八十二首五言诗连在一起，编成一部庞大的组诗，并塑造了一个悲愤诗人的艺术形象，在五言诗的发展史上奠定了基础，开创了新的境界，开后代左思《咏史》组诗，陶渊明《饮酒》组诗的先河。

213. 我国最早的田园诗人是谁？

陶渊明（365或372或376—427年），字元亮，号五柳先生，谥号靖节先生，入刘宋后改名潜。东晋末期南朝宋初期诗人、文学家、辞赋家、散文家。田园生活是陶渊明诗的主要题材，相关作品有《饮酒》《归园田居》《桃花源记》《五柳先生传》《归去来辞》等。陶渊明的田园诗数量最多，成就最高。陶渊明是田园诗的开创者，他的田园诗以纯朴自然的语言、高远拔俗的意境，为中国诗坛开辟了新天地，并直接影响到唐代田园诗派。在他的田园诗中，随处可见的是他对污浊现实的厌烦和对恬静的田园生活的热爱。

■ 陶渊明

214. “小说”一词最早来源于何处？

“小说”一词最早见于《庄子·外物》：“夫揭竿累，趣灌渎，守鲵鲋，其于得大鱼难矣；饰小说以干县令，其于大达亦远矣。”小说是文学体裁四分法中的一大样式，它是通过塑造人物、叙述故事、描写环境来反映生活、表达思想的一种文学体裁。春秋战国时，学派林立，百家争鸣，许多学人策士为说服王侯接受其思想学说，往往设譬取喻，征引史事，巧借神话，多用寓言，以便修饰言说以增强文章效果。庄子认为此皆微不足道，故谓之“小说”，即“琐屑之言，非道术所在”。“浅识小道”，也就是琐屑浅薄的言论与小道理之意，正是小说之为小说的本来含义。

215. 我国第一部文言志怪神话小说集是什么?

我国第一部文言志怪神话小说集是东晋的史学家干宝所著《搜神记》。这是一部记录古代民间传说中神奇怪异故事的小说集，其中的大部分故事带有迷信成分，但在一定程度上反映了古代人民的思想感情。它是集我国古代神话传说之大成的著作，搜集了古代的神异故事共410多篇，开创了我国古代神话小说的先河。

216. 为什么“宫体诗”总被认为是艳情诗?

宫体诗指以南朝梁简文帝萧纲为太子时的东宫，以及陈后主、隋炀帝、唐太宗等几个宫廷为中心的诗歌。“宫体”既指一种描写宫廷生活的诗体，又指在宫廷所形成的一种诗风，其内容多是宫廷生活及男女私情，形式上则追求辞藻靡丽，后来因称艳情诗为宫体诗。宫体诗的情调流于轻艳，诗风比较柔靡缓弱。它发展了吴哥西曲的艺术形式，并继承了永明体的艺术探索而更趋格律化，也为唐代诗人提供了可借鉴的艺术经验。

217. 为什么唐代的小说被称为“传奇”?

传奇本是传述奇闻异事的意思，因此唐代流行讲奇闻异事的文言短篇小说也称传奇。它远继神话传说和史传文学，近承魏晋南北朝志怪和志人小说，发展成为一种以史传笔法写奇闻异事的小说体式。唐传奇内容更加丰富，题材更为广泛，艺术上也更成熟。唐传奇“始有意为小说”，标志着中国古代小说创作进入了一个新的创作阶段。

218. “初唐四杰”分别指的是谁?

“初唐四杰”是我国唐代初期四位文学家王勃、杨炯、卢照邻、骆宾王的合称，简称“王杨卢骆”。“四杰”拔起于初唐，他们自觉地批判齐梁文风，反对华而不实的绮靡文风，抒发真情实感，扩大了诗歌的题材，反映了广阔的社会生活。同时，他们又以大量的杰作，为五言律诗奠定了基础，并把七言古诗推向了成熟阶段，为盛唐之音的到来做出了不可磨灭的贡献。

■ 杨炯

■ 卢照邻

■ 骆宾王

■ 王勃

表7　“初唐四杰”及其代表作品

“初唐四杰”	代表作品
王勃	《滕王阁序》等
杨炯	《从军行》《出塞》等边塞征战诗
卢照邻	《长安古意》等
骆宾王	《咏鹅诗》《讨武曌檄》等

219. 李白为什么被称为“诗仙”?

李白（701—762），字太白，号青莲居士，又号“谪仙人”。中国唐朝诗人，有“诗仙”“诗侠”之称。他是中国唐代伟大的浪漫主义诗人，其诗大多以描写山水和抒发内心的情感为主。李白生活在盛唐时期，他性格豪迈，热爱祖国山河，游踪遍及南北各地，写出大量赞美名山大川的壮丽诗篇。他的诗，既豪迈奔放，又清新飘逸，而且想象丰富，意境奇妙，语言轻快，人们称他为“诗仙”。

■ 李白

220. 杜甫是怎样成为唐代现实主义诗作的代表人物?

杜甫（712—770），字子美，自号少陵野老，盛唐大诗人，号称“诗圣”，初唐诗人杜审言之孙。杜甫是我国唐代伟大的现实主义诗人，以古体、律诗见长，风格多样，以“沉郁顿挫”四字可准确概括出他的作品风格。杜甫生活在唐朝由盛转衰的历史时期，其诗多涉笔社会动荡、政治黑暗、人民疾苦。因他的诗反映当时社会矛盾和人民疾苦等现实题材，因而被誉为“诗史”。杜甫一生写诗1400多首，其中很多是传诵千古的名篇，比如《三吏》和《三别》，并有《杜工部集》传世。其中《三吏》为《石壕吏》《新安吏》和《潼关吏》，《三别》为《新婚别》《无家别》和《垂老别》。杜甫的诗篇流传数量是唐诗里最多最广泛的，是唐代最杰出的诗人之一，对后世影响深远。

■ 杜甫

221. “小李杜”指的是什么人？

“小李杜”指唐代诗人李商隐和杜牧。如果说李白、杜甫共同创造了盛唐诗歌的一个几乎无可企及的巅峰，那么李商隐和杜牧则在晚唐业已没落的诗风中添上瑰丽的一页。

杜牧（803—853），字牧之，号“樊川居士”，京兆万年（今陕西西安）人，唐文学家。杜牧人称“小杜”，以别于杜甫。因晚年居长安南樊川别墅，故后世称“杜樊川”，著有《樊川文集》。杜牧的文学创作有多方面的成就，诗、赋、古文都堪称名家。

■ 李商隐

李商隐（约813—约858），晚唐著名诗人，字义山，号玉谿生。擅长骈文写作，诗作文学价值也很高，与杜牧合称“小李杜”，与温庭筠合称为“温李”。其诗构思新奇，风格浓丽，尤其是一些爱情诗写得缠绵悱恻，为人传诵，但过于隐晦迷离，难于索解。著有《李义山诗集》，文集已散佚。

222. 新乐府运动的具体内容是什么？

新乐府运动，是由唐代诗人白居易、元稹等所倡导的一场诗歌革新运动。“新乐府”一名，是白居易相对汉乐府而提出的，其含义就是以自创的新的乐府题目咏写时事，故又名“新乐府运动”。这类诗的特点是自创新题，咏写时事，体现汉乐府的现实主义精神，一反大历以来逐渐抬头的逃避现实的诗风，发扬了《诗经》、汉魏乐府和杜甫以来的优良诗歌传统，是具有进步意义的。

■ 白居易

223. 古文与骈文有什么区别？

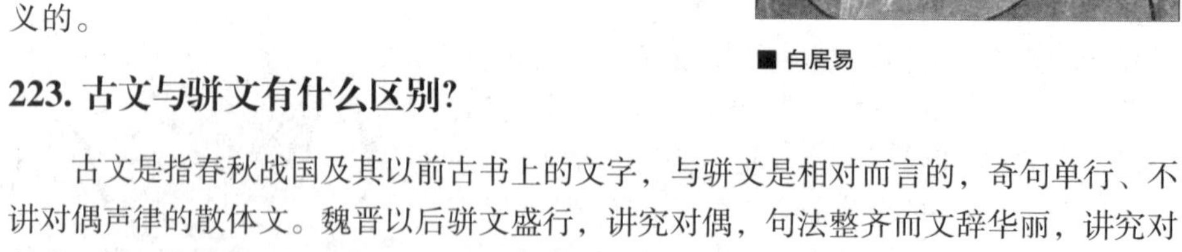

古文是指春秋战国及其以前古书上的文字，与骈文是相对而言的，奇句单行、不讲对偶声律的散体文。魏晋以后骈文盛行，讲究对偶，句法整齐而文辞华丽，讲究对仗的工整和声律的铿锵。

表8 古文与骈文的区别

	古文	骈文
别名	古文亦称散文，系针对骈文而言	唐以后之骈文亦称四六文，始于李商隐
起源	尚书为散文之祖	滥觞于东汉
时代	盛于唐宋，迄于今	盛于六朝，今仍有之
特色	朴实无华、蕴含教化	对偶工整，韵律和谐，辞藻华丽，用典繁多
价值	实用，具教化功能	有美化之价值
作家	唐宋古文八大家及明朝归有光等	六朝徐陵、庾信、鲍照，初唐四杰及李商隐，等

224. 韩愈和柳宗元倡导的“古文运动”宗旨是什么?

唐宋古文运动是指唐代中叶及北宋时期以提倡古文、反对骈文为特点的文体改革运动。因同时涉及文学的思想内容，所以兼有思想运动和社会运动的性质。“古文”这一概念由韩愈最先提出。他把六朝以来讲求声律及辞藻、排偶的骈文视为俗下文字，认为自己的散文继承了先秦两汉文章的传统，所以称“古文”。韩愈提倡古文，目的在于恢复古代的儒学道统，将改革文风与复兴儒学变为相辅相成的运动。在提倡古文时，进一步强调要“以文明道”。除唐代的韩愈、柳宗元外，宋代的欧阳修、王安石、曾巩、苏洵、苏轼、苏辙等人也是其中的代表性人物。

■ 韩愈

韩愈（768—824），唐代文学家、哲学家。字退之，河南河阳（今河南孟州南）人。著有《原道》《原性》《昌黎先生集》。

柳宗元（773—819），唐代文学家、哲学家。字子厚，河东解（今山西运城市西南）人，世称柳河东。著有《河东先生集》。

■ 柳宗元

225. 山水田园诗派的代表人物有哪些?

山水田园诗派是中国唐代以反映田园生活、描绘山水景物为主要内容的诗歌流派。他们继承和发展了陶渊明田园诗和谢灵运、谢朓等的山水诗，代表人物有盛唐的王维、孟浩然、储光羲、常建等，中唐的韦应物、柳宗元等。他们的作品较多地反映了闲适淡泊的思想情绪，色彩雅淡，意境幽深，多采用五言古体和五言律绝的形式，对后世影响很大。

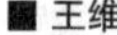

■ 王维

■ 孟浩然

226. 边塞诗派的代表人物有哪些?

边塞诗派是我国唐代主要的诗歌流派之一。“初唐四杰”和陈子昂进一步发展前朝边塞诗，到盛唐则使边塞诗全面成熟，以高适、岑参、李颀、王昌龄为代表人物。他们的诗歌主要是描写边塞战争和边塞风土人情，以及战争带来的各种情绪，如离别、思乡、闺怨等，形式上多为七言歌行和五、七言绝句，诗风悲壮，格调雄浑，最足以表现盛唐气象。此外，还有崔颢、王之涣、王翰等代表人物。

227. 被称为“唐人七绝压卷之作”的是什么作品?

王昌龄的《出塞》是一首慨叹边战不断，国无良将的边塞诗，明人李攀龙曾称赞它是“唐代七绝压卷之作”。全诗以平凡的语言，唱出雄浑豁达的主旨，气势流畅，一气呵成，吟之莫不叫绝。

出塞

秦时明月汉时关，
万里长征人未还。
但使龙城飞将在，
不教胡马度阴山。

228. 代表盛唐山水田园诗最高成就的作家是谁?

王维（701？—761），唐朝诗人，字摩诘，汉族，祖籍山西祁县，外号“诗佛”，今存诗400余首。王维以清新淡远、自然脱俗的风格，创造出一种“诗中有画，画中有诗”“诗中有禅”的意境，代表了盛唐山水田园诗的最高成就，在诗坛树起了一面不倒的旗帜。

229. 现存最早的传奇小说是什么作品？

■ 韦庄

现存最早的传奇小说是唐代王度所作的《古镜记》。作品主人公王度，自述大业七年（610年）从汾阴侯生处得到一面古镜，能辟邪镇妖，携之外出而经历的一系列奇遇的故事。篇中以几则小故事相连缀，加强了细节描写和人物对话，有一定的文采，代表着小说从志怪演进为传奇的一个发展阶段。

230. 唐代最长的叙事诗是什么作品？

《秦妇吟》是唐末五代诗人韦庄创作的长篇诗歌，这是一首乐府诗，也是唐代最长的叙事诗。后人把《秦妇吟》与汉乐府《孔雀东南飞》、北朝乐府《木兰辞》并称为“乐府三绝”。此诗在思想内容与艺术特色两方面都达到很高的水平，为中国古代叙事诗树立了一座丰碑。

231. 为什么说温庭筠是“花间派”的鼻祖？

温庭筠（？—866），唐代诗人、词人，本名岐，字飞卿，太原（今山西太原市西南）人，是花间词派的重要作家之一。其诗词兼工，诗与李商隐齐名，并称“温李”。词与韦庄齐名，并称“温韦”。历代诗论家对温庭筠诗词评价甚高，被誉为“花间派鼻祖”。词这种文学形式，到了温庭筠手里才真正被人们重视起来，终于使词在中国古代文坛上确立重要地位，至现在仍然有着极广泛的影响。温庭筠对词的贡献，永远受到后人的尊敬。现存其词60余首，在唐词人中数量最多，大都收入《花间集》，温庭筠另著有《干膘子》。

232. 最早的文人词总集是什么作品？

《花间集》是最早的一部文人词总集，是由五代时后蜀广政三年（941年）赵崇祚所编集的，其中包括自晚唐温庭筠等18人的作品500首，共10卷，它代表了中国在10世纪30年代到11世纪40年代这100多年中新兴起来的一种抒情诗歌的总集。北宋词人奉《花间集》为词的正宗，把此书的作品称为“本色词”。

■ 秦观

233. 苏门四学士都有谁？

苏门四学士是北宋文学家黄庭坚、秦观、晁补之和张耒的并称，在苏轼的众多门生和崇拜者中，他最欣赏和重视这四个人。实际上苏门四学士造诣各异，受苏轼影响的程度有差别，文学风格也大不相同。比如黄庭坚的诗自创流派，与苏轼并称“苏黄”；秦观的主要成就在词，但是他的词却不走苏轼的路子，作品内容多写抒情，亦有感伤身世之作，风调婉约清丽，辞情兼胜。

表9 苏门四学士及其代表作

黄庭坚	黄庭坚的诗自创流派，与苏轼并称“苏黄”	代表作《婴香方》
秦观	秦观的主要成就在词，但是他的词却不走苏轼的路子，作品内容多写抒情，亦有感伤身世之作。风调婉约清丽，辞情兼胜	代表作《淮海集》
晁补之	晁补之文风和为人都受苏轼影响很深。风格与东坡词相近，但缺乏苏词的旷达超妙。除了写景、咏花、赠和、悼亡外，还多写贬谪生涯和田园风光，而绮艳语较少	代表作《摸鱼儿·东皋寓居》
张耒	其文学创作受“三苏”启发，提倡文理并重，认为“文以意为车，意以文为马，理强意乃胜，气盛文如驾”	代表作《少年游》

234. 词的起源是什么？

词，是我国古代诗歌的一种。它始于梁代，形成于唐代而极盛于宋代，故俗称宋词。在唐代，原产于西域的“胡乐”尤其是龟兹乐大量传入中原，与汉族原有的以清商乐为主的各种音乐相融合，产生了一种新的音乐——燕乐。歌曲的歌辞就是词的雏形，当时叫作“曲子词”。唐代的燕乐歌辞严格按照乐曲的要求来创作歌辞，包括依乐章结构分片，依曲拍为句，依乐声高下用字，其文字形成了一种句子长短不齐而有定格的形式。到了中唐以后，众多文人用这种制辞方式进行创作，这种新体歌辞，就是后来通常所称的“词”。

235. 词的“令、引、近、慢”是什么含义？

词是诗的别体，是唐代兴起的一种新的文学样式，到了宋代，经过长期的发展，进入了全盛时期。宋人将词分为“令、引、近、慢”四种，然而这种方法也有缺点，就是分类并不十分清晰。简单地说，令即小令，引和近约等于中调，慢词就是所谓的长调（《蝶恋花》60字，《江城子》70字，但在宋朝都属于令词）。敦煌曲子词中，已经有一些中调和长调，宋初柳永写了一些长调。苏轼、秦观、黄庭坚等人继起，长调就盛行起来了。长调的特点，除了字数较多以外，就是一般运用韵较疏。

236. 词与曲是同一种文学类型吗？

词又称曲子词、长短句、诗余，是配合宴乐乐曲而填写的歌诗，词牌是词的调子的名称，不同的词牌在总句数、每句的字数、平仄上都有规定。曲是元曲的简称，元杂剧和散曲的合称，二者都是当时流行的北曲，元曲也是元朝文学作品的代表。

表10　词、曲的区别

	词	曲
别称	又称曲子词、长短句、诗余	元曲的简称
用途	配合宴乐乐曲而填写的歌诗	元杂剧和散曲合称为元曲，两者都采用北曲为演唱形式，元曲也是元朝文学作品的代表
格式	不同的词牌在总句数、句数，每句的字数、平仄上都有规定	虽有定格，但并不死板，允许在定格中加衬字，部分曲牌还可增句，押韵上允许平仄通押，与词相比，有较大的灵活性

237. 诸宫调指的是什么？

诸宫调是中国宋、金、元时期的一种大型说唱艺术，它取同一宫调的若干曲牌联成短套，首尾一韵，再用不同宫调的许多短套联成长篇，以说唱长篇故事，因此称为“诸宫调”或“诸般宫调”。又因为它用琵琶等乐器伴奏，故又称“弹词”或“弦索”。诸宫调由韵文和散文两部分组成，演唱时采取歌唱和说白相间的方式，基本上属叙事体，其中唱词有接近代言体的部分。

238. 苏轼和辛弃疾同为豪放派代表，其作品风格有无区别？

苏轼（1037—1101），字子瞻，号东坡居士，北宋文学家、书画家。苏轼的《念奴娇·赤壁怀古》《水调歌头·明月几时有》传诵甚广，诗文有《东坡七集》，存世书迹有《答谢民师论文帖》《祭黄幾道文》《前赤壁赋》《黄州寒食诗帖》等，存世画迹有《枯木怪石图》《竹石图》等。

辛弃疾（1140—1207），字幼安，号稼轩，南宋词人。其《破阵子·为陈同甫赋壮词以寄之》《永遇乐·京口北固亭怀古》《水龙吟·登建康赏心亭》《菩萨蛮·书江西造口壁》等均有名。

苏轼是我国北宋文学家，开创一代豪放词风。辛弃疾是两宋豪放词的集大成者，在词史上具有重要意义，与苏轼并称为“苏辛”。二者在表现豪放风格方面，都饱含着浓烈的奔放的豪情，表达了词人对生活无比热爱和豁达的乐观态度，以及要求为国家建功立业的理想。但二者又具有不同的风格，在词观、词境、语言运用以及对内心世界的拓展等方面都表现出了不同的特征，其主要区别是，苏东坡在胸怀上显得广阔，辛弃疾在气力上显得宏大。

239. 我国第一位女词人是谁？

■ 李清照

李清照（1084—约1151），号易安居士，宋代女词人，婉约派代表。其词清新委婉，感情真挚，且以北宋南宋生活变化呈现不同特点。前期反映闺中生活、感情自然风光、别思离愁，风格清丽明快。后来因为丈夫去世再加亡国伤痛，诗词变为凄凉悲痛，抒发怀乡悼亡情感，也寄托强烈的亡国之思。李清照有《易安居士文集》等传世，代表作有《声声慢》《一剪梅》《如梦令》等。其文学创作具鲜明独特的艺术风格，居婉约派之首，对后世影响较大，称为“易安体”。

■ 欧阳修

240. 欧阳修为什么被称为是“六一居士”？

欧阳修（1007—1072），字永叔，号醉翁，又号“六一居士”，北宋卓越的文学家、史学家。其曾曰：“吾《集古录》一千卷，藏书一万卷，有琴一张，有棋一局，而常置酒一壶，吾老于其间，是为六一。”因此，晚年自称“六一居士”。

■ 陆游

241. “中兴四大诗人”是哪四人？

“中兴四大诗人”是南宋前期尤袤、杨万里、范成大、陆游四位诗人的合称，又称南宋四大家。他们摆脱江西诗派的牢笼，写出思想、艺术各有特色的作品，影响很大，代表了宋代诗歌第二个最繁荣的时期。

表11　中兴四大诗人及其代表作品

中兴四大诗人	代表作品
尤袤	《乐溪集》
杨万里	《诚斋集》
范成大	《石湖居士诗集》
陆游	《剑南诗稿》

242. 中国历史上第一个自发组织的有理论宗旨的诗歌流派是什么？

江西诗派是我国文学史上第一个有正式名称的诗文派别。北宋后期，黄庭坚在诗坛上影响很大，追随和效法黄庭坚的诗人颇多，逐渐形成以黄庭坚为中心的诗歌流派。到了宋徽宗初年，吕本中在其所作的《江西诗社宗派图》中首先提出了“江西诗社宗派”的名称。元代方回编选《瀛奎律髓》时，把杜甫称为“江西诗派之祖”，而把黄庭坚、陈师道、陈与义三人称为“诗派之宗”，提出了江西诗派的“一祖三宗”之说。江西诗派的诗歌理论强调师承前人，崇尚瘦硬奇拗的诗风，追求字字有出处。它的影响遍及整个南宋诗坛，余波一直延及近代的同光体诗人。

243. 我国古代第一部诗话体著作是什么？

宋代欧阳修的《六一诗话》是我国最早的诗话，开后代诗歌理论著作新体裁。原书只称《诗话》，因欧阳修晚年自号“六一居士”，后人引时名称之为《六一诗话》《六一居士诗话》等。全书共28条，各则诗话条目之间的排列并没有逻辑联系，以漫谈随笔形式评论诗歌，记录轶闻趣事和瞬间感想所得，篇幅虽小，内容颇丰，有对诗歌规律、特性的探求，有佳句赏析，有掌故逸事介绍、谬说更正，等等。书中提出的“诗穷而后工”“意新语工”等论点，体现出欧阳修追求冲淡雅正、天然和平之美的美学思想。

244. “西昆体”的代表诗人有哪些？

西昆体是宋初诗坛上声势最盛的一个诗歌流派，以《西昆酬唱集》而得名，其诗人中成就较高的有杨亿、刘筠、钱惟演。它是晚唐五代诗风的延续，大多师法李商隐诗的雕润密丽、音调铿锵，呈现出整饬、典丽的艺术特征。但是从总体上看，西昆体诗的思想内容是比较贫乏的，它们与时代、社会没有密切的关系，也很少抒写诗人的真情实感，缺乏生活气息。

■ 关汉卿

245. “元曲四大家”是什么人？

“元曲四大家”指关汉卿、白朴、马致远、郑光祖四位元代杂剧作家。我国戏曲艺术经历了一个漫长的孕育过程，到宋金时期渐趋成熟，元代杂剧兴盛，成为我国戏曲史上的黄金时代。当时有姓名记载的杂剧作家就有80余人，关汉卿、白朴、马致远、郑光祖四位元代杂剧作家，代表了元代不同时期、不同流派的杂剧创作成就，因此后人称他们为元曲四大家。

表12　元曲四大家及其代表作品

元曲四大家	代表作品
关汉卿	《窦娥冤》《救风尘》《望江亭》《拜月亭》等
白朴	《梧桐雨》《东墙记》等
马致远	《青衫泪》《汉宫秋》等
郑光祖	《倩女离魂》《㑳梅香》等

246. “元诗四大家”是什么人?

“元诗四大家”指虞集、杨载、范梈、揭傒斯四人。他们都是当时的馆阁文臣，因长于写朝廷典册和达官贵人的碑版而享有盛名。他们的诗歌典型地体现出当时流行的文学观念和风尚，所以备受时人称誉。

表13 元诗四大家及其代表作品

元诗四大家	代表作品
虞集	《道园学古录》《道园遗稿》等
杨载	《杨仲弘集》等
范梈	《范德机诗集》等
揭傒斯	《揭文安公全集》等

247. 南戏四大传奇都有什么作品?

南戏四大传奇指的是元末明初出现的著名南戏《荆钗记》《白兔记》《拜月亭》和《杀狗记》，简称荆、刘、拜、杀。南戏是中国北宋末至元末明初，即12—14世纪200年间在中国南方最早兴起的戏曲剧种，是我国戏剧的较早成熟形式之一。其为其后的许多声腔、剧种，如海盐腔、余姚腔、昆山腔、弋阳腔的兴起和发展的基础，为明清以来多种地方戏的繁荣提供了丰富的营养，在中国戏曲艺术发展史上具有重要意义。

248. 宋代词坛上第一个专以词闻名的词人是谁?

宋代词坛上第一个专以词闻名的词人是柳永（约987—约1053），字耆卿，婉约派最具代表性的人物之一，代表作《雨霖铃》。由于仕途坎坷、生活潦倒，他由追求功名转而厌倦官场，沉溺于旖旎繁华的都市生活，在“倚红偎翠”“浅斟低唱”中寻找寄托。作为北宋第一个专门作词的词人，他不仅开拓了词的题材内容，而且制作了大量的慢词，发展了铺叙手法，促进了词的通俗化、口语化，在词史上产生了较大的影响。

■ 柳永

249. 宋元话本是怎样一种体裁?

宋元话本即宋元时代说话人演讲故事所用的底本，“话”即故事，“说话”本义是口传故事。话本包括小说、讲史、说经等说话艺人的底本，它奠定了明清白话小说繁荣的基础，初步形成了中国古典小说的民族形式与风格。

250. 散曲与诗歌有什么不同之处?

散曲，是一种同音乐结合的长短句歌词，元人称为“乐府”或“今乐府”。散曲作为继诗、词之后出现的新诗体，显然流动着诗、词等韵文文体的血脉，继承了它们的优秀传统。然而，与诗、词相比较，散曲拥有更加灵活多变、伸缩自如的句式，以俗为尚和口语化、散文化的语言风格以及更加明快显豁自然酣畅的审美取向。

■ 白朴

251. 元杂剧四大悲剧都有哪些?

元杂剧的四大悲剧指的是《窦娥冤》《汉宫秋》《梧桐雨》以及《赵氏孤儿》。

表14 元杂剧四大悲剧的作者及内容简介

作品	作者	内容简介
《窦娥冤》	关汉卿	取材民间故事“东海孝妇”，写窦娥被无赖诬陷，又被官府错判斩刑的冤屈故事。作品在艺术上，体现出现实主义与浪漫主义风格的融合；用丰富的想象和大胆的夸张，设计超现实的情节，显示出正义的强大力量，寄托了作者鲜明的爱憎，反映了广大人民伸张正义、惩治邪恶的愿望
《汉宫秋》	马致远	写西汉元帝受匈奴威胁，被迫送爱妃王昭君出塞和亲。作品通过他对文武大臣的谴责和自我叹息来剖析这次事件，作为一国之主，他连自己的妃子也不能保护，以致演变成一幕生离死别的悲剧
《梧桐雨》	白朴	写唐明皇李隆基与杨贵妃的故事。幽州节度使裨将安禄山失机当斩，解送京师，唐明皇对安反加宠爱，安遂与杨贵妃私通。因与杨国忠不睦，又出任范阳节度使。安禄山造反，明皇仓皇逃出长安去蜀。至马嵬驿，大军不前，兵谏请诛杨国忠兄妹。明皇无奈，命贵妃于佛堂中自缢。后唐明皇返长安，在西宫悬贵妃像，朝夕相对。一夕，梦中相见，为梧桐雨声惊醒，追思往事，倍添惆怅。全剧结构层次井然，诗意浓厚
《赵氏孤儿》	纪君祥	叙述晋灵公武将屠岸贾仅因其与忠臣赵盾不和，并嫉妒赵盾之子赵朔身为驸马，竟杀灭赵盾家300人，仅剩遗孤被程婴救出。屠岸贾下令将全国一月至半岁的婴儿全部杀尽，以绝后患。20年后，孤儿长成，终报前仇。作品描写了忠正与奸邪的矛盾冲突，揭露了权奸的凶残本质，歌颂了为维护正义、舍己为人的高贵品质，气势悲壮，感人肺腑

252. 元杂剧四大爱情剧是什么作品?

《西厢记》《拜月亭》《墙头马上》《倩女离魂》,合称为元杂剧的四大爱情剧。

表15 元杂剧四大爱情剧的作者及内容简介

作品	作者	内容简介
《西厢记》	王实甫	相府小姐崔莺莺在普救寺巧遇书生张生,二人一见倾心。适遇孙飞虎兵围普救寺,崔母声言能解兵围者即以莺莺许之。张生仗义相救,计退贼军。事后崔母嫌张生出身寒苦,弃约赖婚。在侍女红娘的帮助下,张生和莺莺私下结合。崔母虽无可奈何,又强迫张生上京应试。其后,崔莺莺原所许配的郑尚书之子郑恒又从中破坏,崔母又乘机反悔。经过张生和莺莺的共同努力,战胜了一切阻挠,有情人终成眷属。剧本歌颂了青年男女反对旧礼教的抗争精神,塑造了张生、莺莺、红娘等性格鲜明的典型人物形象
《拜月亭》	关汉卿	王瑞兰和蒋世隆于患难中相遇,由相识而定婚。瑞兰父强行拆散了这对新婚三月的夫妻。瑞兰回家后,私下怨父思夫,但却有口难言,只有在夜晚独自对月祷告,一愿父改意,二愿夫平安。作品歌颂了青年人忠贞的爱情,对封建礼教和封建势力进行了批判
《墙头马上》	白朴	总管李世隆之女李千金与尚书裴行俭之子裴少俊相爱,私自结合、生子,在后花园匿居七年。后被裴父裴尚书发觉,被迫离散。后裴少俊赴考得官,裴父向李赔礼,裴、李终于团圆。此剧通过强烈的戏剧冲突,塑造了一个敢于冲破封建礼教束缚的极有个性的妇女形象,表达了要求婚姻自主的民主思想的倾向
《倩女离魂》	郑光祖	少女张倩女、书生王文举本“指腹为婚”。后张母反悔,被迫以兄妹关系分离,但倩女依然爱恋文举,相思成疾,魂离肉体,随同文举一起上京赶考,而肉体仍在家卧病不起。当文举得官,和她一起归来,倩女魂与肉体合一,病亦痊愈,构成喜剧结局。作品塑造了大胆反抗封建礼教、热烈追求幸福生活的倩女形象。剧作在语言、心理刻画和情景描写方面都有较高成就

253. 中国历史上第一部专为剧作家树碑立传的戏曲史著作是什么?

我国历史上第一部专为剧作家树碑立传的戏曲史著作是元后期钟嗣成的《录鬼簿》,它表现了钟嗣成比较进步的文艺观点,在历来被认为高尚的“性理之学”之外,为戏剧独树一帜,另辟蹊径,这在当时包含着反传统的思想因素。《录鬼簿》是元杂剧蓬勃发展形势下的产物,它适应了中国戏剧发展的需要。

254. 台阁体是怎样一种文体?

从明朝永乐年间开始，出现一种所谓“台阁体”诗。台阁主要指当时的内阁与翰林院，又称为“馆阁”。台阁体是指以当时馆阁文臣杨士奇、杨荣、杨溥等为代表的一种文学创作风格。它的出现，是诗歌创作的一种倒退，因为它只追求所谓“雍容典雅”，内容大多比较贫乏，多为应制、题赠、酬应而作，题材常是“颂圣德，歌太平”，毫无创新和生气。

255. 八股文指的是哪八股?

八股文也称“时文”“制艺”“制义”“八比文”“四书文”，是明清朝考试制度所规定的一种特殊文体。文章就四书取题，开始先揭示题旨，为“破题”。接着承上文而加以阐发，叫“承题”。然后开始议论，称“起讲”。再后为“入手”，为起讲后的入手之处。以下再分“起股”“中股”“后股”和“束股”四个段落，而每个段落中，都有两股排比对偶的文字，合共八股，故称八股文。它是封建统治者束缚人民思想、维护封建统治的工具。

256. 明代文人中“前七子”指的是何人?

“前七子”是明弘治、正德年间（1488—1521）的文学流派，成员包括李梦阳、何景明、徐祯卿、边贡、康海、王九思和王廷相七人，其中以李梦阳、何景明为主要代表。针对当时虚饰、萎弱的文风，他们提倡复古，鄙弃自西汉以后的所有散文及自中唐以后的所有诗歌，强调文章学习秦汉，古诗推崇汉魏，近体诗宗法盛唐，反对充斥文坛的八股文、理气诗，主张廓清萎靡不振、陈陈相因的诗风，在当时有进步意义。

表16　“前七子”代表人物及作品

人物	代表作
李梦阳	《空同集》等
何景明	《大复集》等
徐祯卿	《迪功集》《迪功外集》《谈艺录》等
边贡	《华泉集》等
康海	诗文集《对山集》、杂剧《中山狼》、散曲集《沜东乐府》等
王九思	诗文集《渼陂集》、杂剧《沽酒游春》等
王廷相	《慎言》《雅述》《王氏家藏集》等

257. 明代“后七子”与“前七子”有什么联系?

“后七子”是一个比较严密的文学宗派，约在明嘉靖二十七年（1548年），由进士出身任职于京师的李攀龙、王世贞相结交讨论文学，决定重整李梦阳、何景明等人学复古的“旗鼓”。后两年，徐中行、梁有誉、宗臣中进士，与李、王结成诗社，遂有“五子”之称。后又增谢榛、吴国伦，这就是通常所说的“后七子”了。后七子的文学主张基本上与前七子相同，强调“文必秦汉，诗必盛唐”。

表17 后七子代表人物及作品

人物	代表作
李攀龙	《沧溟先生集》《古今诗删》等
王世贞	《弇山堂别集》《嘉靖以来首辅传》《觚不觚录》《弇州山人四部稿》等
徐中行	《天目山堂集》《青萝馆诗》等
梁有誉	《兰汀存稿》等
宗臣	《宗子相集》等
谢榛	《四溟山人全集》等
吴国伦	《藏甲岩稿》《甔甀洞集》《陈张事略》《吴川楼集》《春秋世谱》等

258. 小品文是怎样一种体裁?

小品文是种散文流派。小品一词，来自佛学，本指的是佛经的节本。小品是相对于大品而言的，是篇幅上的区分，而不是题材或体裁的区分。小品一词后来被运用到文学领域，同样也没有严格的明确的定义，凡是短篇杂记一类的文章，均可称之为小品。题材的包容和体裁的自由，可以说是小品文的主要特点，尺牍、游记、日记、序跋、辞赋、小说等文体都可以是小品。小品文作为文体的兴盛是在明清时期，主要在晚明阶段。

259. 文学成就最高、最富有创造性的志怪传奇文言小说是什么作品?

《聊斋志异》，简称《聊斋》，俗名《鬼狐传》，是中国清代著名小说家蒲松龄的著作。全书共有短篇小说491篇，题材广泛，内容丰富。它成功地塑造了众多的艺术典型，人物形象鲜明生动，故事情节曲折离奇，结构布局严谨巧妙，文笔简练，描写细腻，堪称中国古典短篇小说之巅峰。书中多数作品通过谈狐说鬼的手法，对当时社会的腐败、黑暗进行了有力批判，在一定程度上揭露了社会矛盾，表达了人民的愿望，但其中也夹杂着一些封建伦理观念和因果报应的宿命论思想。

■ 蒲松龄

260. 清代知名的桐城派的代表人物有哪些?

桐城派是清代文坛最大的散文流派，其作家多、分布地域广、绵延时间久，文学史所罕见。其主要代表人物戴名世、方苞、刘大櫆、姚鼐均系清代安徽桐城人（今桐城文化圈包括桐城市、枞阳县和安庆市宜秀区等部分地区），故名桐城派。桐城派的文章，内容多是宣传儒家思想，尤其是程朱理学，语言则力求简明达意，条理清晰，“清真雅正”。

■ 姚鼐

261. 明清小说发展到了一个高峰，此时小说的分类如何?

中国小说源于古代神话传说，经历了六朝志怪、唐代传奇、宋元话本、明清章回小说和“五四”现代小说的发展过程。古代小说分类可以简述如下：

志怪小说：指我国汉魏六朝的谈鬼神怪异的一种旧小说。起源于古代神话和传说。如《搜神记》。

轶事小说：用于记叙魏晋以来崇尚清谈的知识分子的狂放传闻和轶事的一种小说。

传奇小说：是一种情节多奇、神异的古典小说。一般指唐、宋人创作的文言短篇小说，是元、明、清三代小说、戏剧作家吸取题材的宝库，其源出于六朝“志怪”。

话本小说：指宋元时期说话艺人所用的底本。用通俗的语言把小说、讲史的内容记录下来自己备忘或为传授别人。后成为小说的一种样式，即话本小说。它标志着我国古典小说的成熟。

章回小说：我国古代长篇小说的一种样式，是在讲史、话本的基础上发展起来的一种分章叙事的小说。

谴责小说：以揭露社会弊病，并对封建官场和社会的种种病态进行鞭挞与谴责的一类小说的总称，产生于辛亥革命前后。

演义小说：旧体长篇小说的一种，概括史书、传说，用近代口语铺叙成文，是由讲史话本发展而来的。

262. 中国第一部大百科全书是什么?

中国第一部大百科全书是编撰于明永乐年间的《永乐大典》，初名《文献大成》，是中国的百科全书式的文献集。全书目录60卷，正文22877卷，装成11095

册，约3.7亿字，保存了14世纪以前中国历史地理、文学艺术、哲学宗教和百科文献。这一古代文化宝库汇集了古今图书七八千种，是中国最著名的一部大型古代典籍，它的规模远远超过了前代编纂的所有类书，为后世留下许多丰富的故事和难解之谜。

263. “临川四梦”指的是什么?

“临川四梦”，又称“玉茗堂四梦”，是指明代剧作家汤显祖的《牡丹亭》《紫钗记》《邯郸记》《南柯记》四剧的合称。“临川四梦”以四个梦境演绎了纷繁世事，汤显祖的同代人王思任用“《紫钗记》，侠也；《牡丹亭》，情也；《南柯记》，佛也；《邯郸记》，仙也”概括了“四梦”的“立言神旨”。从戏曲文学及舞台演出剧本的角度而言，“临川四梦”艺术造诣之高，对人生处境探索之深，对角色内心刻画之细，可说在中国昆剧传统中无与伦比。

表18 “临川四梦”内容简介

作品	内容简介
《紫钗记》	霍小玉与书生李益喜结良缘，被卢太尉设局陷害，豪侠黄衫客从中帮助，终于解开猜疑，消除误会的悲欢离合的幻梦
《牡丹亭》	描写了杜丽娘因梦生情，伤情而死，人鬼相恋，起死回生，终于与柳梦梅永结同心的痴情
《南柯记》	讲述了书生淳于棼于梦中做大槐安国驸马，任南柯太守，荣华富贵梦醒而皈依佛门的故事
《邯郸记》	表现了卢生梦中娶妻，中状元，建功勋于朝廷，后遭陷害被放逐，再度返朝做宰相，享尽荣华富贵，死后醒来，方知是一场黄粱梦，因此而悟道警醒

264. 公安派是如何得名的?

公安派是明代后期出现的以袁宏道及其兄袁宗道、弟袁中道三人为代表的文学流派，因三人是湖北公安人而得名。公安派反对“前七子”和“后七子”的拟古风气，主张“独抒性灵，不拘格套”，其创作成就主要在散文方面，文章清新活泼，自然率真，开拓了我国小品文的新领域。

■ 袁宏道

265. 吴江派的代表人物有哪些?

吴江派是明代戏曲文学流派，其领袖人物是吴江

（今江苏吴江）人沈璟和沈自晋、沈自征等人。吴江派诸作家的实践，对于扭转明初骈俪派形成的脱离舞台实际、崇尚案头剧的不良风气，起了积极的作用。但沈璟过分强调音韵格律，也产生了弊病。

266. 四大民间故事是什么?

中国民间蕴藏着极为丰富的民族文化遗产，其中最具有中国特色的是著名的“牛郎织女”“孟姜女”“梁山伯与祝英台”和“白蛇传”，流传最广，影响最大。牛郎织女的传说始于《诗经·大东》：“跂彼织女”“睆彼牵牛”的记载。孟姜女的传说起源于《左传》杞梁妻拒绝齐庄公效外吊唁莫夫，遵守礼法的记载。梁祝的故事最早见于唐代梁载言的《十道四蕃志》，明代冯梦龙的《古今小说》，又增加了英台不解带、梁山伯生疑和化蝶的情节。白蛇的故事源于唐传奇《白蛇记》，到明代冯梦龙的《白娘子永镇雷峰塔》（《警世通言》），故事已初步定型。

267. “三言二拍”指的是哪些作品?

“三言二拍”是指明代五本著名传奇短篇小说集及拟话本集的合称。“三言”即《喻世明言》《警世通言》《醒世恒言》的合称，作者为明代冯梦龙；“二拍”则是中国拟话本小说集《初刻拍案惊奇》和《二刻拍案惊奇》的合称，作者凌蒙初。它们的出现，标志着古代白话短篇小说整理和创作高潮的到来，推动了短篇小说的发展和繁荣，标志着中国短篇白话小说的民族风格和特点已经形成。

268. 明代传奇中的“四大声腔”指的是什么?

在中国戏曲历史上，有几个不同时期的“四大声腔”之称。明代中期的“四大声腔”指的是海盐腔、弋阳腔、余姚腔、昆山腔四个主要剧种、声腔系统，这四大声腔对后来的地方戏兴起和衍变发展，有很大影响。

269. 明代中期的三大传奇包括什么作品?

明中期传奇以著名的“三大传奇”为代表，包括李开先的《宝剑记》、梁辰鱼的《浣纱记》以及相传为王士贞所作的《鸣凤记》。“三大传奇”不但标志着传奇的成熟，也标志着传奇的兴盛。作家由尝试的创作、功利目的的创作进入到一个自觉的时代，增强了作品的现实性和战斗性。

■ 李开先

表19 三大传奇简介

作品	作者	内容简介
《宝剑记》	李开先	全剧52出，写林冲被逼上梁山，后来招安除奸的故事。剧本谈忠说孝，削弱了反叛精神，而纳入了忠奸斗争的范畴。林冲是因忠而被高俅和童贯逼上梁山的，后来，林冲率梁山英雄围攻京城仍是以清君侧的行为表达忠心
《浣纱记》	梁辰鱼	全剧45出，是写越国灭吴的故事，是第一部用改革的昆腔谱写和演唱的戏曲，成为具有开创意义的昆腔大戏
《鸣凤记》	相传为王士贞所作	全剧40出，是一部迅速反映现实的时事剧。写一批忠臣义士前赴后继、奋不顾身，最终斗倒奸臣严嵩的故事

270. 目前最早的有关列国故事的通俗小说是什么?

我国最早有关列国故事的通俗小说是明代余邵鱼编写的《列国志传》。今存有万历年间所刻8卷本和12卷本，述春秋战国历史故事，文字粗糙。后来冯梦龙在此基础上吸收其他材料加以改编，易名《新列国志》，共108回，篇幅较原书大为扩充，并在文字、故事情节、人物描绘等方面作了许多艺术加工，对史料也作了较认真的考核。

271. 中国第一部长篇章回小说是什么?

中国第一部长篇章回小说是《三国演义》，小说描写了东汉末年和整个三国时代以及西晋初期以曹操、刘备、孙权为首的魏、蜀、吴三个政治、军事集团之间的矛盾和斗争。在广阔的社会历史背景上，展示出那个时代尖锐复杂又极具特色的军事政治冲突，在军事政治谋略方面，对后世产生了深远的影响。

272. 中国古典小说中“英雄传奇”类型的代表作是什么作品?

《水浒传》又名《忠义水浒传》，一般简称《水浒》，作于元末明初，是中国历史上第一部用白话文写成的章回小说，也是中国古典小说中“英雄传奇”类型的代表作。作品根据民间流传的宋江起义故事定型，叙述北宋末年官逼民反，梁山英雄聚众起义的故事，再现了封建时代农民起义从发生、发展到失败的全过程，是中国古代优秀长篇小说之一。

273. 中国第一部推理小说是什么作品?

中国第一部推理小说是《包公案》，又名《龙图公案》，全名为《京本通俗演义包龙图百家公案全传》，讲述包公破案的故事，是中国古代文学三大公案之一。全书10

卷，由安遥时编。《包公案》实际上是一部有关包公断案故事的短篇小说集，每篇写一则包公断案的故事。其内容虽不连贯，但包公形象却贯穿全书。作品通过包公审理的一系列有关"人命""奸情""盗贼""争占"等类案件，塑造了一个为民除害的清官形象，寄托了人们期盼清官、贤臣的理想。

274. 中国第一部长篇世情小说是什么?

《金瓶梅》是我国第一部长篇世情小说，成书约在明代隆庆至万历年间，作者署名兰陵笑笑生。《金瓶梅》借《水浒传》中武松杀嫂一段故事为引子，通过对兼有官僚、恶霸、富商三种身份的封建时代市侩势力的代表人物西门庆及其家庭罪恶生活的描述，暴露了北宋中叶社会的黑暗和腐败。《金瓶梅》是我国第一部以家庭日常生活为素材的长篇小说，也是我国第一部由文人独立创作的长篇小说。

275. 晚清四大小说家都是什么人?

李宝嘉、吴沃尧、刘鹗和曾朴被称为"晚清四大小说家"。

李宝嘉（1867—1906），清末小说家，字伯元，号南亭亭长，江苏武进（今常州）人。所作小说，对清廷官吏的昏庸腐败和贪污勒索有所暴露，政治倾向接近于改良派，是谴责小说的代表作家。所作有《官场现形记》《文明小史》《庚子国变弹词》等。

吴沃尧（1866—1910），清末小说家，字小允，号茧人，后改趼人，广东南海人。其政治倾向接近于改良派。所作小说颇多，《二十年目睹之怪现状》在当时较为流行，对清末政治、社会黑暗腐败有所暴露。

刘鹗（1857—1909），清末小说家，原名刘孟鹏，字铁云，清代江苏丹徒（今镇江）人。刘鹗通医学、数学、理学、佛教、金石学、水利学等，更擅长文学，以小说《老残游记》而闻名。书名记述了老残在山东一带的游历见闻，暴露了清末的政治腐败和人民生活的悲惨，书中对济南大明湖、千佛山等众多名胜作了出色描写。

曾朴（1872—1935），清末小说家，字太朴，改字孟朴、籀斋，号铭珊，笔名东亚病夫，江苏常熟人。所作《孽海花》为晚清小说中较有影响的作品。著有《鲁男子》《孟朴短篇小说集》等。

276. 晚清四大谴责小说指的是什么作品?

鲁迅认为的晚清四大谴责小说是中国清末四部谴责小说的合称，即李宝嘉（李伯元）的《官场现形记》、吴沃尧（吴趼人）的《二十年目睹之怪现状》、刘鹗的《老残游记》、曾朴的《孽海花》。晚清四大谴责小说的出现，是中国小说创作进入到又一个繁荣时期的重要标志。

表20　晚清四大谴责小说简介

作品	作者	内容简介
《官场现形记》	李宝嘉	共60回，演述一人后即转入下一人，如此串联而下。作品以晚清官场为表现对象，集中描写封建社会崩溃时期官场的种种腐败、黑暗和丑恶的情形。小说中既有军机大臣、总督巡抚、提督道台，也有知县典吏、管带佐杂，他们或龌龊卑鄙或昏聩糊涂或腐败堕落，构成一幅清末官僚的百丑图
《二十年目睹之怪现状》	吴沃尧	共108回。全书以主人公为父亲奔丧开始，到经商失败结束。通过“九死一生”20年间的遭遇和见闻，广泛揭露了半殖民地半封建社会的清朝末年的黑暗现实
《老残游记》	刘鹗	共20回，写一个被人称作老残的江湖医生铁英在游历中的见闻和作为。老残是作品中体现作者思想的正面人物，他“摇个串铃”浪迹江湖，以行医糊口，自甘淡泊，不入宦途。但是他关心国家和民族的命运，同情人民群众所遭受的痛苦，是非分明，而且侠胆义肠，尽其所能，解救一些人民疾苦。随着老残的足迹所至，可以清晰地看到清末山东一带社会生活的面貌
《孽海花》	曾朴	它是一部精心结撰的“奇妙与真实”结合的文学作品，作者以状元郎金雯青与名妓傅彩云的婚姻生活故事为情节主线，将30年间重要历史事件的侧影及其相关的趣闻佚事，加以剪裁提炼，熔铸成篇。它所表现的30年历史内容，亦即同治中期至光绪后期这一特定历史阶段政治和文化的变迁史

277. 我国第一部长篇讽刺小说《儒林外史》的主要内容是什么？

《儒林外史》是由清代吴敬梓创作的一部杰出的现实主义的长篇讽刺小说，全书共56回，约40万字，描写了近200个人物，由许多个生动的故事串联起来。小说假托明代，实际描写了康乾时期科举制度下读书人的功名和生活，揭示了封建社会后期知识分子及官绅的活动和精神面貌。全书的中心内容，就是抨击僵化的考试制度和由此带来的严重社会问题。《儒林外史》是我国古代讽刺文学的典范，它不仅直接影响了近代谴责小说，而且对现代讽刺文学也有深刻的启发。

■ 吴敬梓

278. 我们平时所听说的“四大名著”指的是什么作品?

四大名著是指四部著名小说的统称，即《三国演义》《水浒传》《西游记》《红楼梦》。四大名著是中国乃至全人类共同拥有的宝贵文化遗产，在整个华人世界中有着深远的影响。研读中国四大名著，是浏览中国古典文学的智能之海，也是阅历中国传统人文、社会、伦理、历史、地理、民俗、心理、处世策略的知识之库。

表21　四大名著简介

作品	作者	成书时间	内容简介
《三国演义》	罗贯中	元末明初	中国第一部长篇章回体历史演义小说，以描写战争为主，反映了吴、蜀、魏三个政治集团之间的政治和军事斗争。在广阔的背景上，描绘了一幕幕波澜起伏，气势磅礴的战争场面，成功刻画了一千多个人物形象，对后世产生了极其深远的影响
《水浒传》	施耐庵	元末明初	第一部歌颂农民起义的长篇小说。北宋末年，朝政腐败，上至朝廷命官，下至普通百姓，共108人被逼上梁山。作者在书中为那些所谓“造反”者树碑立传，并渲染他们豪侠仗义、除暴安良、替天行道的英雄壮举，塑造出了一个个深刻、感人的经典形象，使他们成为读者心目中的英雄人物
《西游记》	吴承恩	明代	全书分为三大部分，前七回是全书的引子部分，一边安排孙悟空出场，一边描绘出四境界风貌；八至十二回写唐僧出世、唐太宗入冥的故事，交代去西天取经缘由；十三至一百回写唐僧师徒西天取经、修成正果的故事
《红楼梦》	曹雪芹	清代	以荣国府的日常生活为中心，以宝玉、黛玉、宝钗的爱情婚姻悲剧及大观园中点滴琐事为主线，以金陵贵族名门贾、史、王、薛四大家族由鼎盛走向衰亡的历史为暗线，展现了穷途末路的封建社会终将走向灭亡的必然趋势。该书达到了我国古典小说的高峰，被誉为“我国封建社会的百科全书”

279. 为什么《红楼梦》是我国古代章回小说发展的顶峰？

《红楼梦》是我国古代四大名著之一，属章回体长篇小说，成书于1784年（清乾隆四十九年）。它是我国古代最伟大的长篇小说，也是世界文学经典巨著之一。作者曹雪芹，现通行的续作是由高鹗续全的120回《红楼梦》。书中以贾、史、王、薛四大家族为背景，以贾宝玉、林黛玉爱情悲剧为主线，着重描写荣、宁两府由盛到衰的过程，全面地描写封建社会末世的人情世态及种种无法调和的矛盾，《红楼梦》一直被公认为中国古典小说不可逾越的巅峰。

■ 曹雪芹

280. 清末“小说界革命”的宗旨是什么？

梁启超在《新小说》杂志中发表《论小说与群治之关系》，提出了“今日欲改良群治，必自小说界革命始，欲新民，必自新小说始”的口号，这是“小说界革命”的开始。梁启超强调了小说对于社会改革和社会进步的积极作用，提倡将小说创作纳入资本主义社会改革的轨道，并为小说作出新的分类，为新小说的创作题材揭示了广泛而现实的内容范围。

第二章　文字

文字是语言的书写符号系统，是记录语言的书写形式，人类的思想、文化由于文字的出现而得以传承与发扬。全世界从古至今浩如烟海的文学作品，无不以文字这样一种“简单”而神奇的记录符号所记载。文学除了准确地运用了相关的基本语法，还逐渐生出一整套完美的文学修辞系统。更因文学作品本身其写作手法的丰富和发展，令文字的本身融入了鲜明的生命特性。同时，人类透过文字这一信息传播工具，极大地提高了文化、思想、艺术、技术等人类文明的传播速度和效率。文字的发明和使用是人类进入文明社会的重要标志，对促进人类社会的文明起到了重大的作用。

281. 我们平时所听到的“文字学”主要研究些什么？

文字学是一门以文字为研究对象，研究文字的性质、造字法、起源、发展、形体与音义的关系、正字法、文字的创制与改革、个别文字演变等的学科。我国的汉字历史悠久，结构复杂，因此作为研究一切历史文化的先行学科的文字学在中国特别发达。在我国，广义的文字学，全面研究字的音、形、义，在古代被称为“小学”。即除文字外，还包括音韵、训诂的研究。文字学知识有助于改进和改革文字，为无文字的语言创制文字，对古文字的了解有助于历史科学的研究。

282. 什么是音韵学？

汉语音韵学是研究汉语语音系统的科学。它包括古音学、今音学、北音学、等韵学等学科，是广义语言学的一个重要分支。音韵学也称声韵学，它是研究古代汉语各个历史时期声、韵、调系统及其发展规律的一门传统学问，是古代汉语的一个重要组成部分。

283. “六书”指的是什么？

“六书”是古人解说汉字的结构和使用方法而归纳出来的六种条例。“六书”之名，最早见于《周礼·地官·保氏》。后世学者定名为象形、指事、会意、形声、转注、假借。六书大约反映了战国末到汉代人们对汉字的结构和使用情况的认识，它基本上是建立在小篆的基础上的，是一个不够完善周密的条例。但是，它对于大多数的汉字，特别是对古汉字，还是能够予以说明。可以说，"六书说"是我国文字学史上的一个重大创见。

表1　六书及其释义

六书	概念	释义
象形	画成其事，随体诘诎，日月是也	用文字的线条或笔画，把要表达物体的外形特征具体地勾画出来
指事	视而可识，察而见意，上下是也	用象征性符号或在象形字上加提示符号来表示的造字法
会意	比类合谊，以见指㧑，武信是也	由两个或多个独体字组成，以所组成的字形或字义合并起来，表达此字的意思
形声	以事为名，取譬相成，江河是也	由形旁和声旁组成，形旁是指示字的意思或类属，声旁则表示字的相同或相近发音
转注	建类一首，同意相受，考老是也	大致有"形转""音转""义转"三说。形转：以一首指字形上同一部首的，如考和老同属"老"部。音转：以一首指词源上同韵或同声的，如考和老同属一韵，颠和顶同属一声。义转：以一首指同一主要意义，如考和老两字主要意义相同，可以互训
假借	本无其字，依声讬事，令长是也	假借已有的音同或音近的字来代表

284. "四声八病"是什么意思?

南朝齐永明年间，周颙著《四声切韵》，提出平、上、去、入四声，而沈约将四声的区辨同传统的诗赋音韵知识相结合，规定了一套五言诗创作时应避免的声律上的毛病，就是后人所记之"八病"，即平头、上尾、蜂腰、鹤膝、大韵、小韵、旁钮、正钮八种声病。"四声八病"用于永明体诗歌的创作中，对于增加诗歌艺术形式的美感，增强诗歌的艺术效果，是有积极意义的，但要求过分苛刻，也带来了一定的弊病。

285. 什么是直音法?

直音法是古汉语的注音方法，即用同音字来注音，如"根，音跟"。直音法操作相对要简便，只要有相同的字就可以了，但麻烦也因此而来，汉字毕竟是有限的，有些字找不到同音字，或即使有同音字也很生僻，即使注了也很难识读。

286. 什么叫"读若"?

读若又作"读如",是拟其音注音,多用于拟声注音的训诂学术语。其由汉代训诂学家所创,《说文》中"读若"的基本作用是比况被释字的读音。读若字与被释字既然音同或音近,而用以比况的字又往往是比较通行的字或人所易晓的成语方言,因此读若字就有可能是被释字的假借字,或与被释字意义相通。

287. "读若"与"读为"有什么区别?

"读为"又作"读曰",为汉代训诂学家所创术语,并被后代沿用,主要用于传注中,意思是改读为某字。段玉裁《周礼汉读考·序》说:"读为、读曰者,易其字也,易之以音相近之字,故为变化之词。"读若、读如等都有以本字相释的情况。有时是该字一音数义,用读若、读如等指出该字在此处应是某义;有时该字虽然只有一音一义,也用读若、读如引出常语俗词明确该字的音义。在传注中,读如与读为有时混乱。

288. 什么是反切法?

反切法是中国传统的注音方法,用两个汉字合起来为一个汉字注音,有时单称反或切。用作反切的两个字,前一个字叫反切上字,简称切上字或上字,后一个字叫反切下字,简称切下字或下字。反切的基本原则是上字与被切字的声母相同,下字与被切字的韵母(包括介音)和声调相同,上下拼合就是被切字的读音。例如,《广韵》"冬,都宗切",就是用都的声母、宗的韵母和声调为冬注音。反切的产生,是为了补救读若、直音注音方法的不足,是汉字注音方法的一个巨大的进步,标志着汉语语音学的开始。

289. 36字母指的是什么?

36字母是中国传统音韵学概念,"字母"即声母。旧传为唐末沙门守温所创的30个声母代表字。宋朝无名氏将守温30字母进行扩充,形成36字母,初步反映了唐宋时期的语音系统。人们可以通过这一套字母追溯上古的声母系统,也可以由此研究现下的方言语音以及用来说明语音发展的规律。

290. 什么是等韵学?

等韵学为唐代名僧守温始创,是音韵学中以审音为主分析汉字音节结构、说明发音原理的一门学科。等韵学通过韵图帮助人们掌握韵书的反切,正确读出反切所表示的字音。它用"字母"表示汉字的声母系统,用"五音""七音"说明字母的发音部位,用"清浊"描述声母的发音方法,用"等呼"分析韵母的结构,用"摄"概括韵的归类,用图表的形式具体显示反切所表示的读音。由于突出的特点在用"等"的概念分析字音,便被称为"等韵学",简称"等韵"。

291. 训诂学是一门怎样的学科？

训诂学是汉文古籍释读术，主要根据文字的形体与声音，以解释文字意义的学问。偏重于研究古代的词义，尤其注重于研究汉魏以前古书中的词义、语法、修辞等语文现象，但不等于语义学、词义学。“训诂”连用，最早见于春秋时期鲁国人毛亨注释《诗经》的书，书名叫《毛诗故训传》，“故”“训”“传”是三种注解古文的方法，训诂合用始见于汉朝的典籍。

■ 许慎

292. 《说文解字》在文字学中地位如何？

《说文解字》是我国第一部按部首编排的字典。东汉经学家、文字学家许慎根据文字的形体，创立540个部首，将9353字分别归入540部，又据形系联归540部并为14大类。字典正文就按这14大类分为14篇，卷末叙目别为一篇，全书共有15篇。书中系统地阐述了汉字的造字规律——六书，开创了部首检字的先河，段玉裁称这部书“此前古未有之书，许君之所独创”。

293. 我国第一部词典是什么？

《尔雅》是中国最早的一部解释词义的书，即中国古代第一部词典，同时也是儒家的经典之一，列入十三经之中。其中“尔”是“近正”的意思。“雅”是“雅言”，是某一时代官方规定的规范语言。“尔雅”就是使语言接近于官方规定的语言。该书被认为是中国训诂学的开山之作，在训诂学、音韵学、词源学、方言学、古文字学方面都有着重要影响。其也是我国第一部按义类编排的综合性辞书，是疏通包括五经在内的上古文献中词语古文的重要工具书。

294. 《方言》是现在的“方言”之意吗？

《方言》一书的全称是《辅轩使者绝代语释别国方言》，作者扬雄，他是西汉文学家、哲学家，又是著名语言学家。《方言》不仅是我国语言学史上第一部对方言词汇进行比较研究的专著，在世界语言学史上也是一部开辟语言研究的新领域，独创个人实际调查的语言研究的新方法的经典性著作。通过了解各地方言，以了解各地的风土人情，加强中央王朝与地方上的联系，这是当时方言调查的目的。

295. 隶变是怎么回事？

隶变是汉字由篆书演变为隶书的过程，其字形变圆形为方形，线条变弧线为直线，笔画变繁杂为简省。这是汉字发展史上的一个里程碑，标志着古汉字演变成现代汉字的起点。隶变结束了古文字的阶段，使中国文字进入更为定型的阶段，隶变之后的文字，接近现在所使用的文字，也比古文字更容易辨识了。

表2　隶变的特点

隶变的特点	解说
解散篆体，改曲为直	隶书不再顾及象形原则，把古字“随体诘诎”的线条分解或改成平直的笔画，以便书写
偏旁分化	在隶书里，独立成字和用作偏旁的写法明显不同
偏旁混同	隶书以求简便，把某些生僻的或笔画较多的偏旁，改成形状相近，笔画较少，又比较常见的偏旁
结构简省	隶书往往把篆文的两笔并为一笔，或是把两个以上的偏旁或偏旁所包含的部分合并起来，改成较简单的笔画结构
圆线条变为方折的断笔	隶书为提高书写速度，形成点、横、竖、捺、钩、折等笔画

296. “广韵”指的是什么?

《广韵》全称《大宋重修广韵》，宋真宗大中祥符元年（1008年），由陈彭年、丘雍等奉旨在前代韵书的基础上编修而成，是我国历史上完整保存至今并广为流传的最重要的一部韵书，是我国宋以前的韵书集大成者。该书记录了中古汉语的字音和字义，特别是数以千计的反切注音，为后人研究这一时期的语音面貌保存了完整而详细的资料。

297. 《康熙字典》是一部什么样的书?

《康熙字典》是中国第一部以字典命名的汉字辞书，成书于康熙五十五年（1716年），共收录汉字47035个，为汉字研究的主要参考文献之一，并入选中国世界纪录协会中国收录汉字最多的古代字典。《康熙字典》收字相当丰富，在很长一个时期内是我国字数最多的一部字典，以214个部首分类，并注有反切注音、出处及参考等，差不多把每一个字的不同音切和不同意义都列举进去。除了僻字僻义，它差不多在每字每义下，都举了例子。因其价值丰富，使用率极高，至今重印不辍。

298. 我国第一部语法著作是什么书?

《马氏文通》是我国第一部用现代语言学理论研究中国语法的著作，在我国语言学史上具有划时代的意义。这部著名的语法著作写于1898年，由于是开创之作，历来难读难用。《马氏文通》是我国第一部完整系统的汉语语法著作，开辟了我国语法学的新纪元。

299. 如何使用《说文解字》?

《说文解字》首创部首法，部首之间的次序大致是“据形系联”，即把形体相近的排在一起，如“页、面、首、须”。部首所属的字，大多是把意义相近相关的字排在一起，如在“言”部里，把“讪、讥、诬、诽、谤”等排在一起，在“肉”部把“胯、股、脚、胫、腓”等排在一起。全书以秦汉通行的篆书（即小篆）为主体，把古文、籀文等不同于小篆的形体列于各字下面。《说文解字》是先分析部首，说明凡属这个部首的字都跟这个部首的意义有关联。每个字都是先讲字义（本义），然后讲形体结构，有时也指出字的读音。

300. 什么是“拓片”?

“拓片”，一般指从碑刻、铜器等文物上拓印下其形状、文字和图画的纸片。拓片是我国一项古老的传统技艺，是使用宣纸和墨汁，将碑文、器皿上的文字或图案，清晰地拷贝出来的一种技能。拓片是记录中华民族文化的重要载体之一。凡历史、地理、政治、经济、军事、民族、民俗、文学、艺术、科技、建筑等都可以从中找到有益的材料。广义的拓片就是将宣纸蒙在器物表面用墨拓印来记录花纹和文字，狭义的拓片主要指碑拓。许多已散佚毁坏的碑刻，因有拓片传世，才能感受原碑刻的内容及风采。

■ 仙鹤拓片

■ 石鼓文

301. 什么是“石鼓文”?

“石鼓文”是我国最早的石刻文字，世称“石刻之祖”。石鼓文处于承前启后的时期，承秦国书风，为小篆先声。石鼓文刻于十座花岗岩石上，因石墩形似鼓，故称为“石鼓文”。石鼓文与金文有较大差别，较金文其具有明显的动感。现存的石鼓文是宋朝收集的十石鼓，上面刻有文字，当时认为是描述周穆王出猎的场面，后来的考古考证认为是秦穆公时代的作品，有的字已经残缺不全。

302. 中国已发现的文字中最早的是什么文字?

甲骨文是中国已发现的古代文字中时代最早、体系较为完整的文字。甲骨文主要指殷墟甲骨文，又称为“殷墟文字”“殷契”，是殷商时代刻在龟甲兽骨上的文字。19世纪末在殷代都城遗址即今河南安阳小屯发现，甲骨文继承了陶文的造字方法，是中国商代后期（前14—前11世纪）王室用于占卜记事而刻（或写）在龟甲和兽骨上的文字。殷商灭亡周朝兴起之后，甲骨文还延绵使用了一段时期。

303. 什么是“双声叠韵”?

双声，指的是两个字的声母相同；叠韵，指的是两个字的韵相同。例如在现代汉语里，“珍珠”是双声，因为“珍”（zhēn）和“珠”（zhū）的声母都是zh；“光芒”是叠韵，因为“光”（guāng）和“芒”（máng）的韵都是ang（韵头不同也算叠韵）。双声叠韵和上古汉语的构词法有密切的关系。双声叠韵的应用范围是非常广泛的，我国古人常常使用双声叠韵用于诗中，来取得回环往复的效果。

表3 双声叠韵举例

	释义	举例
双声	指两个字的声母相同	如在现代汉语里，“珍珠”是双声，因为“珍”（zhēn）和“珠”（zhū）的声母都是zh
叠韵	指两个字的韵相同	如“光芒”是叠韵，因为“光”（guāng）和“芒”（máng）的韵都是ang（韵头不同也算叠韵）

304. “秦书八体”指的是什么？

“秦书八体”是《汉书·艺文志》所说的春秋晚期至战国时已流传于民间的，秦统一后仍在民间流传的文字。“八体”主要指大篆、小篆、刻符、虫书、摹印、署书、殳书、隶书。这八体实际从书体上讲只有大篆、小篆、隶书三种。

表4 秦书八体的名称与特征

名称	特征
大篆	秦李斯创小篆之前古文字的统称，秦代仍有使用
小篆	秦统一后标准化了的小篆书体，又称“秦篆”
刻符	锲刻于符信的书体，如战国时秦国的阳陵虎符、新郭虎符等，其书体仍为小篆
虫书	战国时期的鸟虫书，鸟又叫羽虫，故曰虫书，多用于旗帜
摹印	也叫缪篆，是用于摹印上的字体
署书	用于书题等场合的小篆，字大、笔画粗肥
殳书	书刻于殳（古代兵器）上或弧形、拱形等器物上的篆书，字形方整
隶书	春秋战国产生的与小篆一起通行的古隶书体

305. 什么是“新莽六书”？

“新莽六书”指西汉晚期、王莽时期提倡复古而倡行的六体书，包括古文（即蝌蚪文）、奇字（一说是大篆）、篆书（秦篆）、佐书（即隶书）、缪篆（即摹印，王莽后改名）、鸟虫书等。

306. 汉字的起源是怎样的？

汉字的起源有种种传说，中国古书里都说文字是仓颉创造的。说仓颉看见一名天神，相貌奇特，面孔长得好像是一幅绘有文字的画，仓颉便描摹他的形象，创造了文字。有的古书说，仓颉创造出文字后，由于泄露了天机，天落下了小米，鬼神夜夜啼哭。还有一种传说，说仓颉观察了鸟兽印在泥土上的脚印，启发了他发明文字的灵感。其实，这种种传说都是靠不住的。文字是广大劳动人民根据实际生活的需要，是经过长期的社会实践才慢慢地丰富和发展起来的。

307. 汉字的演变过程如何?

汉字的演变经历了几千年的漫长历程，经历了甲骨文、金文、篆书、隶书、楷书、草书、行书等阶段，汉字字形字体逐步规范化、稳定化。原始社会晚期，汉民族先民在各种器物上刻画的符号，渐渐演变成为汉字。汉字在长期演变的过程中，经历了由商周的甲骨文发展到春秋时期西周的金文，再发展到秦国前期使用的大篆，发展到秦始皇用来统一全国文字的小篆，直到汉代的隶书、魏晋之后盛行的楷书，并一直沿用至今。这就是汉字字体演变的主流。而与汉隶对应的草书叫章草，与楷书对应的草书叫个草，今草也是章草的演变。至唐代，又从今草发展出狂草。行书是介于楷书与草书之间的一种字体，它在楷书的基础上加入了草书的特点，保存楷书的成分多，就叫楷行；比较接近草书的，则叫草行。这是汉字字体演变的支流。

308. 《金石录》的意义何在?

《金石录》是李清照之夫赵明诚的一部关于金石收藏整理的学术著述。全书共30卷，前10卷为目录，后20卷为跋尾。赵明诚，宋朝人，字德父，山东诸城人，对考古、金石、书画研究甚深。《金石录》一书，著录作者所见过的从上古三代至隋唐五代以来，钟鼎彝器的铭文款识和碑铭墓志等石刻文字，是中国最早的金石目录和研究专著之一。

309. 《金石萃编》是怎样一本著作?

《金石萃编》是中国清代王昶所撰金石学著作，为石刻文字和铜器铭文的汇编。书成于嘉庆十年（1805年），书共160卷，所收资料以历代碑刻为主，共达1500余种，铜器和其他铭刻仅有10余则，年代从秦到宋、辽、金。所收碑刻文字之多，在其前或以后，都还不曾有过。

310. 什么是“注音字母”?

“注音字母”是中国第一套法定的汉字形式的标注汉字的拼音字母，又称国音字母、注音符号、注音字符。1913年由读音统一会制定，1918年由北洋政府教育部公布。1919年又公布“注音字母音类次序”，重新排列字母顺序。“注音字母”共有39个，1920年审音委员会增加“ㄜ”字母，成为40个。即ㄅㄆㄇㄈㄪ、ㄉㄊㄋㄌ、ㄍㄎㄫㄏ、ㄐㄑㄬㄒ、ㄓㄔㄕㄖ、ㄗㄘㄙ、ㄧ（直行作一）ㄨㄩ、ㄚㄛㄜㄝ、ㄞㄟㄠㄡ、ㄢㄣㄤㄥ、ㄦ。其特点是：字母选自古汉字，音节拼字法采用三拼制，主要用来标注汉字读音。1918—1958年在汉语拼音方案公布前一直通行，对统一汉字读音，推广普通话，普及拼音知识有很大贡献，1930年南京国民政府曾把注音字母改名为注音符号。

第三章 典籍

典籍文化是经过学者系统化的符号文化，在过去大多数时代由官方提倡并反映在历史典籍中，特别由古代“圣人”所勉力传播。世界主要文明国家在历史上都遗留下了大量文化典籍，其中的一部分典籍由于官方或其他重要社会势力（如宗教）的推崇，对民族历史发生了较大影响。这些典籍的作者被尊为“圣人”，他们倡导的人类行为规则被当作（只是被当作，实际上不一定是）民族行为文化的代表。但无论是春秋战国的诸子哲学，汉魏各家的传经事业，还是韩、柳、欧、苏的道德文章，程、朱、陆、王的心性义理，等等，都充满了对社会国家的大爱情怀，对苍生万有的尊敬期待，这一切创造了博大悠远的中国，也创造了寓意深刻、宏大宽厚的中国古代典籍文化。

311. 国学经典都包括哪些方面的内容？

传统的国学以学科分，可分为哲学、史学、宗教学、文学、礼俗学、考据学、伦理学、版本学等，其中以儒家哲学为主流；以思想分，可分为先秦诸子，儒、道、释三家等，儒家贯穿并主导中国思想史，其他列从属地位。国学以《四库全书》分，可分为经、史、子、集四部，但以经、子部为重，更倾向于经部。而国学经典，就是指这些典籍。

表1 曾国藩对国学的分类

义理之学	包括经学、子学、玄学、佛学、理学、现代哲学等
考据之学	包括语言学、文字学、声韵学、训诂学、目录学等
经世之学	包括天文学、地理学、历算学、博物学、医学、兵学等
辞章之学	包括文章学、文法学、修辞学、诗学、词学、戏剧学等

312. 我国古代的国学经典是如何保存和传播的？

中国古代书籍的保存，最初是由人们辗转抄录，自抄自用；以后，有人抄书出卖，书籍开始成为商品。书籍的需求增多，就出现了以售书为业的书店。雕版印刷术发明后，有了印本书，正式的出版业也开始出现。唐代中叶以后，在今四川、江苏、浙江、安徽、陕西、河南等地，从事雕版印刷的民间出版业已很普遍。

313. 我国古代最大的官修图书目录是什么?

《四库全书总目》亦称《四库全书总目提要》，为我国古代最大的官修图书目录，由清代纪昀主持编纂。《四库全书》的馆臣们，对誊录入库的3400余种图书（称“著录书”）和抄存卷目的6700余种图书（称“存目书”）全部写出提要，这就是《四库全书总目提要》，或简称《四库总目》。该书著录了清乾隆以前包括哲学、史学、文学以及科学技术等各方面的文化典籍1万多种，为我国收书最多的目录，而且写有内容提要和评论，为学者研究中国古代政治、经济、文化的历史，提供了一部翔实的书目。但它是由乾隆钦定、督办的官修书目，在图书入选、内容著录、提要、评论等方面，都反映了封建统治阶级的观点和利益。

314. 中国古代最大的百科全书是什么?

中国古代最大的百科全书是《四库全书》，这是乾隆皇帝亲自组织的中国历史上一部规模最大的丛书。该书从1772年开始，经10年编成。丛书分经、史、子、集四部，故名四库。据文渊阁藏本，该书共收录古籍3460余种、79300多卷，保存了丰富的文献资料。“四库”之名，源于初唐，初唐官方藏书分为经、史、子、集四个书库，号称“四部库书”，或“四库之书”。经、史、子、集四分法是古代图书分类的主要方法，而《四库全书》基本上囊括了古代所有图书，故称“全书”。

315. 为什么说《四库全书》是现存最全面的古代丛书?

《四库全书》的内容是十分丰富的。按照内容分类，包括4部44类66属。分经、史、子、集四部，故名四库。经部包括易类、书类、诗类、礼类、春秋类、孝经类、五经总义类、四书类、乐类、小学类10个大类。其中礼类又分周礼、仪礼、礼记、三礼总义、通礼、杂礼书6属，小学类又分训诂、字书、韵书3属。史部包括正史类、编年类、纪事本末类、杂史类、别史类、诏令奏议类、传记类、史钞类、载记类、时令类、地理类、职官类、政书类、目录类、史评类15个大类，其中诏令奏议类又分诏令、奏议2属。传记类又分圣贤、名人、总录、杂录、别录5属；地理类又分宫殿疏、总志、都会郡县、河渠、边防、山川、古迹、杂记、游记、外记10属；职官类又分官制、官箴2属；政书类又分通制、典礼、邦计、军政、法令、考工6属；目录类又分经籍、金石2属。子部包括儒家类、兵家类、法家类、农家类、医家类、天文算法类、术数类、艺术类、谱录类、杂家类、类书类、小说家类、释家类、道家类14大类。天文算法类又分推步、算书2属；术数类又分数学、占侯、相宅相墓、占卜、命书相书、阴阳五行、杂技术7属；艺术类又分书画、琴谱、篆刻、杂技4属；谱录类又分器物、食谱、草木鸟兽虫鱼3属；杂家类又分杂学、杂考、杂说、杂品、杂纂、杂编6属；小说家类又分杂事、异闻、琐语3属。集部包括楚辞、别集、总集、诗文评、词曲等5个大类，其中词曲类又分词集、词选、词话、词谱词韵、南北曲5属。

《四库全书》分类表

经部
易类
书类
诗类
礼类
周礼
仪礼
礼记
三礼总义
通礼
杂礼书
春秋类
孝经类
五经总义类
四书类
乐类
小学类
训诂
字书
韵书
史部
正史类
编年类
纪事本末类
杂史类
别史类
诏令奏议类
诏令
奏议
传记类
圣贤
名人
总录
杂录
别录
史钞类
载记类
时令类
地理类
宫殿疏
总志
都会郡县
河渠
边防
山川
古迹
杂记
游记
外记
职官类
官制
官箴
政书类
通制
典礼
邦计
军政
法令
考工
目录类
经籍
金石
史评类

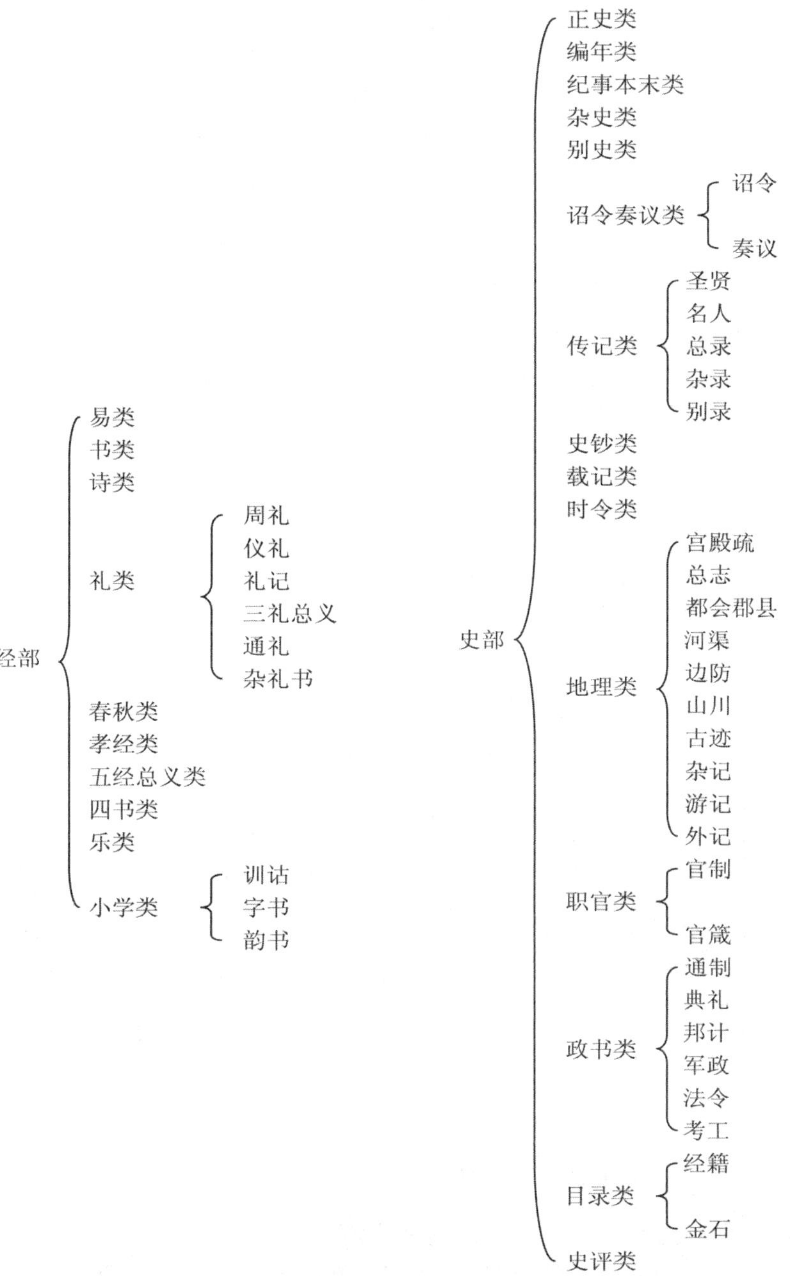

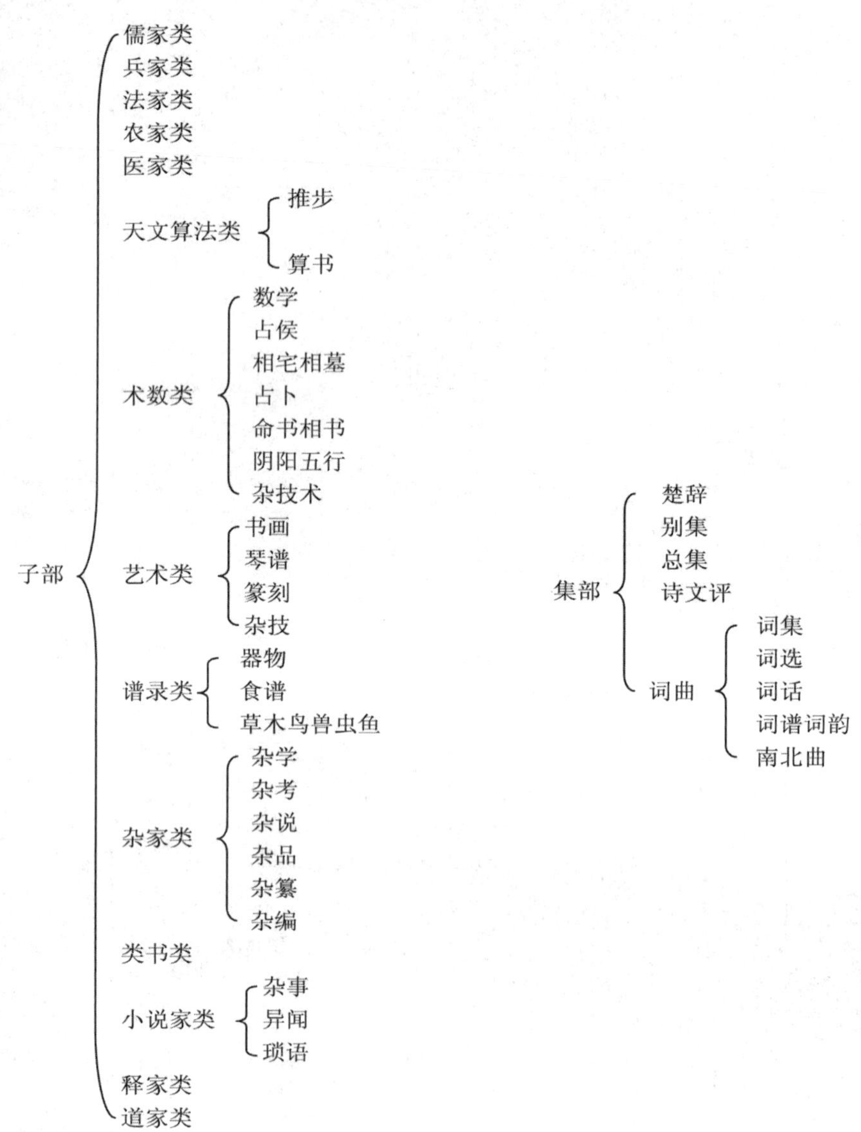

316. 《四库全书》的底本来源有哪些?

《四库全书》的底本来源有四种，一是内府藏书，二是清廷官修书，三是从全国各地征集的图书，四是从《永乐大典》中辑出的佚书。

317. 什么是百衲本、内府本、坊刻本?

表2 百衲本、内府本、坊刻本

百衲本	同一种书的不同版本拼印或用一种书的不同版本拼配起来的书籍
内府本	内府收藏的图书典籍
坊刻本	唐中叶以来由民间书坊刊行的印本书籍

318. 《古今图书集成》是怎样的一种著作?

《古今图书集成》，原名《古今图书汇编》，是清朝康熙时期由福建侯官人陈梦雷（1650—1741）所编辑的大型类书。本书编辑历时28年，共分6编32典，是现存规模最大、资料最丰富的类书。全书按天、地、人、物、事次序展开，规模宏大、分类细密、纵横交错，举凡天文地理、人伦规范、文史哲学、自然艺术、经济政治、教育科举、农桑渔牧、医药良方、百家考工等无所不包，图文并茂，因而成为查找古代资料文献的十分重要的百科全书。作为“类书之最”，该书也是中国铜活字印刷史上卷帙最浩繁、印制最精美的一部旷世奇作。

319. “校勘四法”都包括什么?

1931年，陈垣在其所著《校勘学释例》一书中，首次提出了“校勘四法”，即对校法、本校法、他校法、理校法。对校法，也称为“版本校”，它是最基本的校勘方法。是在广泛搜集同一书籍的不同版本的基础上，从中选择一个错误较少的版本作为底本，再用其他版本进行校勘的方法。本校法，是一种用本书校本书的校勘方法，通过前后文字的对照，比较分析其异同，从而找出其中的错误。他校法，用与本书相关的其他书籍进行校勘的方法。理校法，运用推理的方法进行校勘，是校勘的补充方法。运用分析、类比、综合等手段，据理推断文献中的错误。陈垣的“校勘四法”不仅方法缜密，而且内涵丰富，它实际已包含着对校勘内容、校勘工作性质，以及校勘工作程序的科学规定，一经提出，即广为学界所接受，时至今日，仍有其广泛影响。

表3 校勘四法

对校法	从不同版本中选择一个错误较少的版本作为底本，再用其他版本进行校勘
本校法	通过前后文字的对照，比较分析其异同，从而找出其中的错误
他校法	用与本书相关的其他书籍进行校勘
理校法	运用分析、类比、综合等手段，据理推断文献中的错误

320. 什么是“善本”?

“善本”最早是指校勘严密，刻印精美的古籍，后含义渐广，包括刻印较早、流传较少的各类古籍。学术意义上的善本可归纳为八个字：精注精校，不缺不讹。这个概念基本上不受时代早晚限制，而且经常表现为后出转精。

321. 什么是“经”?

“经”，指古代社会中的政教、纲常伦理、道德规范的教条，主要是儒家的典籍。构成儒家经书的基础是《诗》《书》《礼》《易》《春秋》此“五经”，经过各学派间的长期分化、传承而演变出“六经”“七经”“九经”“十三经”等体系。

322. 什么是“经学家”?

“经学家”专门指称阐释、注解、研究与宣传儒家经书（或称“经学”）的学者，官方的经学家通常具有博士、助教之类的官职，但在历史上出名的人物通常是民间学者。

323. 什么是“十三经”?

“十三经”，指在南宋形成的十三部儒家经典，即《易》《书》《诗》《周礼》《仪礼》《礼记》《春秋左传》《春秋公羊传》《春秋穀梁传》《论语》《孝经》《尔雅》《孟子》。

表4　十三经的发展演变

朝代	内容	演变
汉朝	五经	《易》《诗》《书》《礼》《春秋》
唐朝	九经	《春秋》分为“三传”，即《左传》《公羊传》《穀梁传》；《礼经》分为“三礼”，即《周礼》《仪礼》《礼记》，加上《易》《书》《诗》，并称为九经
晚唐	十二经	九经加上《论语》《尔雅》《孝经》
五代	十一经	十二经收入《孟子》，排除《孝经》《尔雅》
南宋	十三经	《孟子》正式成为“经”，和《论语》《尔雅》《孝经》一起，加上原来的九经，构成十三经

324. 什么是“五经”?

“五经”，指儒家的五种经典，指《周易》《尚书》《诗经》《礼记》《春秋》。这五部书是我国保存至今最古老的文献，也是我国古代重要思想学术流派儒家的主要经典。

表5 五经

《周易》	占卜之书，作者应是筮官，内容广泛记录了西周社会各方面，包括以前的人们对自然与人圣变幻规律的认识模式，从没有超越阴阳八卦的思维框架
《尚书》	古代最早的一部历史文献汇编，记载尧舜至东周约1500多年中古代帝王的文告和君臣谈话内容
《诗经》	中国最早的诗歌总集，收集了西周初期至春秋中叶大约500年间的诗歌305篇，西汉时被尊为儒家经典，始称《诗经》
《礼记》	战国到秦汉年间儒家学者解释说明经书《仪礼》的文章选集，是一部儒家思想的资料汇编
《春秋》	古代编年体历史著作，《史记》称其作者为春秋时期的左丘明，记事基本以春秋时期鲁十二公为次序，内容包括诸侯国之间的聘问、会盟、征伐、婚丧、篡弑等

325. “四书”指的是什么?

“四书”即《论语》《大学》《中庸》《孟子》的合称。南宋理学家朱熹注《论语》，又从《礼记》中摘出《中庸》《大学》，分章断句，加以注释，配以《孟子》，题称《四书章句集注》，“四书”之名始立，后用作学习的入门书。

表6 四书

《论语》	记载孔子及其弟子言行的一部书，是儒学最主要的经典著作
《大学》	孔子及其门徒留下来的遗书，是儒学的入门读物，朱熹把它列为“四书”之首
《中庸》	原来是《礼记》其中一篇，基本观点与《孟子》大体上相同
《孟子》	记载孟子及其弟子言行的一部书，元、明以后又成为科举考试的内容

326. 《论语》对中国历史的影响如何?

《论语》是儒家学派的经典著作之一，由孔子的弟子及其再传弟子编撰而成。“论”是论纂的意思，“语”是话语、经典语句、箴言。它以语录体和对话文体为主，所反映出来的2000多年前的社会人生精论和富有哲理的名句箴言，是中华民族文明程度的历史展示。即使今天处在经济腾飞、文化发展、全球一体化的时代大潮中，《论语》中的许多思想仍具有一定的借鉴意义和时代价值。

327. 为什么说《论语》的核心思想是“仁”?

《论语》一书比较真实地记述了孔子及其弟子的言行，也比较集中地反映了孔子的思想。儒家创始人孔子的政治思想核心是“仁”“礼”和“中庸”。因此，《论语》一书的核心思想也是“仁”。此外，《论语》首创语录之体，汉语文章的典范性也发源于此。

328. 《论语》的作者是孔子吗?

《论语》是由孔子的弟子及其再传弟子编撰而成，记录了孔子及其弟子的言行，集中体现了孔子的政治主张、伦理思想、道德观念及教育原则等。

329. 《大学》的主要思想是什么?

《大学》原为《礼记》第42篇。宋朝程颢、程颐兄弟把它从《礼记》中抽出，编次章句。朱熹将《大学》《中庸》《论语》《孟子》合编注释，称为“四书”，从此《大学》成为儒家经典。《大学》为“初学入德之门也”。经一章提出了明德、亲民、止于至善三条纲领，又提出了格物、致知、诚意、正心、修身、齐家、治国、平天下八个条目。《大学》文辞简约，内涵深刻，影响深远。2000多年来无数仁人志士通过研读此书以窥儒家之门，该文从实用主义角度，对现代人如何做人、做事、立业等等均有深刻启迪意义。

330. “大学”与“小学”的区别在何处?

表7 “小学”与“大学”的区别

	区别
“小学”	在古代就是古汉语文字学，是研究文字、训诂、音韵方面的学问，讲的是“详训诂，明句读”
“大学”	“大学”是对“小学”而言，讲的是治国安邦

331. 《中庸》的主要思想是什么?

《中庸》原是《小戴礼记》中的一篇，作者为孔子后裔子思，后经秦代学者修改整理。宋元以后，《中庸》成为学校官定的教科书和科举考试的必读书，对古代教育产生了极大的影响。中庸就是即不善也不恶的人的本性，从人性来讲，就是人性的本原，人的根本智慧本性。实质上用现代文字表述就是不善也不恶的“临界点”，这就是难以把握的“中庸之道”。

332. 《孟子》主要表达了什么思想?

《孟子》，是孟子及其弟子记录孟子的治国思想和政治策略的儒家经典，集中反映了孟子的思想。孟子认为:“民为贵，社稷次之，君为轻。”意思是说，人民放在第一位，国家其次，君在最后。孟子继承和发展了孔子的德治思想，发展为仁政学说，成为其政治思想的核心。他把“亲亲”“长长”的原则运用于政治，以缓和阶级矛盾，维护封建统治阶级的长远利益。孟子把道德规范概括为四种，即仁、义、礼、智。同时把人伦关系概括为五种，即“父子有亲，君臣有义，夫妇有别，长幼有序，朋友有信”。为了说明这些道德规范的起源，孟子提出了性善论的思想。这里，孟子把统治者和被统治者摆在平等的地位，探讨他们所具有的普遍的人性。这种探讨适应于当时奴隶解放和社会变革的历史潮流，标志着人类认识的深化，对伦理思想的发展是一个巨大的推进。

333. 《诗经》在中国历史上的地位如何?

《诗经》是我国第一部诗歌总集，收录自西周初年至春秋中叶500多年的诗歌共305篇，又称“诗三百”。《诗经》所反映的社会生活内容十分丰富，可以说，一部《诗经》立体地再现了当时的生存环境、世态人情，是社会生活的多方位、多角度的反映。《诗经》是中国现实主义文学的光辉起点。由于《诗经》内容丰富、思想和艺术上的高度成就，在中国以至世界文化史上都占有重要地位，开创了中国诗歌的优秀传统，对后世文学产生了不可磨灭的影响。

334. 《易经》一书包括什么内容?

《易经》是我国一部最古老深邃的经典，据说是由伏羲的言论加以总结与修改概括而来（同时产生了易经八卦图），是华夏五千年智慧与文化的结晶，被誉为“群经之首，大道之源”，在古代是帝王之学，也是政治家、军事家、商家的必修之术。从本质上来讲，《易经》是一本关于“卜筮”之书。“卜筮”就是对未来事态的发展进行预测，而《易经》便是总结这些预测的规律理论书。

■ 伏羲

335. 《礼》是怎样的著作?

《礼》，亦称《礼经》《仪礼》等。《礼》是记载古代典礼礼仪制度的著作，与《周礼》《礼记》合称“三礼”。《礼》文字艰涩，内容枯燥，是“三礼”中成书较早的一部。据考古材料及古文献所知，商、周统治者有名目繁多的典礼，其仪节日益繁缛复杂，因此有专门的儒生来掌握各种仪节，并不断补充整理为职业手册，为天子、诸侯、士大夫等服务。

336. 《尚书》之名有什么含义?

《尚书》又称《书》《书经》，是对上古历史文件的汇编，也是中国现存最早的史书，分为《虞书》《夏书》《商书》《周书》。战国时期总称《书》，汉代改称《尚书》，因是儒家五经之一，又称《书经》。“尚”即“上”，“尚书”意即上古之书。相传由孔子选编而成，传本有些篇是后人追述补充进去的，如《尧典》《皋陶谟》《禹贡》等。西汉初存28篇，用当时通行文字书写，即《今文尚书》。另有相传汉武帝时在孔子住屋壁中发现的《古文尚书》，已佚。

337. 什么是《十三经注疏》?

注疏，是注和疏的并称。注，即对经书字句的注解，又称传、笺、解、章句等；疏，即对注的注解，又称义疏、正义、疏义等。注、疏内容关乎经籍中文字正假、语词意义、音读正讹、语法修辞，以及名物、典制、史实等。后人为了便于查阅，为“十三经”做了注疏，被称为《十三经注疏》。“十三经”各注释版本中，以清代学者阮元主持校刻的《十三经注疏》最为完善，是研究中国古代文化的重要参考资料。

338. 《孝经》是怎样的一部著作?

《孝经》是中国古代儒家的伦理学著作。清代纪昀在《四库全书总目》中指出，该书是孔子“七十子之徒之遗言”，成书于秦汉之际。现在流行的版本是唐玄宗李隆基注，宋代邢昺疏，全书共分18章。《孝经》以“孝”为中心，首次将孝亲与忠君联系起来，认为“忠”是“孝”的发展和扩大，并把“孝”的社会作用推而广之。《孝经》在唐代被尊为经书，南宋以后被列为《十三经》之一。在中国自汉代至清代的漫长社会历史进程中，它被看作是“孔子述作，垂范将来”的经典，对传播和维护社会纲常、社会太平起了很大作用。

339.《孝经注疏》是怎样的一部著作?

《孝经注疏》相传是孔子为曾子陈述孝道所著，是《十三经注疏》中篇幅最小的一部经典。汉代有今文古文两种版本，分别由郑玄作注和孔安国作传。到唐代唐玄宗李隆基融合今古文两家，亲自为《孝经》作注，并命元行冲作疏，颁行天下。郑、孔两家之注逐渐消亡。到宋代邢昺以元行冲之疏为基础，重新作疏，遂成《十三经注疏》中《孝经注疏》之定本。

340. 《论语集解》是怎样的一本著作?

《论语集解》是我国第一部“集解”体训释专著，也是迄今为止保存最早的一部《论语》训释专书，三国时期魏国宛（今河南南阳）人何晏所著。《论语集解》是目前所存最古老《论语》注本，也是“十三经”中的第一个集注本。它不仅创立了集解体，保存了大量的古注，而且增加了许多词丰义富的新解释，在《论语》学发展史上具有重要的地位。

341. 什么是“三传”?

“三传”是解释《春秋》的三部书，就是《左传》《公羊传》和《穀梁传》。《左传》也叫作《春秋左氏传》或《左氏春秋》，相传是春秋、战国之际的左丘明所撰。《左传》以《春秋》为纲，博采各国史事，编次成书，叙事明晰，繁简得宜，保存了较丰富的历史资料。《公羊传》也叫《春秋公羊传》《公羊春秋》，着重阐释《春秋》“大义”，史事记载较简略。历代今文经学家常用它作为议论政治的工具。《穀梁传》也叫《春秋穀梁传》或《穀梁春秋》，专门阐释《春秋》。其体裁与《公羊传》相近，是研究秦汉间和汉初儒家思想的重要资料。

“三传”是解释《春秋》的三部书，就是《左传》《公羊传》和《穀梁传》。

表8 “三传”的作者及写作特点

	作者	特点
《左传》	相传是春秋末年的左丘明	实质上是一部独立撰写的史书，以《春秋》为本，博采各国史事，编次成书，通过记述春秋时期的具体史实来说明《春秋》的纲目
《公羊传》	相传作者为战国时齐人公羊高	经传合并，传文逐句传述《春秋》经文的大义，与《左传》以记载史实为主不同
《穀梁传》	相传是战国时鲁人穀梁赤。起初为口头传授，至西汉时成书。	以语录体和对话文体为主，用这种方式来注解《春秋》，是研究儒家思想从战国时期到汉朝演变的重要文献

342. 什么是“三易”?

《连山》《归藏》和《周易》合在一起称为“三易”，被认为是保存古代智慧的法则。关于“三易”，易学界普遍认为，《连山》《归藏》《周易》分别形成于夏、商、周三代，其中《连山》最早，《周易》最晚，现今只有《周易》存世。

343. 什么是“三礼”?

“三礼”指《仪礼》《周礼》和《礼记》。《礼经》在汉朝的“五经”里指《仪礼》，主要讲士大夫阶层的礼仪，所以汉朝叫《士礼》，晋朝始称《仪礼》。此外还有两部讲“礼”的《周礼》和《礼记》。东汉郑玄给这三部礼书作注，合称“三礼”，都取得“经”的地位。唐朝称“五经”时，《礼》指《礼记》，称“九经”时则包括“三礼”。

344. 郑学指的是什么?

郑学，亦称“郑氏学”“通学”“综合学派”等，是指东汉末由郑玄开创的经学学派。郑玄在遍注群经的基础上，以古文经学为主，兼采今文经学之长，融会贯通，以其丰富的著述创立了郑学，破除了过去今古文经学的家法，初步统一了今古文经学，使经学进入了一统时代，对经学的发展做出了重大贡献。

345.《春秋》与《左传》之间存在怎样的区别?

孔子修《春秋》时将简单的字句寓以深刻的褒贬之意，也就是所谓的“春秋笔法”，因此较为隐晦难懂。孔子的弟子们按照老师授课时所传达的思想来阐明和解释《春秋》，所成著作就为“传”。现在我们见到的《左传》一般都是与《春秋》经文合在一起，一段经文附一部分传文。就记事方面来说，《春秋》基本是有纲无目，具有较大的原始性，而《左传》则能做到叙事详细，首尾完整，附有评论和分析，标志着我国编年体的史书发展到了比较成熟的程度。就时空方面来说，《左传》也脱离了《春秋》如同流水账的叙述方式，而是有详有略，如庄公以前，以郑、宋、周、卫之事最多，其后开始渐及于晋、楚等国，吴、越更在其后，已到了春秋中后期。《左传》在一个广阔的时空背景下，比较全面地记载了春秋一代的天下大事，所述事件涉及社会的各个方面，包括政治、军事、外交，甚至经济、文化、社会、自然现象等等。

346. 什么是“史”?

“史”是我国古代对文化典籍分类的一种，指的是各种体裁历史著作，分为正史、编年、纪事本末、别史、杂史、诏令奏议、传记、史钞、载记、时令、地理、职官、政书、目录、史评十五类。

347. 二十四史都有哪些?

二十四史，中国古代各朝撰写的二十四部史书的总称，是被历来的朝代纳为正统的史书，故又称“正史”。它上起传说中的黄帝（约前2550年），止于明朝崇祯十七年（1644年），计3200多卷，约4000万字，用统一的有本纪、列传的纪传体编写。

表9　二十四史

名称	作者	名称	作者
《史记》	（汉）司马迁	《隋书》	（唐）魏徵等
《汉书》	（汉）班固	《南史》	（唐）李延寿
《后汉书》	（南朝宋）范晔	《北史》	（唐）李延寿
《三国志》	（晋）陈寿	《旧唐书》	（后晋）刘昫等
《晋书》	（唐）房玄龄	《新唐书》	（宋）欧阳修、宋祁
《宋书》	（南朝梁）沈约	《旧五代史》	（宋）薛居正等
《南齐书》	（南朝梁）萧子显	《新五代史》	（宋）欧阳修
《梁书》	（唐）姚思廉	《宋史》	（元）脱脱等
《陈书》	（唐）姚思廉	《辽史》	（元）脱脱等
《魏书》	（北齐）魏收	《金史》	（元）脱脱等
《北齐书》	（唐）李百药	《元史》	（明）宋濂等
《周书》	（唐）令狐德棻等	《明史》	（清）张廷玉等

348. 什么是正史？

正史是指《史记》《汉书》等记传史书，这是以帝王传记为纲领并且由宫廷史官记录的有别于民间野史的中国史书。《隋书·经籍志》将《史记》《汉书》等以帝王传记为纲的纪传体史书列为正史，居史部书之首位。《明史·艺文志》又以纪传、编年二体，并称正史。清乾隆年间的《四库全书》，确定《史记》至《明史》的24部正统的纪传体史书为正史（见表9二十四史），并确定凡不经皇帝批准的不得列入。

349. 什么是杂史？

杂史是旧时区别于纪传、编年、纪事本末的一种史书体裁，泛指我国古代私家著述的史书，是以记载带有掌故性见闻为主的史书，包括家史、外史、小史、稗史、野史、逸史等类别，大多可以成为正史的补充。尽管杂史并不一定是历史上真实发生过的事情，但是我们也可以借助杂史了解到一些事情，从而在一定程度上猜测到在正史那春秋笔法似的文字下面还隐藏了些什么。

350. 什么是别史？

别史，图书四部分类中史部的一目，指的是区别于正史、杂史，杂记历代或一代史实的史书，由私人撰写。明代黄虞稷所著的《千顷堂书目》把编年体、纪传体以外的历代杂记或一代事实的史书称为“别史”。

351. 野史对于了解历史有什么作用？

与正史相比较，野史的史料不一定可靠、可信，但由于封建的正统观念及其他种种原因，史官在记录的时候删去了一些本该记入正史的事情。因此，了解野史在一定程度上可以帮助我们更好地了解历史的真相，补充正史的缺失。但由于野史的史料较为原始，在了解的时候应该注意辨别。

352. 纪传体的“纪”是什么意思？

纪传体是以本纪、列传人物为经、时间为纬，反映历史事件的一种史书编纂体例，其突出特点是以大量人物传记为中心内容，是记言、记事的进一步结合。皇帝的传记称“纪”，一般人的称“传”，纪就是传记的意思。从体裁的形式上看，纪传体是本纪、世家、列传、书志、史表和史论的综合。优秀的纪传体史书把这些体裁配合起来，在一部史书里形成一个相辅相成的整体。它既有多种体裁的混合，又有自己特殊的规格。

353. 什么是编年体？

编年体是我国传统史书的一种体裁，以时间为中心，按年、月、日编排史实，是编写历史最早也是最简便的方法。它以时间为经，以史事为纬，比较容易反映出同一时期各个历史事件的联系，如《春秋》《资治通鉴》等就是编年体史书。

354. 我国第一部编年体史书是什么书?

我国现存第一部编年体史书是《春秋》，为鲁国的编年史，记载了从鲁隐公元年（前722年）到鲁哀公十四年（前481年）的历史。传统上认为《春秋》是孔子的作品，也有人认为是鲁国史官的集体作品。《春秋》虽然不是历史学著作，却是可贵的史料著作，因而对于研究先秦历史，尤其对于研究儒家学说以及孔子思想意义重大。

355. 我国第一部国别体史书是什么书?

《国语》是中国最早的一部国别史著作，记录了周朝王室和鲁国、齐国、晋国、郑国、楚国、吴国、越国等诸侯国的历史。上起周穆王十二年（前990年）西征犬戎（约前947年），下至智伯被灭（前453年），包括各国贵族间朝聘、宴飨、讽谏、辩说、应对之辞以及部分历史事件与传说。

356. 中国第一部断代体史书是什么?

《汉书》，又称《前汉书》，由我国东汉时期的历史学家班固编撰，是中国第一部纪传体断代史，二十四史之一。《汉书》是继《史记》之后我国古代又一部重要史书，与《史记》《后汉书》《三国志》并称为“前四史”。《汉书》全书主要记述了上起西汉的汉高祖元年（前206年），下至新朝的王莽地皇四年（23年），共230年的史事。《汉书》尤以史料丰富、闻见博洽著称，在史学上有重要的价值和地位。

■ 班固

357. 什么是纪事本末体?

纪事本末体，是以事件为中心的著史体裁。它与编年体、纪传体合称为古代三大史体。纪事本末体裁，每事一题为一专篇，把分散的材料，按时间先后加以集中叙述，兼有编年体和纪传体的优点，详于记事，方便阅读。南宋袁枢的《通鉴纪事本末》正式创立此种体例。

358. 什么是典志体?

典志体史书，是以典制为中心，记述历代典章制度及其因革损益的史书类型。它以分门别类为表述上的特点，曾被称为分类书。典志体史书是从纪传体史书中的书志分离来的，发展为独立的体裁。而中国古代史学上第一部有影响的典志体史书是唐代史学家杜佑所撰的《通典》。

359. 什么是会要体?

会要体是我国古代史书的体裁之一。这种体裁创始于唐人苏冕的《会要》，完善于宋人王溥的《唐会要》。它按朝代汇集史事和典章制度，故称“会要”。明清两代的此类史著也称“会典”。会要都是依朝代汇集史料的，内容多为典章制度，也有载有史事的。各会要分类有门和目两级，一般有十几门，目则三五百不等。它兼有工具书和资料汇编的功能，可供查检，可供通览，是一种独特的史书。

360. 什么是实录?

实录就是按照真实情况，把实际情况记录或录制下来，也是编年体的一种。实录一般以皇帝的谥号或庙号为书名，也有以王朝命名，专记某一皇帝统治时期的大事。私人记载祖先事迹的文字，有的也叫实录。各朝皇帝的政务大事编年，按年月日记述当朝政治、经济、军事、文化、灾祥等，并依次插入亡殁臣僚的传记。

361. 什么是方志?

方志就是详细记载一地的地理、沿革、风俗、教育、物产、人物、名胜、古迹以及诗文、著作等的史志。方志分门别类，取材丰富，为研究历史，特别是地方史的重要参考资料。其性质决定了它具有地方性、广泛性、资料性、时代性和连续性等特征。

362. 我国第一部编年体史书是什么?

《左传》原名《左氏春秋》，汉代改称为《春秋左氏传》，简称《左传》，旧时相传是春秋末年左丘明为解释孔子的《春秋》而作。《左传》实质上是一部独立撰写的史书，它起自鲁隐公元年（前722年），迄于鲁悼公十四年（前453年），以《春秋》为本，通过记述春秋时期的具体史实来说明《春秋》的纲目，是儒家重要经典之一。它与《春秋公羊传》《春秋穀梁传》合称“春秋三传”。《左传》的作者，司马迁和班固都证明是左丘明，这是目前最为可信的史料。现在有些学者认为是战国初年之人所作，但均为质疑，因为《左传》中某些文章的叙事风格与其他不符，并无任何史料佐证，只能归为臆测。《左传》对后世的影响也首先体现在历史学方面，它不仅发展了《春秋》的编年体，而且引录保存了当时流行的一部分应用文，给后世应用写作的发展提供了借鉴。仅据宋人陈骙在《文则》中列举，就有命、誓、盟、祷、谏、让、书、对8种之多，实际还远不止此，后人认为檄文也源于《左传》。

■ 司马迁

363. 我国第一部纪传体通史是什么?

《史记》是我国西汉著名史学家司马迁撰写的一部纪传体史书，是中国历史上第一部纪传体通史，被列为二十四史之首。原名《太史公记》。该书是中国古代最著名的古典典籍之一，记载了上自上古传说中的黄帝时代，下至汉武帝元狩元年（前122年）间共3000多年的历史。与后来的《汉书》《后汉书》《三国志》合称“前四史”。

表10 前四史

前四史	作者	内容
《史记》	（西汉） 司马迁	记载了上自上古传说中的黄帝时代，下至汉武帝元狩元年（前122年）间共3000多年的历史（哲学、政治、经济、军事等）
《汉书》	（东汉） 班固	记述了上起西汉的汉高祖元年（前206年），下至新朝的王莽地皇四年（23年），共230年的史事
《后汉书》	（南朝　宋） 范晔	记述了上起东汉的汉光武帝建武元年（25年），下至汉献帝建安二十五年（220年），共195年的史事
《三国志》	（西晋） 陈寿	记载魏、蜀、吴三国鼎立时期的纪传体国别史，详细记载了从魏文帝黄初元年（220年）到晋武帝太康元年（280年）60年的历史

364. 鲁迅为什么称《史记》为“史家之绝唱，无韵之离骚”？

《史记》对后世史学和文学的发展都产生了深远影响，其首创的纪传体编史方法为后来历代正史所传承。同时，《史记》还被认为是一部优秀的文学著作，在中国文学史上有重要地位，被鲁迅誉为“史家之绝唱，无韵之离骚”，有很高的文学价值。刘向等人认为此书“善序事理，辩而不华，质而不俚”。《史记》与司马光的《资治通鉴》被称为“史学双璧”。

365. 《战国策》的内容特色是什么？

《战国策》是一部国别体史书，主要记述了战国时期的纵横家的政治主张和策略，展示了战国时代的历史特点和社会风貌，是研究战国历史的重要典籍。西汉末刘向编定为三十三篇，书名亦为刘向所拟定。

366. “班马”指的是什么人？

“班马”亦称“马班”，是对汉代的两位著名历史学家的合称。“班”指班固，“马”指司马迁。司马迁写了我国第一部纪传体通史《史记》，班固写有断代史《汉书》，这两部著作是“前四史”之一。“班马”的创作对我国史学产生了深远的影响。

367. 什么是“三通”？

文献中的“三通”指唐朝杜佑的《通典》、宋朝郑樵的《通志》、元朝马端临的《文献通考》。

表11 “三通”

	作者	内容简介
《通典》	(唐)杜佑	杜佑综合经史及历代文集、奏议等分类编纂，200卷，记载自上古至唐代宗时期历代典制的沿革，分食货、选举、职官、礼、乐、兵刑、州郡、边防8门。内容丰富，对唐代制度叙述尤为详尽
《通志》	(南宋)郑樵	200卷，是上古到隋唐的纪传体通史，包括帝纪、后妃传、年谱、略、列传5部分。多抄录前史和《通典》，唯氏族、六书、七音、都邑、昆虫草本五略系首创。纪、传所据的旧史书有已经失传的，可据以校勘现在流行的本子。二十略是本书的精华
《文献通考》	(元)马端临	348卷，记载自上古至宋宁宗时期历代典制沿革，分田赋、钱币、户口、职役、征榷、市籴、土贡、国用、选举、学校、职官、经籍、郊社、宗庙、王礼、乐、兵、刑、舆地、四裔、帝系、封建、象纬、物异24门。《文献通考》简称《通考》，除因袭《通典》外，并采取经史、会要、传记、奏疏、当时人的论议和其他文献等，内容比《通典》丰富，所记宋朝制度更加详备

368. 什么是“续三通”?

表12 “续三通”

	作者	内容简介
《续通典》	（清）嵇璜、刘墉等奉敕撰，纪昀等校订	成书于乾隆四十八年（1783年），全书150卷，体例仿通典，唯兵、刑分设2门，共9门，门下子目稍有改变。全书详细记载唐肃宗至德元年（756年）至明崇祯十七年（1644年）的典章政制，兴亡得失，尤以明史料最详
《续通志》	（清)嵇璜、刘墉等奉敕撰，纪昀等校订	成书于乾隆五十年（1785年），全书640卷，体例仿通志，唯缺世家及年谱。书中纪传自唐初至元末止，二十略自五代至明末止，补充了通志诸略于唐事的缺漏
《续文献通考》	（清）张廷玉等奉敕撰，后嵇璜、刘墉等奉敕撰，纪昀等校订	成书于乾隆四十九年（1784年），根据明代王圻的《续文献通考》改编，共250卷、26考，体例仿《文献通考》，详载宋宁宗嘉定末年到明崇祯末年的典章制度。清朝康熙年间朱奇龄亦撰有《续文献通考补》，共48卷，补充王圻的《续文献通考》之不足

369. 《资治通鉴》是怎样的一本书?

《资治通鉴》，简称“通鉴”，是北宋司马光所主编的一本长篇编年体史书，共294卷，耗时19年。记载的历史由周威烈王二十三年（前403年）写起，一直到五代的后周世宗显德六年（959年）征淮南停笔，计跨16个朝代，共1363年的逐年记载详细历史。它是中国第一部编年体通史，在中国史书中有极重要的地位。

■ 司马光

370. 《三国志》跟《三国演义》有什么区别?

表13 《三国志》与《三国演义》的区别

	作者	体裁	内容
《三国志》	(西晋)陈寿	纪传体国别史	主要记载魏、蜀、吴三国鼎立时期的史书，详细记载了从魏文帝黄初元年(220年)到晋武帝太康元年(280年)60年的历史。取材精审，作者对史实经过认真的考订，慎重的选择，对于不可靠的资料进行了严格的审核，不妄加评论和编写，慎重选择取材之源
《三国演义》	(元末明初)罗贯中	长篇章回小说	综合民间传说和戏曲、话本，结合陈寿《三国志》和裴松之注的史料，结合作者个人对社会、人生的体悟，所创作的长篇小说。经清康熙年间毛纶、毛宗岗父子删改后，成为今日通行的120回本《三国演义》

371. 什么是“子”?

“子”是诸子百家及释道宗教著作，分为儒家、兵家、法家、农家、医家、天文算法、术数、艺术、谱录、杂家、类书、小说家、释家、道家十四类。

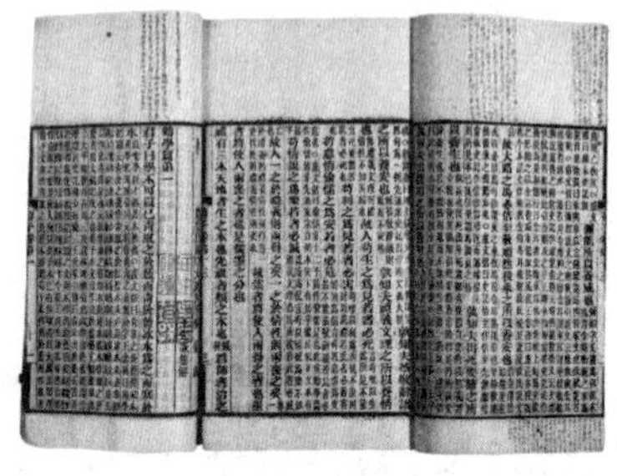

■《荀子》

372. 《庄子》的主要思想是什么?

庄子是我国先秦时期伟大的思想家、哲学家和文学家。战国时期宋国蒙(今河南商丘市东北)人，是道家学说的主要创始人，与道家始祖老子并称为“老庄”。《庄子》把“道法自然”的老子学说继承下来，明确地阐述了“道”的本质作用。其主要思想是“天道无为”，认为一切事物都在变化。《庄子》一书中，一方面具有无神论思想，强调人与自然的统一，一方面又有“神不灭”的思想。

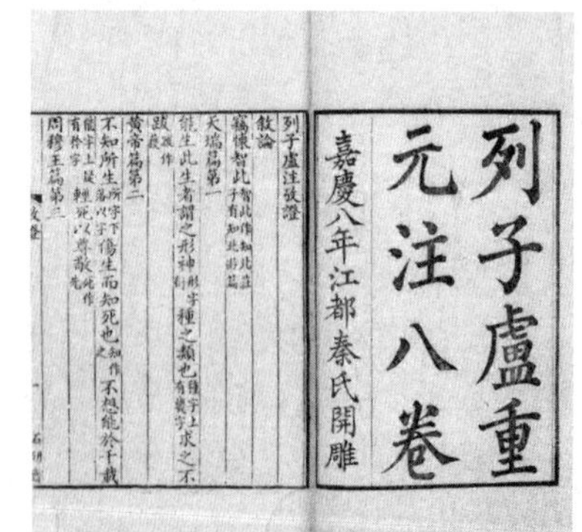

■《列子》

373. 为什么说《庄子》代表了先秦散文的最高成就?

《庄子》想象力很强，文笔变化多端，具有浓厚的浪漫主义色彩，并采用寓言故事形式，富有幽默的讽刺意味，对后世文学语言有很大影响。其超常的想象和变幻莫测的寓言故事，构成了庄子特有的奇特的形象世界，在哲学、文学上都有较高研究价值。

374. 《荀子》的主要思想是什么？

《荀子》一书是中国古代儒、法、道、墨等诸子学术思想的集大成之作，它对政治、经济、文化、思想的方方面面都提出了自己的看法，对中国社会影响深远。“人定胜天”“性恶论”“隆礼敬士”“尚贤使能”“重法爱民”“节用裕民”“开源节流”是其主要思想。《荀子》立论严谨，语言生动，《劝学》是其脍炙人口的散文名篇。

375. 《列子》是关于哪些内容的记载？

《列子》的内容多为民间故事、寓言和神话传说。其中不乏教益的作品，如愚公移山、杞人忧天等故事都出自该书。

376. 《韩非子》一书宣扬了什么理论？

《韩非子》是战国末期韩国法家集大成者韩非的著作。这部书现存55篇，约10万言，大部分为韩非自己的作品。该书重点宣扬了韩非法、术、势相结合的法治理论，达到了先秦法家理论的最高峰，为秦统一六国提供了理论武器。同时，也为以后的封建专制制度提供了理论根据。

377. 《墨子》的主要内容是什么？

《墨子》内容广博，包括了政治、军事、哲学、伦理、逻辑、科技等方面，是研究墨子及其后学的重要史料。《墨子》一书从《亲士》到《三辩》7篇为墨子早期著作，其中前三篇掺杂有儒家的理论，后四篇主要是尚贤、尚同、天志、节用、非乐等理论。从《尚贤上》到《非儒下》24篇为一组，系统地反映出墨子“兼爱”“非攻”“尚贤”“尚同”“节用”“节葬”“非乐”“天志”“明鬼”“非命”十大命题，是《墨子》一书的主体部分。

378. 《淮南子》是由哪些人写成的？

《淮南子》又名《淮南鸿烈》《刘安子》，是我国西汉时期创作的一部论文集，由西汉皇族淮南王刘安主持撰写，故而得名。关于《淮南子》的作者，一般认为是淮南王刘安与另外八人（统称为“八公”）共同撰著的。

379. 《淮南子》的主要内容和思想特点是什么？

《淮南子》著录内21篇，外33篇，内篇论道，外篇杂说，今存内21篇。该书以道家思想为主，糅合了儒、法、阴阳等家，一般列《淮南子》为杂家。实际上，该书是以道家思想为指导，吸收诸子百家学说，融会贯通而成，是战国至汉初黄老之学理论体系的代表作。《淮南子》在阐明哲理时，旁涉奇物异类、鬼神灵怪，保存了一部分神话材料，像女娲补天、后羿射日、共工怒触不周山、精卫填海等古代神话，主要靠本书得以流传。

380.《吕氏春秋》是怎样的一本书?

《吕氏春秋》是秦国丞相吕不韦主编的一部古代类百科全书似的传世巨著，有八览、六论、十二纪，共20万言。《吕氏春秋》是战国末年（前239年前后）秦国丞相吕不韦组织属下门客们集体编撰的杂家（儒、法、道等）著作，又名《吕览》。吕不韦自己认为其中包括了天地万物古往今来的事理，所以号称《吕氏春秋》。

381.《晏子春秋》的主要内容是什么?

《晏子春秋》是记叙春秋时代著名政治家、思想家晏婴言行的一部书。该书全部由短篇故事组成，通过一个个生动活泼的故事，塑造了主人公晏婴和众多陪衬者的形象。这些故事虽不能完全作信史看待，但多数是有一定根据的，可与《左传》《国语》《吕氏春秋》等书相互印证，作为反映春秋后期齐国社会历史风貌的史料。

382.《孔子家语》有什么样的价值?

《孔子家语》详细记录了孔子与其弟子的问诘对答和言谈行事，生动塑造了孔子的人格形象，对研究儒家学派（主要是创始人孔子）的哲学思想、政治思想、伦理思想和教育思想，有巨大的理论价值。同时，由于该书保存了不少古书中的有关记载，这对考证上古遗文，校勘先秦典籍，有着巨大的文献价值。

383.《论衡》是怎样的一本书?

《论衡》一书为东汉王充（27—约97）所作，大约作成于汉章帝元和三年（86年），现存文章有85篇。《论衡》不仅对儒家思想进行了尖锐而猛烈的抨击（但它并不完全否定儒学），而且它还批判地吸取了先秦以来各家各派的思想，特别是道家黄老学派的思想，对先秦诸子百家的思想都进行了系统的评述。因此，后人称《论衡》书是“博通众流百家之言”的古代小百科全书。

384.《国故论衡》的主要内容有什么?

《国故论衡》是晚清时期国学大师章太炎的著作。该书基本体现其学术创见，较完整展示了其学术风貌的代表作。此书1910年初刊于日本东京，共分3卷。

表14　《国故论衡》简介

	篇数	内容
上卷	上卷论小学，共11篇	讨论语言、音韵问题，大抵根据声韵转变的规律，上探语源，下明流变，考证详核
中卷	中卷论文学，共7篇	首论文学界说，以为“有文字箸于竹帛”者皆属于“文”的范围；亦述历代散文、诗赋的优劣，大抵于论辩之文尊晚周、魏、晋，于诗赋薄中唐以降
下卷	下卷论诸子学，共9篇	通论诸子哲学的流变，于道家推崇特至，谓儒、法皆出于道家，而“经国莫如《齐物论》”，《齐物论》为《庄子》的一篇

385. 我国历史上第一部内容丰富、体系宏大的家训是什么书?

《颜氏家训》是我国历史上第一部内容丰富、体系宏大的家训，是我国南北朝时北齐文学家颜之推的传世代表作。他结合自己的人生经历、处世哲学，写成《颜氏家训》一书阐述立身治家的方法并告诫子孙。其内容涉及许多领域，强调教育体系应以儒学为核心，尤其注重对孩子的早期教育。文章内容切实，语言流畅，具有一种独特的朴实风格，对后世的影响颇为深远。

386. 《般若经》是怎样的一本经书?

《般若经》是大乘佛教空宗的主要经典，也是大乘佛教中形成最早的一类经典，由般若部类的众多经典汇编而成。“般若”是“般若波罗蜜多”的略称，是指一种大乘佛教的佛、菩萨所具有的不同于凡俗之人的智慧，它既是大乘佛教修行所要达到的目的，也是观察一切事物的准则。

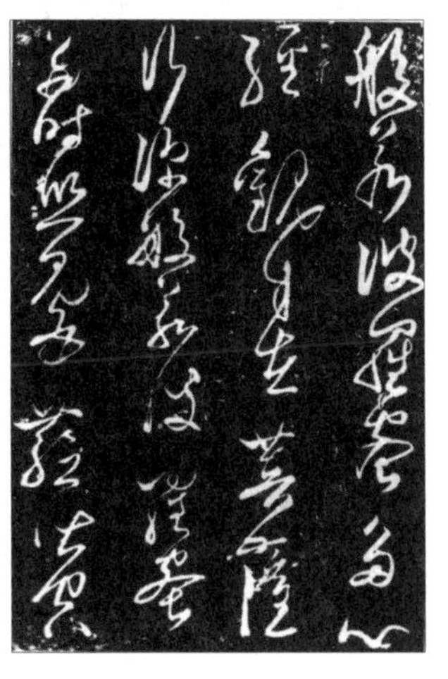

■ 草书《心经》

387. 《心经》的主要内容是什么?

《心经》全称《般若波罗蜜多心经》，略称《般若心经》《心经》，唐朝玄奘译。心指心脏，含有精要、心髓等意。本经系将内容庞大之《般若经》浓缩，成为表现“般若皆空”精神之简洁经典。《心经》是佛经中字数最少的一部经典著作，但含义最深、传奇最多、影响最大。“色即是空，空即是色”一语，即是出自本经。

388. 《金刚经》是怎样的一本书?

《金刚经》于前994年（约周穆王时期）成书于古印度，是如来世尊释迦牟尼在世时与长老须菩提等众弟子的对话记录，由弟子阿傩所记载。“金刚”指最为坚硬之物，喻指勇猛的突破各种关卡，让自己能够顺利地修行证道。般若为梵语智慧一词的音译，意为“通达世间法和出世间法，圆融无碍，恰到好处，绝对完全的大智慧”。

389. 《道德真经》的主要内容是什么?

《道德真经》即《道德经》，或称《老子》《老子五千文》。原为先秦诸子中道家的代表作，后被道教奉为主要经典。唐代尊为《道德真经》。《道德经》在历代道士的不断注疏中，逐渐注入了新的内容，这是一个《老子》被逐渐神学化的过程，也是道教思想理论不断深化的过程，其中包含着较丰富的思想内容，是研究道教教理、哲学的一大基本来源。

390. 《南华真经》是怎样的一部著作?

《南华真经》是战国时代的道家著名学者庄周所撰。唐玄宗时，追号庄周为“南华真人”，因此其所撰著的《庄子》一书，也被尊为《南华真经》。到宋徽宗时，又追封庄周为“微妙无通真君”。

391. 《太平经》的主要内容是什么?

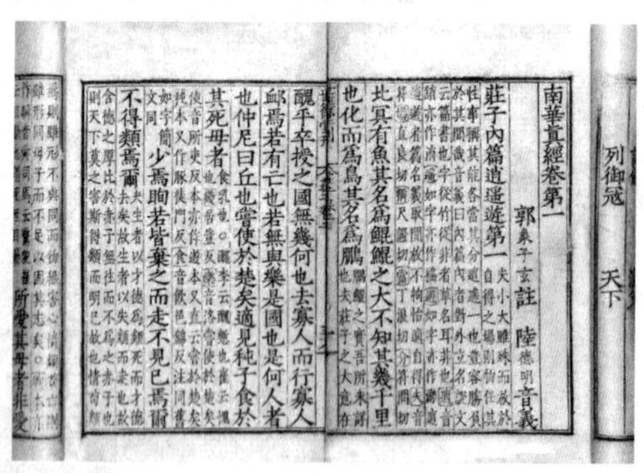
南華眞經卷第一
郭象子玄註 陸德明音義
莊子內篇逍遥遊第一
北冥有魚其名爲鯤鯤之大不知其幾千里
也化而爲鳥其名爲鵬
醜乎卒授之國無幾何也去寡人而行寡人
卹焉若有亡也若無與樂是國也是何人者
也仲尼曰丘也嘗使於楚矣適見㹠子食於
其死母者
少焉眴若皆棄之而走不見已焉爾
不得類焉爾

■ 《南华真经》

《太平经》是道教的主要经典，以阴阳五行解释治国之道，宣扬散财就穷、自食其力的观念。该书内容庞杂，专以奉天地、顺五行为本，但也不乏反映贫苦民众疾苦与要求的思想，并对当时的社会政治问题发表了评论。该书对后世道教及道教思想的发展有重大影响。

392. 《黄庭经》是怎样的一部著作?

《黄庭经》是道教上清派的重要经典，也被内丹家奉为内丹修炼的主要经典，属于洞玄部。该书首次提出了三丹田的理论，介绍了许多存思观想的方法。关于内外经的作者、成书年代及其相互关系，向来说法不一。

393. 《抱朴子》的主要内容是什么?

《抱朴子》是东晋时期道家的理论著作，由葛洪所撰。该作总结了战国以来神仙家的理论，从此确立了道教神仙理论体系，也是研究我国晋代以前道教史及思想史的宝贵材料。《抱朴子》在道家体系中具有重要的地位，而葛洪本人也被认为是道家的重要人物，对道家学派的发展具有重要作用。

■ 葛洪

394. 《太上感应篇》是怎样一部作品?

《太上感应篇》是道教的经典著作之一，旨在劝善，简称《感应篇》，作者与成书年代均不详。该作内容融合了较多的佛家、儒家思想，也体现了一些儒家伦理。在儒家学说中，尤其强调五伦纲常，认为君臣、父子、夫妇的等级界限分明。可以说，《太上感应篇》实际上建立的是以儒家道德规范和道释宗教规戒为标准的立身处世准则，显示出北宋时期道、佛、儒三教合流的趋向。

395. 什么作品被称为“佛教百科全书”?

《法苑珠林》，又名《法苑珠林传》或《法苑珠林集》，是唐代道世法师据各种经典编纂而成。“法苑”，指佛法的荟萃；“珠”，是美石，比喻佛陀教法融通无碍；“林”，法义丛集名为林。全书约百万余字，除广引佛教经论说明外，有关感应的文章，则旁采百家之书以明其验。所采用的外典有百余种之多，凡所引事例皆注明出处。由于引用经论之多，使本书成为检寻一切经典的工具书，堪称一切佛经之索引，与《经律异相》《诸经要集》同为研究佛学、弘法布教的宝典。该书素有佛教百科全书之称，是中国佛教史上不可或缺的重要文献史料。

表15 关于《法苑珠林》书名的解释

	释义
“法苑”	指佛法的荟萃
“珠”	是指美石，比喻佛陀教法融通无碍
“林”	法义丛集名为林

396. 什么是“集”?

“集”是收历代作家一人或多人的散文、骈文、诗、词、散曲等的集子和文学评论、戏曲等著作，分为楚辞、别集、诗文评、词曲五类。

表16 各种集及其释义

	释义
楚辞	又称“楚词”，是战国时代屈原创造的一种诗体。作品运用楚地的文学样式、方言声韵，叙写楚地的山川人物、历史风情，具有浓厚的地方特色。汉代时，刘向把屈原的作品及宋玉等人“承袭屈赋”的作品编辑成集，名为《楚辞》
别集	指个人的诗文汇编，保存某一作家的诗、词、曲、散文作品，这是认识和研究这位作家文学成就的主要材料。如白居易的《白氏长庆集》和苏轼的《东坡七集》等
总集	指汇集许多人的作品而成的诗文集，中国古代对多人著作合集的称呼
诗文评	中国古代集部图书中一个类目的名称，收录文学理论和批评方面的书籍。传统的图书分类法，将《文心雕龙》（南朝梁刘勰撰）和《诗品》（南朝梁钟嵘撰）列于诗文评著作之首
词曲	词由五言诗、七言诗或民间歌谣发展而成，起于唐代，盛于宋代。原是配乐歌唱的一种诗体，句的长短随歌调而改变，因此又叫长短句。有小令和慢词两种，一般分上下两阕。曲是一种韵文形式，盛行于元代

397. “集”中“文集”的代表作有哪些?

“文集”的代表作有《楚辞》《司马相如集》《贾逵集》《何晏集》《杜预集》《韩康伯集》《陶弘景集》《乐府新歌》《女鉴》等。

398. 除“文集”外，“集”的代表作还有那些?

除“文集”外，“集”的代表作还有《道经》《灵宝经》《洞玄箓》《上清箓》等，以及佛经 《法华经》《长阿含经》《四分律》《华严经》等。

399. 我国最早的总集是什么?

中国最早的总集是西晋挚虞的《文章流别集》，但今已亡佚。所以，今天所能见到的现存最早的总集，应是南朝梁萧统所编的《文选》。

400. 《乐府诗集》对历史的贡献是什么?

《乐府诗集》是继《诗经·风》之后，一部总括我国古代乐府歌辞的著名诗歌总集，由宋代郭茂倩所编。现存100卷，是现存收集乐府歌辞最完备的一部。主要辑录汉魏到唐、五代的乐府歌辞兼先秦至唐末的歌谣，共5000多首。《乐府诗集》对各类乐曲的起源、性质及演唱时所使用的乐器等都作了较详细的介绍和说明，对文学史和音乐史的研究都有极重要的价值。

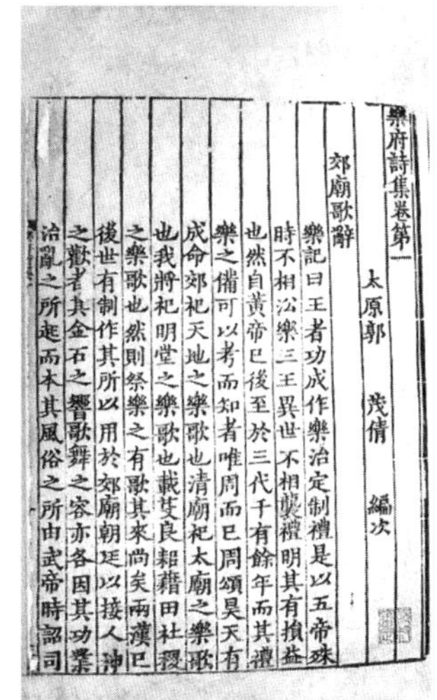

樂府詩集卷第一
太原郭 茂倩 編次
郊廟歌辭
樂記曰王者功成作樂治定制禮是以五帝殊時不相沿樂三王異世不相襲禮明其有損益也然自黃帝已後至於三代千有餘年而其禮樂之備可以考而知者唯周而已周頌昊天有成命郊祀天地之樂歌也清廟祀太廟之樂歌也我將祀明堂之樂歌也載芟良耜藉田社稷之樂歌也然則祭樂之有歌其來尚矣兩漢已後世有制作其所以用於郊廟朝廷以接人神之歡者其金石之響歌舞之容亦各因其功業治亂之所起而本其風俗之所由武帝時詔司

■《乐府诗集》

401. 《说苑》的主要内容有哪些?

《说苑》为西汉刘向所撰，是根据皇家藏书和民间图籍，按类编辑的先秦至西汉的一些历史故事和传说，并夹有作者的议论，借题发挥儒家的政治思想和道德观念。该书内容多为哲理深刻的格言警句，叙事意蕴讽喻，故事性颇强，又以对话体为主，文字简洁生动，清新隽永，有较高的文学欣赏价值，对魏晋乃至明清的笔记小说也有一定的影响。

402. 为什么说《山海经》中国最古老的奇书之一?

《山海经》是先秦古籍，是一部富于神话传说的最古老的地理书。它主要记述古代地理、物产、神话、巫术、宗教等，也包括古史、医药、民俗、民族等方面的内容。该书保留了大量远古时期的史料，且与东方夷族有关，对古代历史、地理、文化、中外交通、民俗、神话等研究，均有价值参考，被称为“中国最古老的奇书”之一。

■《山海经》中描绘的怪兽

403. 《文选》的编选范围是什么?

《文选》是中国现存最早的诗文总集，南朝梁萧统编选。《文选》的选录标准以词人才子的名篇为主，后来习称为经、史、子的著作一律不选。这一标准的着重点显然不在思想内容，而在于讲究辞藻华美、声律和谐以及对偶、用事切当的艺术形式，为文学划定了范畴，是文学发展到一定阶段的结果，对文学的独立发展有促进作用。这部诗文总集仅仅用30卷的篇幅，就大体上包罗了先秦至梁代初叶的重要作品，反映了各种文体发展的轮廓，为后人研究这七八百年的文学史保存了重要的资料。

404. 中国第一部文学理论批评专著是何书?

中国第一部文学理论批评专著是《文心雕龙》，作者为刘勰，成书于南朝齐和帝中兴元年及中兴二年间（501—502）。它是中国文学理论批评史上第一部有严密体系的，“体大而虑周”的文学理论专著，对文学创作和文学批评、文学的特点和规律等一系列问题，提出了精湛透辟的见解，富有独创性，因此它在中国文学理论批评史上占有十分重要的地位。

405. 《古文观止》选取的是哪些文章?

《古文观止》是自清代以来最为流行的古代散文选本之一，由清代吴楚材、吴调侯于康熙三十三年（1684年）编选的。所选之文上起先秦，下迄明末，大体反映了先秦至明末散文发展的大致轮廓和主要面貌。其中包括《左传》34篇、《国语》11篇、《公羊传》3篇、《礼记》6篇、《战国策》14篇、韩愈文17篇、柳宗元文8篇、欧阳修文11篇、苏轼文11篇、苏辙文3篇、王安石文3篇等共222篇。本书入选之文皆为语言精练、短小精悍、便于传诵的佳作。衡文标准基本上兼顾到思想性与艺术性，当然所谓思想性是以不违背封建正统观念为基准的。体例方面不是按前人文体分类的习惯，而是以时代为经，以作家为纬，值得肯定。

406. 中国第一部小说总集是什么?

《太平广记》是中国第一部小说总集，成书于宋代，取材于汉代至宋初的野史小说及释藏、道经等和以小说家为主的杂著，属于类书。该书实际上可以说是一部宋代之前的小说总集，其中神怪故事占的比重最大。有不少书现在已经失传了，只能在本书里看到它的遗文。因此许多唐代和唐代以前的小说，就靠《太平广记》而保存了下来。

407. 我国中国第一部散文集是什么?

我国第一部散文集是《尚书》，一部多体裁文献汇编，也是中国现存最早的史书。现存版本中真伪参半。一般认为《今文尚书》中《周书》的《牧誓》到《吕刑》16篇是西周真实史料，《文侯之命》《费誓》和《秦誓》为春秋史料，所述内容较早的《尧典》《皋陶谟》《禹贡》反而是战国编写的古史资料。

408. 中国第一部笑话集是什么?

中国第一部笑话集是《笑林》，三国魏邯郸淳所撰，共3卷。书中所记都是俳谐的故事，是我国古代最早的笑话专书。原书已佚，今存20余则，在鲁迅《古小说钩沉》辑本中较完备。

409. 中国古代最大的一部诗歌集是什么?

中国古代最大的一部诗歌集是《全唐诗》，共收录唐、五代诗人2837人的诗作49403首，共计900卷。该集由清代曹寅、彭定求等奉敕编纂，是清朝初年编修的汇集唐一代诗歌的总集，为后来研习者提供了莫大的方便。

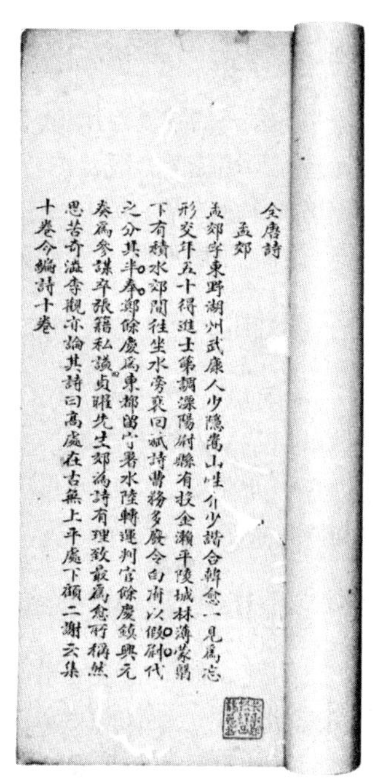

全唐詩
孟郊
孟郊字東野湖州武康人少隱嵩山性介少諧合韓愈一見爲忘
形交年五十得進士第調溧陽尉縣有投金瀨平陵城林薄蒙翳
下有積水郊間往坐水旁裴回賦詩曹務多廢令白府以假尉代
之分其半奉。鄭餘慶爲東都留守署水陸轉運判官餘慶鎮興元
奏爲參謀卒張籍私謚貞曜先生郊爲詩有理致最爲愈所稱然
思苦奇澀李觀亦論其詩曰高處在古無上平處下顧二謝云集
十卷今編詩十卷

■《全唐诗》

410. 中国第一部笔记体小说集是什么?

中国第一部笔记体小说集是《世说新语》，为我国南朝宋时期（420—581）产生的一部主要记述魏晋人物言谈、逸事的笔记小说。该小说集由南朝刘宋宗室临川王刘义庆（403—444）组织一批文人编写的，梁代刘峻作注，记述了自汉末到刘宋时名士贵族的遗闻轶事，主要为有关人物评论、清谈玄言和机智应对的故事，保存了社会、政治、思想、文学、语言等方面史料，价值很高。

411. 《玉台新咏》是怎样一部作品?

《玉台新咏》是继《诗经》《楚辞》之后中国古代的第三部诗歌总集，收录作品上至西汉、下迄南朝梁代的诗歌总集，历来认为是南朝徐陵在梁中叶时所编。本书编纂的宗旨是“选录艳歌”，即主要收男女闺情之作，且比较重视民间文学，如中国古代长篇叙事诗《孔雀东南飞》就首见此书。它重视南朝时兴起的五言四句的短歌句，选录了梁中叶以后不少诗人的作品。这些诗作比“永明体”更讲究声律和对仗，可以较清楚地看出近体诗的成熟过程。

412. 迄今为止最大的唐文总集是什么?

《全唐文》是清代官修的唐五代的文章总集，共1000卷，嘉庆十九年（1814年）由董诰领衔，阮元、徐松等百余人参加编纂，共收文章20025篇，作者3035人，每一位作者都附有小传。《全唐文》是唐一代（包括五代）文章的总集，也是迄今唯一最大的唐文总集。

413. 《全宋词》是怎样一部作品?

《全宋词》是宋词总集，今人唐圭璋所编。宋人词集丛刻，始自明末毛晋《宋六十名家词》。在北宋，词虽然已经形成了一种独立的文体，但似乎还没有被普遍承认为“正统”文学，所以北宋人的词一般不收入文集。此书收录齐备，考订也比较精审，改正了不少前人的谬误之处，为研究宋词的重要参考书。

414. 中国第一部个人创作的文言短篇小说集是什么?

中国第一部个人创作的文言短篇小说集是《聊斋志异》，简称《聊斋》，俗名《鬼狐传》，为中国清代著名小说家蒲松龄所作。书共有短篇小说491篇，题材非常广泛，内容极其丰富。它成功地塑造了众多的艺术典型，人物形象鲜明生动，故事情节曲折离奇，结构布局严谨巧妙，文笔简练，描写细腻，堪称中国古典短篇小说之巅峰。

415. 我国最早的文人词总集是什么?

《花间集》是我国五代十国时期编纂的一部词集，也是我国文学史上的第一部词集，由后蜀人赵崇祚编辑。本书收录了温庭筠、韦庄等18位花间词派诗人的经典作品，集中而典型地反映了我国早期词史上文人词创作的主体取向、审美情趣、体貌风格和艺术成就。

416. 我国现知最早的话本小说总集是什么?

我国现知最早的话本小说总集是明嘉靖年间洪楩编刊的《清平山堂话本》，又称《六十家小说》。书中收宋、元、明三代的短篇小说，一部分属小说家的话本，有些只是说话人抄录的资料，作为提纲式的说话底本。《清平山堂话本》是刻印较早的小说话本集，基本保存了话本的原貌，从中可以看到宋元至明初小说家话本的各种不同体制和风格，是研究中国小说史的重要资料。

417. 我国第一部政论文总集是什么?

我国最早的一部政论文总集为《新书》，作者是西汉杰出的思想家、文学家、政治家贾谊。《新书》又称《贾子》，《汉书·艺文志》将其列入儒家，今存10卷58篇。《新书》集中反映了贾谊的政治经济思想，开篇即为著名的《过秦论》，总结了秦朝灭亡的历史教训，提出了一系列政治主张；《宗首》《藩强》《权重》等阐述了加强中央集权的思想；《大政》《修政》等提出了利民安民的民本思想。贾谊的政论散文逻辑严密，感情充沛，气势非凡，体现了汉初知识分子在汉帝国大一统创始期之积极进取，力图建功伟业的豪情壮志，代表汉初政论散文的最高成就。

418. 《全清词钞》是怎样的一部著作?

《全清词钞》是中国清词总集，编者为今人叶恭绰。全书40卷，共选录3196位词人的8260多首词，是收录清词最多的选本，为读者俯瞰清词发展变化的轮廓提供了较全面的资料，并为保存清词做出贡献。

419. 《骈体文钞》是怎样的一部作品?

《骈体文钞》为中国古典文学骈文总集，由清代李兆洛（1769—1841）编选，辑入先秦至隋的作品共31卷，分为上、中、下3编。编者认为，文之起源不分骈散，故主张骈散合一。该书入选的司马迁的《报任安书》、诸葛亮的《出师表》等作品，便是这一主张的具体体现。

420. 《古文辞类纂》的内容是怎样的?

《古文辞类纂》是中国古文总集，编者为清代姚鼐。此书是桐城派散文观点的代表选本，一度颇为流行。所选文章以唐宋八大家作品为主，其前后亦选有各朝代知名作家的文章。全书文体分为论辨、序跋、奏议、书说、赠序、诏令、传状、碑志、杂记、箴铭、颂赞、辞赋、哀祭等13类，收作品700多篇，共74卷。其卷首的《序目》简要叙述了各类文体的源流、特点及其义例。

第四章　书画

书画是书法和绘画的统称。历史上有名的书法家的真迹，在写字技巧上有很多创造性或独具一格的，我们称之为书法艺术。我国的书法是一种富有民族特色的传统艺术，而中国的绘画艺术，也是中华民族传统艺术中起源最早的艺术形式之一。它们伴随着汉字的产生和发展一直延续到今天，经过历代书画名家的发展和创新，形成了现代丰富多彩的宝贵文化遗产。

421. 什么是书法?

书法，主要分为“软笔书法”和“硬笔书法”，是中国特有的一种传统艺术及文化。从广义讲，书法是指语言符号的书写法则。换言之，书法是指按照文字特点及其含义，以其书体笔法、结构和章法写字，使之成为富有美感的艺术作品。从狭义讲，书法是指用毛笔书写汉字的方法和规律。包括执笔、运笔、点画、结构、布局（分布、行次、章法）等内容。汉字书法为汉族独创的表现艺术，被誉为“无言的诗，无行的舞，无图的画，无声的乐”。

422. 我国书法有哪些字体?

我国书体种类很多，概括地讲，有篆、隶、正（楷）、行、草以及行楷、行草等等。

表1　不同书体风格特征对照表

书体	点画	结构	取势	运笔	起笔	收笔	折笔
篆书体	没变化	正	右上	没变化	藏锋	回锋	不停
楷书体	有变化	正	右上	有变化	藏锋	回锋	停顿
隶书体	有变化	正	右上	有变化	藏锋	回锋	停顿
行书体	有变化	变	变化	有变化	变化	变化	不停
草书体	有变化	变	变化	有变化	变化	变化	不停
马书体	有变化	侧	右下	有变化	露锋	露锋	不停

423. 书法四体指的是什么?

中国书法习惯分为“正、草、隶、篆”四体。

表2 正、草、隶、篆四体释义

	释义
正书	也叫楷书、真书，始于汉末，为魏晋通用至今的一种字体。笔画平整，形体方正故名
草书	草书则指以张旭、怀素等为代表的狂草，也指大草；还指比狂草规范一些的草书，称小草，以唐代孙过庭的“书谱”为代表
章草	隶书的急写，由草写的隶书演变而成
行书	介于楷书、草书之间的一种字体，不像草书那样潦草，也不像楷书那样端正。实质上它是楷书的草化或草书的楷化
隶书	产生于秦末汉初，开始主要用于抄写公文，以求简便，后来也用于书法硬刻与摩崖石刻
篆书	甲骨、钟鼎、石鼓及小篆的总称

424. 中国最早的书体创新者是谁?

中国书法史上有记载的第一个创新者是秦代政治家李斯。他曾建议对六国采取各个击破的政策，对秦始皇统一六国起了较大作用，并在秦统一六国后任丞相。他对汉字书体的发展起了先驱作用。秦始皇统一国家后，臣相李斯主持统一全国文字，这在中国文化史上是一伟大功绩。李斯同时也是秦著名书法家。他主持整理出了小篆，《峄山刻石》《泰山刻石》《琅琊台刻石》《会稽刻石》即为李斯所书，历代都有极高的评价。

425. 中国四大楷书书法家有哪些?

在书法中，人们通常说的欧体、颜体、柳体、赵体分别是以唐代欧阳询、颜真卿、柳公权，元代赵孟頫这四位书法家的姓来命名的，因此四人也被称为“中国四大书法家”。

欧阳询（557—641），唐代书法家，字信本，潭州临湘（今湖南长沙）人，博览古今，书则八体尽能，尤工正、行书。初学王羲之、王献之，吸收汉隶和魏晋以来楷法，别创新意，笔力险劲、瘦硬，意态精密俊逸，自成“欧体”，于后世影响深远。其最大的贡献，是他对楷书结构的整理。相传欧阳询总结了有关楷书字体的结构方法共36条，名为“欧阳询三十六法”。碑刻有《九成宫醴泉铭》《化度寺碑》《虞恭公碑》《皇甫诞碑》等。行书字帖有《张翰帖》《卜商帖》《梦奠帖》等。

颜真卿（708—784），唐代书法家，字清臣，京兆万年（今陕西西安）人，出身名门，是著名学者颜师古的五世孙。正楷端庄雄伟，气势开张；行书遒劲郁勃，开创了新风格。碑刻有《多宝塔碑》《麻姑仙坛记》《李玄靖碑》《颜勤礼碑》《颜家庙碑》等，行书有《争坐位帖》。纸质书迹有《自书告身》及《祭侄文稿》。

■ 颜真卿

柳公权（778—865），唐代书法家，字诚悬，京兆华原（今陕西铜川）人，世称“柳少师”，初学王羲之并精研欧阳询、颜真卿笔法，然后自成一家，所写楷书，体势劲媚，骨力遒健。较之颜体，柳字则稍清瘦，故有“颜筋柳骨”之称。书碑有《玄秘塔碑》《金刚经》《神策军碑》为最著。纸质书迹有《送梨帖题跋》。

赵孟頫（1254—1322），元代书画家，字子昂，号松雪道人，宋太祖十世孙，是中国文艺史上少有的全才，最先将“诗、书、画”三绝合为一体，其成就最高的是楷书和行书。其书法圆润苍秀。书迹尤以《洛神赋》《胆巴碑》《四体千字文》闻名于世。

426. 王羲之书法的特点是什么？

王羲之（321—379，一作303—361，又作307—365），东晋书法家。字逸少，琅邪临沂（今属山东）人。

王羲之书法主要特点是平和自然，笔势委婉含蓄，遒美健秀，后人评曰：“飘若游浮云，矫如惊龙。”王羲之的书法精致、飘逸，具有极高的观赏性和美学价值。总之，他把汉字书写从实用提升至一种注重技法、讲究情趣的境界，标志着书法家不仅发现了书法美，而且能表现书法美。

■ 王羲之

427. 王羲之在书法史上的主要成就是什么？

王羲之最大的成就在于变汉魏质朴书风为笔法精致、飘逸的书，开创了妍美流畅的行、草书法先河。他登上了中国书法艺术的第一座高峰，以天才艺术家的勇气和博大胸怀，“兼撮众法，备成一家”，博采秦汉以来篆、隶、楷、行、草等诸体之长，融于自己的书体之中。他成功地把楷书和草书结合起来，把书法的实用性和艺术性结合起来，创新了刚劲中正、妍美流变的新书体，达到了书法美的极限。王羲之的楷书虽多为小楷，但放大数倍，结构不散，神采不变，可见下笔准确、稳健，达到了“非以目使，而以神运”的境界。

428. 唐初四大书法家都有谁?

唐初四大书法家，即褚遂良、欧阳询、虞世南、薛稷。

褚遂良（596—658或659），唐代书法家，字登善。他博涉文史，尤工书法，其正书丰艳流畅，变化多姿，对后代书法影响很大。碑刻有《伊阙佛龛碑》《孟法师碑》《房玄龄碑》《雁塔圣教序》等。

欧阳询相关资料见P137。

虞世南（558—638），唐代书法家、文学家。字伯施，越州余姚（今属浙江）人。历任秘书监、弘文馆学士。史称从王羲之七世孙智永传授，笔法外柔内刚，圆融遒丽，传世墨迹有碑刻《孔子庙堂碑》，编有《北堂书钞》160卷。

薛稷（649—713），唐代书画家，字嗣通，蒲州汾阴（今山西万荣西南）人。其擅长书法绘画，其画人物、佛像、鸟兽、树石，画鹤尤为生动，时称一绝。碑刻有《昇仙太子碑》碑阴题名及《信行禅师碑》。

429. 北宋书法四大家都有哪些?

苏轼（1037－1101），字子瞻，号东坡居士，眉州眉山（今属四川）人，嘉祐二年（1057年）进士。他学识渊博，文、诗、词、书、画皆有极高造诣，是后人最喜爱的文学艺术家和妇孺皆知的历史人物。苏轼不仅是中国绘画史上文人画的倡导者，也是北宋书法的代表人物之一。存世书迹有《答谢民师论文帖》《祭黄幾道文》《前赤壁赋》《黄州寒食诗帖》等。

■ 苏轼

黄庭坚（1045—1105），字鲁直，号山谷道人，又号涪翁。洪州分宁（今江西修水）人。英宗治平四年（1067年）进士。出自苏轼门下而与苏轼齐名，世称“苏黄”。与秦观、晁补之、张耒并称苏门四学士。黄庭坚书法以行书、草书见长，风格有类其诗，以侧险取势，瘦硬奇倔。书迹有《华严疏》《松风阁诗》、《王长者史诗老墓志铭》及草书《廉颇蔺相如列传》等。

米芾（1052—1108），字元章，号襄阳漫士、海岳外史等。宣和年间为徽宗赵佶召为书画学博士。米芾能诗擅文，书画尤具功力。篆、隶、行、草、楷各体皆能，行草造诣尤高。存世书迹有《苕溪诗》《蜀素帖》等。

蔡襄（1012—1067），字君谟，兴化仙游（今属福建）人，官至端明殿学士。北宋书法家。蔡襄书法其浑厚端庄，淳淡婉美，自成一体。展卷蔡襄书法，顿觉有一缕春风拂面，充满妍丽温雅气息。构字收放合度，得心应手，极尽自然，行文如行云流水，尽现妍丽遒劲之态。存世书迹有《谢赐御书诗》等，碑刻有《万安桥记》。

430. 明代书法“吴门三家”是指什么?

明代中期，书法家普遍摆脱台阁体书法的束缚，重倡帖学本义，在苏州地区，形成吴门派书法。以祝允明、文徵明、王宠并称“吴门三家”。其中又以擅长草书的祝允明（1460—1526）成就最高，文徵明、王宠则工于小楷。

431. 如何欣赏书法?

书法品评是一个复杂的心理过程，包括“实”与“虚”两部分。“实”为有形，它包括用笔、结构、章法等内容，用笔有迟急、起伏、曲折之分，结构有奇正、疏密、违和等法理，章法有宾主、虚实、避就、气脉连贯和行列形式等表现方法。“虚”为无形，包括神采、气韵、意境等内容，可以通过作品字里行间的表达来切实感受到。第一视觉印象常常是书作的神采、气韵，再审视它的章法，剖析它的结字，而联想到生活中种种事物、作者的创作环境和思想活动，从而领会出作品的美之所在。因此，书法品评的过程，是观赏者的“美的再创造”过程。

432. 什么叫“力透纸背”?

书画中的“力”是点画、线条形质、作者内在精神的一种表现，较为抽象。从具体运笔去看，如果能中锋行笔，即行笔时笔毛均匀铺开，笔心在笔画中行走，手臂的力量能通过柔软的笔锋切进到纸中去，这就叫“力透纸背”。如果行笔时笔毛拧得变形了或扭成一团，笔毛没调整好，没有使它均匀铺开，笔毛像抹油漆一样从纸上扫过。这样的笔画是“抹”出来的，就无从谈笔力了。笔画的力度与线条的粗细、长短没关系，关键在于作者调整驾驭毛笔的能力和运用中锋行笔的娴熟程度。从颜真卿的《颜家庙碑》中，欣赏者能感觉到画笔凝重，笔笔如铁钩银画，这是力透纸背的典范之作。

433. 古人执笔有“龙眼”“凤眼”之说，是怎样执法?

“龙眼”执法，是食指、中指只用指尖作弧形擫住笔管前面，无名指的第一节节骨在笔管里面推顶，拇指右边指肉按在笔管左面，使虎口围成圆形。“凤眼”执法是食指勾得老高，拇指在中间，中指在下面，三指分布为上、中、下三截，这样无名指及小指自然而然地捏在掌心，虎口狭长，像凤凰的眼睛。所谓“龙眼”“凤眼”，只是一些故弄玄虚的说法，在实际运用中既费力又不实用。

434. 被称为“天下第一行书”的是什么作品?

中国书法史上影响最大、被称为“天下第一行书”的书法作品，是东晋王羲之的《兰亭序》。《兰亭序》遒媚劲健，绝代所无，是王羲之用茧纸、鼠须笔与朋友优游之余的得意之笔。全篇28行，324字。其章法布白，浑然一体；用笔、结字更见变化之妙。全篇20个“之”字，7个“不”字，各具特点而不雷同。他能注意避免“状如算子”“一字万同”，这种艺术成就是十分可贵的。

435. 我国历史上两位最著名的女书法家是谁?

一是王羲之的老师，东晋著名的女书法家卫铄，人称卫夫人。卫夫人学习钟繇的书法，达到了升堂入室的地步。她的代表作是小楷，《古名姬帖》其笔法古朴肃穆，体态自然，是楷书中的上品。另一个是蔡琰，字文姬，东汉大书法家蔡邕之女。她妙于诗词音律，曾作《胡笳十八拍》。善书法，言其笔法为神授，“一曰疾，二曰涩，得疾、涩二法，书尽其妙”，她是我国史书记载的最早的女书法家。

436. “三真六草”的说法是什么意思?

“三真六草”，典出唐代李延寿《南史·王彬传》:“彬字思文，好文章，习篆隶，与志齐名。时人为之语曰:‘三真六草，天下为宝。’”《诗书画印典故辞典》对“三真六草”的解释为“南朝梁王志排行第三，善真书；王彬排行第六，善草书。故时人美称其兄弟二人的书法为‘三真六草’”，泛指不同书体的书法。

437. 被称为“天下第二行书”的书法作品是哪一件?

《祭侄稿》全称《祭侄季明文稿》，为唐代书法家颜真卿所作，麻纸墨迹本，内容为追悼在安史之乱中牺牲的侄子颜季明的祭文。此作品本为稿本，原不是作为书法作品来写的，但正因为无意作书，所以使此幅字写得神采飞动，笔势雄奇，姿态横生，得自然之妙。文稿书法备受后人推崇，元代鲜于枢评此帖为“天下第二行书”。

438. 书法中经常使用的“九宫格”的创始人是谁?

“九宫格”是我国书法史上临帖写仿的一种界格，又叫“九方格”，即在纸上画出若干大方框，再于每个方框内分出九个小方格，以便对照法帖范字的笔画部位进行练字，相传为唐代书法家欧阳询所创制。为方便习字者练字，欧阳询根据汉字字形的特点，创制了九宫格的界格形式。九宫格，中间一小格称为“中宫”，上面三格称为“上三宫”，下面三格称为“下三宫”，左右两格分别称为“左宫”和“右宫”，用以在练字时对照碑帖的字形和点画安排适当的部位，或用作字体的缩小与放大。

439. 古人是怎样把书法放大拓到岩石上的?

中国书法艺术中有一种称为“九宫格”的方法。九宫格原为临习书法所用的界格纸。在原作上按上述方法画好格线，然后在待刻的地方按比例划好分格，如欲放大一百倍，则原作每格为一寸见方，待刻的地方以每格一尺见方分划，分格越细，复制也就越精确。古人就是通过这种方法将书法放大拓到岩石上。

440. 书法中的瘦金体是谁发明的?

瘦金体是宋徽宗赵佶创造的。赵佶虽怠于政治，艺术造诣却极高，尤对书法情趣颇浓。他独创的瘦金体，其笔法刚劲清瘦，结构疏朗俊逸，形如屈铁断金，匠心独运，堪称艺术精品，可谓前无古人。

441. 我国现存最早的古代书法真迹是谁的作品?

我国现存最早的古代书法真迹是3世纪后期西晋陆机的《平复帖》。陆机(261—303)，西晋文学家、书法家，字士衡，吴郡吴县华亭（今上海松江区）人，与其弟陆云合称“二陆”。《平复帖》的书写年代距今已有1700余年，是现存年代最早并真实可信的西晋名家法帖。此帖用秃笔写于麻纸之上，笔意婉转，风格平淡质朴，其字体为草隶书，在中国书法史上占有重要地位。

442. 书法中有句“永字八法”，指的是何意?

永字八法，是中国书法用笔法则。以“永”字八笔顺序为例，阐述正楷笔势的方法：点为“侧”，侧锋峻落，铺毫行笔，势足收锋；横为“勒”，逆锋落纸，缓去急回，不可顺锋平过；直笔为“努”，不宜过直，太挺直则木僵无力，而须直中见曲势；钩为“趯”(tì)，驻锋提笔，使力集于笔尖；仰横为“策”，用力在发笔，得力在画末；长撇为“掠”，起笔同直画，出锋稍肥，力要送到；短撇为“啄”，落笔左出，快而峻利；捺笔为“磔”，逆锋轻落，折锋铺毫缓行，收锋重在含蓄。相传为隋代智永或东晋王羲之或唐代张旭所创，因其为写楷书的基本法则，后人又有将八法引为书法的代称。

443. 中国画是如何分类的?

中国画通常以山水、花鸟、人物三大类划分。历史上不同的时期都曾对中国画作过分类，但都难以确切地表达。以下是比较流行的几种分类。

表3 中国画分类

(宋)《宣和画谱》	道释、人物、宫室、番族、龙鱼、山水、兽畜、花鸟、蔬果、墨竹
(南宋) 邓椿《画继》	僧道、鬼神、人物、山水、花鸟、畜兽虫鱼、屋木舟车、蔬果药草、小景杂画
(明) 陶宗仪《南村辍耕录》	佛菩萨像、玉帝君王道像、金刚鬼神罗汉圣僧、风云龙虎、宿世任务、全境山林、花竹翎毛、野驴走兽、人间动用、界画楼台、一切旁生、耕种机织、雕青嵌绿

444. 中国第一幅长画卷是什么?

中国第一幅长画卷是《长江万里图》，此图为明代吴伟传世水墨写意山水画中仅见的长卷巨制，描绘了万里长江沿途的壮丽云山、幽谷山村、城乡屋宇、江上风帆等。长卷构图起伏多变，意境浩荡而含蓄，江山壮美而显生机；用笔简逸苍劲，横涂直抹，峰壑毕露，枯湿浓淡，一气呵成，痛快淋漓，集中反映了画家以气势取胜的艺术特色。

445. 中国第一幅风俗画是什么?

中国第一幅风俗画是《清明上河图》，为北宋风俗画作品，高24.8厘米，长528厘米，绢本设色。《清明上河图》以精致的工笔记录了北宋末期徽宗时代首都汴京（今河南开封）郊区和城内汴河两岸的建筑和民生。该画卷是北宋画家张择端存世的仅见的一幅精品，属国宝级文物，现存于北京故宫博物院。作品以长卷形式，采用散点透视的构图法，生动地记录了中国12世纪城市生活的面貌。

■ 张择端

446. 我国最早的卷轴人物画代表画家是谁?

从现有的文献资料及各大博物馆藏画来看，我国最早的卷轴人物画代表画家应推东晋的顾恺之。顾恺之（约345—409），东晋画家，字长康，小字虎头，晋陵无锡（今属江苏）人，曾任大司马参军、荆州刺史、散骑常侍。顾恺之博学多才，在艺术修养上诗赋书画无所不能，尤精于绘画，今天存世的所谓顾恺之的作品有《女史箴图》《洛神赋图》《列女仁智图》等。他还是一位杰出的画学理论家，其《论画》《魏晋胜流画赞》及《画云台山记》等论画名篇，对后世产生了深远的影响。

■ 吴道子

447. 为什么称吴道子为画圣?

吴道子，又名道玄，继阎立本之后最著名的画家。生卒年代不详，其创作活动时期约在玄宗开元、天宝年间。吴道子是一位山水、人物、花鸟、器物都能的画家，其人物画影响更大。他早年行笔线纹较细，中年落笔磊落多变，富有律动感与节奏的变化，使所绘物像具有运动式的立体感。在敷色上，还创立了不施重彩，仅以淡赭轻涂，而注重线条造型本身的韵味，达清逸简淡的韵致。吴道子被称为画圣，最早出现在张彦远的《历代名画记》中，张彦远称誉道："国朝吴道玄，古今独步，前不见顾陆，后无来者……吴宜为画圣。"

448. "曹衣出水，吴带当风"说的是什么？

"曹衣出水，吴带当风"主要是指古代人物画中衣服褶纹的两种不同的表现方式。一种笔法刚劲稠叠，所画人物衣衫紧贴身上，犹如刚从水中出来一般；一种笔法圆转飘逸，所绘人物衣带宛若迎风飘曳之状。而"曹衣出水，吴带当风"中所指的"曹""吴"又有两种不同的说法，一说"曹"为曹仲达，"吴"为吴道子；一说"曹"为曹不兴，"吴"为吴暕。曹不兴为三国时吴国吴兴人，又名弗兴，擅长画龙、马、虎及人物，画史有"误墨于素，因势成蝇"的传说。吴暕为南朝宋代人，擅长画佛像罗汉，时享盛誉。而"曹衣出水，吴带当风"一般多指曹仲达和吴道子。

449. 著名书画家阎立本的人物画有哪些存世作品？

阎立本（约601—673），唐代著名画家。雍州万年（今陕西西安）人，曾任主爵郎中、工部尚书、右相和中书令，时有"右相驰誉丹青"之誉。阎立本绘画师承隋代的杨契丹、郑法士、董伯仁、展子虔与其父，并上溯张僧繇而"变古象今"，代表了初唐中原地区的风格。阎立本善画台阁、车马、肖像，尤长于重大题材的历史人物画和风格画。据史料记载，其画迹见之于《历代名画记》《唐朝名画录》《宣和画谱》中的有六七十件，其代表作有《凌烟阁功臣二十四人图》、《秦府十八学士》、《历代帝王图》（传）、《萧翼赚兰亭图》、《异国来朝图》、《职贡图》和《步辇图》等。

■ 阎立本

450. 什么是工笔人物画？

工笔人物画有淡彩、重彩之分。淡彩法是基本以墨、透明色为主的画法，适合表现淡雅清秀，朦胧虚幻的境界，有利于发挥墨与色的晕染作用，画面丰富、含蓄。重彩法是主要以不透明的颜料为主的画法，其中间用墨及透明色，特点是色彩浓重绚烂、富丽堂皇，具有一定的装饰味道。淡彩法与重彩法虽可单独存在，但不宜截然分开。淡中有重，重里含淡，两者巧妙结合，画面效果会更美妙。从审美角度讲，颜色的薄厚、轻重，浓烈与淡雅的效果，在把握上尤其要注意。

451. 中国字画的形式有哪些？

中国字画的形式多姿多彩，有横、直、方、圆和扁形，也有大小长短等分别，除壁画，常见的形式有：

表4　中国字画常见形式

	释义
中堂	中国旧式房屋，天花板高大，所以客厅中间墙壁适宜挂上一幅巨大字画，称为“中堂”
条幅	成一长条形的字画成为条幅，对联亦由两张条幅配成。条幅可横可直，横者与匾额相类。无论书法或国画，可以设计为一个条幅或四个甚至多个条幅。常见的有春夏秋冬条幅，各绘四季花鸟或山水，四幅为一组。至于较长诗文，如不用中堂写成，亦可分裱为条幅，颇为美观
小品	指体积较小的字画。可横可直，装裱之后，适宜悬挂于较小的墙壁或房间，十分精致
镜框	将字画用木框或金属装框，上压玻璃或胶片，就成为压镜。现代胶片有不反光及体轻的优点。至于不反光的玻璃，不会影响人对画面的欣赏，所以很受欢迎
卷轴	卷轴是中国画的特色，将字画装裱成条幅，下加圆木作轴，把字画卷在轴外，以便收藏
扇面	将折扇或圆扇的扇面上题字写画取来装裱，可成压镜。由于圆形或扇形的形式美丽，所以有人将画面剪成扇形才作画，然后装裱，别具风格
册页	将字画装订成册，称为册页。近代有文具店特别将字画装裱册页成本，以供人即席挥毫。册页可以折叠画面各成方形，而与下列长卷有不同之处
长卷	将画裱成长轴一卷，成为长卷，多是横看。而画面连续不断，较册页逐张出现不同
斗方	将小品装裱成一方尺左右的字画，成为斗方。可压镜，可平裱
屏风	单一幅可摆与桌上者为镜屏，用框镶座，立于八仙桌上，是传统装饰之一。至于屏风，有单幅或摺幅，可配字画，坐立地屏风之用

452. 中国字画的材料有哪些?

中国字画可写在纸、绢、帛、扇、陶瓷、碗碟、镜屏等物之上，常见的有以下几种：

表5　中国字画的常见材料

	释义
绢本	将字画绘制在绢、绫或者丝织物上，称为绢本。古画卷本虽多，但易被虫蛀，亦被折损，反而纸本更易保存。绢本看起来较名贵，但底色不及纸本洁白。由于绢本绘画前准备功夫较多，故不及纸本通行

续表

	释义
纸本	中国字画用纸大致可以分为两种，一种容易受水的是生宣；生宣加了矾水后变成熟宣，不易受水
壁画	古人在墓穴、洞穴、寺壁、宫廷等绘制大幅壁画，不少的壁画遗留至今，成为国宝
圆扇	圆扇多呈圆形或椭圆形，面积不大。但也有绢本、纸本之分。古代宫廷用的大扇或者掌扇，大至高与人齐，现在很少见
折扇	古人扇画多较细小，以便携带。但现代人多用巨型扇画做室内装饰物，所以较古人更为实用
陶瓷	花瓶、杯、碟、镜屏等器皿，亦有字画制作，所用颜料及制法不同，但字画原理及欣赏不变
器皿	除瓷器外，如日历、灯罩、鼻烟壶甚至现代领带及衣物等，亦有以字画作装饰，而且十分流行，别具一格

453. 什么叫题款?

题款也叫款识，是指书画作品上作者自署的姓名字号，创作年月、绘制地点及其他内容等。款最早出现于殷商时期的钟鼎的款识，后来逐渐用于中国绘画。识别这些由作者题写的名款，可以鉴定出其书法本身所反映出来的风格。

454. 什么叫题跋?

题跋是指同时人或后人所题的款识，它包括在书画作品内或裱头的天地、拖尾等处的题记。题跋人题在作品上的内容，大都是题跋人对作品和画家评价，也是题跋人对作品及画家的理论批评最真实的流露。

455. 为什么书画家的作品上一定要有自己的印章?

印章最初是信物，起印证作用。宋元以后，因注重了书画题跋和署款，书画家们逐渐认识到印章的艺术作用，并注意在书画作品中发挥这一作用，使书(画)、印合璧的艺术形式得以形成。印章包括书画家本人的印章和鉴藏家的收藏印等类别。从内容上分，它包括姓名、字号、斋名、闲文等多样。从印文的内容、字体以及钤盖的方式可看出某些时代与个性的特征，并可从印质和印色上分辨真伪。

456. 什么是纸绢?

纸绢是中国书画特有的载体，是中国文化发展的一个标志。纸绢在不同时期的发展为书画鉴定提供了一定的辅助依据，如唐代的麻料纸，五代的澄心堂纸，北宋的粉笺、蜡笺纸等。每位书画家在纸绢的使用方面都有自己不同的爱好与习惯，这在鉴定不同书画家的作品过程中具有一定的参考价值。如著名山水画家傅抱石，抗战时期在四川就常用一种四川特制的皮纸。

457. 什么是装裱?

装裱是中国书画艺术的一种特有的样式，古代流传的书画作品几乎没有一件是不经过装裱的。装裱的样式有立轴、手卷、中堂、册页、屏条等。但从现存的书画作品看，保留原有旧裱的已不多见，最早的是北宋的一种“宣和装”。如手卷中的“引首”装裱样式是在明代才有，“诗堂”也在这时出现。

458. 什么是著录?

著录是将收藏或过目的书画作品进行梳理，并用文字记录下来；如果再将这类文字编辑成书出版，就叫书画著录书。

表6　书画著录书的种类

分类	代表作品
宫廷收藏	《宣和画谱》《宣和书谱》《石渠宝笈》等
私家收藏	周密的《云烟过眼录》、顾复的《平生壮观》、安岐的《墨缘汇观》等

459. 毛笔有哪些种类?

从笔毫的原料上来分，毛笔有兔毛、羊毛、马毛、鹿毛、麝毛、胎发、人须、茅草等；从性能上分，有硬毫、软毫、兼毫等；从笔管的质地来分，有水竹、鸡毛竹、斑竹、棕竹、紫檀木、水晶、琉璃、金、银、瓷等，不少属珍贵的材料。

表7　毛笔种类

分类标准	具体分类
笔毫的原料	兔毛、羊毛、马毛、鹿毛、麝毛、胎发、人须、茅草等
性能	硬毫、软毫、兼毫等
笔管的质地	水竹、鸡毛竹、斑竹、棕竹、紫檀木、水晶、琉璃、金、银、瓷等

460. 中国古代绘画为什么叫“丹青”?

我国古代绘画常用朱红色、青色，故一般称画为“丹青”。杜甫有诗云：“丹青不知老将至，富贵于我如浮云。”民间称画工为“丹青师傅”，“丹青”也泛指绘画艺术。

第五章　音律

音乐与人的关系如此密切，不同音律对人的影响早就为中华传统文化认同。中国儒家、道家都有自己成系列的音乐，而中国历代统治阶级将音乐与“礼”紧密联系在一起。中国封建社会还把音乐提高到反映施政民意，治国晴雨的高度。不同的音律不但反映人的不同情绪，而且在长期的民族实践中，不同的民族形成了自己与众不同的具有民族特色的音乐旋律。今天中华崛起，古典音乐也面临继承与发展、借鉴与创新、包容与自主的课题。

461. 什么是宫、商、角、徵、羽?

“宫、商、角、徵、羽”，是我国五声音阶中五个不同音的名称，类似现在简谱中的1、2、3、5、6。宫等于1，商等于2，角等于3，徵等于5，羽等于6，亦称作五音。最早的“宫、商、角、徵、羽”的名称见于距今2600余年的春秋时期，在《管子·地员篇》中，有采用数学运算方法获得“宫、商、角、徵、羽”五个音的科学办法。

462. 平时我们俗称的“五音不全”是哪五音?

五音又称五声，是我国最古老的音阶，仅用宫、商、角、徵、羽五音。“五声”一词最早出现于《周礼·春官》：“皆文之以五声，宫商角徵羽。”而“五音”最早见于《孟子·离娄上》：“不以六律，不能正五音。”《灵枢·邪客》中把五音与五脏相配：

表1　五音与五脏相配图

	对应五脏	特点
宫	脾	其声漫而缓
商	肺	其声促以清
角	肝	其声呼以长
徵	心	其声雄以明
羽	肾	其声沉以细

相传，五音是由中国最早的乐器“埙”的五种发音而得名。

463. 什么是六律?

六律是我国的古代律制。律，本来指用来定音的竹管。但古书上说的六律，通常是指阴阳各六的十二律说，即古乐的十二个调。在我国古代，人们用十二个长度不同的律管，吹出十二个高度不同的标准音，以确定乐音的高低，因此，这十二个标准音也就叫作“十二律”。十二律又分为阴阳两类，奇数六律为阳律，称“六律”，偶数为阴律，称“六吕”，总称“六律六吕”，或简称“律吕”。

464. 什么是“十二律制”?

“十二律制”是古代乐律学名词，一种古代的定音方法，即用三分损益法将一个八度分为十二个不完全相同的半音的一种律制。各律从低到高依次为：黄钟、大吕、太簇、夹钟、姑洗、仲吕、蕤宾、林钟、夷则、南吕、无射、应钟。其中，奇数各律又称为“六律”，偶数各律称为“六吕”，总称为“六律六吕”，或简称为“律吕”，乃对其半律（高八度各律）与倍律（低八度各律）而言。

465. 什么是“三分损益法”?

春秋时期管仲提出了三分损益法，用来计算五声音阶的律度。三分损益包含两个含义，三分损一和三分益一。根据某一特定的弦，去其1/3，即三分损一，可得出该弦音的上方五度音；将该弦增长1/3，即三分益一，可得出该弦音的下方四度音。从一律出发，将上述两种方法交替、连续使用，各音律得以生成。三分损益法的记载最早见于《管子·地员篇》，只算到5个音，到《吕氏春秋·音律篇》时，用此法已经算全了十二律的长度规范。

466. 我国古代是如何记录乐谱的?

中国传统的记谱法基本有13种，分别是：工尺谱、琴谱、燕乐半字谱、弦索谱、管色谱、俗字谱、律吕字谱、方格谱、雅乐谱、曲线谱、央移谱、查巴谱、锣鼓经。

表2　我国古代的记谱法

工尺谱	中国民间传统记谱法之一。因用工、尺等字记写唱名而得名
琴谱	用文字将古琴曲的定弦法、弹奏手法和分句法等记录下来
燕乐半字谱	所用的符号大多形似半个汉字，多用于记录燕乐，故得名
弦索谱	一种指位谱，原理与今吉他指位谱相似，至今已失传
管色谱	一种音位谱，最初可能是管乐器指法符号的演变

续表

俗字谱	工尺谱的前身
律吕字谱	使用十二律吕名记录曲调中各声音高的一种记谱法。我国曾用此记录雅乐，目前仍广泛用于日本和韩国
方格谱	太簇律由低到高列出十二律，在音图最右边一行注律吕字样，每格代表一个半音，自左而右每格代表一个相对等长时值单位
雅乐谱	明代记载祭祀孔子所用的音乐的曲谱形式
曲线谱	用曲折的线条来记写曲调进行的乐谱
央移谱	藏传佛教使用的曲谱，是在七条平行线上画出各种曲线组成的一种曲谱
查巴谱	一种在方格中画曲线的曲谱
锣鼓经	一种打击乐的曲谱，又叫“锣经”“锣鼓谱”和“法器谱”等

467. 古代所说的“钟”跟现在的意思一样吗?

我国古代所说的“钟”与现代汉语中“钟”的意思有着显著的差别，古代所说的“钟”是乐器，将一系列铜制的钟挂在木架上组成，用小木槌击奏。各时代形制大小不一，枚数也不同。而现代汉语中钟一般为名词性，指钟表等。

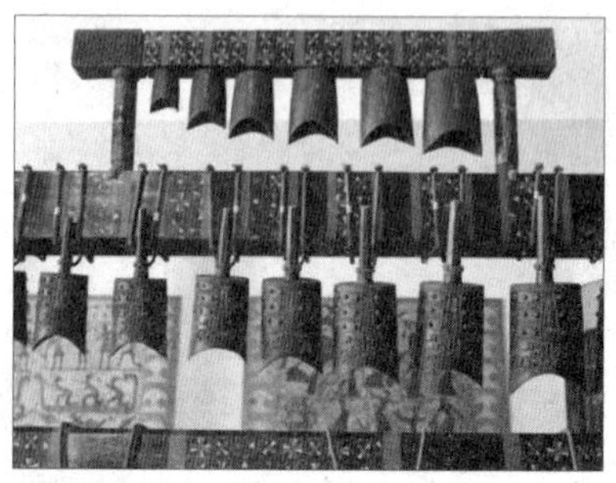

■ 古代编钟

468. 什么是磬?

磬是古代一种石制的打击乐器。在甲古文中，磬字左半像悬石，右半像手执槌敲击。磬起源于某种片状石制劳动工具，其形在后来有多种变化，质地也从原始的石制进一步有了玉制、铜制的磬。最早用于先民的乐舞活动，后来用于历代帝王、上层统治者的殿堂宴享、宗宙祭祀、朝聘礼仪活动中的乐队演奏，成为象征其身份地位的礼器。唐宋以后新乐兴起，磬仅用于祭祀仪式的雅乐乐队。

■ 磬

469. 什么是管弦?

管弦一般是表示古代音乐器材，此外“管弦”一词也泛指音乐，如古诗：“举酒欲饮无管弦。”

表3　管和弦的区别

	释义	举例
管	管乐器	中国传统乐器笛子、箫等
弦	弦乐器	中国古代乐器箜篌、七弦琴等

470. 古代为什么会有雅乐和俗乐之分?

表4　雅乐与俗乐的区别

	产生时间	释义	社会地位	特点
雅乐	其体系在西周初年制定	中国古代的宫廷音乐	地位较高	其与法律和礼仪共同构成了贵族统治的内外支柱。宫廷雅乐乐谱在中国已失传，只有韩国、日本及越南尚有保存
俗乐	春秋战国以后产生	中国古代的民间音乐	地位较低	粗犷、鲜活，为诸侯所欣赏的音乐

471. 中国第一部有关音乐的书是什么书?

中国古代第一部关于音乐的书是《汉乐府》。《汉乐府》是指由朝廷乐府系统或相当于乐府职能的音乐管理机关搜集、保存而流传下来的汉代诗歌。汉乐府掌管的诗歌按作用主要分为两部分，一部分是供执政者祭祀祖先和神明使用的效庙歌辞，其性质与《诗经》中“颂”相同；另一部分则是采集民间流传的无主名的俗乐，世称之为乐府民歌。

472. 中国十大古典名曲是什么?

中国十大古典名曲分别为《高山流水》《广陵散》《平沙落雁》《梅花三弄》《十面埋伏》《春江花月夜》《渔樵问答》《胡笳十八拍》《汉宫秋月》和《阳春白雪》。据专家考证，这些古代名曲的原始乐谱大都失传，今天流传的不少谱本都是后人伪托之作。这些乐曲被历代乐师冠以十大古曲名，以历史典故为旁衬，从而借古人之旧事以壮声势。

473. 中国古代的八音是指什么？

八音指中国古代对乐器的分类，指金、石、土、革、丝、木、匏、竹八类。钟、铃等属金类，磬等属石类，埙属土类，鼓、鼗等属革类，琴瑟等属丝类，柷、敔等属木类，笙、竽等属匏类，管、籥等属竹类。在我国清代瓷器上绘有八音图。

474. 《霓裳羽衣曲》是怎样的一部作品？

《霓裳羽衣曲》即《霓裳羽衣舞》，是唐朝大曲中的法曲精品，唐歌舞的集大成之作。直到现在，它仍无愧于作为音乐舞蹈史上的一颗璀璨的明珠。该曲唐玄宗作曲，安史之乱后失传。在南唐时期，李煜和大周后将其大部分补齐，但是金陵城破时，被李煜下令烧毁了。到了南宋年间，姜夔发现商调《霓裳曲》的乐谱十八段，这些片断还保存在他的《白石道人歌曲》里。

475. 古代的“雅部”和“花部”分别指的是什么？

所谓雅部指昆山腔，即奉昆曲为雅乐正声。花部，则是指昆山腔以外的各种地方戏曲，取其花杂之义，故也称“乱弹”。“花部”的存在形成了可与雅乐昆曲对峙的局面，在客观上促进了各种戏曲声腔、剧种的相互交流和竞争。

476. 为什么京剧被称为我国的国粹？

京剧，又称“皮黄”，由“西皮”和“二黄”两种基本腔调组成它的音乐素材，也兼唱一些地方小曲调（如柳子腔、吹腔等）和昆曲曲牌。京剧是在北京形成的戏曲剧种之一，至今已有将近二百年的历史。它的行当全面、表演成熟、气势宏美，是近代中国戏曲的代表。京剧耐人寻味，韵味醇厚，其舞台艺术在文学、表演、音乐、唱腔、锣鼓、化妆、脸谱等各个方面，通过无数艺人的长期舞台实践，构成了一套互相制约、相得益彰的格律化和规范化的程式，被称为我国的国粹。

477. 为什么古人将演戏称为“优孟衣冠”？

“优孟衣冠”，比喻假扮古人或模仿他人，也指登场演戏。典故出自《史记·滑稽列传》，有一个叫孟的杂戏的艺人常以谈笑旁敲侧击地劝说楚王。楚相孙叔敖死后，他儿子很穷，孟就穿戴了孙叔敖的衣冠去见楚庄王，神态和孙叔敖一模一样。庄王以为孙叔敖复生，让他做宰相。孟以孙叔敖的儿子很穷为由，趁机对楚王进行规劝，庄王终于封了孙叔敖的儿子。

478. 中国古代的百戏是指什么？

百戏是古代民间表演艺术的泛称。“百戏”一词产生于汉代，《汉文帝纂要》载：“百戏起于秦汉曼衍之戏，技后乃有高絙、吞刀、履火、寻橦等也。”可见百戏是对民间诸技的称呼，尤以杂技为主。

479. 我国京剧的四大名旦指的都是何人？

四大名旦的称谓是由沙大风于1921年在天津《大风报》创刊号上首次提出，以区别曹锟内阁程克四大金刚。以京剧四大名旦最为知名，他们指的是梅兰芳、程砚秋、尚小云、荀慧生。

四大名旦评价：

梅兰芳的表演以庄重深邃、气势非凡、简洁凝练而艺压群芳，塑造了《宇宙锋》的赵艳容、《霸王别姬》的虞姬、《贵妃醉酒》的杨玉环、《凤还巢》的程雪娥等一个个华美形象。最为可贵的是他不以奇特取巧，而在平淡中见神采，成为京剧旦角的楷模，被誉为一代宗师。

尚小云的表演以神完气足、明快俏丽、美媚柔脆和文戏武唱为特点，他塑造《汉明妃》的昭君、《福寿镜》的胡氏、《双阳公主》的公主、《摩登伽女》的钵吉帝等艺术形象，不但显示了他深厚的、文武全能的功力，而且都有标新立异之处，给人耳目清明之感。

程砚秋的表演以文武昆乱无不精湛的艺术造诣而赢得观众。他的青衣戏《武家坡》、花旦戏《闹学》、刀马旦戏《穆柯寨》、武旦戏《沈云英》、昆腔戏《思凡》和《费宫人》都给观众留下了深刻的印象。变声后，嗓音所限，为露巧藏拙，在唱腔上独辟蹊径，终以低回委婉、俏丽华美的“程腔”演出了《三击掌》《骂殿》《荒山泪》《窦娥冤》等戏，为旦角的唱腔开辟了新天地。

荀慧生的表演，无论唱、念、做、打，均在细微之处见神韵，见精巧。很注意从情感投入到唱、念、做、打中去刻画人物形象，使人物的神态深入人心。所以在唱念表演中绝无矫揉造作之感，而能神到，意到，一唱一动挥洒自如。他演的《杜十娘》《红娘》《勘玉钏》《大英杰烈》《荀灌娘》都有各自准确的个性和特点，极其生动、逼真。

480. 戏曲中的生、旦、净、末、丑指什么？

生、旦、净、末、丑是指戏曲角色名称。

表5 生、旦、净、末、丑释义

	释义
生	泛指净、丑之外的男角色
旦	为女子角色，分为青衣（正旦）、花衫、花旦、刀马旦、武旦、老旦等
净	俗称花脸，以各种色彩勾勒的图案化的脸谱化妆为突出标志，表现的是在性格气质上粗犷、奇伟、豪迈的人物
末	扮演中年以上的男子，多数挂须，又细分为老生、末、老外等
丑	喜剧角色，在鼻梁眼窝间勾画脸谱，多扮演滑稽调笑式的人物

第六章　医学

中国传统医学承载着中国古代人民同疾病斗争的经验与理论。中医学以阴阳为理，将人体看成是气、形、神的统一体，通过望、闻、问、切的方法分析病机及人体内五脏六腑等邪正消长，进而得出病名，归纳出证型，以辨证论治原则，使用中药而使人体达到阴阳调和而康复。在漫长的历史岁月里，中医已深深根植于中国人的心中。它以其旺盛的生命力自立于古今学科之林，传承不辍，生生不息，并将中医的神秘难解转变为由历史、文化、知识、人物交织而成的感性体验。

481. 我国古代著名的医学著作有哪些?

我国古代有许多著名的医学著作，其中最早的医学文献是《黄帝内经》，简称《内经》。后来秦越人扁鹊著的《难经》补充了《内经》的不足，成为中医理论体系的理论基础。两汉时期诞生了我国最早的药学专著《神农本草经》。东汉末年，张仲景撰写了《伤寒杂病论》(即后世的《伤寒论》）和《金匮要略》。后来还有晋代黄甫谧所著《针灸甲乙经》，王叔和所著《脉经》，隋代《诸病源候论》，唐代《千金方》《外台秘要》《新修本草》，等等。到了明代，出现了被称为是“中国古代的百科全书”的《本草纲目》。

482. 中医为什么被称为“岐黄之术”?

中医的医术被称为“岐黄之术”，黄指的是轩辕黄帝，岐是他的臣子岐伯。相传黄帝常与岐伯、雷公等臣子坐而论道，探讨医学问题，对疾病的病因、诊断以及治疗等原理设问作答，予以阐明，其中的很多内容都记载于《黄帝内经》这部医学著作中。后世出于对黄帝、岐伯的尊崇，遂将岐黄之术指代中医医术。

483. 我国中医学界为什么将扁鹊称为“古代医学的奠基者”?

扁鹊，原姓秦，名越人，又号卢医，中国春秋战国时期名医，生卒年代不详。由于他的医术高超，被人们认为是神医，所以当时的人们借用了上古神话的黄帝时神医

“扁鹊”的名号来称呼他。扁鹊精于内、外、妇、儿、五官等科，善于运用四诊（即望、闻、问、切），尤其是切诊和望诊来诊断疾病，并开始应用砭刺、针灸、按摩、汤液、热熨等法。扁鹊奠定了中医学的切脉诊断方法，开启了中医学的先河，相传有名的中医典籍《难经》为其所著。

■ 扁鹊

484. 李时珍为什么被称为“医圣”？

李时珍（1518—1593），明代著名医药学家，字东璧，号濒湖，蕲州（今湖北蕲春人）。他出生于中医世家，14岁考中秀才，却在考举人的时候三次落榜。后来，李时珍弃儒业医，经过亲身采药、服药、临床观察及有关实践，对药物研究、比较、分析，纠正了古代本草书籍中不少错误。经过27年的艰苦实践，李时珍著成《本草纲目》，对药物学的发展做出了重大贡献。他在自然科学中，尤其在生物分类学方面具有进化论思想，较为突出，是世界公认的古代著名科学家，并有《濒湖脉学》《奇经八脉考》等著作流传于世。1956年，郭沫若为李时珍的墓题词为“医中之圣”。

■ 李时珍

485. 达尔文为什么称《本草纲目》是“中国古代的百科全书”？

《本草纲目》共52卷，190万字，记载药物1518种，其中新添加药物374种，收入药方11096个，比前人增加四倍，其中李时珍亲自收集的民间药方就有8160个，并附图1160幅，所附药方11096个，列16部为纲，分60类为目。《本草纲目》体例严谨，医药兼备，重点突出，真正是“博而不繁，详而有要”。其在药学上首创最先进的药物分类方法，建立了本草学的新体系，对明代前的药物学进行了系统的总结，纠正了历代本草中药物名实相异，更正了药性药效上存在的错误，丰富了中药学知识。虽是《本草纲目》一部药学著作，但就其内容而言几乎涉及古代科学的各个领域，如植物学、动物学、矿物学等等。英国著名生物学家达尔文在研究进化论的过程中，在一篇重要的文章就引用过《本草纲目》中的资料。该书后来流传到海外，成为世界医药学的宝典之一，被誉为“东方医学的巨典”，并被译成日、朝、拉丁、法、德、英、俄等多种文字，受到高度评价。

486. 我国的药王指的是谁？

我国古代的药王是指孙思邈，孙思邈是中华医学发展先河中一颗璀璨夺目的明星，在中外医学史上留下了不可磨灭的功勋，千余年来一直受到人们的高度评价和崇拜。唐太宗李世民赞孙思邈“凿开径路，名魁大医。羽翼三圣，调合四时。降龙伏虎，拯衰救危。巍巍堂堂，百代之师”。宋徽宗敕封他为“妙应真人”，被后世尊称为“药王”。

■ 孙思邈

487. 我国第一部营养学书是什么著作?

我国第一部营养学书是《饮膳正要》，为元代忽思慧所撰，成于至顺元年（1330年），全书共3卷。该书记载的药膳方和食疗方非常丰富，从健康人的实际饮食需要出发，以正常人膳食标准立论，制定了一套饮食卫生法则，为我国现存第一部完整的饮食卫生和食疗专书，也是一部颇有价值的古代食谱，对传播和发展我国卫生保健知识起到了重要作用。

488. 我国古代第一部中医学典籍是什么?

我国古代第一部中医学典籍是《黄帝内经》。《黄帝内经》是中国传统医学四大经典著作（《黄帝内经》《难经》《伤寒杂病论》《神农本草经》）之一，是我国医学宝库中现存成书最早的一部医学典籍。它是研究人的生理学、病理学、诊断学、治疗原则和药物学的医学巨著。在理论上建立了中医学上的阴阳五行学说、脉象学说、藏象学说、经络学说、病因学说、病机学说、病症、诊法、论治及、养生学、运气学等学说。其医学理论是建立在我国古代道家理论的基础之上的，反映了我国古代天人合一思想，并认为《黄帝内经》是中医药学理论的渊源、最权威的中医经典著作。直至今天，凡从事中医工作的仍是言必称引《黄帝内经》之论。

489. 针灸的原理是什么?

针灸是以针刺或以艾灼穴位，源于原始社会的砭石刺病与火灼疗法。其原理是经络学说。经络是人体运行气血的通路，纵行干线为经，横行分支为络，它们将人体结成一个表里上下，脏腑器官相联系沟通统一整体。脏腑发生的种种变化，往往通过经络反映到皮肤表面的穴位上来，这样针灸可以通过经络的传递来控制脏腑的变化，以至影响整个机体，达到治疗疾病的目的。针灸术在17世纪传入欧洲，至今仍有许多国家派留学生来中国学习针灸疗法。

490. 我国古代的悬丝诊脉是指什么?

悬丝诊脉指的是，在我国古代男女授受不亲的情况下，医生在诊脉时把丝线的一头搭在女病人的手腕上，另一头则由医生自己掌握。医生必须凭借着从悬丝传来的手感猜测、感觉脉象，诊断疾病。

491. 悬丝诊病真有其事吗?

悬丝诊脉之事可说是亦真亦假。说其真有其事，是因为的确有医生使用悬丝为病人诊脉。说其为假，是因为悬丝纯粹是一种形式。在诊病之前，病人亲属都要为医生介绍病情，诸如胃纳、舌苔、二便、症状、病程等。悬丝诊脉时，医生一方面必须屏息静气，沉着认真，另一方面也是在暗思处方，准备应付。

492. 中医是怎么切脉的?

切脉又称脉诊、诊脉、按脉、持脉，是中医独创的诊查脉象之法，即用手指按脉，根据脉象来诊断疾病。它是中国最早创用的诊断技术。古代有三部九候的遍诊法，人迎、寸口、趺阳三部诊法和寸口诊法等。切脉的常见部位是桡动脉。后世则以寸口诊法为主，并从脉的位置、次数、性状、形势等，分为多种以诊察机体的病变。

493. 中医如何看脸色?

从中医上来说，人的脸色分五种，分别是青、赤、黄、白、黑。这五色分别对应五脏肝、心、脾、肺、肾。而且，每个季节都有自己的主色，比如夏天，对应的是心，在五色中对应赤，因此赤色的面色在夏天就是正常的。如果此时有人出现了黑色的面色，就代表身体出了问题。

表1　面色与五脏的对应

青	肝
赤	心
黄	脾
白	肺
黑	肾

494. 人体有多少经络?

经络是经脉和络脉的总称。“经”的原意是“纵丝”，有路径的意思，简单说就是经络系统中的主要路径，存在于机体内部，贯穿上下，沟通内外；“络”的原意是“网络”，简单说就是主路分出的辅路，存在于机体的表面，纵横交错，遍布全身。经络主要包括十二经脉、十二经别、奇经八脉、十五络脉、十二经筋、十二皮部等，它们纵横交贯，遍布全身，将人体内外、脏腑、肢节连成一个有机的整体。

495. 人体有多少个穴位?

根据世界卫生组织总部针灸穴名国际标准化科学组会议审定通过的《标准针灸穴名》可知，人体有361个经穴、48个经外穴，共409个穴位名。409穴位名中，一名多穴的有349个，共770穴位；一名单穴有60个，共60穴位。全身共显示830穴位。其中，十二正经两侧穴位618穴，加任督单穴52穴，加经外穴160穴，共830穴。

496. 五脏六腑分别是什么?

五脏六腑，统指人体内的各种器官。“脏”是指实心有机构的脏器，有心、肝、脾、肺、肾五脏；“腑”是指空心的容器，有小肠、胆、胃、大肠、膀胱等分别和五个脏相对应的五个腑，另外将人体的胸腔和腹腔分为上焦、中焦、下焦，统称为三焦，是第六个腑。

五脏六腑统指人体内的各种器官。

497. 中医所说的“精气神”是什么?

精是构成人体五脏六腑、筋骨皮毛等一切组织器官与营养人体的基本物质，在生理活动过程中不断地在消耗，又不断地得到补充和滋生，从而维持人体的生命。气是指人体组织活动能力如五脏之气、六腑之气、经脉之气。神即精神、意识、知觉，它是生命活动的现象，它必须有物质基础，这个物质基础便是精。

498. “气沉丹田”的“丹田”在哪里?

所谓的丹田都处于人体的黄金分割线上。

表2 不同丹田的位置

	位置
上丹田	从下巴算起，头部的长度乘以0.618的位置（绝大部分人是两眉的中间）
中丹田	从下阴算起，躯干的长度乘以0.618的位置（绝大部分人是两乳头的中间）
下丹田	从脚部算起，身高的长度乘以0.618的位置（绝大部分人是肚脐的附近）

499. 什么是刮痧?

刮痧是中国传统的自然疗法之一，它是以中医皮部理论为基础，用器具（比如牛角、玉石、火罐）等在皮肤相关部位刮拭，以达到疏通经络、活血化瘀之目的。刮痧可以扩张毛细血管，增加汗腺分泌，促进血液循环，对于高血压、中暑、肌肉酸疼等所致的风寒痹症都有立竿见影之效。经常刮痧，可起到调整经气、解除疲劳、增加免疫功能的作用。

500. 什么是气功?

气功是一种以呼吸的调整、身体活动的调整和意识的调整为手段，以强身健体、防病治病、健身延年、开发潜能为目的的一种身心锻炼方法。气功的种类繁多，主要可分为动功和静功，大多气功方法是动静相间的。

表3 气功的分类及释义

种类	释义
动功	指以身体的活动为主的气功，如导引派以动功为主，特点是强调与意气相结合的肢体操作
静功	身体不动，只靠意识、呼吸的自我控制来进行的气功

第七章　科技

中国是世界四大文明古国之一，有着源远流长的历史和博大精深的文化。在漫漫的历史长河中，勤劳智慧的中国人民曾经在自然科学和技术领域取得了累累硕果。古代天文学、物理学、化学、地学、医药学以及建筑、纺织、陶瓷、造船、水利建设等方面的杰出成就曾经在世界居于领先地位，举世闻名的造纸术、印刷术、指南针、火药四大发明更是促进了整个人类文明的进步。人类社会文明的发展史，同时也是生产和科学技术的发展史。科学技术的进步已经为人类创造了巨大的物质财富和精神财富。随着知识经济时代的到来，科学技术永无止境的发展及其无限的创造力，必定还会继续为人类文明做出更加巨大的贡献。

501. 中国第一部农业百科全书是什么？

中国第一部农业百科全书是《齐民要术》，这是北魏时期的中国杰出农学家贾思勰所著的一部综合性农书，是中国现存的最完整的农书，也是世界农学史上最早的专著之一。书名中的“齐民”，指平民百姓。“要术”指谋生方法。该书大约成书于北魏末年(533—544)，《齐民要术》系统地总结了6世纪以前黄河中下游地区农牧业生产经验、食品的加工与贮藏、野生植物的利用等，对中国古代农学的发展产生有重大影响。

■ 贾思勰

502. 中国第一部综合农学专著是什么？

中国第一部综合农学专著是《农政全书》。该书基本上囊括了古代农业生产和人民生活的各个方面，而其中又贯穿着一个基本思想，即徐光启的治国治民的“农政”思想，这也正是《农政全书》不同于其他大型农书的特色之所在。其他的大型农书，无论是北魏贾思勰的《齐民要术》，还是元代王祯的《王祯农书》，虽然是以农本观念为中心思想，但重点在生产技术和知识，可以说是纯技术性的农书。

503. 中国第一部农业生产技术论著是什么?

中国第一部农业生产技术论著是《天工开物》，初刊于明代崇祯十年（1637年），明朝科学家宋应星所著。《天工开物》是世界上第一部关于农业和手工业生产的综合性著作，是中国古代一部综合性的科学技术著作，有人也称它是一部百科全书式的著作。外国学者称它为“中国17世纪的工艺百科全书”。作者在书中强调人类要和自然相协调、人力要与自然力相配合。

504. 中国第一部建筑学书是什么?

中国第一部建筑学书是《营造法式》，编于熙宁年间（1068—1077），成书于元符三年（1100年），刊行于宋崇宁二年（1103年），是李诫在两浙工匠喻皓的《木经》的基础上编成的。它是北宋官方颁布的一部建筑设计、施工的规范书，是我国古代最完整的建筑技术书籍，标志着中国古代建筑已经发展到了较高阶段。

505. 中国第一部介绍进化论的译作是什么?

中国第一部介绍进化论的译作是严复译的《天演论》，原著是赫胥黎的《进化论与伦理学》。清朝末年，甲午海战的惨败，再次将中华民族推到了危亡的关头。此时，严复翻译了英国生物学家赫胥黎的《天演论》，并于1897年12月在天津出版的《国闻汇编》刊出。该书问世产生了严复始料未及的巨大社会反响，维新派领袖康有为见此译稿后，发出“眼中未见有此等人”的赞叹，称严复“译《天演论》为中国西学第一者也”。

■ 严复

506. 中国第一部科普作品，以笔记体写成的综合性学术著作是什么?

中国第一部科普作品，以笔记体写成的综合性学术著作是北宋沈括的《梦溪笔谈》，《梦溪笔谈》大约成书于1086至1093年，收录了沈括一生的所见所闻和见解，被西方学者称为中国古代的百科全书，已有多种外语译本。《梦溪笔谈》详细记载了劳动人民在科学技术方面的卓越贡献和他自己的研究成果，反映了我国古代特别是北宋时期自然科学达到的辉煌成就，《宋史·沈括传》称作者沈括“博学善文，于天文、方志、律历、音乐、医药、卜算无所不通，皆有所论著”。

■ 沈括

507. 我国古代第一部数学著作是什么?

《九章算术》是中国古代第一部数学专著，是算经十书中最重要的一种。该书内容十分丰富，系统总结了战国、秦、汉时期的数学成就。同时，《九章算术》在数学上还有其独到的成就，不仅最早提到分数问题，也首先记录了盈不足等问题，“方程”一章还在世界数学史上首次阐述了负数及其加减运算法则。要注意的是《九章算术》没有作者，它是一本综合性的历史著作，是当时世界上最先进的应用数学，它的出现标志中国古代数学形成了完整的体系。

508. 世界上第一个把圆周率的数值计算到小数点后7位的是谁?

祖冲之（429—500），南北朝时期宋、齐数学家，科学家，其主要贡献在数学、天文历法和机械三方面。祖冲之入选中国世界纪录协会世界第一位将圆周率值计算到小数点后第7位的科学家，创造了中国世界纪录学会世界之最，这一纪录直到15世纪才由阿拉伯数学家卡西打破。著有《缀术》和《九章算术》。

■ 祖冲之

509. 中国古代求解高次方程的方法是什么?

中国古代求解高次方程的方法是开元术。1248年，金代数学家李冶在其著作《测圆海镜》中，系统地介绍了天元术。他改进前人的工作，用天、地分别表示方程的正次幂和负次幂，设天元一为未知数，根据问题的已知条件，列出两个相等的多项式，经相减后得出一个高次方程（天元开方式），这与设x为未知数列方程一样。

510. 什么是贾宪三角形?

贾宪三角形，又称杨辉三角形、帕斯卡三角形，是二项式系数在三角形中的一种几何排列。其实，中国古代数学家在数学的许多重要领域中处于遥遥领先的地位。中国古代数学史曾经有自己光辉灿烂的篇章，而贾宪三角形的发现就是十分精彩的一页。

511. 我国的“四大发明”指的是什么?

“四大发明”是指中国古代对世界具有很大影响的四种发明，即造纸术、指南针、火药、活字印刷术。此一说法最早由英国汉学家李约瑟提出并为后来许多中国的历史学家所继承，普遍认为这四种发明对中国古代的政治、经济、文化的发展产生了巨大的推动作用，且这些发明经由各种途径传至西方，对世界文明发展史也产生了很大的影响。

表1 四大发明

造纸术	东汉元兴元年（105年）蔡伦改进了造纸术，他用树皮、麻头及敝布、渔网等原料，经过锉、捣、抄、烘等工艺制造的纸，是现代纸的渊源
指南针	指南针是用以判别方位的一种简单仪器，其前身是司南。主要组成部分是一根装在轴上可以自由转动的磁针（俗称吸铁石），磁针的北极指向地理的南极
火药	中国汉族人发明于隋唐时期，始于古代道家炼丹术，古人为求长生不老而炼制丹药的研究，距今已有1000多年了
活字印刷术	宋仁宗时的毕昇用细质且带有黏性的胶泥做成一个个四方形的长柱体，并刻上文字烧硬形成活字，然后按文章内容将字依顺序排好做成印版

512. 中国古代最早有记载的物理学成就是什么?

在我国战国时期，物理学就已经有了较大成就。比如《墨经》中有大量的物理学知识，其中包括杠杆原理和浮力理论的叙述，还有声学和光学的记载，并对光影关系、小孔成像等问题进行了系统描述，这被现代科学家称为“《墨经》光学八条”。

■ 地震仪

513. 世界上最早的“地震仪”是谁发明的?

我国汉朝的科学家张衡，在132年就制成了世界上最早的“地震仪”——地动仪。由于地动仪只是记录了地震的大致方向，而非记录地震波，所以相当于是验震器，而非真正意义上的地震仪。张衡发明的地震仪开创了人类使用科学仪器测报地震的历史，它和国外类似的地震仪相比早了1000多年。

■ 司南

514. 什么是司南?

司南是我国古代辨别方向用的一种仪器，是我国最早的指南工具。它是用天然磁铁矿石琢成一个勺形的东西，放在一个光滑的盘上，盘上刻着方位，利用磁铁指南的作用，可以辨别方向，是现在所用的指南针的始祖。

515. 中国古代的桔槔是什么?

桔槔实质上就是利用杠杆原理制成的简易工具，在一根竖立的架子上加上一根细长的杠杆，当中是支点，末端悬挂一个重物，前段悬挂水桶。一起一落，汲水可以省力。当人把水桶放入水中打满水以后，由于杠杆末端的重力作用，便能轻易把水提拉至所需处。桔槔早在春秋时期就已相当普遍，而且延续了几千年，是中国农村历代通用的旧式提水器具。这种汲水工具虽简单，但它使劳动人民的劳动强度得以减轻。

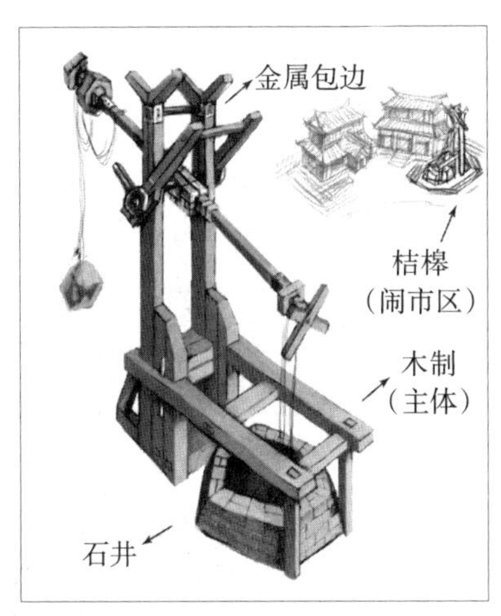

■ 桔槔

(示意图)

516. 中国古代的炼丹术是什么样子的?

炼丹术是中国古代道家或道教徒等以金石类矿物为原料，采用化学方法炼制成自以为令人长生不老而实际上有毒“丹药”的技术与方法。我国自周秦以来就创始和应用了将药物加温升华的这种制药方法，为世界各国之最早者。9—10世纪我国炼丹术传入阿拉伯，12世纪传入欧洲。但所谓“神丹妙药”，以求“长生不死”，则是荒谬的。

517. 中国古代四大发明之一的火药是什么样的?

火药又被称为黑火药。在适当的外界能量作用下，火药能进行迅速而有规律的燃烧，同时生成大量高温烟气的物质。在军事上主要用作枪弹、炮弹的发射药和火箭、导弹的推进剂及其他驱动装置的能源，是弹药的重要组成部分。

518. 中国古代的计算工具是什么?

中国古代的计算工具，最初采用的是算筹，后来演变成算盘。珠算运算法编成歌诀流利顺口，配合以小九九和十进位值制记数法。明清时期，珠算运用得到普及和发展。人们可以用珠算法解决加减乘除和开平方、开立方等问题。明朝时，珠算法已传到朝鲜、日本、东南亚和世界其他地区。

■ 古代 算筹

算筹 → 算盘 → 明朝时，珠算法已传到朝鲜、日本、东南亚和世界其他地区 → 明清时期，珠算运用得到普及和发展。人们可以用珠算法解决加减乘除和开平方、开立方等问题

■ 中国古代计算的发展

519. 古代世界上最先进的天文观测工具是什么?

中国古代创制了许多先进天文观测仪器，如浑仪、简仪等。浑仪是望远镜发明之前世界上最先进的天文观测工具，迟至汉武帝时期，中国古代科学家已使用浑仪确定天体坐标。简仪是元代科学家郭守敬革新浑仪而制成的。

■ 浑仪

520. 我国首次关于哈雷彗星的确切记录是在什么时候?

春秋时期，留下了世界上公认的首次哈雷彗星的确切记录。《春秋》记载，前613年，“有星孛入于北斗”，即指哈雷彗星，这一记录比欧洲早600多年。

第八章 地理

我国古代的地理学起源很早，早在2000多年前的周代，就有“天圆地方”说。前2世纪，汉代天文学家落下闳最早设计制作了测定天体位置、观测星象的浑仪。张衡（78—139）制造了一个用水力转动的浑天仪，同今天的天球仪很相近。在古代，游历探险是推动地理学发展的主要形式，也是地理学家可贵的传统。前138年以后，张骞奉汉武帝之命二次出使西域。司马迁（约前145或135—?）足迹遍及当时中国的名山大川，北起河套南至湖南，东起会稽，西达川蜀。76年到102年，班超（32—102）在西域进行了友好活动。晋代高僧法显（约337—约422）、唐代名僧玄奘（602—664）远赴印度，郑和（1371或1375—1433或1435）率领船队下西洋……古代那么多把一生都献给游历探险事业的使者、僧侣、文学家和地理学家，他们表现了中华民族坚韧不拔的优秀品质，他们推动了古代地理学的不断发展。中国古代地理学作为中华民族文化的重要组成部分，有着光辉灿烂的历史。其间若干灿烂的科学成就，为世界所瞩目，并对世界科学文化的发展有着卓越的贡献。

521. 我们为什么称自己是中华民族?

“中华”二字来源于公元300年左右，魏晋时期的哲人从“中原”和“华夏”二词中各取一字而组成。“中”即天下之中，“华”即中国。但在古代，“中国”只是现在的中原地区，包括今天的陕西大部、山西西南部、河南西北部一带。随着历史的变迁和民族的融合，“中华”一词从汉族的代称逐渐发展为具有多民族含义的称谓。久而久之，“中华”变成了中国的代称。在近代，“民族”一词引入之后，“中华民族”便成为我们的代称。

522. 什么是“华夏”?

“华夏”是我国古代领土的代称，也是古人将自身与蛮夷等其他民族区分的标准。《春秋》中说，中国人的服饰很美，“华”和“夏”有高雅的意思。汉族于先秦时自称华夏、华夏族。可见，古人是以服饰华彩之美为华，以疆界广阔与文化繁荣、文明道德兴盛为夏。从汉朝开始，汉族一词逐渐代替了诸夏、华夏等旧称。

523. 陆游诗云“但悲不见九州同”，说的是哪九州？

“九州”之名起于战国中期，原为虚指，后来逐渐具体化，成为九个大型的行政区划。“州”正式成为行政区是东汉的事。在不同的时代，“九州”对应着不同的州名，一般认为是扬州、荆州、豫州、青州、兖州、雍州、徐州、冀州、梁州等，但中心地域大致相当于战国时代“九州”的范围。所以“九州”就成了中国的代称，并一直沿用至今。

表1　“九州”在古代典籍中的三种说法

出处	意指
《禹贡》	冀、兖、青、徐、扬、荆、豫、梁、雍
《尔雅》	冀、兖、幽、徐、扬、荆、豫、营、雍
《周礼》	冀、幽、并、兖、青、扬、荆、豫、雍

524. 古代“中原”指的是哪里？

“中原”又称中土、中州。狭义的中原指今河南省一带，广义的中原指黄河中下游地区或整个黄河流域。《辞源》解释“中原”：“狭义的中原指今河南省一带。广义的中原或指黄河中、下游地区。”中原自古以来就是主导整个中华文明发展的核心地域，是中国历史上绝大部分时间的政治、经济和文化中心所在地。

525. 王勃《送杜少府之任蜀州》诗中说“海内存知己”，“海内”指哪里？

古代传说我国疆土四面环海，故称国境之内为海内。现在一般认为大西洋以东太平洋以西算是海内。同样的，古代中国也有“四海”的称呼，来源于古时所指东海、西海、南海和北海，与“海内”意义大致相同。

526. “关中”在古代指的是哪个地方？

在我国古代，关中之意有别于今日，关中之名，在战国时期就存在了，一般认为大散关之东，函谷关之西，武关之北，萧关之南，包括现在的西安市，以及铜川市、宝鸡市、咸阳市和渭南市5个地级市，河南省的三门峡市大部。自西周起先后有12个王朝在此建都，如西周、汉、唐等等，历时1100多年。

527. 中国第一部地理书是什么？

中国的第一部地理书是《禹贡》，是《尚书》中的一篇。《禹贡》篇者，历代学者一般设为贡赋之法。今天看来，它其实是上古人类对天下的认识。虽然有一定的局限性，但保留了非常重要的远古地理资料，是我们研究古代历史地理的重要文献，也可见上古中国人活动的区域。

528. 中国第一部地理学专著是什么?

中国第一部地理学专著是《水经注》，6世纪北魏时郦道元所著，是我国古代较完整的一部以记载河道水系为主的综合性地理著作，在我国长期历史发展进程中有过深远影响。自明清以后不少学者从各方面对它进行了深入细致的专门研究，形成了一门内容广泛的“郦学”。

529. 中国第一部日记体游记是什么?

中国第一部日记体游记是《徐霞客游记》，《徐霞客游记》是以日记体为主的中国地理名著。明末徐弘祖（徐霞客）经34年旅行，写有天台山、雁荡山、黄山、庐山等名山游记17篇和《浙游日记》《江右游日记》《楚游日记》《粤西游日记》《黔游日记》《滇游日记》等著作，除散佚者外，遗有60余万字游记资料。死后由他人整理成《徐霞客游记》。世传本有10卷、12卷、20卷等数种。主要按日记述作者1613—1639年间旅行观察所得，对地理、水文、地质、植物等现象，均作详细记录，在地理学和文学上卓有成就。

■ 徐霞客

530. 古语中“赤县神州”一词是指?

赤县神州，又称神州赤县，是对中国的泛称、别称、美称。上古时，炎帝以火德王，炎帝统辖的土地叫赤县；黄帝以土德王，黄帝统辖的土地叫神州。黄帝打败了炎帝后，统一起来的领土就称为神州赤县或赤县神州。赤县、神州为天下九大洲之一，下又分九州，即九州中国。

531. 中国名山中“五岳”是指哪五座山?

“五岳”是五大名山的总称，在我国一般指北岳恒山（位于山西）、西岳华山（位于陕西）、中岳嵩山（位于河南）、东岳泰山（位于山东）和南岳衡山（位于湖南）。有些研究认为，“五岳”一词来源于中国的五行思想与对山岳、山神的崇拜，传说盘古死后，头和四肢化为五岳。

532. 中国的四大名镇是指哪四个镇?

中国的四大名镇指的是江西景德镇、湖北汉口镇、广东佛山镇、河南朱仙镇，明清称为天下四大镇。此处的“镇”与现时的行政区划单位的“镇”并不是同一个概念，这里所指的“镇”是个军事区域，含“藩镇”一词中“镇”的意义，故其区域面积一般会远大于现时行政区划的“镇”，如现在的景德镇，就是一个市级行政单位，应该被称为“景德镇市”。

表2 四大名镇

江西 景德镇	江西省东北部，今景德镇市，明清时期为天下四大镇之首，自元代开始至明清历代皇帝都派员到景德镇监制宫廷用瓷，以产瓷器闻名于世
湖北 汉口镇	湖北省武汉市的汉口，古代有“九省通衢”之称，后铁路运输发展，水陆并运，被称为“东方芝加哥”
广东 佛山镇	今广东省的佛山市，位于珠江三角洲北部，我国南方著名的手工业城镇，今为我国四大丝织业中心之一
河南 朱仙镇	河南开封县的朱仙镇，位于河南省开封市南20公里处。相传战国为朱亥故里，故名朱仙镇。朱仙镇木版年画起源于唐，鼎盛于明清，我国四大木版年画之一

533. 中国古代名城长安是指哪里？

长安是中国历史上一座著名都城，由于历史原因其地点有过迁徙，但大致都位于现在中国陕西的西安和咸阳附近。中国历史上先后有17个朝代及政权建都于长安，总计建都时间超过1200年，因此它也是中国历史上建都朝代最多和影响力最大的都城。长安位列中国四大古都之首，同时也是与雅典、罗马和开罗齐名的世界四大文明古都之一。

534. 为什么说裴秀是中国古代杰出的地图学家？

西晋时期的裴秀是中国古代杰出的地图学家。裴秀在地图学上的主要贡献，在于他第一次明确建立了中国古代地图的绘制理论。他总结我国古代地图绘制的经验，在《禹贡地域图序》中提出了著名的具有划时代意义的制图理论——“制图六体”。李约瑟称他为“中国科学制图学之父”，与欧洲古希腊著名地图学家托勒密齐名。

■ 裴秀

535. 如何分辨江的左岸和右岸？

当我们站在江边面向江的下游时，我们的左手边是江的左岸，相应的，右手边就是江的右岸，对于所有的江河，判断方式都是如此。

536. 中国最古老的地理书是什么书？

先秦古籍《山海经》是一部富于神话传说的最古老的地理书。它主要记述古代地理、物产、神话、巫术、宗教等，也包括古史、医药、民俗、民族等方面的内容。除此之外，《山海经》还以流水账方式记载了一些奇怪的事件，对这些事件至今仍然存在较大的争论。

537. 《洛阳伽蓝记》的主要内容是什么?

《洛阳伽蓝记》是一部集历史、地理、佛教、文学于一身的名著（《四库全书》将其列入地理类），为北魏人杨衒之所撰，成书于东魏孝静帝时。书中历数北魏洛阳城的佛寺，分城内、城东、城西、城南、城北五卷叙述，对寺院的缘起变迁、庙宇的建制规模及与之有关的名人轶事、奇谈异闻都记载详核。它与郦道元的《水经注》一起，历来被认为是北朝文学的双璧。

538. 我国历史上内容最丰富最完善的地理总志是什么?

我国历史上内容最丰富最完善的地理总志是《大清一统志》，它是清朝官修地理总志。从清康熙二十五年（1686年）至道光二十二年（1842年），前后编辑过3部，即康熙《大清一统志》、乾隆《大清一统志》、《嘉庆重修一统志》。《嘉庆重修一统志》不仅仅是嘉庆二十五年（1820年）以前的清代地理总志，而且也包含了以往各代的地理志内容，因此，成了每一个研究中国历史、地理工作者的必读物，受到官方、学者的重视。同时，它也为我们研究清史提供了许多宝贵的资料。

539. 《海国图志》的内容及历史地位是什么?

《海国图志》由清代魏源（1794—1857）所著，是一部划时代的著作，其“师夷之长技以制夷”命题的提出，打破了传统的夷夏之辨的文化价值观，摒弃了九州八荒、天圆地方、天朝中心的史地观念，树立了五大洲、四大洋的新的世界史地知识，传播了近代自然科学知识以及别种文化样式、社会制度、风土人情，拓宽了国人的视野，开辟了近代中国向西方学习的时代新风气。在中国近代史学史上，《海国图志》是第一部较为详尽较为系统的世界史地著作。

540. 现今能见到的最早的游记是什么?

现今能见到的最早的游记是汉代马第伯的《封禅仪记》。马第伯，东汉光武帝时人，他所写的《封禅仪记》是中国最早的游记文学作品之一。东汉光武帝（刘秀）建武三十二年（56年）封禅泰山，马第伯为先行官，他在《封禅仪记》中详细记叙了封禅时的种种准备工作。

第九章 历法

中国是世界上最早发明历法的国家之一。历法的出现对中国经济、社会以及文化的发展有着至关重要的影响。早期的历法现在只留下只言片语的传说，难以深入考究。成文的历法从周末到汉初的《古四分历》开始，经过多次的历法改革，在改革和斗争中不断进步和完善，达到了相当高的科学水平，取得了一个又一个成就。我国古代的历法大都使用传统的阴阳历，但是所包含的内容却不仅仅是年月日时的安排，还包括日月五星位置的推算，日食、月食的预报，节气的安排，等。历法的改革，包括了新的理论的提出、精密天文数据的测定、计算方法的改进等。我国古代的历法成就，在世界天文学史上占有相当重要的地位。

541. 什么是历法?

所谓历法，简单说就是根据天象变化的自然规律，来计量较长的时间间隔、判断气候的变化、预示季节来临的法则。根据月相圆缺变化的周期（即朔望月）来制定的历法叫阴历；以地球围绕太阳的运转周期（即回归年）为根据而制定的历法，叫阳历。我国古代的历法把回归年作为年的单位，把朔望月作为月的单位，是一种兼顾阳历和阴历的阴阳合历。

542. 我国古代使用过的历法都有哪些?

大致从商代就开始，我国就已实行阴阳历了。从春秋战国到清代，我国历代用过的历法，共有66种。其中较著名的有十余种。

表1 古代著名历法

朝代	使用历法描述
春秋战国时期	出现了《四分历法》，这是我国最早的历法。它以365.25日为一回归年，每4年需要增加一日为366天
汉代	这一时期由落下闳、邓平等人创制的《太初历》，是我国历史上第一部比较完整的历法。它首次把二十四节气增入历法，以冬至所至之月为十一月，以正月为岁首，规定以没有中气的月作为闰月的置闰原则（二十四节气，从冬至起每隔一气的十二气叫中气，其余十二气叫节气。由于两气所含的日子，多于一个朔望月的日子，所以会发生没有中气的月份），并推算出日、月食的周期，是中国历法史上的第一次大改革

续表

朝代	使用历法描述
南北朝	祖冲之创制了《大明历》，他在制历时首先引进“岁差”概念，测得太阳在冬至那天的准确位置在斗15度，这是中国古代历法的第二次大改革
隋朝	刘焯撰进《皇极历》，在历法中首次考虑太阳视运动的不均匀性，创立三次差内插法来计算日月视运动速度，还改革了节气的计算方法，这是中国古代历法的第三次大改革
元代	郭守敬、王恂等人编制《授时历》，这是古历中最优良的方法，它正式废除上元积年，截取近世任意一年为历元，所定数据全凭实测，数据同用现代方法计算所得大都相差无几，这是中国历法史上的第四次大革命，明代的《大统历》实际上就是《授时历》，把两种历法看成一种，即为中国历史上施行最久的历法，历时364年

543. 我国最早的成文历法是什么?

我国的历法起源很早，相传黄帝首创历法。早期的历法现在只留下只言片语的传说，难以深入考究。最早的成文历法是出现于春秋末年的四分历，它是当时世界上最进步的历法。它的岁实是365.25日，这是当时世界上所使用的最精密的数值。四分历规定19年7闰，十分精确地调整阴阳历，比希腊人发明这个方法要早160多年。

544. 什么是日、气、朔?

日、气、朔是中国古代历法的基本元素。中国最迟从殷商时代起就采用干支纪日，从甲子到癸亥，六十干支日名轮流循环使用。“气”是中国古历的阳历成分，从冬至点开始到下一个冬至点为一年（回归年），一年分成二十四个“气”，称为二十四节气。“朔”是中国古代历法的阴历成分，日月的黄道经度相同的时刻叫“朔”。中国古代的民用历法根据气、朔的变化，可分三个时期：

表2　中国古代的民用历法

春秋战国时代到唐初	使用平气、平朔时期
唐初到明末	使用平气、定朔时期
清代以后	使用定气、定朔时期

545. 古人如何计时?

古人用地支子、丑、寅、卯、辰、巳、午、未、申、酉、戌、亥，把一天分为十二个时辰，每个时辰相当于现在的两个小时，如巳时相当于上午9时至11时。那时候，白天靠测量太阳的影子，夜晚用漏壶滴水测时。在这以前，古代人根据太阳的起落和人兽的活动来计时，把一天分为夜半、鸡鸣、平旦、日出、食时、隅中、日中、日昳、晡时、日入、黄昏、人定十二个时段。由于季节的不同，具体的时间差竟达两小时。因为不太科学，终于被十二地支计时法所替代。另外，古代还有报更又叫打更的计时法，把夜间分为五更：相当于现代的19时到21时为一更，21时到23时为二更，23时到1时为三更，1时到3时为四更，3时到5时为五更。

546. 二十四节气都有哪些?

二十四节气是我国古代历法的重要组成部分。古人根据太阳一年内的位置变化以及所引起的地面气候的演变次序，把一年三百六十五又四分之一的天数分成二十四段，分列在十二个月中，以反映四季、气温、物候等情况，这就是二十四节气。每月分为两段，月首叫“节气”，月中叫“中气”。古诗文中常用二十四节气来纪日，如《扬州慢》：“淳熙丙申至日，予过维扬。”夏至白天最长，冬至白天最短，因而古人称夏至、冬至为至日，这里指冬至。

表3　二十四节气与月份对照表

月份	节气	月份	节气
正月	立春、雨水	二月	惊蛰、春分
三月	清明、谷雨	四月	立夏、小满
五月	芒种、夏至	六月	小暑、大暑
七月	立秋、处暑	八月	白露、秋分
九月	寒露、霜降	十月	立冬、小雪
十一月	大雪、冬至	十二月	小寒、大寒

547. 什么是天干地支?

中国历法用天干、地支编排年号和日期，天干共10个字，因此又称为“十干”，其排列顺序为：甲、乙、丙、丁、戊、己、庚、辛、壬、癸；地支共12个字，排列顺序是：子、丑、寅、卯、辰、巳、午、未、申、酉、戌、亥。其中甲、丙、戊、庚、壬为阳干，乙、丁、己、辛、癸为阴干。子、寅、辰、午、申、戌为阳支，丑、卯、巳、未、酉、亥为阴支。阳干对阳支，阴干对阴支，得到60年一周期的甲子循环。这22个字错综有序，充满圆融性与规律性。它显示了大自然运行的规律，即时（时间）空（方位）互动，和“阴”与“阳”的作用结果。中国历法充分体现了阴阳五行的思想，蕴含着自然循环运化的规律。

548. 黄道吉日是什么意思?

旧时以星象来推算吉凶，谓青龙、明堂、金匮、天德、玉堂、司命六个星宿是吉神，六辰值日之时，诸事皆宜，不避凶忌，称为“黄道吉日”，泛指宜于办事的好日子。出自元代无名氏《连环计》第四折："今日是黄道吉日，满朝众公卿都在银台门，敦请太师入朝授禅。"

549. 什么是黄历?

黄历，相传是由黄帝创制，故称为"黄历"。古时由钦天监计算颁订，因此也称皇历。其内容指导农民耕种时机，故又称农民历，民间俗称为通书，但因通书的"书"字跟"输"字同音，因避忌故又名通胜。黄历是在中国农历基础上产生出来的，带有许多表示当天吉凶的一种历法。黄历主要内容为二十四节气的日期表，每天的吉凶宜忌、生肖运程等。

550. 二十八宿指的是什么?

二十八宿又叫二十八舍或二十八星，是古人为观测日、月、五星运行而划分的二十八个星区，用来说明日、月、五星运行所到的位置，每宿包含若干颗恒星。二十八宿的名称，自西向东排列为：东方青龙七宿（角、亢、氐、房、心、尾、箕）；北方玄武七宿（斗、牛、女、虚、危、室、壁）；西方白虎七宿（奎、娄、胃、昴、毕、觜、参）；南方朱雀七宿（井、鬼、柳、星、张、翼、轸）。

表4　二十八宿

东方青龙七宿	角、亢、氐、房、心、尾、箕
北方玄武七宿	斗、牛、女、虚、危、室、壁
西方白虎七宿	奎、娄、胃、昴、毕、觜、参
南方朱雀七宿	井、鬼、柳、星、张、翼、轸

551. 什么是农历?

我国长期采用的一种传统历法，它以朔望的周期来定月，用置闰的办法使年平均长度接近太阳回归年，因这种历法安排了二十四节气以指导农业生产活动，故称农历，又叫中历、夏历，俗称阴历。古人写文章，凡用序数纪月的，大多以农历为据。如《游褒禅山记》"至和元年七月某日"，《石钟山记》"元丰七年六月丁丑"，农历的六月、七月相当于公历的七月、八月。

552. 什么是纪年?

先秦编年史《竹书纪年》的初名，该书原名已佚。晋人整理时因见其为编年体史书，故定其名为《纪年》。公元是"公历纪元"的简称，是国际通行的纪年体系。以传说中耶稣基督的生年为公历元年（相当于中国西汉平帝元年）。公元常以A.D.（拉丁文Anno Domini的缩写，意为"主的生年"）表示，公元前则以B.C.（英文Before Christ的缩写，意为"基督以前"）表示，这种纪年体系开始在欧洲各国采用。

553. 我国使用的纪年法有哪些?

表5　我国古代四种主要纪年法

名称	特性描述
王公即位年次纪年法	以王公在位年数来纪年。如《左传·殽之战》:“三十三年春,秦师过周北门。”指鲁僖公三十三年
年号纪年法	汉武帝起开始有年号。此后每个皇帝即位都要改元,并以年号纪年。如《岳阳楼记》“庆历四年春”等
干支纪年法	如《五人墓碑记》:“予犹记周公之被逮,在丁卯三月之望。”“丁卯”指1627年近世还常用干支纪年来表示重大历史事件,如“甲午战争”及“戊戌变法”等
年号干支兼用法	纪年时皇帝年号置前,干支列后。如《扬州慢》“淳熙丙申”,“淳熙”为南宋孝宗赵昚(shèn)年号,“丙申”是干支纪年

554. 什么是纪月?

纪月是指在农历中用干支记录月序。一般只用地支纪月,每月固定用十二地支表示。把冬至所在之月称为“子月”(夏历十一月),下一个月称为“丑月”(夏历十二月),以此类推。故古历中的《夏历》以“寅月”为正月,又称建寅之月或建寅正月等。

555. 我国使用过哪些纪月法?

表6　我国古代三种主要纪月法

名称	特性描述
序数纪月法	如《采草药》:“如平地三月花者,深山中则四月花。”
地支纪月法	古人常以十二地支配称十二个月,每个地支前要加上特定的“建”字。如杜甫《草堂即事》诗“荒村建子月,独树老夫家”,其中“建子月”按周朝纪月法指农历十一月
时节纪月法	如《古诗十九首》:“孟冬寒气至,北风何惨栗。”“孟冬”代农历十月

556. 什么是“四象”?

古人把东、北、西、南四方每一方的七宿想象为四种动物形象,叫作四象。东方七宿如同飞舞在春天夏初夜空的巨龙，故而称为东官青龙；北方七宿似蛇、龟出现在夏天秋初的夜空，故而称为北官玄武；西方七宿犹猛虎跃出深秋初冬的夜空，故而称为西官白虎；南方七宿像一展翅飞翔的朱雀，出现在寒冬早春的夜空，故而称为南官朱雀。

557. 我国的纪日法有哪些?

表7　我国古代四种主要纪日法

名称	特性描述
序数纪日法	如《项脊轩志》的“三五之夜，明月半墙”，其中“三五”指农历十五日
干支纪日法	如《肴之战》的“夏四月辛巳，败秦军于肴”，“四月辛巳”指农历四月十三日。古人还单用天干或地支来表示特定的日子。如《礼记·檀弓》中的“子卯不乐”，“子卯”，代指恶日或忌日
月相纪日法	指用“朔、朏、望、既望、晦”等表示月相的特称来纪日。每月第一天叫“朔”，每月初三叫“朏”，月中叫“望”（小月十五日，大月十六日），望后这一天叫“既望”，每月最后一天叫“晦”
干支月相兼用法	干支置前，月相列后。如《登泰山记》：“戊申晦，五鼓，与子颍坐日观亭。”

558. 我国古代的纪时法有哪些?

天干法与地支法是古代常见的两种纪时方法。我们在古代诗文中也可以看出，如《芙蓉楼送辛渐》中“寒雨连江夜入吴，平明送客楚山孤”，平明是平旦的别称。

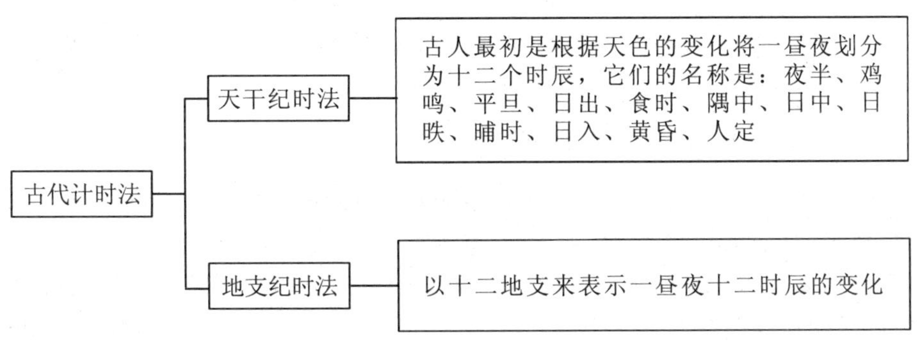

■ 古代计时法示意图

559. 什么是“四时”?

指春、夏、秋、冬四季。农历以正月、二月、三月为春季，分别称作孟春、仲春、季春；以四月、五月、六月为夏季，分别称作孟夏、仲夏、季夏；秋季、冬季以此类推。欧阳修《醉翁亭记》:“风霜高洁，水落而石出者，山间之四时也。”

表8 古代“四时”

春季	正月	孟春	秋季	七月	孟秋
	二月	仲春		八月	仲秋
	三月	季春		九月	季秋
夏季	四月	孟夏	冬季	十月	孟冬
	五月	仲夏		十一月	仲冬
	六月	季夏		十二月	季冬

560. 什么是“七政”“五纬”?

古人把日、月和金、木、水、火、土五星合起来称为七政或七曜。金、木、水、火、土五星是古人实际观测到的五个行星，它们又合起来称为五纬。中国古代有七曜日，在西方与之对应的就是星期日、星期一、星期二……乃至星期六的七天。七曜之说影响颇广，直到现在，日、韩等国的日历上，还在使用日、月、金、木、水、火、土来表示一周的七天。

561. 什么是三垣?

三垣是中国古代划分星空的星官之一，与黄道带上之二十八宿合称三垣二十八宿，它包括上垣之太微垣、中垣之紫微垣及下垣之天市垣。每垣都是一个比较大的天区，内含若干（小）星官（或称为星座），三垣为三个天区的主体，这些天区也以三垣的名称为名称。紫微垣包括北天极附近的天区，大体相当于拱极星区；太微垣包括室女、后发、狮子等星座的一部分；天市垣包括蛇夫、武仙、巨蛇、天鹰等星座的一部分。

562. 古代天文中“十二次”是什么意思?

古人为了说明日月五星的运行和节气的变换，把黄道附近一周天按照由西向东的方向分为十二个等分，叫作十二次。十二次有两种用途：一是用来指示一年四季太阳所在的位置，以说明节气的变换。比如，太阳在星纪中交冬至，在玄枵交大寒。二是用来说明岁星每年运行所到的位置，并以之纪年。比如，古人说“岁在大火”，表示岁星行经大火次。

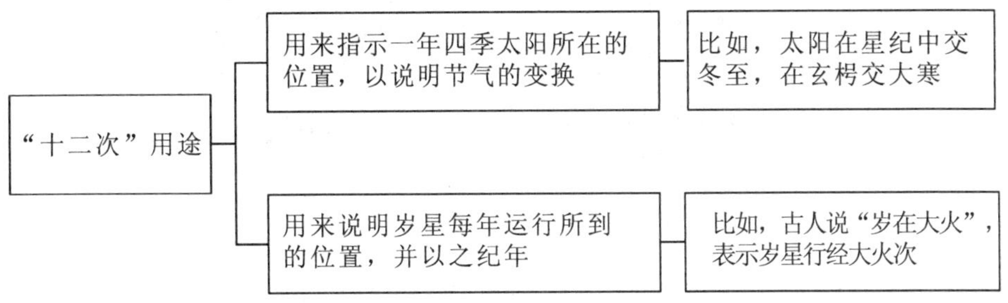

■ “十二次”用途

563. 古人说的“分野”是什么意思？

古代占星家为了用天象变化来占卜人间的吉凶祸福，将天上星空区域与地上的国州互相对应，称为“分野”。具体说就是把某星宿当作某封国的分野，某星宿当作某州的分野，或反过来把某国当作某星宿的分野、某州当作某星宿的分野，建立分野主要是为了观察所谓“天象”。古人认为，日食对最高统治者不利，彗星是兵灾之象，岁星运行到某星宿则该星宿之分野州国五谷昌盛，灾惑运行到某星宿则该星宿分野之州国会发生灾难，等，占星家以此占卜。

表9 古代地方分野示意表

按国分野表		按州分野表		以十二次配列国表	
宿	国	宿	州	次	国
角、亢、氐	郑	角、氐、亢	兖州	星纪	吴越
房、心	宋	房、心	豫州	玄枵	齐
尾、箕	燕	尾、箕	幽州	娵訾	卫
斗、牛、女	吴越	斗、牛、女	扬州	降娄	鲁
				大梁	赵
虚、危	齐	虚、危	青州	实沈	魏
室、壁	卫	室、壁	并州	鹑首	秦
奎、娄、胃	鲁	奎、娄、胃	徐州	鹑火	周
昴、毕	魏	昴、毕	冀州	鹑尾	楚
觜、参	赵	觜、参	益州	寿星	郑
井、鬼	秦	井、鬼	雍州	大火	宋
柳、星、张	周	柳、星、张	三河	析木	燕
翼、轸	楚	翼、轸	荆州		

564. 《诗经》有云：“七月流火。”这与星宿有关系吗？

流，下行；火，指大火星，即东官苍龙七宿中的心宿。《诗经·七月》：“七月流火，九月授衣。”七月相当于公历的八月，流火是说大火星的位置已由中天逐渐西降，表明暑气已退。

565. 杜甫诗云“人生不相见，动如参与商”，参、商是星宿，为什么要用在这里？

“参”指西官白虎七宿中的参宿，“商”指东官苍龙七宿中的心宿，是心宿的别称。参宿在西，心宿在东，二者在星空中此出彼没，彼出此没，因此常用来喻人分离不得相见。

566. 我们平时所说的“北斗七星”在古代如何解释？

北斗，指在北方天空排列成斗形（或勺形）的七颗亮星。其名称分别是：天枢、天璇、天玑、天权、玉衡、开阳、摇光，其排列如斗杓，故称“北斗”。根据北斗星便能找到北极星，故又称“指极星”。古人将北斗联想成盛酒的斗形，天枢、天璇、天玑、天权组成斗身，古曰“魁”。玉衡、开阳、摇光组成斗柄，古曰“勺”。古人很重视北斗，因为可以利用它来辨别方向，定季节。北极星为正北方的标志。北斗围绕北极星旋转，因之以定季节：

斗柄指东，天下皆春。
斗柄指南，天下皆夏。
斗柄指西，天下皆秋。
斗柄指北，天下皆冬。

567. 世界上现存最老的星表是什么？

中国不仅留下了世界上最早的日食、月食、太阳黑子以及哈雷彗星的记录，而且编出了世界上最早的星表。尧设有火正、羲和之官，负责观察日月星辰。后人根据战国时期天文学家石申的记录，编成《石氏星经》，是世界上现存最古老的星表，保留了一百多颗恒星的赤道坐标数据。

568. 我国古代最优秀的历法是什么？

我国元朝郭守敬编订的《授时历》，集前代各家历法优点之大成，是我国古代最优秀的历法。《授时历》规定回归年长度为365.2425日，与今天世界通用的公历——格里高利历基本相同。《授时历》1281年颁布推行，比现行公历的颁行早了300年。

569. 世界上最早的天文学著作是什么？

战国时期，出现了世界上最早的天文学著作《甘石星经》。在长期观测天象的基础上，战国时期楚人甘德（今属湖北）、魏人石申（今属河南开封）各写出一部天文学著作。后人把这两部著作合起来，称为《甘石星经》。该书有丰富的天文记载，反映了那个时期人们对天文的认识。

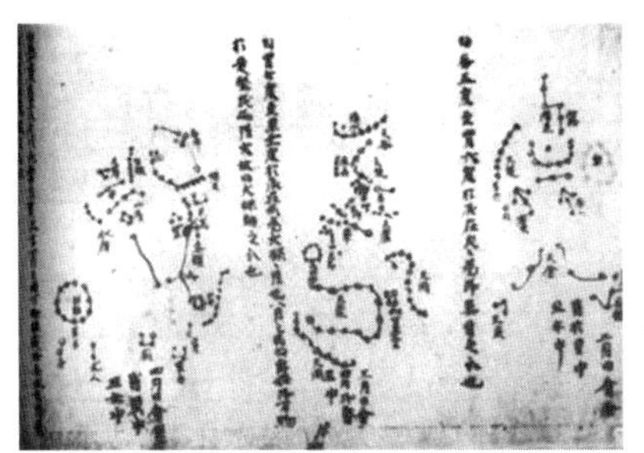
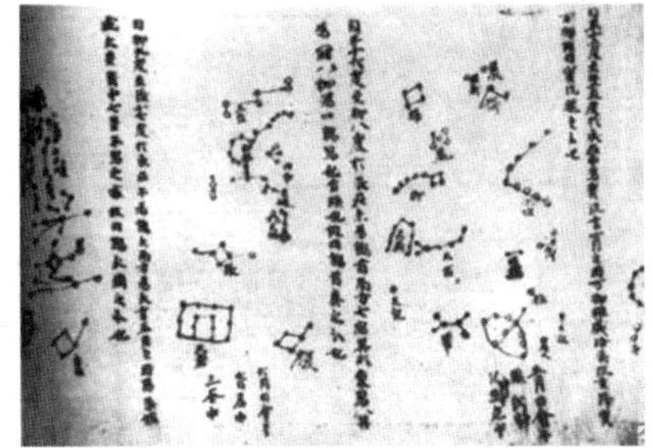

■ 甘石星经

570. 世界上用科学方法实测地球子午线长度的创始人是谁?

僧一行还是世界上首个用科学方法实测地球子午线长度的科学家。他在天文、历法、仪器制造和数学等方面都有很大的功绩，是一位在中国科学技术史上卓有建树的著名天文学家。在实测中，僧一行认识到，在小范围有限的空间里得到的认识，不能任意向大范围甚至无际的空间推演，这是我国科学思想史上的一大进步。

■ 僧一行

第十章　占卜

占卜并不是我们民族的独创，但是中国的占卜更具有特色、更系统化、更理论化是。当今，有人把占卜当作是科学，也有人将其视为是伪科学。然而，科学恰恰需要人们去弄清机理，从理性上认真弄清事物的本质。但是，至今为止，人们对于占卜的认识无论从理论上还是从实践上都是模糊的。并且，占卜毕竟是我们古老民族的一种世俗文化，它植根于人民之中是有一定基础的。我们准确地认识占卜，理解占卜蕴含的理性思想，这对我们民族的科学、思想、教育无疑是有着十分重要意义的。

571. 什么是占卜法?

占卜，意指用龟壳、铜钱、竹签、纸牌或星象等手段和征兆来推断未来的吉凶祸福的手法。“占”意为观察，“卜”是以火灼龟壳。原始人类对于事物的发展缺乏足够的认识，因而借由自然界的征兆来指示行动。但自然征兆并不常见，必须以人为的方式加以考验，占卜的方法便随之应运而生。占卜仅仅是操作者在将行某事时，由于没有把握而借助某些器具或现象寻求信息或解答，由此满足心理需求的行为。但其具有仪式性或社会性的特色，通常与宗教有关。占卜是我们古老民族的一种世俗文化，准确地认识占卜，理解占卜蕴含的理性思想，对我们民族的科学、思想、教育有着十分的重要意义。

572. 常见的占卜法有哪些?

我国古代占卜的方法很多，不胜枚举。中国占卜术有两个流派，一是以八卦为基本符号的“易经”，起源于上古时代的龟甲兽骨占卜；另一个是以天干地支为基本符号的“术数”，起源于中国古代天文学。若单纯以立卦而占卜来说，常见的大约有周易卜卦（也叫象数易）、梅花易数，以及文王圣卦（也叫六爻）三种。

573. 《周易》是不是占卜之书?

说到中国古老的占卜之术，很多人首先想到的就是《周易》。而《周易》本身是不是占卜之书还有争议。有人认为，该书内并没有明确表示出来占卜的理论和方法。但从古至今，《周易》的确是用来占卜的。所谓“周易占卜法”，就是以《周易》经文为主要解卦方法。

574. “阴阳”到底指什么？

阴阳的概念，源自古代中国人民的自然观。古人观察到自然界中各种对立又相连的大自然现象，如天地、日月、昼夜、寒暑、男女、上下等，以哲学的思想方式，归纳出“阴阳”的概念。早在春秋时代的《易传》以及老子的《道德经》就有提到阴阳，阴阳理论已经渗透到中国传统文化的方方面面，包括宗教，哲学、历法、中医、书法、建筑、堪舆、占卜等。阴阳是“对立统一或矛盾关系”的一种划分或细分，两者是种属关系。国学各分支无不以此为基础，并深刻影响了国人的世界观和人生观。

575. 什么是五行？

五行是中国古代的一种物质观，多用于哲学、中医学和占卜方面。五行指金、木、水、火、土。古人认为大自然由五个要素所构成，随着这五个要素的盛衰，而使得大自然产生变化，不但影响到人的命运，同时也使宇宙万物循环不已。五行学说认为宇宙万物，都由木、火、土、金、水五种基本物质的运行（运动）和变化所构成。它强调整体概念，描绘了事物的结构关系和运动形式。如果说阴阳是一种古代的对立统一学说，则五行可以说是一种原始的普通系统论。

576. 五行的基本特性是什么？

五行的特性有几种观点，我们现在介绍的这种起源于《洪范》。今人认为：

表1 五行的特性

名称	特性描述
木	日出东方，与木相似。古人称“木曰曲直”。“曲直”，实际是指树木的生长形态，为枝干曲直，向上向外周舒展。因而引申为具有生长、升发、条达舒畅等作用或性质的事物，均归属于木
火	南方炎热，与火相似。古人称“火曰炎上”。“炎上”，是指火具有温热、上升的特性。因而引申为具有温热、升腾作用的事物，均归属于火
土	中原肥沃，与土相似。古人称“土爰稼穑”，是指土有种植和收获农作物的作用。因而引申为具有生化、承载、受纳作用的事物，均归属于土。故有“土载四行”和“土为万物之母”之说
金	日落于西，与金相似。古人称“金曰从革”。“从革”，是指“变革”的意思。引申为具有清洁、肃降、收敛等作用的事物，均归属于金
水	北方寒冷，与水相似。古人称“水曰润下”。“润下”，是指水具有滋润和向下的特性。引申为具有寒凉、滋润、向下运行的事物，均归属于水

577. 五行有什么样的顺序？

五行相生的顺序：金生水、水生木、木生火、火生土、土生金。
五行相克的顺序：金克木、木克土、土克水、水克火、火克金。

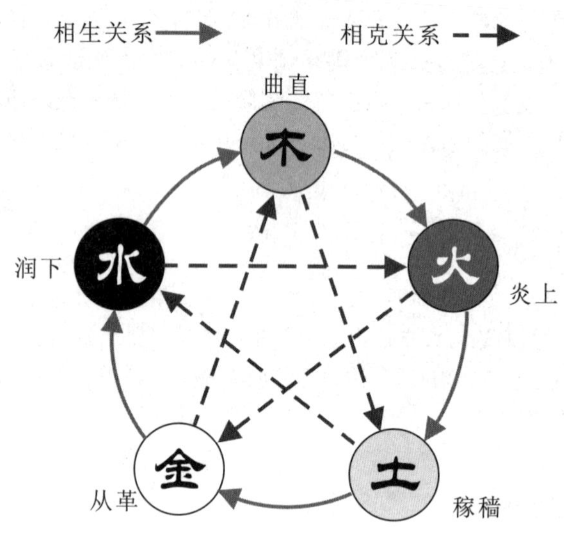

■ 五行相生相克示意图

578. 五行与四时之间存在着怎样的对应关系？

春天属木，代表气体向四周扩散的运动方式。春天，花草树木生长茂盛，树木的枝条向四周伸展，养料往枝头输送，所以春属木。夏天属火，代表气体向上的运动方式。火的特点就是向上，夏天各种植物向上生长，长势迅猛，所以夏属火。秋天属金，代表气体向内收缩的运动方式。金的特点是稳固，秋天收获，人们储蓄粮食为过冬作准备，树叶凋落，所以秋属金。冬天属水，代表气体向下的运动方式。水往低处流，冬天万物休眠，为春天蓄积养料，所以冬属水。因有四季而有四行，但夏天和秋天之间要有过渡段，因此便有了土，土代表气的平稳运动。

579. 五行、四时与时辰之间的关系怎样？

时辰是中国古代的一种计时方法，24小时共分为12个时辰，从晚上11点开始，与12属相相对应：子、丑、寅、卯、辰、巳、午、未、申、酉、戌、亥。按五行来说：寅、卯、辰属木，主宰春季，代表东方；巳、午、未属火，主宰夏季，代表南方；申、酉、戌属金，主宰秋季，代表西方；亥、子、丑属水，主宰冬季，代表北方；辰、未、戌、丑单个而言都属土，主宰四季最后一个月，代表四方。

表2　古代的时辰

古时	今时	配上的动物及原因
子时	23：00~1：00	鼠，鼠在这时间最活跃
丑时	1：00~3：00	牛，牛在这时候反刍白天没消化的食物
寅时	3：00~5：00	虎，老虎在此时最猛
卯时	5：00~7：00	兔，月亮又称玉兔，在这段时间还在天上
辰时	7：00~9：00	龙，相传这是“群龙行雨”的时候
巳时	9：00~11：00	蛇，在这时候隐蔽在草丛中
午时	11：00~13：00	马，这时阳气达到极限，阴气将会产生，而马是阴类动物
未时	13：00~15：00	羊，羊在这段时间吃草
申时	15：00~17：00	猴，猴子喜欢在这时候啼叫
酉时	17：00~19：00	鸡，鸡于傍晚开始归巢
戌时	19：00~21：00	狗，狗开始守门口
亥时	21：00~23：00	猪，夜深时分猪正在熟睡

580. 什么是八卦?

八卦是我国古代一套有象征意义的符号。用“—”代表阳，用“– –”代表阴，用三个这样的符号，组成八种形式，叫作八卦。每一卦形代表一定的事物。乾代表天，坤代表地，坎代表水，离代表火，震代表雷，艮代表山，巽代表风，兑代表泽。八卦互相搭配又得到六十四卦，用来象征各种自然现象和人事现象。

581. 何谓“河图洛书”?

河图与洛书是中国古代流传下来的两幅神秘图案，历来被认为是河洛文化的滥觞。河图洛书是中华文化，阴阳五行术数之源。最早记录在《尚书》之中，其次在《易传》之中，诸子百家多有记述。太极、八卦、六甲、九星、风水等等皆可追源至此，《易·系辞上》则有“河出图，洛出书，圣人则之”之说。

■ 河图

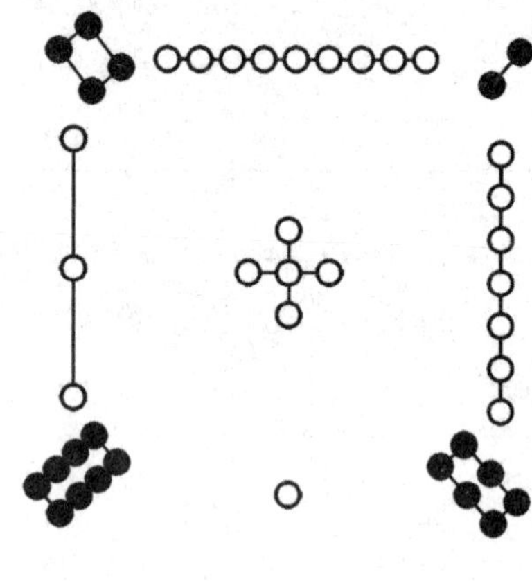

■ 洛书

582. 什么是符咒?

符咒，在道家修炼中是一个重要的组成部分。《说文解字》中载："祝者咒也。"在黄帝时代祝、咒是不分的，黄帝时设的官职祝由，又叫咒由。符咒中的咒语起源于古代巫师祭神时的祝词，《尚书》说最初的咒语就是用语言告诉神明要求惩罚恶人，并向神明发誓。

583. 什么是巫蛊?

巫蛊是古代信仰民俗，即用以加害仇敌的巫术。起源于远古，包括诅咒、射偶人（偶人厌胜）和毒蛊等。诅咒在原始社会已很盛行，古人认为以言语诅咒能使仇敌个人或敌国受到祸害。巫蛊之术从秦汉时期就有了，而且汉代的法律和唐代的法律都明令禁止过巫蛊之术。比如汉代的法律规定，如果某个人家里饲养的蛊虫已经成形并且致人死亡，那这个人要处以极刑，家人流放三千里。唐代也做过类似的规定，饲养蛊未成形者流放，成形者杀头。

584. 什么是占星术?

"占星术"亦称"占星学""星占学""星占术"，是根据天象来预卜人间事务的一种方术。在原始社会文化发展的早期阶段，由于当时人们的知识水平和生产力都很低，对自然现象中的一些规律没有掌握，于是把生活中的吉、凶、祸、福与某些自然现象联系起来。早期的占星术多是利用星象观察来占卜较为重大的事件，如战争的胜负、国家或民族的兴亡以及国王或大臣的命运等，后来逐渐扩展到个人命运以及日常生活中的琐事。随着日月五星运行规律的逐渐被揭示，占星术出现了各种体系和复杂的推算方法，愈加显示其神秘性。

585. 什么是八字?

"八字"也叫四柱（年柱、月柱、日柱、时柱），每柱两个字，上为天干（甲、乙、丙、丁、戊、己、庚、辛、壬、癸），下为地支（子、丑、寅、卯、辰、巳、午、未、申、酉、戌、亥），正好八个字，所以称为“八字”，因其原理基于阴阳五行所以和“紫微斗数”等统称“五行术”。“八字”是中国命理学中比较重要的概念，也在一定程度上反映了中国传统文化。

586. 什么是“奇门遁甲”？

“奇门遁甲”是中国古老的一种术数，也有说奇门遁甲是修真的功法。奇门遁甲的含义是由“奇”“门”“遁甲”三个概念组成。

“奇”就是乙、丙、丁三奇；“门”就是休、生、伤、杜、景、死、惊、开八门；“遁”即隐藏，“甲”指六甲，即甲子、甲戌、甲申、甲午、甲辰、甲寅。奇门遁甲作为对自然的认识工具，其存在一定的价值，但也带有一定的迷信成分。

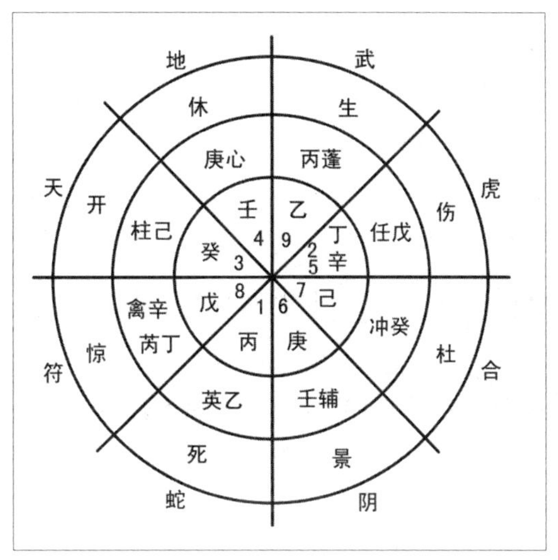

■ 奇门遁甲

“甲”在十天干中最为尊贵，它藏而不现，隐遁于六仪之下。“六仪”就是戊、己、庚、辛、壬、癸。隐遁原则是甲子同六戊，甲戌同六己，甲申同六庚，甲午同六辛，甲辰同六壬，甲寅同六癸。另外还配合蓬、任、冲、辅、英、芮、柱、心、禽九星。奇门遁甲的占测主要分为天、门、地三盘，象征三才。天盘的九宫有九星，中盘的八宫（中宫寄二宫）布八门；地盘的八宫代表八个方位，静止不动。同时天盘、地盘上，每宫都分配着特定的奇（乙、丙、丁）仪（戊、巳、庚、辛、壬、癸六仪）。这样，根据具体时日，以六仪、三奇、八门、九星排局，以占测人类社会和自然世界，在人事关系方面选择吉时吉方，就构成了中国神秘文化中一个特有的门类——奇门遁甲。

587. 什么是测字？

测字也称“相字”，中国古代一种迷信占卜法。在古代，由于认识能力及知识水平的限制，人们不能正确认识汉字及其起源、发展及功能，从而给文字蒙上了一层神秘的色彩，出现了文字崇拜。文字本身也被赋予了某种神秘的力量，或者蕴含着命运的枢机，或者预示着神鬼的意志。人们便解拆字形，以预测吉凶和决定宜忌趋避，于是测字术产生了。

588. 什么是相术？

相术是通过观察人的面貌、五官、骨骼、气色、体态、手纹等推测吉凶、祸福、贵贱、夭寿之术。宋以后的相书很多，如《柳庄相法》《麻衣相法》《水镜集》《相理衡真》等，不计其数，但影响最大的还是《麻衣相法》。《麻衣相法》全称《麻衣相法全编》，传说是宋初大相术家陈抟的师傅麻衣道者所作。

589. 什么是预测学？

古代传统预测学是集阴阳、五行、周易、八卦、奇门遁甲等于一体的以推测已知或未知的事件为目的的一门学科，带有迷信色彩。现代预测学科学研究无所不在的不确定性，旨在控制随机性以及减少无知的程度。预测学通过开发数学模型和程序，制定事物未来发展的可靠预测，揭示过去发生事件的准确结果。

590. 《易经》的主要内容有哪些？

《易经》的内容主要是对自然界（动物、人、物、事等）的总结，学习《易经》主要是为了让我们言行都要遵循自然规律，而不能违背规律，否则将受到“天”“地”的惩罚，人们常用《易经》来占卦，以获得言行上的指示。

Ⅲ 社会生活篇

第一章　政治

591. “社稷”的本意是什么?

“社稷”是我国古代国家政权的代名词。“社”，古代指土地之神；“稷”，指五谷之神。故“社稷”从字面来看是说土谷之神，其本意是土地和粮食。由于古时的君主为了祈求国事太平、五谷丰登，每年都要到郊外祭祀土地神和五谷神，社稷也就成了国家的象征，后来人们就用“社稷”来代表国家。

592. 帝王为什么要封禅?

“封禅”是中国古代帝王为祭拜天地而举行的大型典礼活动。“封”是祭天，多指天子登上泰山筑坛祭天；“禅”为祭地，多指在泰山下的小丘陵祭地。封禅一词，最早出现于《管子·封禅篇》，因为人们不能准确地把握自然界的各种现象，因此产生原始崇拜，特别是在恐惧的状态下，“祭天告地”也就应运而生。至宋真宗止，共有六帝十次封禅泰山。

593. 古代的禅让制度是怎样的?

“禅让”是中国原始社会末期推选部落首领的制度，意指古代帝王让位给别人。相传尧年老的时候，各部落领袖都推举舜为继承人。尧对舜进行考核后认为他可以胜任，就命舜继位。舜继位后，经过治水考验选拔出禹，因此禹在舜死后便成为首领。尧、舜“禅让”的历史传说，反映了原始公社的民主制度。后来私有制出现，禹的儿子启以父传子的方式继承了王位，以后历代相沿，禅让制遂被废止。

594. 古代的养士之风是什么?

在战国时代，许多有权势的人家供养门客来为自己服务，叫作养士。投靠了主人的“士”又叫“门客”“食客”“舍人”。公子、商人通过养士扩大自己的政治势力，实现自己的政治野心。有实力有抱负的国君、权臣，则以尽可能多地收养门客为荣。上层权贵争相礼贤下士，不拘一格地网罗人才，形成了“士无常君，国无定臣”的人才流动和人才竞争的大好局面。

595. 什么是客卿制度?

“客卿”是古代官名，指春秋战国时授予非本国人但在本国当高级官员的人。秦国请其他诸侯国的人来秦国做官，其位为卿，而以客礼待之，因此称为“客卿”。秦朝以后亦泛指在本国做官的外国人。战国中后期很多秦国人也担任客卿，主要是执行对抗诸侯的战争、外交事务。外国人既可称客卿，也可称上卿等卿相，客卿是仅次于相国的职务，后来也泛指文人墨客，有些地方也有客人之意。

596. 周代诸侯的等级是如何制定的?

周代诸侯等级源自分封制。西周时期，王族、功臣和贵族被授予土地和人民，用以建立自己的领地，拱卫王室。在先秦两汉文献中发现，周代诸侯划分为五等级，即“公、侯、伯、子、男”五等爵，这是周代社会等级制度的重要组成部分。封国的面积大小不一，封国国君的爵位也有高低，公最尊，是“天子三公”和“王者之后”。侯次之，伯为第三，子、男为四、五。诸侯必须服从周王室，按期纳贡，并随同作战，保卫王室。由于周代诸侯五等爵在从西周到春秋的二三百年间也有发展变化，因此在文献中也表现出了诸侯爵称无定的现象。

597. 我国最早实行分封制是在什么时候?

分封制也称分封制度或封建制，是中国古代帝王分封诸侯的制度，由共主或中央王朝给王室成员、贵族和功臣分封领地，其基础是古代宗法制。周灭商和东征以后，曾分封同姓和功臣为诸侯。诸侯的君位世袭，在其国内拥有统治权，但对天子有定期朝贡和提供军赋、劳役等义务。分封制确立了周天子的天下共主地位，加强了对地方的统治，加速了全国经济的发展。但到了西周后期，分封制加剧了各诸侯国对周王室的不忠，形成了强大的地方武装割据。

598. 秦朝的“三公九卿”指的是什么?

秦朝时，秦始皇接受李斯建议设三公九卿为中央官制，以皇帝为尊，下有三公，分别为太尉、丞相和御史大夫。太尉管理军事；丞相协助皇帝处理全国政事；御史大夫执掌群臣奏章，下达皇帝诏令，并处理国家监察事务。九卿对丞相负责，按其职能，行使权力。三公和九卿以及列卿等，都各有自己的府寺，以处理日常事务。大事总汇于丞相，最后请皇帝裁决。三公九卿制度的基本结构从秦朝一直沿用到两晋，直至隋文帝创三省六部制。虽在结构上来说，三公九卿制沿用了近700年，但在其间，官职的名称及权力和三公九卿制的部分结构却一直在变动之中，并且，该制度之外其他中央机构的出现也冲击了三公九卿制。

表1 秦朝三公九卿制度官职与职能

	职名	职能
三公	丞相	承受皇帝之命，辅助皇帝掌管天下的行政
	太尉	掌管军事的最高官吏
	御史大夫	主要管理记事，其地位相当于副丞相，主要职责是管理图籍、奏章，监察文武百官
九卿	奉常	掌管宗庙礼仪，地位很高，属九卿之首
	郎中令	掌管宫殿警卫
	卫尉	掌管宫门警卫
	太仆	掌管宫廷御马和国家马政
	廷尉	掌管司法审判
	典客	掌管外交和民族事务
	宗正	掌管皇族、宗室事务
	治粟内史	掌管租税钱谷和财政收支
	少府	掌管专供皇室需用的山海池泽之税

599. 郡县制是如何体现中央集权的?

郡县制是中国古代继宗法分封制度之后出现的以郡统县的两级地方行政制度，形成于战国，盛行于秦汉。秦统一后，在全国范围废除分封制，实行郡县制。郡，是中央政府以下最高一级地方行政机构，对上承受中央命令，对下督责所属各县。县，是郡的下级行政机构，县的长官称县令或县长，由朝廷任命，主要任务是治理民众，管理政财、司法、狱讼和兵役。秦汉的郡县制代替了周的分封制，将最高统治权掌握在皇帝一人手中，确保了地主阶级对广大劳动人民的专制统治，标志着封建专制主义中央集权制度的确立。至元朝，郡名完全废弃，改为行省制度。

600. 什么是“推恩令”?

“推恩令”是汉武帝时期推行的一项旨在减少诸侯的封地，削弱诸侯王势力范围的重要法令。元朔二年（前127年），主父偃上书汉武帝，将过去由诸侯王只能把封地和爵位传给嫡长子的情况改为允许诸侯王把封地分为几部分传给几个儿子，形成直属于中央政权的侯国。这样，名义是上普施德惠，实际上是剖分诸侯王领土以削弱其势力。因此，王国析为侯国，就是王

■ 汉武帝

国的缩小和朝廷直辖土地的扩大。推恩令实施后，王国辖地仅有数县，彻底解决王国问题。

601. “刺史”最早出现在什么时候?

“刺史”制度是汉代中央政府对地方政府所实行的一种较为完备、系统的监察制度，是对秦代监御史制度的继承。“刺”，有检核问事之意。秦始皇在统一六国以后，建立了一套地方监察制度——监御史制度，但监御史并没有发挥应有的作用。汉武帝时创建了刺史制度，把全国划分为十三州部，每州为一个监察区，设置刺史一人，负责监察所在州部的郡国。刺史制度在西汉中后期得到进一步发展，对整饬吏治、缓和阶级矛盾、维护皇权、促进经济与社会的发展起着重要的作用。

602. 汉武帝时期的“十三州”分别指的是哪些地方?

元封元年（前110年），汉武帝撤销了在各郡设置的监察御史，4年之后又下诏将全国分为十三部（习惯上也称州）即13个监察区，分别是冀州、幽州、并州、兖州、徐州、青州、扬州、荆州、豫州、益州、凉州、交趾、朔方。

表2 汉武帝十三州位置与现今行政区划对比

十三州	现今行政区划
冀州	约在今河北中南部、山东西端及河南北端
幽州	约在今辽宁大部分地区，河北、内蒙古、吉林一部分及朝鲜半岛北部大部分地区
并州	约在今山西大部分地区及河北、内蒙古一部分地区
兖州	约在今山东西南及河南东部地区
徐州	约在今江苏长江以北和山东东南部地区
青州	约在今山东大部分地区及河北一部分地区
扬州	约在今安徽淮河和江苏长江以南及江西、浙江、福建等地
荆州	约在今湖北、湖南及河南、贵州、广东、广西一部分地区
豫州	约在今河南东部、安徽北部及江苏的部分地区
益州	约在今四川、贵州、云南大部分地区及湖北西北部等地区
凉州	约在今甘肃、宁夏、青海等地区及陕西、内蒙古一部分地区
交趾	约在今广东、广西大部分地区和越南北部、中部
朔方	约在今宁夏银川至壶口的黄河流域地区

603. 什么是“九品中正制”?

“九品中正制”又名九品官人法，是魏晋南北朝时期一种重要的官吏选拔制度。

这一制度将官职分为九个等级，作为政府选用官吏的依据。中正即有名望的推荐官，人才的等级由他们评定。这一制度创始于曹魏，在曹操当政时期已有萌芽，曹丕、陈群进一步加以制度化。九品中正制创立之初，评议人物的标准是家世、道德、才能三者并重。但到魏晋之交，因大小中正官均被各个州郡的"著姓士族"所垄断，九品中正制一直是保护士族世袭政治特权的官僚选拔制度。到了隋朝，士族没落，九品中正制也被彻底废除了。

604. 隋唐时期的"三省六部"具体指的是什么?

"三省六部"指的是中书省、门下省、尚书省三省与吏部、礼部、兵部、度支（后改为户部）、都官（后改为刑部）和工部六部，其中每部各辖四司，共为二十四司。这一职官制度继承了魏晋以来的中央行政制度，创立于隋文帝，目的在于分割和限制丞相的权力，三省分工而彼此制约，并在唐朝得到进一步的完善。三省六部制为核心的中央行政机构的建立表明我国封建国家的官僚制度完全趋于成熟，它进一步完善了中央集权，有力地促进了社会安定繁荣，对后世影响巨大。

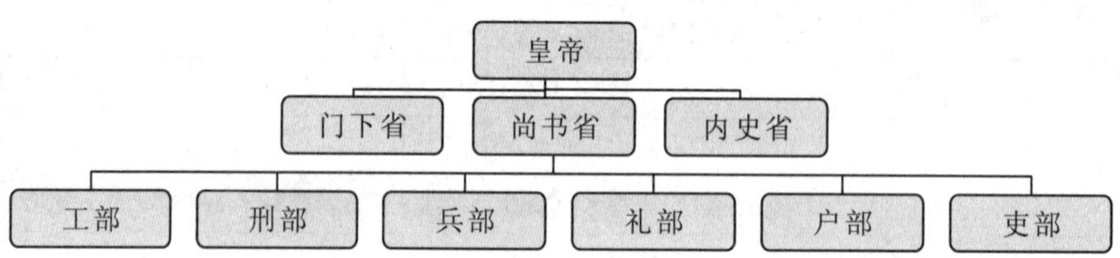

■ 隋朝"三省六部"示意图

605. 土司制度实行的原因是什么?

土司是中国官名，始设于元朝，用于封授给西北、西南地区的少数民族部族首领，土司的职位可以世袭，但是袭官需要获得朝廷的批准。元朝的土司有宣慰使、宣抚使、安抚使三种武官职务。明朝与清朝沿置土司，自明朝起，增加了土知府、土知州、土知县三种文官职务。土司对朝廷承担一定的赋役，并按照朝廷的征发令提供军队，对内维持其作为部族首领的统治权力。中华人民共和国成立后，通过剿匪、土地改革、民族区域自治等措施，土司制度彻底被废除，以民族自治地方的各级政府所代替。

606. 为什么说北宋时期中央集权得到了进一步的加强?

北宋初年，为了巩固北宋王朝的封建统治，统治者实施了一系列加强中央集权的措施，如地方上削减州郡一级长官的权力，中央上分割宰相的权力，禁军不再设置最高统帅，按照"守内虚外"的政策进行军事部署，并发展了自唐代以来的科举制度。

这一做法一方面对解决藩镇割据、促进宋王朝政权的巩固、维护国家统一、稳定社会秩序起到了重要作用，在客观上，也有利于当时社会经济的恢复与发展。另一方面，政府权力分散，形成庞大的官僚机构，兵将分离削弱了军队战斗力，科举取士造成冗官居多，导致了北宋积贫积弱的现象出现。

607. 我国古代的行省制度最早设立于哪个朝代?

行省制度源于魏晋时的行台，是当时为中央政权处理军国大事时的临时派出机构。元世祖中统年间，尚书省并入中书省，地方机构也改称行中书省，简称行省。从此，地方政治制度进入划省而治的阶段。元朝时，将全国分为10个行省，即岭北、辽阳、河南、陕西、四川、甘肃、云南、江浙、江西、湖广，由中书省管辖的山东、山西、河北、内蒙古等地称腹里。元朝明令限制蒙古贵族在封地内自行派遣官吏，不允许其在封地内横征暴敛。行省制度的确立，从政治上巩固了国家的统一，保证了中央集权，是我国政治制度史上的一项重大改革，对后世有巨大影响。

608. 明朝为什么要废除“丞相”一职?

明朝初年，中央和地方的政治建制基本承袭元朝。中央设中书省，置左右丞相。不久，太祖朱元璋发现中书省的丞相和地方行省的权力过大，为了巩固皇权，维护封建统治，决心加以改革，并实行了一系列措施，其中一项就是废除丞相，设置六部，直接对皇帝负责。这样一来，明朝的封建皇权就得到空前的加强。

609. 明朝的内阁制有什么特点?

内阁制是在明朝永乐时期建立的。1402年，明成祖永乐皇帝为了巩固权力，成立内阁制。最初的时候，内阁制只是皇帝秘书性质的机构，到了大明成化、弘治朝之际，内阁制已经成为足以对抗皇权的文官政府代表。内阁制形成时间长，而且没有取得法定的地位，始终屈服在皇权的重压下。内阁中矛盾激烈，权臣之间的倾轧突出。可见内阁制度在当时并未能成为与君主专制政体完全适应的辅政制度，内阁地位的特殊又使它成了矛盾辐辏之所，各种矛盾的发展，加剧了政治的腐败。

■ 明成祖永乐皇帝

610. 清朝的“六部”指的是哪六部?

清朝时期的六部包括吏、户、礼、兵、刑、工，是中央政府的执行机关。各部职责和明朝基本相同。六部皆设尚书为长官，左、右侍郎为副长官，满、汉各一人。下属各司的长官为郎中，副长官为员外郎，雇员有主事和笔帖式等。

表3 清朝六部

吏部	管理文职官员的机关
户部	管理全国疆土、田地、户籍、赋税、俸饷及一切财政事宜
礼部	管理典礼事务与学校、科举之事
兵部	管理全国绿营兵籍及武职官员的机构
刑部	主管全国刑罚政令及审核刑名的机构
工部	管理全国工程事务的机关

611. “八旗制度”是如何确立的?

“八旗制度”是中国清代满族的社会组织形式。努尔哈赤于明万历二十九年（1601年）建立黄、白、红、蓝四旗，称为正黄、正白、正红、正蓝，旗皆纯色。万历四十三年（1615年），努尔哈赤为适应满族社会发展的需要，在原有的四旗之外增编镶黄、镶白、镶红、镶蓝四旗，即八旗制度，将后金管辖下的所有人都编在旗内。清太宗时，又建立蒙古八旗和汉军八旗，旗制与满洲八旗同。八旗由皇帝、诸王、贝勒控制，旗制终清未改。

■ 努尔哈赤

612. “三殿三阁”是什么意思?

清代的大学士系殿阁衔，本来有中和殿、保和殿、文华殿、武英殿、文渊阁、东阁，共四殿二阁。乾隆十三年（1748年），减中和殿，增体仁阁，遂以三殿三阁为定制，只有保和殿不常置。按实际权力和地位，一般从高至低的顺序是保和殿、文华殿、武英殿、文渊阁、体仁阁、东阁、协办，通常的晋升次序是协办—东阁—体仁阁—文渊阁—武英殿—文华殿—保和殿。明朝的中极殿即现在的中和殿，位于紫禁城太和殿、保和殿之间。

613. 清朝官员佩戴顶戴和花翎有什么讲究?

顶戴和花翎是清代用以区别官员品级的帽饰。顶戴以红宝石为最高，依次为珊瑚、蓝宝石、青宝石、水晶、砗磲、素金、镂花阴文金顶、镂花阳文金顶。革职或降职时，即革除或摘去所戴顶子。而武职五品以上，文职巡抚兼提督衔及派往西北两路大臣，以孔雀翎为冠饰，缀于冠后，称花翎。花翎有单眼、双眼、三眼（“眼”即孔雀翎毛上圆花纹）之别，除贝子、固伦、额驸因其爵位戴三眼花翎，镇国公、辅国公和硕额驸戴双眼花翎外，品官须奉特赏才能戴用，一般为单眼花翎。

614. 古代的官、僚、吏有什么区别?

明清时期在衙门里做事的人，有官，有僚，有吏。官就是正职，即长官；僚就是副职、佐贰，即僚属；吏就是办事员，即胥吏。官和僚都是官员，有品级（比如知县正七品，县丞正八品，主簿正九品），叫“品官”。又因为自隋以后，官和僚都由中央统一任命，因此也叫“朝廷命官”。吏则“不入流”，由长官自己“辟召”，身份其实是民。也就是说，官僚都是“国家干部”，吏却只好算作“以工代干”。

615. 什么是家臣?

家臣是春秋时各国卿大夫的臣属。卿大夫家的总管叫宰，宰下又有各种官职，总称为家臣，后亦泛指诸侯、王公的私臣。在卿大夫家里任职的士也叫作家臣，家臣对家族效忠。

616. “员外”一词是怎么得来的?

员外，官名，全称员外郎，有“定员外增置”之意。本为正员以外的官员，后世因此类官职可以捐买，故富豪皆称员外。三国魏末始置员外散骑常侍，晋初又置员外散骑侍郎，唐、宋、辽、金、元、明、清沿其制，郎中、员外郎为六部各司正副主官。明朝以后，员外郎成为一种闲职，只要肯花银子，地主和商人都可以捐一个员外来做。

617. 司马这个姓的由来是什么?

司马是中国的一个上古至中古时期的大姓。其渊源有几种说法，一是源于官职，出自西周掌管军事大权的大臣程伯休父，属于以官职称谓为氏。二是源于生姓，出自晋朝晋元帝司马睿，属于因故改姓为氏，或以官职称谓改姓为氏。三是源于改姓，出自姬姓许氏、郝氏改姓，属于因故改姓为氏。

618. 电视剧及文学作品中经常提到的“节度使”是什么官职?

“节度使”是官名，唐初沿北周及隋朝旧制，重要地区设置总管统兵，随后改称都督，只有朔方仍称总管，边州别置经略使，有屯田州置营田使。而节度使是唐代开始设立的地方军政长官，因受职之时，朝廷赐以旌节，故得名节度使。景云二年（711 年），贺拔延嗣为凉州都督充河西节度使，节度使开始成为正式的官职。

619. “丞相”和“宰相”是同一个官职吗?

一般认为，“丞相”和“宰相”是同一个概念。丞相典领百官，辅佐皇帝治理国政。宰相是中国古代最高行政长官的通称。“宰”的意思是主宰；相，本为相礼之人，字义有辅佐之意。但各代所指官名与职权广狭则不同，而且名目繁多。

620. 太尉是一个怎样的官职?

太尉是中国秦汉时中央掌管军事的最高官员，秦朝以丞相、太尉、御史大夫并称为三公，后逐渐成为虚衔或加官。西汉早期，设太尉官多半和军事无关，故带有虚位性质。东汉时期，以太尉、司徒、司空为三公，太尉管军事，司徒管民政，司空管监察，分别开府，置僚佐。后来曹操撤销三公制，自任丞相。魏文帝时期曾短暂恢复，后又撤销。自隋撤销府与僚佐，便渐次演化成优宠宰相、亲王、使相的加官、赠官，到明代时该官职则被废止。

621. 御史大夫是怎样的一个官职?

御史大夫最早设置于秦代，负责监察百官，代表皇帝接受百官奏事，管理国家重要图册、典籍，代朝廷起草诏命文书，等。西汉时御史大夫与丞相、太尉合称三公，职务类似于后来的尚书令。明代洪武中期改御史台为都察院，御史大夫这一官职被废止。秦代的御史大夫是中央监察机构的最高长官，如果丞相的位子出现空缺，御史大夫可以递补。这样一来，丞相与御史大夫都会小心谨慎，避免被对方抓住把柄，达到了相互制衡的目的。

622. 总督和巡抚哪个权力更大?

清朝的地方行政制度实行的是督抚制。当时全国划分为23个省，每个省设一名巡抚，为主管一省民政的最高长官。总督权力比巡抚大得多，但与巡抚之间没有直接的隶属关系，总督和巡抚都是对上直接听命于皇帝。不同的是总督可以管数省，侧重军事，巡抚只管一省，侧重民政。当时全国设八大总督，分别为直隶、两江、闽浙、两湖、陕甘、四川、两广、云贵总督，这就不难看出浙江事实上是归闽浙总督管的。

623. 古代的官府为什么被称为“衙门”

旧时称官署为衙门，其实是由“牙门”转化而来的。古时常用猛兽的利牙来象征武力。“牙门”系古代军事用语，是军旅营门的别称。古代战事频繁，王者打天下，守江山，完全凭借武力，因此特别器重军事将领。军事长官们以此为荣，往往将猛兽的爪、牙置于办公处。后来嫌麻烦，就在军营门外以木头刻画成大型兽牙做饰，营中还出现了旗杆端饰有兽牙、边缘剪裁成齿形的牙旗。于是，营门也被形象地称作“牙门”。

624. 为什么衙门又称“六扇门”?

由于整个衙门外墙唯一的出入口就是位于中轴线正南方位的大门，这个大门也叫“头门”，它并不是一个简单的门洞，而是一座有屋顶的建筑物。这种屋宇式大门是中国建筑的一大特点，它的形制受到法律、礼制的严格限制，无论多大的州县，大门都只能是三开间（建筑物正面的开间，两根柱子之间的横向空间为一间）。每间各安两扇黑漆门扇，总共有六扇门，所以州县衙门也往往俗称“六扇门”。

625. 古代官员的“品”“级”是如何制定的?

古代的“品”“级”用来区分官员地位的高低。各朝各代均有不同，如魏、晋分官员等级为九品，自一品至九品。北魏每品各分正、从，共十八品，四品以下各品又各分上、下阶，共三十阶。唐、宋文职同北魏，武职三品起分上、下阶。元、明、清文武官皆分九品，到清朝分九品十八级，每等有正从之别，不在十八级以内的叫作未入流，在级别上附于从九品。

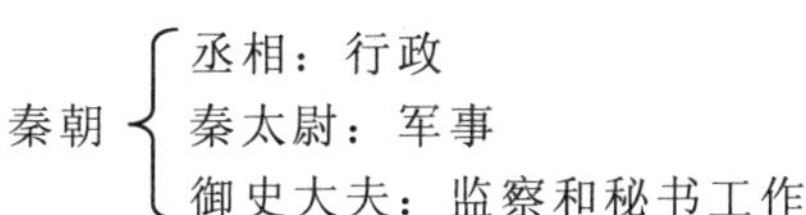

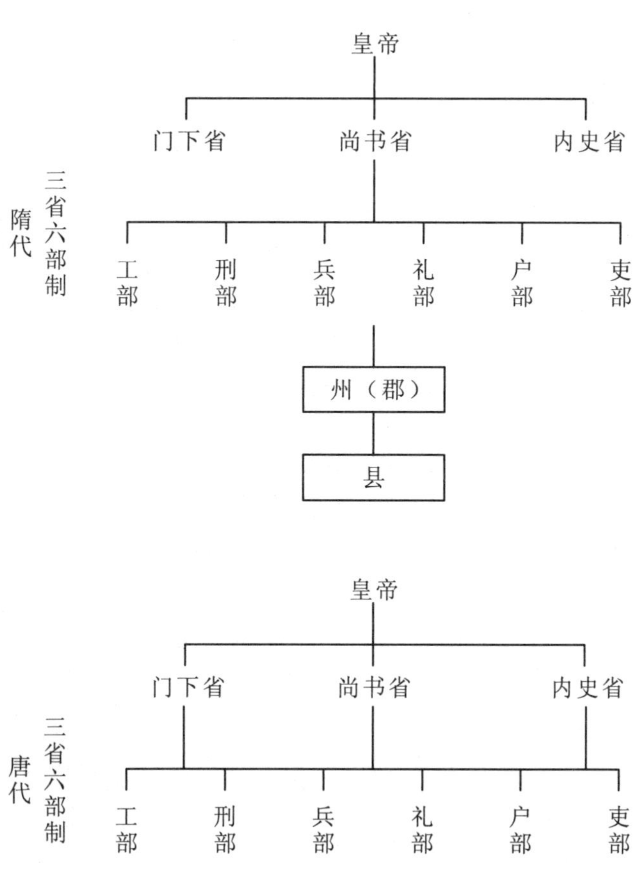

■ 各朝代官员的品级划分

清代

- 正一品
  - 文：太师、太傅、太保、大学士
  - 武：领侍卫内大臣
- 从一品
  - 文：少师，少傅，少保，太子太师，太子太傅，太子太保，各总督，各部院尚书，都察院右都御史、左都御史
  - 武：将军、都统、提督
- 正二品
  - 文：太子少师，太子少傅，太子少保，各省总督，各部院左、右侍郎
  - 武：各省总督、各部院左、右侍郎
- 从二品
  - 文：各省巡抚、内阁学士、翰林院、掌院学士、各省布政使
  - 武：副将
- 正三品
  - 文：都察院右副都御使、左副都御史，通政司通政使，大理寺卿，詹事府詹事，太常寺卿，顺天府府尹，奉天府府尹，各省按察使
  - 武：参将
- 从三品
  - 文：光禄寺卿、太仆寺卿、各省盐运使
  - 武：游击
- 正四品
  - 文：通政司副使、大理寺少卿、詹事府少詹事、太常寺少卿、鸿胪寺卿、太仆寺少卿、各省道员
  - 武：都司
- 从四品
  - 文：翰林院侍读学士、侍讲学士、国子监祭酒、内阁侍读学士、各省知府
  - 武：城门领
- 正五品
  - 文：左右春坊左右庶子、光禄寺少卿、钦天监监正、六科给事中、各部院郎中、各府同知、直隶州知州
  - 武：守备
- 从五品
  - 文：鸿胪寺少卿、各道监察御史、翰林院侍读、各部员外郎、各省知州。（武）守御所千总
  - 武：守御所千总
- 正六品
  - 文：国子监司业、内阁侍读、左右春坊左右中允、各部院主事、京府通判、京县知县、各省通判
  - 武：门千总、营千总
- 从六品
  - 文：左右春坊左右赞善、翰林院修撰、光禄寺署正、直隶州州同、州同
  - 武：部千总
- 正七品
  - 文：翰林院编修、各部院七品笔帖式、顺天府学教授、训导，京县县丞外县县长、各府学教授
  - 武：把总
- 从七品
  - 文：翰林院检讨、中书科中书、内阁中书、国子监博士、直隶州州判、州判
  - 武：盛京游牧副尉
- 正八品
  - 文：太医院御医、各部院八品笔帖式、外府经历、外县县丞、州学正、县教谕
  - 武：外委千总
- 从八品
  - 文：翰林院典簿，府、州、县训导
  - 武：委署骁骑尉
- 正九品
  - 文：各部院九品笔帖式、县主簿
  - 武：外委把总
- 从九品
  - 文：翰林院侍诏、刑部司狱、州吏目、巡检
  - 武：额外外委
- 未入流
  - 文：京、外县典史，驿丞，河泊所所官
  - 武：无

626. 我国古代为什么用“乌纱帽”来指代官职?

乌纱帽原是民间常见的一种便帽，也叫纱帽，其前身是古代男子裹头发用的幞头。北宋初年，皇帝规定朝中官员都要戴这种两旁各有一根细长翅的纱帽。从明世宗时开始，人们将纱帽称之为“乌纱帽”，但翅的长度缩短，且宽窄也不相同；官阶越大，纱帽的双翅越窄，反之亦然。至清朝统治巩固，官员戴的乌纱帽改为红缨帽，但人们仍习惯使用“乌纱帽”一词，久而久之，“乌纱帽”便成为官位的代称了。

■ 乌纱帽

627. 历史上第一位女官是谁?

上官婉儿，又称上官昭容，唐代女诗人，是历史上第一位女官。唐中宗时封为昭容，曾建议扩大书馆，增设学士，并代朝廷品评天下诗文，一时词臣多集其门。临淄王（即唐玄宗）起兵，与韦后同时被杀，后人称其为“巾帼首相”。

■ 上官婉儿

628. 为什么皇帝被称为“九五之尊”?

中国古代把数字分为阳数和阴数，奇数为阳，偶数为阴。古人认为，九在阳数（奇数）中最大，有最尊贵之意，而五在阳数中处于居中的位置，有调和之意；这两个数字组合在一起，既尊贵又调和，无比吉祥，因此成为帝王权威的象征。也有人认为“九五之尊”来源于《易经》：“飞龙在天，利见大人……飞龙在天，上治也……飞龙在天，乃位乎天德。”于是便以龙附会君德，以天附会君位，从而将“九五之尊”作为帝王之称。

629. “陛下”一词最初来源何处?

“陛下”是下臣对君主的尊称，到秦朝以后只用以称皇帝。“陛”，是指帝王宫殿的台阶。当帝王与臣子谈话时，不敢直呼天子，必须先呼台阶下的侍者而告之。因而称“陛下”，意思是通过在你台阶下的臣属向你传达卑者话，表示卑者向尊者进言。

630. 古代群臣跪拜皇帝时要大呼“万岁”，这是为什么?

封建时代臣民跪呼“万岁”是祝颂皇帝的一种礼仪，意为千秋万世，永远存在。其实“万岁”一词本来不是皇帝专用的。很久以前，“万岁”只是表示人们内心喜悦和庆贺的欢呼语。到秦汉以后，臣子朝见国君时常呼“万岁”，但这个词仍不是皇帝唯一专用的称呼。汉武帝之后，“万岁”就不能随便叫了。到了宋朝，“万岁”真正成为皇帝的专属称号。

631. 谥号与庙号有什么区别?

谥号是后人根据死者生前事迹评定的一种称号，有褒贬之意。谥号有帝王之谥、臣属之谥，还有称谥，即门徒弟子或是乡里、亲朋为其师友上的谥号。谥法有固定用字，如“慈惠爱民曰‘文’，克定祸乱曰‘武’，杀戮无辜曰‘厉’，去礼远众曰‘炀’”等。庙号始于西汉，止于清朝，是封建皇帝死后，在太庙立室奉祀时的名号。一般开国的皇帝称祖，后继者称宗，如宋朝赵匡胤称太祖，其后的赵光义称太宗。在隋以前，并不是每一个皇帝都有庙号，因为按照典制，只有文治武功和德行卓著者方可入庙奉祀。唐以后，每个皇帝才都有了庙号。

632. 古代官员的工资为什么称“俸禄”“薪俸”?

“俸禄”“薪俸”是古代皇朝政府按规定给予各级官吏的报酬，主要形式有土地、实物、钱币等。“俸”指钱币，“禄”指谷物，因此史料常以俸银和禄米来计算官吏的工资。

633. “黎民”和“百姓”最初是同一个意思吗?

传说炎帝被蚩尤所逐，逃到涿鹿，求助于轩辕黄帝，并结成部落大联盟共同攻打蚩尤之时，虽并非人人有姓，而是一个部落只有几姓的不同氏族群团，但作为一个部落联盟，其姓也就比较可观了。古人好举成数，以百而言多，故称这种军事大联盟中的人群变为“百姓”。而将战败被俘的九黎人，则称作“黎民”，以与“百姓”相区别。这就是最初“黎民”和“百姓”的由来。

634. 中国第一个宦官宰相是谁?

赵高（？—前207），中国秦朝二世皇帝时的丞相，中国第一个宦官宰相。秦始皇死后与李斯合谋篡改诏书，立始皇幼子胡亥为帝，并逼死始皇长子扶苏。秦二世即位后设计陷害李斯，并成为丞相。后派人杀死秦二世，不久后被秦王子婴所杀。著名的典故“指鹿为马”就是来源于他。《史记·秦始皇本纪》记载：“赵高欲为乱，恐群臣不听，乃先设验，持鹿献于二世，曰：‘马也。’二世笑曰：‘丞相误邪？谓鹿为马。’问左右，左右或默，或言马以阿顺赵高。”

■ 赵高

635. 中国有没有女状元?

中国的科举制度推行了1300余年，为历代封建王朝选拔了数以百万计的举子和十多万名进士。其中，有据可查的状元有785名，可查出名姓的有559人。在这众多的状元中，只有一名是女性，她就是太平天国时期的傅善祥。傅善祥（？—1856），中国历史上第一位女状元，南京人，太平天国女状元，太平天国多篇昭告文献中关于改革社会的思想，例如，天朝田亩制度、男女平等、禁食鸦片、禁女裹脚等，多出自于她的手，于1856年天京发生内讧时，于东王府与两万人偕同遇难。

■ 女状元傅善祥

636. 我国封建社会在位时间最长的皇帝是谁?

■ 康熙

康熙（1654—1722），清圣祖，名爱新觉罗·玄烨，是清入关后第一位皇帝——顺治皇帝的第三子，后被封为皇太子，继而即位为大清之君。康熙皇帝8岁登基，10岁丧母，在其祖母孝庄太后的教导下长大成人。他虽年幼，却少年老成，16岁便铲除了鳌拜，继而平定三藩，稳定了西南边陲。他收复台湾，扩大了大清的版图，他平定准噶尔叛乱，更加稳定了大清的西北疆土。康熙皇帝在位长达61年（1661—1722），是中国在位时间最长的皇帝。

637. 我国封建社会在位时间最短的皇帝是谁?

中国在位时间最短的皇帝是完颜承麟，他是金国末代皇帝，原为金国将领，天兴三年（1234年）正月，金哀宗不欲做亡国之君，遂将帝位传予他，并于下旨传位翌日举行即位大典，但大典未及完成宋蒙联军已攻入城内。完颜承麟唯有草草完成大典立刻带兵出迎，死于乱军之中。据史学家推测，完颜承麟在位时间不足半天，更有说法指出不足一个时辰，为中国历史上在位时间最短的皇帝。

638. 古代的“学士”是什么意思?

“学士”，魏晋时是掌管典礼、编撰诸事的官职。唐以后指翰林学士，成为皇帝的秘书、顾问，参与机要，因而有“内相”之称。明清时承旨、侍读、侍讲、编修、庶吉士等虽亦为翰林学士，但与唐宋时翰林学士的地位和职务都不同。白居易、欧阳修、苏轼、司马光、沈括、宋濂等都曾是翰林学士。

639. 什么是“垂帘听政”？

“垂帘听政”最早出于《旧唐书·高宗纪下》，指的是太后或皇后临朝管理国家政事，殿上用帘子遮隔。唐朝时期，高宗李治继位，立武则天为皇后。由于高宗体弱多病，在朝不能过久处理政事，就在朝堂御座后挂块帘子，皇后武则天坐在后面，参与高宗与大臣们讨论朝政之事。高宗死后，武则天就继续在帘后辅佐年幼的皇帝执政。历史上影响较大的太后临朝有汉代吕太后、唐代武则天、清代慈禧太后等。

640. 我国第一位驻外使节是谁？

郭嵩焘（1818—1891），晚清官员，湘军创建者之一，中国首位驻外使节。“马嘉理案”发生后，清政府手足无措，只得答应英国的种种要求，其中一条是派钦差大臣到英国“道歉”并任驻英公使，清廷决定派郭嵩焘担此重任。当时驻外使节被认为是大伤国体的奇耻大辱，在强大压力下，郭嵩焘几次告病推托都未获准，终在1876年12月从上海登船赴英。1879年1月末，郭嵩焘离开伦敦，启程回国。到达上海后，他心力交瘁，请假归乡。没想到回到故乡长沙之后，等待他的却是全城遍贴揭帖，指责他“勾通洋人”。不久，朝廷便诏允其退休，并终不再被起用。就这样，他在一片辱骂声中离开了政治舞台。1891年7月18日，郭嵩焘在孤寂中病逝。

■ 郭嵩焘

第二章　经济

641. 为什么我们形容古代人们的生活方式用“男耕女织”这个词?

“男耕女织”是我国古代社会家庭的自然分工方式。我国古代封建社会是小农经济，一家一户经营，男的种田，女的织布。唐代田园诗人孟郊在《织妇词》中说：“夫是田中郎，妾是田中女。当年嫁得君，为君乘机杼。”田夫蚕妾，牛郎织女，日出而作，自给自足，这是小农经济的典型代表。

642. 为什么说我国古代“重农抑商”?

重农抑商是中国历代封建王朝最基本的经济指导思想，其主张是重视农业、以农为本，限制工商业的发展。重农抑商政策是封建自然经济的必然产物。一个国家或政权实行什么样的经济政策，归根到底是由其经济基础和统治阶级利益所决定的。对封建国家而言，农业的发展可使人民安居乐业、人丁兴旺，使国库粮仓充盈，既可内无粮荒、动乱之虞，也可外无侵扰之虑。因此历代统治者都把发展农业当作“立国之本”，而把商业（有时也包括手工业）当成“末业”来加以抑制。此外，最新研究认为，重农抑商政策的出现，除了其经济原因或物质方面的原因外，还有文化方面的原因，即“重义轻利”观念的影响。

643. 我们为什么称作生意的人为“商人”?

在远古时期，商部落就以善于交换出名，周武王灭商后，商朝的遗民为了维持生计，传说他们的祖先曾驾着牛车游走在部落之间，进行交易。日子一长，便形成一个固定的职业。周人就称他们为“商人”，称他们的职业为“商业”，由此引申，出售的生产物便叫“商品”，这种叫法一直延续到今天。

644. “城市”的“市”最早是什么意思?

在我国古代，市是货物交换的地方，开始时物物交换，货币产生后就成为买卖的场所，即市场，和城没有任何关系，只是进行物物交换的场所，与今天的农贸市场或农村集市很相近，这种市不具备城市的基本形态。而后来形成的“城市”必须有集中的居民和固定的市场，二者缺一都不能称为城市。

645. “五谷”最早指什么?

“五谷”的意思是指五种谷。这一名词的出现，标志着人们已经有了比较清楚的分类概念，同时反映当时的主要粮食作物有五种。我们现在能够看到的最早的解释，是汉朝人写的，一种说法是稻、黍、稷、麦、菽（即大豆），另一种说法是麻、黍、稷、麦、菽，也就是说“五谷”是当时的主要作物。所谓五谷，就是指这些作物。但随着社会经济和农业生产的发展，五谷的概念在不断演变，现在所谓五谷，实际只是粮食作物的总名称，或者泛指粮食作物罢了。

646. 为什么说“初税亩”是我国最早的农业税?

初税亩是春秋时期鲁国在宣公十五年（前594年）实行的按亩征税的田赋制度，它是承认私有土地合法化的开始。“初税亩”从字面意义上解释：初，为开始的意思；税亩就是按土地亩数对土地征税。具体方法是对公田征收其收成的1/10作为税赋，对公田之外的份田、私田同样根据其实际亩数，收取收成的1/10作为赋税。初税亩是在认可了土地私有的前提下，凭借国家政治权力向土地所有者征收的税赋。也就是说，初税亩更接近于现代的税收，所以大多数研究者倾向于把鲁国的初税亩作为我国农业税征收的起点。

647. 我国最早的纸币是什么?

交子，是北宋于仁宗天圣元年（1023年）发行的货币，发明人为成都知府张咏，是我国最早的纸币，也被认为是世界最早使用的纸币。最初的交子实际上是一种存款凭证，存款人把现金交付给铺户，铺户把存款数额填写在用楮纸制作的纸卷上，再交还存款人，并收取一定保管费。后来开始印刷有统一面额和格式的交子，作为一种新的流通手段向市场发行。正是这一步步的发展，使得交子逐渐具备了信用货币的特性，真正成为纸币。

648. 什么是均田制?

均田制是我国从北魏到唐代中期实行的计口授田的制度。计口授田是指政府根据所掌握的土地数量，授予每口人几十亩桑田和露田，桑田可继承，露田在年老或死亡后要收回。西晋末年，中国北方在长期战乱之后，户口迁徙，土地荒芜，国家赋税收入受到严重影响。为保证国家赋税来源，北魏孝文帝于太和九年（485年）颁布均田制并开始执行。后北齐、北周、隋、初唐时均沿用此制。唐中叶后土地兼并加剧，均田制瓦解。

649. 租庸调是在怎样的情况下实施的?

租庸调是中国唐代前期主要的赋役制度。经过隋末的大动荡，唐初人口锐减，土地大片荒芜，唐王朝为了恢复农业生产，采行前代曾实行过的均田制。对每一男丁授田百亩，其中永业田20亩，口分田80亩。在这基础上实施租庸调法，规定：每丁每年向国家输粟2石，为租；输绢2丈、绵3两（或布2丈4尺、麻3斤），为调；服役20日，称正役，不役者每日纳绢3尺（或布3.6尺），为庸。这些规定，承袭了北魏以来对赋役制的改进，租调负担比前代略有减轻，并采用水旱灾减课办法，在服役与纳绢之间有一定的灵活性。

650. 什么是两税法?

两税法是唐朝宰相杨炎所创之税法。武周过后均田制受到破坏，唐代开国初期的租庸调法早已不适用，唐德宗建中元年（780年）开始实行两税法。两税法的主要原则是只要在当地有资产、土地，就算当地人，上籍征税。同时不再按照丁、中的原则征租、庸、调，而是按贫富等级征财产税及土地税。从此以后，再没有一个由国家规定的土地兼并限额，同时征税对象不再以人丁为主，而以财产、土地为主，而且越来越以土地为主。

■ 杨炎

651. “一条鞭法”是什么意思?

“一条鞭法”是明代中叶后赋役方面的一项重要改革。先将赋和役分别合并，再将役逐步并入赋内；原十年一轮的里甲改为每年编派一次；赋役普通用银折纳；征收起解从人民自理改为官府办理；赋役外的“亡贡”、杂税也加以合并，合并后的赋役杂项均向田亩征收。一条鞭法代表了16世纪明代管理者试图获得一种理想状态的各种努力：徭役完全取消，里甲体系不管在形式上还是实质含义上都不再存在，任何残留的人头税都将并入田赋之中，而纳税人可以通过分期支付单一的、固定的白银来履行对国家的义务。

652. 摊丁入亩是怎样一种制度?

摊丁入亩是清朝政府将历代相沿的丁银并入田赋征收的一种赋税制度，其主要内容为废除人头税。由于此后中国人口迅速增长，客观上是对最底层农民人身控制的放松。明代实行的一条鞭法，清代继续施行，部分丁银摊入田亩征收，部分丁银按人丁征收。到乾隆时通行全国，摊丁入亩后，地丁合一，丁银和田赋统一以田亩为征税对象，简化了税收和稽征手续。摊丁入亩是中国封建社会后期赋役制度的一次重要改革。

653. “耕者有其田”的概念最早是谁提出来的?

“耕者有其田”是在土地私有制度下，使无地少地农民获得一定数量土地的一种主张。这一概念最早源于《孟子·梁惠王章句上》，孟子提出使“民有恒产”，是指使老百姓拥有凭劳动吃饭的基本生产资料，有温饱而衣食无虑，养得起父母妻儿，荒灾之年不至于挨饿。从晁错、王安石等历史上的“抑制豪强”到近现代孙中山的“平均地权”、共产党的“打土豪分田地”，基本上传承了这一思想。

654. 秦始皇为什么要统一度量衡?

度量衡是指在日常生活中用于物体计量长短、容积、轻重的统称。度量衡的发展大约始于父系氏族社会末期，秦始皇统一全国后，推行“一法度衡石丈尺，车同轨，书同文字”，颁发统一度量衡诏书，制定了一套严格的管理制度。这改变了战国以来度量衡的混乱局面，便利了经济交往、发展以及商品的交换和物资交流，有利于商品经济的发展和国家的统一。

655. 我国钱币史上使用时间最长的货币是什么?

■ 五铢钱

五铢钱是我国钱币史上使用时间最长的货币，也是用重量作为货币单位的钱币。“铢”是古代一种重量单位，一两的1/24为一铢。西汉武帝元狩五年（前118年），中原开始发行五铢钱，一直到东汉末年为止，除了中间有些小的变动（例如王莽统治的时期）之外，西汉、东汉上下400年内，五铢钱一直在社会上通用。这种小铜钱外圆内方，象征着天地乾坤。在下面用篆字铸出“五铢”二字，奠定了中国钱币圆形方孔的传统。

656. 中国最早的商人是什么人?

晋商是中国最早的商人，其历史可远溯到春秋战国时期，而明清两代是晋商的鼎盛时期。其间，晋商曾称雄国内商界500年之久。山西商业资本开始的时间很早，山西商人也首创中国历史上的票号。晋文公称霸时，榆次、安邑就已成为有名的商业集镇。秦汉时代，太原、平陆、平遥、汾阳等地已成为重要商品集散市场。唐朝时太原城成为商业繁华的有名城市。宋代，山西商人与徽州商人并称，成为当时中国商业的中坚力量。

表1　徽商与晋商的比较

商帮	起家	发展	兴盛
徽商	经营盐业致富	经营茶叶、木材、粮食等	经营大宗商品和长途贩运，经营典当
晋商	经营盐业致富	经营丝绸、铁器、茶叶、棉花等	经营票号，走出国门

657. “丝绸之路”的名字是如何得来的？

丝绸之路，简称丝路，是指西汉（前202—后8）时，由张骞出使西域开辟的以长安（今西安）为起点，经甘肃、新疆，到中亚、西亚，并联结地中海各国的陆上通道。这条道路也被称为“西北丝绸之路”，以区别日后另外两条冠以“丝绸之路”名称的交通路线。因为由这条路西运的货物中以丝绸制品的影响最大，故得此名。

658. 著名的“商鞅变法”意义何在？

“商鞅变法”是指春秋时期秦国的孝公即位以后，决心图强改革，便下令招贤。商鞅自魏国入秦，并提出了废井田、重农桑、奖军功、实行统一度量和郡县制等一整套变法求新的发展策略，深得秦孝公的信任，任他为左庶长，开始变法。经过商鞅变法，秦国的经济得到发展，军队战斗力不断加强，发展成为战国后期最富强的封建国家。

659. 为什么说《盐铁论》是我国经济史上重要的文献？

《盐铁论》是西汉时桓宽根据汉昭帝时所召开的盐铁会议记录“推衍”整理而成的一部著作。书中记述了汉武帝时期的一场关于政治、经济、军事、外交、文化的大辩论。该书语言精练，记述生动，为现代人再现了当时的情况。这部著作不仅保存了西汉中期较丰富的经济史料，也把桑弘羊这一封建社会杰出理财家的概略生平、思想和言论相当完整地保留了下来，成为研究中国经济思想史，特别是西汉经济思想史的一部重要著作。

660. 《史记·货殖列传》体现了什么样的经济思想？

《货殖列传》出自《史记》卷129、列传第69。这是专门记叙从事“货殖”活动的杰出人物的类传，也是反映司马迁经济思想和物质观的重要篇章。“货殖”是指用货物的生产与交换，进行商业活动，从中生财求利。司马迁认为政治上的治乱兴衰与社会经济情况密切相连，应该重视社会生产活动。社会经济活动是不以人们意志为转移的客观过程，司马迁主张发展工商业，倾向于经济放任改革，反对人为干涉。

661. “贵粟论”是谁提出来的？

西汉著名政治家晁错的赋税思想集中体现于他的“贵粟论”中。他十分重视粮食的生产和价格，认为“粟者，王者大用，政之本务”。他认为要增加国家的粮食储备，必须减轻农民负担，力求“薄赋敛”，同时对商人的发展做出一定的限制。汉文帝听从晁错之言，有效地抑制了商人兼并土地和农民破产流亡的趋势。但这一做法也开了统治者

■ 晁错

在财政支出时通过卖官鬻爵渡过难关的先例，给后世造成不良的影响。

662. 中国最早的统一流通货币是什么？

秦始皇在统一六国后，在战国秦半两钱的基础上加以改进，形成了我国最早的统一流通货币——秦半两。其以“圆形方孔”为货币造型，青铜币上的“半两”二字为小篆文字，是由秦国著名的李斯所题写。它表示每枚重为当时的半两（即十二铢），故称“半两钱”。它的出现，标志着秦始皇在货币上的大一统，还标志着中国古代钱币的初步成熟，是中国货币发展过程中的一个里程碑，并影响到相邻国家和地区，具有非凡的历史意义。

663. 唐代的市舶使职责是什么？

市舶使是唐代官名。唐时在广州等地设市舶使，掌管海外贸易、关税等。市舶司是唐代设立的管理海外通商的机构，管理藩货、海舶、征榷、贸易等事宜。市舶司长官称市舶使，由岭南节度使兼领，或特派内官充任。

664. 我国古代经济中心南移的原因是什么？

我国古代经济中心南移的原因，从时间特征看，主要是北方战乱、北民南迁，带来大量劳动力、生产技术、先进工具。其中隋唐的统一、大运河的开凿，为南方和北方的交往创造了条件，也为南方经济开发奠定了基础。从地理因素讨论，许多农作物特别是经济作物，在南方更容易种植。从经济发展程度看，经济交流和商品经济发展必然导致南北经济交往，而南方对外海上交往便利也是重要原因。

■ 管仲

665. 最早将“盐铁专营”制度化的是谁？

春秋时期齐国管仲最早提出盐铁专营并将其制度化。盐铁专营的做法并非始自管仲，却是在他那里形成了制度化并取得显著成效，这对后世政权产生了重大且根本性的影响。它形成一种独特的中国式经济制度，从而增强了国家管制经济的能力。从管仲的论述中可见，他事实上是将盐铁的专卖看成变相的人头税。因为盐铁的不可或缺性，国家通过对盐铁控制，实际对每一个人变相地征收了税赋。

666. 我国明清时期为什么要实行“海禁”政策？

中国古代政府为了整顿沿海治安、清理走私、保障社会安定所采取的一种禁阻民间人士不经过官方许可，私自出洋从事海外贸易的政策，即海禁，又称洋禁。明代海禁始于明初，终于隆庆，时张时弛，主要目的都是遏制东南沿海倭寇的侵扰。

明政府下令撤销自唐朝以来就存在的，负责海外贸易的福建泉州、浙江明州、广东广州三市市舶使，中国对外贸易遂告断绝。对外贸易的限制政策对于殖民主义者在中国的侵略活动起过一定的自卫作用，但在另一方面，却使中国失掉了对外贸易的主动性，使中国封建社会内部已经滋长起来的进步的手工业生产，得不到更进一步的发展。

667. 我国古代经济对外贸易的特点是什么?

我国古代经济对外贸易前期以陆路为主，后期以海路为主，并且一直以官方贸易为主。唐朝以前以陆路交通为主，唐朝时海陆贸易并重，不但有东西陆路交通，而且已开通向东、向西的海路交通。宋元明清时，陆路贸易下降，海路贸易地位日渐上升。官方贸易不以营利为目的，而着力加强友好往来。不管是陆路还是海路，带去的都是我国最精美的工艺品、丝绸和瓷器，虽然畅销，但有不少是赠品的，返航时不仅带回货物，而且常常有外国使臣搭船来中国访问，对外贸易与文化交流同步进行。

表2 我国古代经济贸易特点

朝代	经济贸易特点
唐朝之前	以陆路交通为主
唐朝	海陆贸易并重，不但有东西陆路交通，而且已开通向东、向西的海路交通
宋元明清时期	陆路贸易下降，海路贸易地位日渐上升。而官方贸易不以营利为目的，而着力加强友好往来。不管是陆路还是海路，带去的都是我国最精美的工艺品、丝绸和瓷器，虽然畅销，但有不少是相赠送的，返航时不仅带回货物，而且常常有外国使臣搭船来中国访问，对外贸易与文化交流同步进行

668. 我国的资本主义萌芽是何时出现的?

我国的资本主义萌芽最早出现在明代末期的浙江沿海一带，其出现代表着中国社会发展进步的总趋势，具有进步性。但在少数地区的少数行业当中它则具有稀疏且微弱的特点。由于中国封建社会的小农经济体系本身缺乏促进资本主义生产关系发展的必要条件，因此中国资本主义萌芽发展十分缓慢。自然经济仍占主导地位，一直持续到鸦片战争前夕。

669. 至今闻名的老字号“六必居”的名字由来是什么?

六必居酱园店设在北京，相传创自明朝中叶。挂在六必居店内的金字大匾，相传是由明朝大学士严嵩题写。六必居原是山西临汾西社村人赵存仁、赵存义、赵存礼兄弟开办的小店铺，专卖柴米油盐酱醋。俗话说：“开门七件事：柴、米、油、盐、酱、醋、茶。”这七件是人们日常生活必不可少的。赵氏兄弟的小店铺，因为不卖茶，就起名六必居。

670. 同仁堂为什么如此闻名遐迩?

同仁堂是国内最负盛名的老药铺，原名同仁堂药室、同仁堂药铺，由乐显扬创建于中国清朝康熙八年（1669年）的一家药店，其服务宗旨是“修合无人见，存心有天知”。从最初的同仁堂药室、同仁堂药店到现在的北京同仁堂集团，经历了清王朝由强盛到衰落、几次外敌入侵、军阀混战到新民主主义革命的历史沧桑，其所有制形式、企业性质、管理方式也都发生了根本性的变化，但同仁堂经历数代而不衰，在海内外信誉卓著，树起了一块金字招牌。

第三章 法律

671. 我国历史上首次公布的成文法是什么?

前536年三月，郑国执政者子产将郑国的法律条文铸在象征诸侯权位的金属鼎上，向全社会公布，史称“铸刑书”，这是中国历史上第一次公布成文法的活动。铸刑书开创了古代公布法律的先例，否定了“刑不可知，则威不可测”的秘密法，对后世有着非常深远的影响。

672. 我国历史上第一部比较系统的封建成文法典是什么?

《法经》是中国古代历史上第一部比较系统的成文法典，成为以后历代法典的蓝本，它的制定者是战国时期著名的改革家李悝。《法经》是战国时期政治变革的重要成果，也是这一时期封建立法的典型代表和全面总结，其体例和内容，为后世成文法典的编纂奠定了重要基础。

673. “法”和“律”的含义是什么?

“法”和“律”自古以来就是不同的概念。二者最初是分开使用的，含义也有所不同，后来发展为同义词，合称为法律。可见，最早法和律是有一定区别的。一般地说，法的范围较广，通常指整个制度，比如宋代王安石变法、清代戊戌变法中的法就不仅限于刑法。而律则是指具体的行为规范，尤指刑律。而把法和律连用作为独立的合成词，却是在清末民初时由日本输入。

674. 我国古代社会的法律也称为“法律”吗?

夏商西周直至春秋时期的奴隶制时代，一般称法律为刑。至春秋战国之际，改称法律为法。这样，法就不仅仅是刑杀惩罚的意思，而有刑罚的标准与常行的规范的内涵。商鞅变法时进一步改法为律，从此以后，自秦汉至明清，除宋朝律典称刑统，元朝称通制、条格等外，其他各个朝代基本都称法律为律。

675. “刑”和“罚”分别有什么含义?

刑指肉刑、死刑；罚指以金钱赎罪，后泛指依照法律对违法者实行的强制处分。

刑罚是国家创制的、对犯罪分子适用的特殊制裁方法，是对犯罪分子某种利益的剥夺，并且表现出国家对犯罪分子及其行为的否定评价。

676. 唐代封建制“五刑”分别指什么?

表1　唐代封建制“五刑”

笞刑	以十为一等，分五等，即从十到五十下
杖刑	以十为一等，分五等，即从六十到一百下
徒刑	刑期分一年、一年半、二年、两年半、三年五等
流刑	里程分二千里、二千五百里、三千里三等
死刑	分绞和斩二等

封建五刑一直到清末才被废除。而除主要的五刑之外，还有磔（俗称凌迟）、髡（即剃发）、髌（也作膑，割膝骨）、炮格（也作炮烙）、刵（割耳朵）。

677. 我国古代审犯人为什么都要“秋审”?

秋审是最重要的死刑复审制度，因在每年秋天举行而得名。秋审审理对象是全国上报的斩、绞监候案件，每年秋季八月在天安门金水桥西由九卿、詹事、科道以及军机大臣、内阁大学士等重要官员会同审理。秋审被看成是“国家大典”，统治者较为重视，专门制定《秋审条款》。

678. 我国古代能真正做到“天子犯法与庶民同罪”吗?

“天子犯法与庶民同罪”原句为“王子犯法与庶民同罪”，一般认为出自《史记·商君列传》，商鞅变法时主张王子犯法也要治罪，用以表示法律的平等。但是在封建社会，统治阶级掌管着法律的制定与执行，因此很难真正做到“天子犯法与庶民同罪”。

679. 封建社会为什么都要在午时三刻行刑?

午时三刻，太阳挂在天空中央，是地面上阴影最短的时候。这在当时人看来是一天当中阳气最盛的时候。中国古代人们迷信地认为杀人是“阴事”，无论被杀的人是否罪有应得，他的鬼魂总是会来纠缠判决的法官、监斩的官员、行刑的刽子手以及和他被处死有关联的人员，所以在阳气最盛的时候行刑，可以抑制鬼魂不敢出现。这应该是古人习惯在午时三刻行刑的最主要原因。

680. “桎梏”究竟是什么东西?

■ 桎梏

“桎梏”最早是指古代的一种刑具，也就是脚镣手铐，手上戴的为梏，脚上戴的为桎。《史记·齐太公世家》有过叙述：“鲍叔牙迎受管仲，及堂阜而脱桎梏。”

681. “千刀万剐”究竟是一种什么刑罚?

“千刀万剐”也就是割肉离骨，即一刀一刀地将罪犯身上的肉割下处死。一般用来形容罪恶重大，死也不能抵罪。现在看来，应该属于凌迟这一刑罚。

682. 为什么犯人都要剃光头?

从古代中国秦朝开始，剃光头就是一种刑罚，叫作髡刑，指剃光犯人的头发、胡须和鬓毛。这是一种羞辱刑，意在从人格上贬低犯人，在精神上打击犯人。这通常作为徒刑的附加刑，被经常采用。

683. 为什么要在犯人的脸上刺字?

黥，又称墨刑，以刀刻凿人面再用墨涂在刀伤创口上，使其永不褪色。汉以前，墨刑主要施于犯人面、额之上，适用于较轻罪犯。之后，墨刑间或有之，主要用于逃奴、窃盗和辅助刑。后来也施于士兵，以防逃跑。

684. “十恶不赦”是哪“十恶”?

“十恶”是我国封建时代刑律所定的十种大罪。《隋书·刑法志》：“（开皇元年）更定《新律》……又置十恶之条，多采后齐之制，而颇有损益。一曰谋反，二曰谋大逆，三曰谋叛，四曰恶逆，五曰不道，六曰大不敬，七曰不孝，八曰不睦，九曰不义，十曰内乱。犯十恶及故杀人狱成者，虽会赦，犹除名。”

685. 什么是“满门抄斩”和“株连九族”?

“满门抄斩”是封建社会的一种野蛮律令，即一人犯罪，全家受牵连，没收财产，老幼杀绝。“株连九族”则是一人犯死罪，家族成员与其共同承担刑事责任的刑罚制度。在古代称为“族”，也就是说，“族”即意味着由一个人的死罪扩展为家族成员的共同死罪。

686. “作奸犯科”的“科”是指什么?

“作奸犯科”源于三国时期蜀国诸葛亮《出师表》：“若有作奸犯科及为忠善者，宜付有司论其刑赏。”意为为非作歹，触犯法令，其中“科”是法律条文的意思。

687. 古代的肉刑何时开始废除?

肉刑为古代五种主要刑罚之一，至夏商周成为国家常刑，有三典五刑之说，秦及汉初相沿不改。前167年，汉文帝下诏废除肉刑，开始进行刑制改革。这就是中国历史上有名的文帝刑制改革。

688. 我们平时听说的“大赦天下”在什么情况下发生?

大赦是赦免的一种，它是指国家元首或者国家最高权力机关，对某一范围内的罪犯一律予以赦免的制度。中国古代封建帝王以施恩为名，常赦免犯人，如在皇帝登基、更换年号、立皇后、立太子等情况下，常颁布赦令。经过大赦之人，其刑事责任完全免除。尚未追诉的，不再追诉；已经追诉的，撤销追诉；已受罪、刑宣告的，宣告归于无效。

689. 古代有没有刑讯逼供?

刑讯逼供是古代的一种残酷、黑暗的司法制度，在我国，刑讯制度起源很早，大概周代就已经有了。犯人的口供历来被认为是最有力的证据。从周代开始，历朝对口供都极为重视，把它作为判决的主要依据。犯人如果自愿招认，那自然好，如果不招认，那就必须使用刑具了。特别是有些案件，上级严限时日，催促结案，刑讯逼供就更成为必要的手段了。

690. “免死金牌”是什么东西?

民间所称的“免死金牌”，在古代的正规名称叫“金书铁券”，或称“丹书铁券”，又名“金书铁券”“金券”“银券”“世券”等，略称“铁券”。丹书，即用朱砂写字；铁券，用铁制的凭证。按规定，持有铁券的功臣、重臣及其后代，可以享受皇帝赐予的种种特权。为了取信和防止假冒，铁券一般分为左右两半，左半部颁给功臣良将，右半部留藏于皇宫内府。

■ 免死金牌

691. 炮烙刑罚是谁创立的?

炮烙之刑，古史传说和史籍上都说是殷纣王所为。《韩非子·喻老》记云：“纣为肉圃，设炮烙，登糟邱，临酒池。”传说纣王和妲己在森林里郊游，恰逢阵雨过后，有一棵树被雷劈倒且燃着火焰，但奇怪的是，却有很多蚂蚁从树的一头通往另一头，受不了烫的蚂蚁便从树上掉了下去跌进火里，纣王只觉得蚂蚁笨觉得没什么好看的，但妲己却从这一现象里想出了惨绝人寰的炮烙之刑。

■ 纣王

692. 什么是凌迟?

凌迟也称陵迟，即民间所说的千刀万剐。凌迟原来指山陵的坡度是慢慢降低的，本意为缓缓的山丘，后来用于死刑名称，则是指处死人时将人身上的肉一刀刀割去，使受刑人痛苦地慢慢死去。凌迟刑最早出现在五代时期，正式定为刑名是在辽。此后，金、元、明、清都规定为法定刑，是最残忍的一种死刑。《大清现行刑律》作为中国历史上第一部近代意义的专门刑法，废除了这一惨无人道的酷刑。

693. “网开一面”的“网”字是什么含义?

“网开一面”即把捕禽的网撤去三面，只留一面，比喻采取宽大态度，给人一条出路。据说汤在田野散步时看见一人张开大网说：“来吧，鸟儿们！飞到我的网里来。无论是飞得高的还是低的，无论向东还是向西的，所有的鸟儿都飞到我的网里来吧！”汤走过去对那人说：“你的方法太残忍了，所有的鸟儿都会被你捕尽的！”汤一边说着，边砍断了三面网，然后低声说：“哦，鸟儿们，喜欢向左飞的，就向左飞；喜欢向右飞的，就向右飞；如果你真的厌倦了你的生活，就飞到这张网吧。”“网开三面”这个成语就是由此而来。后来，人们把它改为“网开一面”。

694. 监狱在古代有哪些名称?

狱是原始人驯养野兽的槛或者岩穴，到氏族社会后，用来关押俘虏，驱使他们劳动。国家产生之后，监狱作为国家机器的一部分也产生了。最初没有“监狱”这个名字，夏商周三代均称圜土，西周至秦朝都有囹圄之称，汉代至元朝通称狱。而且不同的朝代，监狱也有不同的名称，甚至同一历史时期也有好几种称呼，如西周称囹圄、圜土、犴狱以及狱。

695. 我国远古时代都有什么刑罚?

在我国的远古时代，人们处于思想的蒙昧时期，尚未开化，因此充斥着许多骇人听闻的刑罚，比如车裂、腰斩、炮烙等。残酷恶劣的生存条件下生命本身都是微不足道的，故消灭生命也必须以惊心动魄的方式才足以警示族人。

696. 封建社会的主要刑罚有哪些?

中国的封建社会有五种主要的刑罚，分别是黥（qíng）、劓（yì）、宫、刖（yuè）、大辟。

表2　封建社会的主要刑罚

黥	即墨刑，指用刀刺刻犯人额、颊等处，再涂上墨，用来惩治犯有轻罪的人
劓	一种割鼻子的刑罚，是古代五刑之一，起源于商代
宫	破坏人的生殖机能的一种酷刑，司马迁曾受宫刑
刖	古代的一种酷刑，是一种砍掉脚的刑罚
大辟	古代五刑之一，是一种砍头的刑罚

697. 我国古代的法律形式都有哪些?

中国古代的法律形式很多，不像现代法律只有法、法规、条例等少数几种。古代的法律形式总结起来有如下几种：刑、法、律、令、典、式、格、诏、诰、科、比、例。在一个朝代，经常有几种法律形式同时使用，组成该朝代的法律体系。不同的法律形式的使用范围也不一样，效力大小也有很大区别。

698. 古代的“比”“例”指的是什么?

比是两汉到南北朝时期的法律形式，也是一种审判原则。如果律中没有明确规定，可以用相似的律条定罪，这叫作比。这种类推断案形式，导致了司法腐败现象的发生。到汉朝以后，比不存在，内容被吸收进其他法律形式里边，但是类推形式在古代一直存在。

和比一样，例也是一种断罪原则，也是汉、唐、宋、明、清时期的法律形式，但名称不同。秦称“廷行事”，即法庭成例。汉朝称为“故事”，即以《春秋》中已有的故事作为断罪的依据。到了明清时，例和律并行，日益重要，在清朝时，其效力甚至高过了律。

699. “诏”指的是什么?

“诏”是古代皇帝发布的命令，也是很重要的一种法律形式，又叫诏令。皇帝的诏令经常具有最高的法律效力，既可以认可、公布法律，也可以改变、废除法律。

700. 中国历史上第一部近代意义的专门刑法典是什么?

中国历史上第一部近代意义的专门刑法典是《大清新刑律》，于1908年完成，但由于守旧派的反对，直到1911年1月25日才颁布施行。这部刑法典采用资本主义国家的刑法体例、刑罚制度和刑法原则。在刑法体例方面，分总则、分则两编。在刑罚制度方面分主刑、从刑两种，主刑包括死刑、无期徒刑、有期徒刑、拘役、罚金；从刑包括褫夺公权和没收。在刑法原则方面，采用了“罪刑法定主义”。此外，还根据鸦片战争后中国社会的新情况，规定了有关妨碍国交、选举、通信、交通以及妨害卫生等方面的犯罪。

701. 在中国法制史上，最终废除宫刑是在什么时候？

在古代中国，宫刑的渊源是相当久远的。有证据表明，最早在殷商时代就有了阉割男性生殖器的意识与行为。当时的阉割术可能是将阴茎与睾丸一并割除的，秦汉时期的阉割技术已较为完备，在古代的法制史上，北齐政权最终废除了这一酷刑。

702. “凌迟”这一刑罚是什么时候废除的？

凌迟刑最早出现在五代时期，正式定为刑名是在辽，此后，金、元、明、清都规定为法定刑，是最残忍的一种死刑。凌迟之刑一直延续到清末。戊戌变法后，清廷受内外各种矛盾的冲击，不得不顺应潮流对传统的弊政作些改革。1910年颁行的《大清现行刑律》废除了一些残酷的刑罚手段，其中包括“凌迟”一刑。

703. 清末设立的专门的修律机构是什么？

清末光绪三十三年（1907年），为了适应当时政局的变化，清政府设立了专门的修律机构——修订法律馆。该馆修订各项法律，特派大臣管理，下设提调、总纂、纂修、协修等官。

704. 元代把臣民分为四个等级，地位最高的是什么人？

元朝又称大元，中国历史上第一个由少数民族（蒙古族）建立并统治全国的封建王朝。统治者把臣民分为四个等级，蒙古族在各等人中名列第一等，主要指蒙古族。第二等为色目人，主要指西域人。汉人与南人（原南宋境内各族）分别为第三等和第四等。

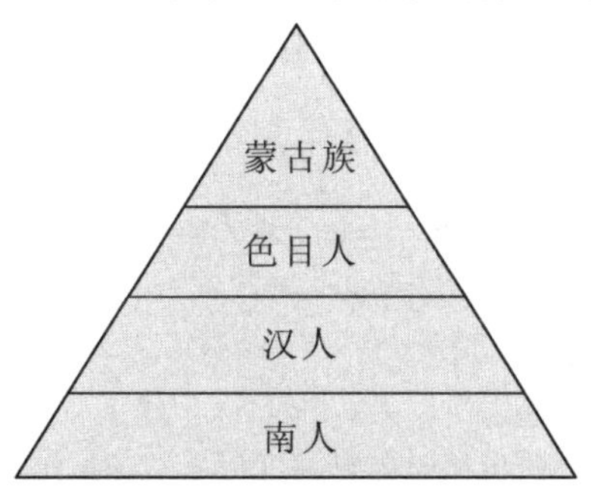

■ 元代臣民的四个等级

705. 赀刑是秦代的一种刑罚，它指的是什么？

赀刑是缴纳财物或以劳役抵偿的刑罚。《说文解字·贝部》称：“赀，小罚以财自赎也。”赀刑种类很多，分为赀布、赀盾、赀甲、赀徭、赀戍等。布是一种货币，盾是盾牌，甲是铠甲，徭指徭役，戍指戍边，故赀刑有罚金、罚物、罚役之别。

706. 夏代的法律为什么称“禹刑”？

“禹刑”是夏代法律的总称或泛称。《左传》记载：“夏有乱政，而作禹刑。”这里所说的“禹刑”，不是指一种成文法典，而是泛指夏代的法律和刑罚。应该理解为在夏王朝建立以后适应当时需要而制定了法律，适用了刑罚。以“禹刑”来统称夏朝的法律，一方面是为了表示对祖先大禹的尊崇与怀念，另一方面是为了借着禹在人们心目中的威望，加强法律的威慑力。

707. “五过”是西周有关法官责任的法律规定，其具体内容是什么？

“五过”是西周有关法官责任的法律规定，其具体内容如下：

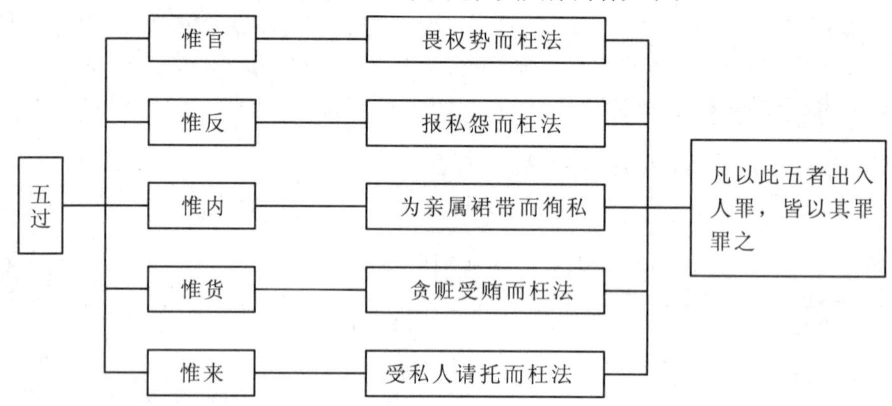

708. 大理寺是一种怎样的法律机构？

大理寺，官署名，相当于现代的最高法庭，掌管刑狱案件审理。秦汉时称为廷尉，北齐改为大理寺，历代因之，清为大理院。

709. 明代创制的耻辱刑“枷号”有什么特点？

枷号是明朝创设的一种耻辱刑。枷是一种方形木质项圈，以套住脖子，有时还套住双手，作为惩罚。强制罪犯戴枷于监狱外或官府衙门前示众，以示羞辱，使之痛苦。明代的枷号有断趾枷令、常枷号令、枷项游历之分。刑期为一月、二月、三月、六月、永远五种。枷的重量从二三十斤到一百五十斤不等。戴上最重枷的囚犯往往几天内就会毙命。后来，戴枷锁也从耻辱刑演变成了致命的酷刑。

710. 《大清现行刑律》是清政府在哪部法典基础上稍加修改完成的？

《大清现行刑律》是清政府在《大清律例》的基础上稍加修改，作为《大清新刑律》完成前的一部过渡性法典，于1910年5月15日颁行。

第四章 教育

711. 古代的科举制度是什么样子的?

■ 光绪

科举是中国古代封建统治者为选拔官吏，由皇帝亲自主持、以分科考试形式录用人才的取士制度。隋炀帝时期正式设置进士科。科举考试的内容主要是八股文，考核参选者对经义的理解，或是时事的见解，按考试成绩选拔人才。

712. 科举制度是什么时候开始创立的?

科举是历代封建王朝通过考试选拔官吏的一种制度，由于采用分科取士的办法，所以叫作科举。科举制从隋朝大业元年（605年）开始实行，到清朝光绪三十一年（1905年）举行最后一科进士考试为止，经历了1300多年。

713. 什么是察举?

察举制是中国古代选拔官吏的一种制度，它的确立是从汉武帝元光元年（前134年）开始的。察举制不同于以前先秦时期的世袭制和隋唐时建立的科举制，它的主要特征是由地方长官在辖区内随时考察、选取人才并推荐给上级或中央，经过试用考核再任命官职。

714. 什么是征辟?

所谓征辟，就是征召名望显赫的人士出来做官，皇帝征召称“征”，官府征召称“辟”。征辟是中国汉代擢用人才的一种制度，主要包括皇帝征聘和公府、州郡辟除两种方式。征辟又称“辟除”，是汉代高级官员选用属员的制度。中央行政长官如三公、地方官如州牧、郡守等官员，可自行征聘僚属，任以官职。东汉时直接征聘名望之士担任中央高级官员。

715. 什么是孝廉?

孝廉是汉武帝时设立的察举考试的一种科目，孝廉是孝顺父母、办事廉正的意思。孝廉是察举制常科中最主要、最重要的科目。汉武帝时，采纳董仲舒的建议，于元光元年（前134年）下诏郡国每年察举孝者、廉者各一人。不久，这种察举就通称为举孝廉，并成为汉代察举制中最为重要的岁举科目，“名公巨卿多出之”，是汉代政府官员的重要来源。

716. “博学宏词”是指什么?

博学宏词（或作“宏辞”“弘词”）科，是封建王朝临时设置的考试科目，为制科之一种。始于唐玄宗时，唐后期经常举行，内容丰富多彩，选拔了不少人才。宋代此科仅偶尔实行且较冷落，清代也只于康熙十八年（1679年）和乾隆元年（1736年）开科两次。

717. 什么是“连中三元”?

科举制度称乡试、会试、殿试的第一名为解元、会元、状元，合称“三元”。接连在乡试、会试、殿试中考中了第一名，称“连中三元”。

718. 何为贤良方正?

贤良，有才能，德行好；方正，正直。“贤良方正”是汉代选拔统治人才的科目之一，始于汉文帝二年（前178年）。被举荐者对政治得失应直言极谏，如表现特别优秀，则授以官职。汉武帝时复诏举“贤良”或“贤良文学”，名称时有不同，性质无异。历代往往视这一制度作非常设之制科。唐宋沿用这一科目，设“贤良方正科”。

719. 院试、乡试、会试、殿试分别指的是什么?

院试，又叫“童试”，县级考试，童生参加，考上为“生员”，即“秀才”；乡试，又叫“秋闱”，省级考试，生员参加，考上为“举人”；会试，又叫“春闱”，国家级考试，举人参加，考上为“贡士”；殿试，国家级考试，皇帝主考，贡士参加，考上为“进士”。殿试分三甲录取，第一甲赐进士及第，第一名叫“状元”，第二名叫“榜眼”，第三名叫“探花”。

720. 北宋四大书院指的都是哪些书院?

北宋四大书院为湖南衡阳石鼓书院、江西庐山白鹿洞书院、湖南长沙岳麓书院、河南商丘应天府书院。

湖南衡阳石鼓书院：中国四大书院中唯一一个在唐朝时就已著名的书院，始建于唐元和五年（810年），迄今已有1200多年历史，是一座历经唐、宋、元、明、清、民国六朝的千年学府，苏轼、周敦颐、朱熹等人在此执教。1944年7月，石鼓书院在衡阳保卫战中毁于日军炮火。2008年，当地政府仿照清代石鼓书院格局重建了石鼓书院。

江西庐山白鹿洞书院：位于庐山五老峰南麓（今属江西九江市），享有“海内第一书院”之誉。始建于南唐升元年间，是中国首间完备的书院。南唐时建成“庐山国学”（又称“白鹿国学”），为中国历史上唯一的由中央政府于京城之外设立的国学。宋代理学家朱熹出任知南康军（今星子县）时，重建书院，亲自讲学，确定了书院的办学规条和宗旨，并奏请赐额及御书，名声大振，成为宋末至清初数百年中国一个重要文化摇篮。

湖南长沙岳麓书院：位于湖南省长沙市湘江西岸的国家4A级风景名胜岳麓山风景区，北宋开宝九年（976年）由潭州太守朱洞在僧人办学的基础上正式创立岳麓书院。嗣后，历经宋、元、明、清各代，至清末光绪二十九年（1903年）改为湖南高等学堂，之后相继改为湖南高等师范学校、湖南工业专门学校，1926年正式定名为湖南大学。

河南商丘应天府书院：原址位于今商丘市睢阳区商丘古城南湖畔，由五代后晋杨悫所创。北宋时书院得到官方承认，成为宋代较早的一所官学化书院。时人称“州郡置学始于此”，天下学校“视此而兴”。1043年，宋仁宗下旨将应天书院改为南京国子监，成为北宋最高学府之一。后该书院经应天知府、文学家晏殊等人加以扩展。范仲淹曾受教于此，及后曾在书院任教，盛极一时。

表1　北宋四大书院概况

书院名称	位置	创建年代	创办人	相关著名人物
石鼓书院	位于湖南省衡阳市石鼓区	唐元和五年（810年）	李士填	苏轼、周敦颐、朱熹
白鹿洞书院	位于江西省庐山五老峰南麓的后屏山之阳	南唐升元年间	李渤	朱熹
岳麓书院	湖南省长沙市南岳七十二峰最末一峰的岳麓山脚	北宋开宝九年（976年）	朱洞	王夫之、陈傅良
应天府书院	河南省商丘市睢阳区商丘古城南湖畔	后晋	杨悫	晏殊、范仲淹

721. 什么是朝考?

清代新科进士取得出身后，由礼部以名册送翰林院掌院学士，奏请皇帝，再试于保和殿，并特派大臣阅卷，称为朝考。考试以诗文四六各体出题，视其所能。考试后，按朝考成绩，结合殿试与复试名次，择其最优者为庶吉士，其余用为主事、中书、知县等职。

722. 什么是状元?

状元就是类似今天高考的榜首，殿试中的第一名。目前在史籍中留有名号的状元有700多人左右，他们都是在苦读之后，才一举天下知，成为当时科考上的佼佼者。

723. 什么是榜眼?

榜眼是中国科举制度中在殿试取得进士第二名的名称，与第一名状元、第三名探花合称“三鼎甲”。

724. 什么是探花?

探花是中国古代科举考试中对位列第三的举子的称谓，与第一名状元、第二名榜眼合称“三鼎甲”，这在唐代的科举时就已经出现。“探花”作为第三人的代称确立于北宋晚期。时至今日，“探花”的称呼仍在使用。

725. 什么叫“蟾宫折桂”?

蟾宫折桂即攀折月宫桂花，蟾宫指月宫，科举时代以此词比喻应考得中。围绕蟾宫折桂，不少地方还有这样的习俗，即每当考试之年，应试者及其家属亲友都用桂花、米粉蒸成糕，称为广寒糕，相互赠送，取广寒高中之意。

726. 什么是科举四宴?

科举考试是中国封建社会选拔官吏的一种考试制度。为了笼络天下士人通过科举考试，踏上仕途，为统治者效劳，古代科举制度还组织顺利通过科举考试的士子参加由官方、朝廷主办的盛大庆祝宴会，以示恩典，这就是我国古代著名的科举四宴。由于科举制度自唐代以来，分设文武两科，故四宴中鹿鸣宴、琼林宴为文科宴，鹰扬宴、会武宴为武科宴。

727. 举人为何称“公车”?

因汉代曾用公家车马接送应举的人，后便以“公车”泛指入京应试的举人。如1895年中日甲午战争失败后，康有为联合各省在京会试举人联名上书，即称“公车上书”。

728. 什么是古代的博士、硕士、学士?

表2　古代的博士、硕士、学士

博士	源于战国时代	指一些博通古今，知识渊博的人
硕士	见于五代时期	指那些品节高尚，博学多识的人
学士	出现于周朝	指那些在学堂读书的人，后来逐渐变成文人学者

729. 什么是留学生?

留学生指正在或曾在外国学习的学生。唐朝时，日本政府为了吸取中国的先进文化，曾多次派遣唐使来中国。遣唐使团是外交使节，在中国停留的时间不能过长，因而难以更好地吸取中国的先进文化。所以日本政府从第二次派遣唐使起，就同时派遣“留学生”和“还学生”。所谓“留学生”就是当遣唐使等回国后仍然留在中国学习的学生，“还学生”则在遣唐使回国时一起回国。

730. 金榜题名的含义是什么?

金榜即科举时代殿试揭晓的黄榜，题名即写上名字，“金榜题名”指科举得中。

731. 什么是策试?

古代以策问试士，因称对臣下或举子的考试为“策试”，是以写策论方式进行的科举考试。

732. 古代科举中的同年是指什么?

同年是指古代科举考试同科中式者之互称。唐代同榜进士称同年，明清乡试、会试同榜登科者皆称同年。清代科考先后中式者，其中式之年甲子相同，亦称同年。

733. 中国古代武状元是如何产生的?

清代武举考试大致分四个等级进行，依次分别为：童试，在县、府进行，考中者为武秀才；乡试，在省城进行，考中者为武举人；会试，在京城进行，考中者为武进士；殿试，会试后已取得武进士资格者，再通过殿试（也称廷试）分出等次，共分三等，称为“三甲”。一甲是前三名，头名是武状元；第二名是武榜眼；第三名是武探花。前三名世称为“鼎甲”，获“赐武堤及第”资格。二甲十多名，获“赐武进士出身”资格。二甲以下的都属三甲，获“赐同武进士出身”资格。第二天，在兵部举行盛大的“会试宴”，又赏给武状元盔甲、腰刀等，赏给众进士银两等。

734. 什么是雁塔题名?

雁塔题名始于唐代，是指在长安考中的状元进士齐集大雁塔题名，以及武举在小雁塔题名的文化活动。是学子们考取功名以后，进行欢庆和纪念的一系列文化活动的组成部分，是我国古代科举制度重要的传统内容之一。

735. 什么是贡生?

科举时代，挑选府、州、县生员（秀才）中成绩或资格优异者，升入京师的国子监读书，称为贡生。意谓以人才贡献给皇帝。明代有岁贡、选贡、恩贡和细贡，清代有恩贡、拔贡、副贡、岁贡、优贡和例贡。会试考中的考生被称作“贡士”，第一名为“会元”。

736. 什么是官学？

官学是指中国封建朝廷直接举办和管辖，以及历代官府按照行政区划在地方所办的学校系统。包括中央官学和地方官学，共同构成了中国古代最主要的官学教育制度。

737. 什么是私学？

私学是中国古代私人办理的学校，与官学相对而言。历时2000余年，在中国教育史上占有重要的地位。私学产生于春秋时期，以孔子私学规模最大，影响最深。那时，统一的奴隶制国家西周日趋衰落，礼崩乐坏，教育状况由“学在官府”变为“学在四夷”。原来西周的官吏到各诸侯国去谋出路，各诸侯国甚至各卿大夫的私门需要士为他们服务，争相养士，士的出路渐广，于是出现了“士”阶层。士的培养也就成为迫切的要求，私学便应运而生。

738. 什么是辟雍？

辟雍是古代的一种学宫，男性贵族子弟在里面学习作为一个贵族所需要的各种技艺，如礼仪、音乐、舞蹈、诵诗、写作、射箭、骑马、驾车等，在课程中还有性教育。贵族子弟从10岁开始就要寄宿于城内的“小学”，至15岁时进入郊外的“辟雍”。换言之，他们从10岁“出就外傅”至20岁行冠礼表示成年，中间要有10年离家在外过集体生活。

739. 什么是太学？

太学是中国古代的大学。汉武帝元朔五年（前124年）开创太学，它是中国当时最高学府。太学选聘学优德高者任教授，称为博士；学生随教授学习，称为博士弟子。太学的课程以通经致用为主，学生分经受业，经考试及格，任用为政府官吏。太学以《诗》《书》《礼》《易》《春秋》等儒家经典为教材。

740. 古代女学使用的教材有哪些？

古代女子教育所使用的教材，既不同于男子所使用的成人教材，又有别于蒙学读物，自成一套体系，显示出其为“女学”的特点。古代女学教材的最大特点是内容全部集中于妇德、妇职和闺门礼仪，其中影响较大的教材有四类：第一类是纪传类教材，如刘向的《列女传》；第二类是阐明义理类教本，如班昭的《女诫》；第三类是论传综合类教本，如吕坤的《闺范》。古代女学教材独特之处还包括大部分女教读本出自女子手笔，充分反映了我国古代悠久的女子教育传统。

741. 在我国明清两代所称的诸生是指什么？

明清时期经考试录取而进入府、州、县各级学校学习的生员，有增生、附生、廪生、例生等，统称诸生。

742. 中国古代的必读之书都有哪些？

中国古代教育以儒家思想为中心，其学习内容从启蒙到逐步深化，一般顺序是：《三字经》《百家姓》《日用杂字》《千字文》《论语》《孟子》《大学》《中庸》《诗经》《书经》《礼记》《左氏春秋》等，有的选读《女儿经》《教儿经》《童蒙须知》《孝经》《幼学琼林》《千家诗》《古文观止》等书。其教学内容以识字习字为主，还十分重视学诗作对。也有的加学《世事应酬》，即契约、媒柬、挽联之内容，以应实用。

743. 中国古代最早的专门论述教育、教学问题的论著是什么？

中国古代最早的专门论述教育、教学问题的论著是《学记》，它不仅是中国古代最早，也是世界上最早的一篇专门论述教育、教学问题的论著，写作于战国晚期。《学记》文字言简意赅，喻辞生动，系统而全面地阐明了教育的目的及作用，教育和教学的制度、原则和方法，教师的地位和作用，在教育过程中的师生关系以及同学之间关系。《学记》主张课内与课外相结合，课本学习和实际训练相结合，既要扩大知识领域，又要培养高尚的道德情操和良好的生活习惯。

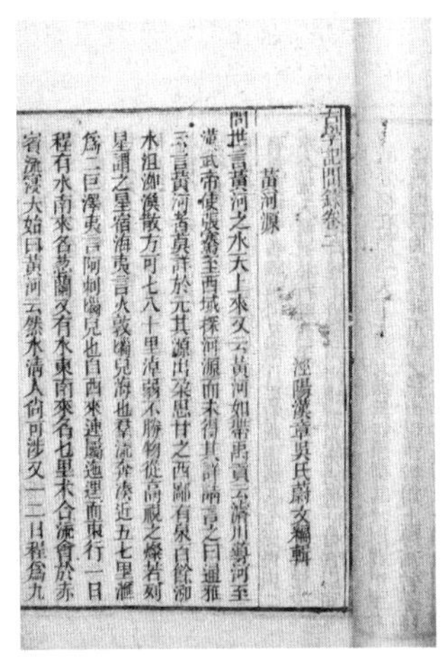

學記問錄卷二

涇陽[illegible]章吳氏蔚文編輯

黃河源

問世言黃河之水天上來又云黃河如帶禹貢云浚川導河至
漢武帝使張騫至西域探河源而未得其詳爾雅之曰通雅
云言黃河著崑崙於元其源出朵思甘之西鄙有泉百餘泓
水沮洳渙散方可七八十里淖弱不勝物從高瞰之燦若列
星謂之星宿海夷言火敦腦兒猶也華流奔湊近五七里滙
為二巨澤夷言阿剌腦兒也自西來連屬逶迤而東行一日
程有水南來名忽蘭又有水東南來名也里术合流會於赤
賓流漢大始曰黃河云然水清人尚可涉又一二日程為九

■ 学记

744. 我们通常说的“三百千千”是指什么？

“三百千千”是《三字经》《百家姓》《千字文》和《千家诗》的简称。《三字经》

《百家姓》《千字文》已被联合国教科文组织选入“世界儿童道德教育丛书”，加上《千家诗》，对应著名的四书五经，俗称“国学启蒙小四书”。千百年来，这些书籍代代相传、妇孺皆知、家喻户晓，产生了广泛而深刻的影响。

表3 “三百千千”

《三字经》	开宗明义，即讲述了儒家的性善说和仁义孝道说等伦理学说，接着讲述了典籍、文化和历史。《三字经》是一部中国历史文化的目录
《百家姓》	简要系统的中国人的姓氏目录。传统文化重视家庭和家族，而姓氏是维系家族的重要纽带
《千字文》	选取王羲之遗书中不相同的千字，使之成韵，首尾连贯，对仗工整，文采斐然，婉转有致，讲述了许多做人做事的道理
《千家诗》	选录了中国诗歌史上最发达的唐宋时期的许多有代表性的、有较高的艺术欣赏价值的律诗、绝句

745. 《龙文鞭影》是怎么样的一本书?

《龙文鞭影》是中国古代非常有名的儿童启蒙读物，最初由明人萧良有编撰，后来杨臣诤进行了增补修订。龙文是古代一种千里马的名称，它只要看见鞭子的影子就会奔跑驰骋。编撰者的寓意是，看了这本《龙文鞭影》，青少年就有可能成为“千里马”。《龙文鞭影》主要是介绍中国历史上的人物典故和逸事传说，四字一句，两句押韵，读起来抑扬顿挫，朗朗上口。它问世后，影响极大，成为最受欢迎的童蒙读物之一。

746. 《增广贤文》的主要内容是什么?

《增广贤文》为中国古代儿童启蒙书目，又名《昔时贤文》《古今贤文》。其内容大致有这样几个方面，一是谈人及人际关系，二是谈命运，三是谈如何处世，四是表达对读书的看法。《增广贤文》有大量篇幅叙述如何待人接物，这部分内容是全文的核心。文中对忍让多有描述，认为忍让是消除烦恼祸患的方法。在主张自我保护、谨慎忍让的同时，也强调人的主观能动性，认为这是做事的原则。

747. 《幼学琼林》的主要内容是什么?

《幼学琼林》是中国古代儿童的启蒙读物，初为明人程允升编著，本名《幼学须知》，又称《成语考》《故事寻源》。清人邹圣脉作了增补，改名为《幼学琼林》，也叫《幼学故事琼林》。《幼学琼林》是用骈体文写成的，全书全部用对偶句写成，容易诵读，便于记忆。全书内容广博、包罗万象，被称为中国古代的百科全书。书中对许多成语的出处做了很多介绍，读者可掌握不少成语典故，此外还可以了解中国古代的著名人物、天文地理、典章制度、风俗礼仪、生老病死、婚丧嫁娶、鸟兽花木、朝廷文武、饮食器用、宫室珍宝、文事科第、释道鬼神等诸多方面的内容。书中还有许多警句、格言，到现在还仍然传诵不绝，但是书中也有一些属于封建时代的观点。

748. 《蒙求》的主要内容是什么?

《蒙求》是唐朝李翰编著的以介绍掌故和各科知识为主要内容的儿童识字课本。全书都用四言韵文，每四个字是一个主谓结构的短句，上下两句成为对偶，各讲一个掌故，总计2484字。全书所讲的，大部分是历史人物故事，也包括一些传说人物故事，其中有表现某种可取言行的，有带有激励劝勉意味的，有文学上脍炙人口的逸闻。从思想内容上看，书中难免有一些宣扬封建思想意识的东西，但跟其他许多蒙书比较，李氏《蒙求》还是属于取材较好、境界较广的一种。

749. 《弟子规》的主要内容是什么?

《弟子规》原名《训蒙文》，原作者李毓秀（1662—1722），是清朝康熙年间的秀才。《弟子规》以《论语·学而篇》“弟子入则孝，出则弟，谨而信，泛爱众，而亲仁，行有余力，则以学文”为中心。分为五个部分，具体列述弟子在家、出外、待人、接物与学习上应该恪守的守则规范。后来清朝贾存仁修订改编《训蒙文》，并改名《弟子规》，是启蒙养正，教育子弟敦伦尽分，闲邪存诚，养成忠厚家风、教育孺子的最佳读物。

750. 《列女传》的主要内容是什么?

《列女传》，是一部介绍中国古代妇女行为的书，内容分为母仪、贤明、仁智、贞顺、节义、辨通、孽嬖7类，每类代表人物15人。《列女传》以正统封建伦理道德观念为褒贬准绳，标榜“君臣、父子、夫妇三者，天下之大纲纪也”，宣扬贞顺节义、宽容去妒、循法守礼等妇德，同时也对一些关心国事，通才卓识、机敏干练、富于聪明才智的普通民女予以赞扬。这是我国历史上第一部为妇女立传的专史，体现了对妇女“兴国显家”作用的充分肯定和高度重视。

第五章　军事

751. 什么是兵役制度?

兵役制度是国家关于公民参加武装组织，或在武装组织之外承担军事任务、接受军事训练的一项重要的制度。它随着国家的出现而产生，又随着国家的经济情况、政治制度和军事需要而变化。

752. 兵役制度有哪些?

中国历史上曾多次出现过不同民族建立的不同政权，各个政权在建立发展过程中，其兵役制度在吸收融合前朝的基础上也相应发生了一定程度上的变化，形成了各具特色的兵役制度。

表1　各朝代兵役制度大事记表

朝代	兵役制度描述
夏朝时期	军队由“众”组成，这些“众”有亦兵亦农的身份，平时参加生产，一旦爆发战争，则组成以贵族为核心的军队出征作战。战争结束，军队绝对大部分解散，兵甲装备收归国库。这是一种全民皆兵、临时征集的兵役制度
商代前期	军队也以临时征集的民军制为主体，即按军事需要，由商王临时指定人数，征集兵员组成部队。商代后期，实行“按户计民，以预定其军籍”的办法，但这一改进并没有改变商代兵役临时征发的性质，服役者仍是亦兵亦农身份
西周时期	“国”“野”分治，都邑及郊区称为“国”，郊区以外的地方称为“野”。“国”中居民称“国人”，“野”外居民称“庶人”。国人成为西周军队兵员的主要来源，而庶人只有在国人兵员不足等特殊情况下才可以当兵
春秋前期	各国仍保留着西周以来“国人”当兵、“庶人”不当兵的传统。春秋中期以后，由于“国”“野”间的较多交往和渗透，以及战争的日趋频繁，兵源问题突出，许多诸侯国先后废除了只有“国人”才能当兵的特权，扩大了征兵范围，最终“国人”“庶人”合而为一
战国时期	征兵范围进一步扩大，取消了对当兵者身份的限制，农民成为军队的主要兵源，各国普遍实行了郡县制之下的普遍征兵制。服兵役的年龄有所扩大，一般为15岁至65岁

续表

朝代	兵役制度描述
秦朝时期	秦统一后，在全国范围内实行与户籍制相结合的普遍征兵制，对征兵的年龄、身体素质以及社会身份都有明确规定，服兵役的年龄一般为17岁至60岁，男子达到服役的年龄称为“傅”，停止服役的年龄称为“免老”
西汉初期	这一时期的兵役制因循秦制，以征兵制为主，但成年男子是征兵对象，年龄一般为23岁至56岁。功臣、外戚、诸侯世世免役，官吏俸禄六百石以上者也免役，还有特诏免其一年、二年、若干年乃至终身之役的特例。此时实行买爵制，如不愿服兵役，也可以向官府输钱物以代役。到后期，除以征、募并行为主外，还实行以囚徒、谪发和少数民族兵为辅的混合兵役制
东汉初期	兵役制度发生了较大演变，正卒、戍卒之役被取消，内地郡县的常备军也被废除，只保留了宫城卫士之役。一旦有战事则临时发兵，战争结束遣返归农。这样募兵成为主要兵源，招募对象为刑徒、少数民族和无业流民。他们通过从军减免罪行或谋生，渐渐成为长屯兵，带有雇佣兵性质
三国时期	这一时期实行募兵为主的多种集兵方式。招募对象为降民、俘虏、亡命逃户及少数民族人。两晋时实行以世兵制为主的多种集兵方式，招募对象为民丁、家奴及犯罪者。南朝时基本沿用两晋兵役制度。北朝初期，军队是以部落联盟为主的部落兵，部落成员即从事生产，也从事战斗。汉人不服兵役，只服勤农桑，供应军用物资。北朝中后期，汉人逐渐服兵役
唐朝初期	府兵制是全国军制的主体。府兵是义务兵，由地方官吏负责征调。内府卫士由五品以上官僚子弟充当，外府士兵则多从六品以下官僚子弟和百姓中征调，但父兄子弟不同时征发，祖父母、父母老疾而户仅一丁的，免服兵役。唐朝中后期，兵募制逐渐取代府兵制。兵募的兵源与府兵制相似，服役期限要以服役任务所需长短或距离服役地点的远近而定
两宋时期	兵源主要来自招募，大量的饥民、流民成为招收对象，而农民在相当程度上不承担兵役。另外，官府鼓励阵亡军人子孙或亲弟侄中20岁以上的长系应募。并且宋朝继承历代以罪人配役的方法，但罪犯主要充当厢兵，地位十分卑贱
元朝时期	元朝建立后，强行指定一部分百姓承担兵役，户籍单独管理，统称蒙古军户。列名军籍者父亡子继，世代为兵。病死戍所者，百日补役次丁，死于阵上者，缓征一年。对实在贫困或老迈无子者，才除籍以别家民户补充，服役年龄为15至70岁
明朝时期	此时的兵役制度基本继承元朝的军户制，分老军户、新军户和垛集军户（补充军户）。元朝时期的军户在明初仍保留军籍，承应军差，成为老军户。新军户由起义农民、元朝降军、罪犯和民户组成
清朝时期	在1840年以前的这一时期军事制度由八旗兵制和绿营兵制组成。八旗兵是清朝最早的军队，也是清朝全部军队发展的基础和主力，在很长一段时间里是兵农合一的性质。兵源一般实行“三丁抽一”，即每户八旗壮丁中正丁一人应征，余二人留家生产，保证供应，正丁作战返回也参加生产。从康熙中叶以后，出现了日益严重的八旗兵生机问题

753. 我国古代军衔指的都是什么?

在我国的汉代以前，“衔”字只有“马嚼子”的意思。魏、晋以后，“衔”字才出现表示官吏阶位的“头衔”的含义。概括地说，军衔是国家授予军人以区别其等级、地位、权力责任、荣誉待遇的称号和标志。在我国历史上，一般都以“阶位”来表示各级官员的身份地位，武职官员的阶位称“武阶”。

表2 我国古代军衔

元帅	唐代设有元帅、副元帅等战时最高统帅，宋代有兵马大元帅，元代有都元帅、元帅。
将军	春秋时晋国以卿为将军，战国时始为武官名，汉代将军名号颇多，魏晋南北朝更繁，隋唐以后历代皆设有将军官名
校	古代军队的编制单位，统带一校之官称校尉。汉武帝初置中垒、屯骑、步兵、越骑、长水、胡骑、射声、虎贲等八校尉，为专掌特种军队的将领，其地位略次于将军，后通称将佐为八校。晋武帝时设有军校，为任辅助之职的军官。清代有步军校、护军校等官职
尉	春秋时晋国上、中、下三军皆设尉，秦汉时太尉、大尉、中尉地位颇高，以后带尉字的官员地位逐渐下降。唐代折冲府以300人为团，团设校尉。明清时的卫士和八九品阶官称校尉，清代七品官中有正尉、副尉
士	夏商周三代，天子、诸侯皆有上士、中士、下士之官，是卿大夫以下的低级官职，秦以后间有袭用古制而以上、中、下士为官职者

754. “三军”指的是哪三军?

提起“三军”，现代人普遍的概念是指陆、海、空三军。实际上在中华文化中“三军”的说法最早起源于春秋时期，而且与现代陆、海、空三军实质意义也相去甚远。古代所说的三军是指前、中、后三军。

表3 中国古代的三军

前军	先锋营，负责开路（架桥、修路）、侦察、应付小规模的战斗，带部分军需物资。
中军	统帅所处的大军有当时作战的大部分作战兵种（骑兵步兵）
后军	全军的主要军用物资、工匠，以及大量的民工

755. 露布是什么意思?

露布是一种在帛制的旗子上书写文字，通报四方的传播媒介，大多用来传递军事捷报。古时战场上士兵快马加鞭，高举露布，一路传递捷报，可以说是古代报纸产生以前，时效性、公开性最强的传播媒介了。

756. 中国古代“十大兵书”指的是哪些?

“十大兵书”即春秋末年孙武著《孙子兵法》，战国孙膑著《孙膑兵法》，战国吴起著《吴子》，周代吕望著《六韬》，战国尉缭著《尉缭子》，战国司马穰苴著《司马穰苴兵法》，唐代李筌著《太白阴经》，北宋许洞著《虎钤经》，明代戚继光著《纪效新书》，明代戚继光著《练兵实纪》。

757. 中国历史上唯一一位封侯的女将军是谁?

秦良玉（1574或1584—1648），字贞素，明末女帅，四川忠州（今属重庆忠县）人。石砫宣抚使马千乘妻，骁勇善战，足智多谋。自幼从父习文练武，善骑射，通诗文。曾救援沈阳抗击后金，镇守山海关，战功卓著。崇祯帝封其为一品夫人，充总兵官，加封少保。清军入关南下，她率兵英勇抗击清军，被南明隆武帝封为太保，兼太子太保、忠州侯。去世后谥号“忠贞”，成为中国历史上唯一一位封侯的女将军。

758. 我国历史上记录最早的战争是哪一场?

我国历史上记录最早的战争是涿鹿之战，指的是距今约4600余年，黄帝部族联合炎帝部族，与东夷集团中的蚩尤部族在今河北省涿州市一带所进行的一场大战。战争的目的，是双方为了争夺适于牧放和浅耕的中原地带。它也是中国历史上见于记载的最早的战争，对于古代华夏族由野蛮时代向文明时代的转变产生过重大的影响。

759. 我国古代历史上著名的长勺之战是怎么样的?

长勺之战发生于周庄王十三年、齐桓公二年、鲁庄公十年，即前684年。齐鲁两个诸侯国交战于长勺，最后以齐国的失败、鲁国的胜利而告终。前684年，齐桓公派兵攻鲁。当时齐强鲁弱，两军在长勺（今山东莱芜东北）相遇。鲁军按兵不动，齐军三次击鼓发动进攻，均未奏效，士气低落。鲁军一鼓作气，打败齐军。后乘胜追击，直逼齐国国都，获得了长勺之战的胜利。

760. 我国古代历史上著名的马陵之战是怎么样的?

马陵之战发生在战国时期，齐军在马陵（今河南范县西南）歼灭魏军的著名伏击战。周显王二十六年（前343年），魏发兵攻韩，韩向齐求救。齐应允救援，以促韩竭力抗魏。但鉴于战事初起，魏、韩双方实力未损，过早出兵对齐不利，直到韩军五战俱败，情况危急，魏军也十分疲惫，才发兵相救。周显王二十七年（前342年），齐威王以田忌为主将，田婴、田盼为副将，孙膑为军师，运用“围魏救赵”战法，率军直驱魏都大梁（今河南开封），诱使魏军回救，以解韩围。这次战役中孙膑利用庞涓的弱点，制造假象，诱其就范，始终居于主动地位。此战是中国战争史上设伏歼敌的著名战例。

761. 我国古代历史上著名的城濮之战是怎样的?

■ 晋文公

城濮之战是我国历史上以弱胜强的著名战例。周襄王十九年（前633年），楚成王率陈蔡等国军队围攻宋国，宋向晋国求救。次年，晋文公派兵进攻楚的盟国曹卫。晋楚两军在城濮（今山东鄄城西南）对阵，晋军选择楚军薄弱环节，首先击溃由陈蔡军队组成的楚军右翼。同时晋军主力伪装退却，诱使楚军左翼追击。然后回头夹攻，加以击溃，迫使楚军中间的主力也后退。战后不久，晋文公就成为霸主。

762. 我国历史上最早、规模最大的包围歼灭战是什么?

长平之战是我国历史上最早、规模最大的包围歼灭战。此场战争，发生于最有实力统一中国的秦、赵两国，战后赵国遭受了毁灭性的打击，令秦国国力大幅度超越于同时代各国，极大地加速了秦国统一中国的进程。参战人数赵军45万人，秦军保守估计也在百万以上。军事家直到现在都在从国家战略到具体战术探讨这场战争的得失。长平之战，对中国历史走向有着深远的影响，它催生了中国历史上第一个封建集权的大帝国。

763. 中国历史上第一次大规模的农民战争是什么战争?

秦末农民战争是中国历史上第一次大规模的农民战争。秦末赋役繁重，刑政苛暴，迅速激化了地主阶级和农民的矛盾。秦二世元年（前209年），陈胜、吴广率戍卒900人在蕲县大泽乡（今安徽宿县东南刘村集）起义。沿途农民纷纷参加，起义军迅速发展到数万人，并在陈县（今河南淮阳）建立了张楚政权，反秦武装控制了关东大部分地区。陈胜派大将周文率起义军主力进攻关中，因孤军深入，遇秦将章邯反扑，战败牺牲，不久陈胜也为叛徒所害。但斗争仍继续发展，起义军领袖项梁渡江北上，与秦军在东阿、定陶血战。项梁战死后，项羽、刘邦为首的两支起义军成为反秦主力。前207年，项羽率兵在巨鹿之战中消灭秦军主力。同时刘邦也乘虚攻占咸阳，推翻了秦朝统治。

764. 我国古代历史上著名的官渡之战是怎么样的?

官渡之战，是东汉末年三大战役之一，也是中国历史上著名的以弱胜强的战役之一。东汉献帝建安四年（199年），曹操与袁绍两军相持于官渡（今河南中牟东北）。袁绍据有冀、青、幽、并四州，自恃兵多粮足，而曹操兵少粮缺，以劣势在官渡（今河南中牟东北）与其对峙。次年春，曹操乘袁军轻敌，内部不和，两次偷袭袁军后方，焚烧其粮车和粮囤。袁绍部队军心动摇，纷纷溃散投降。曹操乘机全线出击，歼灭了袁军主力，奠定了统一北方的基础。

765. 我国古代历史上著名的赤壁之战是怎么样的?

赤壁之战是我国历史上以弱胜强的著名战例。东汉末年，曹操初步统一北方后，建安十三年（208年），率兵20余万南下，孙权和刘备联军5万，共同抵抗。曹兵进到赤壁，小战失利，退驻江北，与孙刘联军隔江对峙。孙刘联军利用曹军远来疲惫、疾疫流行、不习水战、后方又不稳定等弱点，用火攻击败曹操水师，孙权大将周瑜和刘备水陆并进，大破曹兵。战后，孙权地位更加巩固，刘备据有荆州大部分地区，旋又取得益州，形成曹、孙、刘三方鼎峙的局面。

■ 孙权

766. 中国近代全国规模的农民革命战争是什么战争?

太平天国运动是中国近代全国规模的农民革命战争。鸦片战争后由于清政府对外妥协和对人民加重压榨，社会矛盾激化。洪秀全于清道光二十三年（1843年）创立拜上帝会，秘密进行反清革命活动。清道光三十年十二月十日（1850年1月11日）在广西桂平县金田村起义，建号太平天国。9月攻克永安（今蒙山），初建革命体制。1853年3月攻克南京，定为都城，命名为天京。太平天国颁布《天朝田亩制度》，建立乡官制度，对外坚持独立自主、反对外来侵略的政策。第二次鸦片战争后，英、法、美、俄侵略者支持清政府镇压太平天国。太平军东取上海和西攻武昌时，均受到外国侵略者的干涉。清同治元年（1862年）太平军在上海和宁波与英、法、美侵略者进行了英勇的战斗。在中外反动势力联合进攻下，苏州、杭州于1863年12月、1864年3月先后失守，1864年7月天京被湘军攻陷，太平军余部仍继续奋战了两年多。

767. 我国古代名将项羽的著名事迹是什么?

项羽（前232—前202），秦末农民起义军领袖，名籍，字羽，秦下相（今江苏宿迁市西南）人。秦末随项梁发动会稽起义，在公元前207年的决定性战役巨鹿之战中大破秦军。秦亡后自立为西楚霸王，统治黄河及长江下游的梁、楚九郡。后在楚汉战争中为汉高祖刘邦所败，在乌江（今安徽和县东北）自刎。项羽的勇武古今无双（古人对其有“羽之神勇，千古无二”的评价），他是中华数千年历史上最为勇猛的将领，“霸王”一词即专指项羽。

■ 项羽

768. 我国古代名将卫青是怎样一个人?

■ 卫青

卫青，为西汉军事家卫青（? —前106），西汉名将，字仲卿，河东平阳（今山西临汾西南）人。他能征惯战，为汉朝北部疆域的开拓做出了重大贡献。卫青是汉武帝时期抗击匈奴的主要将领，也是霍去病的舅舅，二者并称“帝国双璧”。卫青开启了汉代对匈奴战争的新篇章，七战七捷，无一败绩，为历代兵家所敬仰。

769. 我国古代名将霍去病的著名事迹是什么?

霍去病（前140—前117），西汉名将，河东平阳（今山西临汾西南）人，是汉初大将军卫青的外甥，从小善于骑射，18岁时，被汉武帝召为侍中。不久，武帝令他随卫青北击匈奴，其后封为骠姚校尉。元狩二年（前121年），汉武帝以霍去病为骠骑将军，令其率领1万骑兵，反攻进迫河西地区的匈奴军，这是霍去病第一次单独率军进行的深远作战。他初步摸索了骑兵集团远距离奔袭的经验，为以后组织的全面反击匈奴的漠北之战奠定了基础。然后，霍去病以惊人的胆略，在无后方支援和其他部队配合的情况下，充分发挥骑兵作战的特点，突飞猛进，灵活机动，深入匈奴军侧后2000余里，消灭匈奴军于祁连山麓，取得了河西之战的重大胜利，也创造了我国古代骑兵作战的典型战例。

770. 我国古代名将李广是怎样的一个人?

■ 李广

李广（? —前119），西汉名将，陇西成纪（今甘肃静宁西南）人。汉文帝十四年（前166年）从军击匈奴因功被封为中郎。景帝时，先后任北部边域七郡太守。武帝即位，召为中央宫卫尉。元光六年（前129年），任骁骑将军，领万余骑兵出雁门（今山西右玉南）击匈奴，因众寡悬殊负伤被俘。匈奴兵将其置卧于两马间，李广佯死，于途中趁隙跃起，奔马返回。后任右北平郡（治平刚县，今内蒙古宁城西南）太守。匈奴畏服，称之为飞将军，数年不敢来犯。元狩四年（前119年），漠北之战中，李广任前将军，因迷失道路，未能参战，愤愧自杀。

771. 我国古代名将岳飞是怎样的一个人?

岳飞（1103—1142），南宋抗金名将，字鹏举，相州汤阴（今属河南）人。其在出师北伐、壮志未酬的悲愤心情下写的千古绝唱《满江红》，至今仍是令人振奋的佳作。岳飞率领的军队被称为岳家军，人们流传着“撼山易，撼岳家军难”的名句，表示对“岳家军”的最高赞誉。绍兴十一年十二月二十九日（1142年1月27日），秦桧以“莫须有”的罪名将岳飞毒死于临安大理寺狱中。1162年，宋孝宗时诏复官，谥武穆，宁宗时追封为鄂王，改谥忠武，有《岳武穆遗文》传世。

■ 岳飞

772. 我国古代名将戚继光是怎样的一个人?

戚继光（1528—1587），明抗倭名将、军事家，字元敬，号南塘，晚号孟诸，山东登州（今蓬莱）人。戚继光率军于浙、闽、粤沿海诸地抗击来犯倭寇，历10余年，大小80余战，终于扫平倭寇之患，卒谥武毅。世人称其带领的军队为“戚家军”，有多部军事著作及诗作传世。

773. 我国古代兵法中的“远交近攻”是什么意思?

■ 戚继光

远交近攻最初作为外交和军事的策略，是指和远方的国家结盟，而与相邻的国家为敌。这样做一方面可以防止邻国肘腋之变，另一方面使敌国两面受敌。战国末期，七雄争霸。秦国经商鞅变法之后，势力发展最快。秦昭王开始图谋吞并六国，独霸中原。前270年，秦昭王准备兴兵伐齐。范雎此时向秦昭王献上“远交近攻”之策，阻止秦国攻齐。为了防止齐国与韩、魏结盟，秦昭王派使者主动与齐国结盟。其后40余年，秦始皇继续坚持“远交近攻”之策，远交齐楚，首先攻下郭、魏，然后又从两翼进兵，攻破赵、燕，统一北方，接着攻破楚国，平定南方。最后把齐国也收拾了。秦始皇征战10年，终于实现了统一中国的愿望。

774. 三十六计中的“围魏救赵”是什么意思?

围魏救赵，原指战国时齐军用围攻魏国的方法，迫使魏国撤回攻赵部队而使赵国得救，后指袭击敌人后方的据点以迫使进攻之敌撤退的战术，出自《史记》卷六十五《孙子吴起列传》。前354年，魏国军队围赵国都城邯郸，双方相持年余，赵衰魏疲。这时，齐国应赵国的求救，派田忌为将、孙膑为军师，率兵8万救赵。孙膑向田忌建议带兵向魏国都城大梁（今河南开封）猛插进去，占据交通要道，袭击它空虚的地方，向魏国的国都大梁进军，魏必然放下赵国回师自救，齐军乘其疲惫，在预先选好的作战地区桂陵迎敌于归途，魏军大败，赵国之围遂解。孙膑用围攻魏国的办法来解救赵国的危困，这在我国历史上是一个很有名的战例，被后来的军事家们列为三十六计中的重要一计。

775. 古代兵法中暗度陈仓的意思是什么？

暗度陈仓，指正面迷惑敌人，而从侧翼进行突然袭击，比喻暗中进行活动。陈仓，古县名，在今陕西省宝鸡市东，是通向汉中的交通要道。“明修栈道，暗度陈仓”是古代战争史上的著名成功战例。秦末农民起义后，项羽与刘邦为争夺天下，进行了为期4年的“楚汉战争”。刘邦首先攻入咸阳，自立为关中王。项羽军事力量强大，刘邦把咸阳和关中让给了项羽，自己到了汉中。刘邦为了迷惑项羽，防止章邯入侵，把出入汉中的栈道烧毁了。后来，刘邦逐渐强大起来，命韩信为大将。韩信派了1万多人马去修复烧毁的栈道，却派主力抄小路向陈仓进军，很快攻下咸阳，占领关中。

776. 我国古代成语“背水一战”的意思是什么？

■ 韩信

背水一战比喻与敌人决一死战。背水：背向水，表示没有退路。韩信是汉王刘邦手下的大将，为了打败项羽，夺取天下，他为刘邦定计，先攻取了关中，然后东渡黄河，接着往东攻打赵王歇。韩信的部队要通过一道极狭的山口，叫井陉口。韩信命令部队在离井陉三十里的地方安营，到了半夜，让将士们吃些食物，告诉他们打了胜仗再吃饱饭。随后，他派出两千轻骑从小路隐蔽前进，要他们在赵军离开营地后迅速冲入赵军营地，换上汉军旗号，又派一万军队故意背靠河水排列阵势来引诱赵军。到了天明，韩信率军发动进攻，双方展开激战。不一会儿，汉军假意败回水边阵地，赵军全部离开营地，前来追击。这时，韩信命令主力部队出击，背水结阵的士兵因为没有退路，也回身猛扑敌军。赵军无法取胜，正要回营，忽然营中已插遍了汉军旗帜，于是四散奔逃。汉军乘胜追击，打了一个大胜仗。

777. 我国古代兵法中“以逸待劳”是什么意思？

以逸待劳，就是在敌人气势正盛之际，采取不直接进攻的战略，而是坚守住自己的阵地，消磨敌人士气，使敌人疲于奔命。同时审时度势，寻找最有利的战机，从而后发制人、一举破敌。西汉末年，陇甘军阀隗嚣脱离刘秀，去投靠在四川称帝的公孙述。刘秀大怒，派兵去攻打隗嚣，结果反被隗嚣打败。刘秀再派征西大将军冯异，前去占领栒邑。隗嚣得到消息，命令部将行巡立刻去栒邑抢占有利地形。冯异的部将们知道后，都劝冯异不要和行巡大军作战。冯异斩钉截铁地说："我们必须抢占栒邑'以逸待劳'。"冯异命令部队急行军，抢在行巡之前，占领了栒邑。冯异严密封锁消息，紧闭城门，偃旗息鼓，让将士们休整。行巡的部队急匆匆地刚赶到城下，城楼上突然鼓声大作，亮出了冯异的帅旗。行巡的军队毫无防备，吓得四下逃窜。冯异大开城门，领兵冲出城来，大败敌军。

778. 三十六计中的反间计是什么意思?

反间计，是说在疑阵中再布疑阵，使敌内部自生矛盾，我方就可万无一失。说得更通俗一些，就是巧妙地利用敌人的间谍反过来为我所用。在战争中，双方使用间谍是十分常见的。《孙子兵法》就特别强调间谍的作用，认为将帅打仗必须事先了解敌方的情况。要准确掌握敌方的情况，不可靠鬼神，不可靠经验，"必取于人，知敌之情者也。"这里的"人"，就是间谍。《孙子兵法》专门有一篇《用间篇》，指出有五种间谍，利用敌方乡里的普通人做间谍，叫因间；收买敌方官吏做间谍，叫内间；收买或利用敌方派来的间谍为我所用，叫反间；故意制造和泄露假情况给敌方间谍，叫死间；派人去敌方侦察，再回来报告情况，叫生间。

779. 我国古代的连弩是一种什么样的武器?

弩是中国古代装有张弦装制（弩臂和弩机），可以延时发射的弓。射手使用时，将张弦装箭和纵弦发射分解为两个单独动作，无须在用力张弦的同时瞄准，比弓的命中率显著提高；还可借助臂力之外的其他动力（如足踏）张弦，能达到比弓更远的射程。三国时期蜀国的诸葛亮制作了一种连弩，称作元戎弩，一次能发射10支箭，攻击力很强，但是体积偏大、重量偏重，单兵无法使用，主要用来防守城池和营塞。后来大发明家马钧欲对其进行改进，使之成为一种五十矢连弩，威力更大，但是生产很复杂，所用的箭矢也必须特制，后来这项技术失传。

780. 我国古代的火铳是一种什么样的武器?

火铳是中国元代和明代前期对金属管形射击火器的通称，有时又称火筒。火铳的创制是中国元代兵器制造的重要成果，它是依据南宋火枪尤其是突火枪的发射原理制成的。现存的元代至顺三年（1332年）所制、安放在架上发射的盏口铳，元代至正十一年（1351年）研制的手铳，分别是当时所制大型火铳和手铳的代表性制品。火铳以火药发射石弹、铅弹和铁弹，同火枪相比，火铳的使用寿命长，发射威力大。火铳是中国古代第一代金属管形射击火器，它的出现，使火器的发展进入一个崭新的阶段。

781. 我国古代的红夷大炮是一种什么样的武器？

红夷大炮是明代后期传入中国的，也称为红衣大炮。“红夷”是明时对荷兰人的称呼，因此很多人认为红夷大炮是从荷兰进口的，其实当时明朝将所有从西方进口的前装滑膛加农炮都称为红夷大炮，明朝官员往往在这些巨炮上盖以红布，所以讹为“红衣”。红夷大炮在设计上确实有其优点，它的炮管长，管壁很厚，而且是从炮口到炮尾逐渐加粗，符合火药燃烧时膛压由高到低的原理。在炮身的重心处两侧有圆柱形的炮耳，火炮以此为轴可以调节射角，配合火药用量改变射程。设有准星和照门，依照抛物线来计算弹道，精度很高。多数的红夷大炮长在3米左右，口径110—130毫米，重量在2吨以上。

■ 红夷大炮

782. 我们常说的“八卦阵”是指什么？

八卦阵学名为九宫八卦阵，九为数之极，取六爻三三衍生之数，易有云：一生二，二生三，三生万物。又有所谓太极生两仪，两仪生四相，四相生八卦，八卦而变六十四爻，从此周而复始变化无穷。八卦阵等古代阵法是真实存在的。虽然不像文学作品中描述的那么神奇，但却实实在在地反映了先贤们对于战争理论的理解。八卦阵按休、生、伤、杜、景、死、惊、开八门。从正东“生门”打入，往西南“休门”杀出，复从正北“开门”杀入，此阵可破。此阵为战国时期孙膑首创，有上述八门，至三国时期，诸葛亮在中间加上了指挥使台，由弓兵和步兵守护，指挥变阵，一般认为有四四一十六种变法。

■ 八卦阵

783. 古代战争主要通过什么方式来指挥？

在古代的战争中，指挥者通过旗和金鼓来指挥。军队中的各种旗帜很多，其中帅旗叫“旌麾”，如《赤壁之战》“近者奉辞伐罪，旌麾南指”；又有“麾下”一词，义同“部下”，如《垓下之战》“麾下壮士骑从者八百余人”。战旗不倒，表明指挥者仍在指挥，如果战旗倒了，则表明彻底失败了，所以《曹刿论战》中，曹刿“望其旗靡”，然后才让鲁庄公下令追击齐军。擂鼓是进攻与冲锋的信号，并能起鼓舞士气的作用。金是钲之类的响器，在战争中鸣金表示收兵。

784. 我国古代有海军吗?

中国是世界上最早建立海军的国家。大约在3500多年前，夏朝出兵攻打山东半岛上一个叫斟寻的小国时，双方都有武士持戈驾舟迎战。前6世纪，我国便有了比较完善的海军组织。中国古代海军，在中国史籍中称舟师、水军或水师。它在漫长的历史过程中，经历了形成、发展、鼎盛和衰亡四个时期。回顾中国古代海军的历史，可以看出，中国古代海军在奴隶社会末期形成，在整个封建社会时期不断发展壮大，成为一支装备精良、能征善战的海军，为统一中国、抗击外敌海上入侵起了重大作用。

785. 我国有记载的海战最早发生在什么时候?

我国记载最早的海战发生于前485年，春秋时期的吴齐黄海之战。前485年，吴国派大夫徐承为“舰队司令”，率领舟师进攻山东半岛的齐国。“舰队”从长江口出海北上，远航奔袭，声势浩大。但是，没有料到齐国的“舰队”十分厉害，不等吴国的舟师到达，就在黄海海面拦腰截击。两国的舟师在波涛翻滚的黄海展开激烈的战斗，结果以吴国大败告终。这是我国有记载的第一次海战。

786. 我国历史上第一个建立雄厚海军力量的是哪个国家?

我国历史上第一个建立雄厚海军力量的是三国时的吴国。东吴的水军主力在长江，共有500艘战舰，大约划分为两类，即“蒙冲”和“斗舰”。他们的活动范围曾北到朝鲜，东至台湾，南抵交趾。

787. 世界上第一支炮兵部队产生于什么时候?

永乐年间，明成祖创建由朝廷直接指挥的战略机动部队——神机营。于是，世界上第一支独立的以炮兵为主的新兵种正式登上历史舞台。神机营的创建，大大提高了明军的战斗力。该营曾多次随皇帝出征，为平定北疆立下赫赫战功。明军也首创了炮兵同步、骑兵协同作战的新战术。

788. 我国现存最早的中国古代著名兵书是什么?

《孙子兵法》亦称《孙子》《孙武兵法》《吴孙子兵法》，由春秋时军事家孙武撰，是现存最早的中国古代著名兵书。现今通行本为13篇：《计》《作战》《谋攻》《形》《势》《九地》《火攻》《虚实》《用间》《九变》《行军》《地形》《军争》。书中总结春秋时期战争的经验，阐述古代战争之理论问题和客观规律，提出“兵者，诡道也”“攻其无备，出其不意”“兵无常势”“因敌而制胜”“知彼知己，百战不殆”等观点。又详析战争中敌我、主客、众寡、强弱、攻守、进退、奇正、虚实、动静、勇怯、治乱、胜败等诸种矛盾及其相互转化，具有朴素唯物论和辩证法因素，被尊为“百代谈兵家之祖”，在世界军事科学史上占有重要地位。宋时该书被列在《武经七书》这部书的首位。

789. 《六韬》是怎样的一部书?

《六韬》又称《太公六韬》《太公兵法》，旧题周初太公望（即吕尚、姜子牙）所著，普遍认为是后人依托，作者已不可考。现在一般认为此书成于战国时代。全书以太公与文王、武王对话的方式编成。《六韬》是一部集先秦军事思想之大成的著作，对后代的军事思想有很大的影响，被誉为是兵家权谋类的始祖。北宋神宗元丰年间，《六韬》被列为《武经七书》之一，为武学必读之书。《六韬》在16世纪传入日本，18世纪传入欧洲，现今已翻译成日、法、朝、越、英、俄等多种文字。

790. 《武经总要》是什么书?

《武经总要》是一部中国古代北宋官修的一部军事著作。作者为宋仁宗时的文臣曾公亮和丁度。两人奉皇帝之命用了5年的时间编成。该书是中国第一部规模宏大的官修综合性军事著作，对于研究宋朝以前的军事思想非常重要。其中大篇幅介绍了武器的制造，对科学技术史的研究也很重要。

第六章　礼制

791. 我国古代的“三纲五常”指的是什么?

“三纲”是指“君为臣纲，父为子纲，夫为妻纲”，要求为臣、为子、为妻的必须绝对服从于君、父、夫，同时也要求君、父、夫为臣、子、妻作出表率。它反映了封建社会中君臣、父子、夫妇之间的一种特殊的道德关系。“五常”即仁、义、礼、智、信，是用以调整、规范君臣、父子、兄弟、夫妇、朋友等人伦关系的行为准则。

792. 什么是“三从四德”?

“三从四德”是为适应父权制家庭稳定、维护父权—夫权家庭（族）利益需要，根据“内外有别”“男尊女卑”的原则，由儒家礼教对妇女的一生在道德、行为、修养等方面进行的规范要求。三从是未嫁从父、既嫁从夫、夫死从子，四德是妇德、妇言、妇容、妇功。

793. 什么是“七出”?

“七出”，也称七去、七弃，是在中国古代的法律、礼制和习俗中，规定夫妻离婚时所要具备的七种条件，当妻子触及其中一种条件时，丈夫及其家族便可以要求休妻(即离婚)。从其内容来看，主要是站在丈夫及其家族的角度并考量其利益，因此可说是对于妻子的一种压迫。但另一方面在男性处于优势地位的古代社会中，也使女性最低限度地免于任意被夫家抛弃的命运。七出内容包括不顺父母、无子、淫、妒、有恶疾、口多言与窃盗等。

794. 什么是宗法?

宗法是指调整家族关系的制度，它源于氏族社会末期的家长制，依血缘关系分大宗和小宗，强调前者对后者的支配以及后者对前者的服从。中国君主制国家产生之后，宗法制与君主制、官僚制相结合，成为古代中国的基本体制和法律维护的主体。

795. 什么是中国古代的“五礼”?

“五礼”即吉礼、凶礼、军礼、宾礼、嘉礼。吉礼是五礼之冠，主要是对天神、地祇、人鬼的祭祀典礼。嘉礼是和合人际关系、沟通、联络感情的礼仪。宾礼是接待宾客之礼。军礼是师旅操演、征伐之礼。凶礼是哀悯、吊唁、忧患之礼。

表1 中国古代的五礼

吉礼	五礼之冠，主要是对天神、地祇、人鬼的祭祀典礼
凶礼	哀悯、吊唁、忧患之礼
军礼	师旅操演、征伐之礼
宾礼	接待宾客之礼
嘉礼	和合人际关系、沟通、联络感情的礼仪

796. 古代的礼器有哪些?

礼器是中国古代贵族在举行祭祀、宴飨、征伐及丧葬等礼仪活动中使用的器物，用来表明使用者的身份、等级与权力。礼器是在原始社会晚期随着氏族贵族的出现而产生的，进入商周奴隶制社会后，礼器有了很大的发展，成为“礼治”的象征，用以调节统治阶级内部的秩序，从而维护奴隶主贵族的统治。这时的礼器包括玉器、青铜器及服饰。进入秦汉封建社会后，青铜礼器逐渐衰落，退出了历史舞台。

表2 商周青铜礼器

用途	名称
食器	鼎、簋、甗、鬲、俎、豆、簠
玉器	璧、璋、琥、琮、圭、璜
乐器	钟、铙、鼓、钲、磬
酒器	爵、角、觚、觯、斝、尊、壶、卣、方彝、觥、瓿、盉、罍、缶、斗
水器	盘、匜、盂
杂器	罐、箕形器、方形器

797. “祭星辰风雨”在古代是怎样一种礼节?

“祭星辰风雨”是古代吉礼的一种，即帝王依时令遣官筑坛致祭于星、辰、风、雨等天神，以求保佑风调雨顺、长寿与天下太平。这一礼节和祭日月、山川、岳渎等，同为古代自然崇拜、万物有灵观念的反映。

798. 古代吉礼中“祀山川”指的是什么?

“祀山川”，亦称“望”“望山川”，属于古代吉礼的一种，即祭祀山林、川泽、丘陵之神，以祈丰年。因山川距离遥远，故又称望。

799. “巡狩”在古代就是指打猎吗?

“巡狩”，亦作“巡守”，是古代吉礼的一种，指帝王巡视所辖国土，了解山川形势、风土民情及各地吏治等，以加强统治。秦始皇统一中国后，曾数次出巡，后死于中途。隋炀帝南游扬州，清康熙、乾隆数次巡视江南，皆为古“巡狩”制度的继续。帝王被少数民族俘虏北去，如宋代徽、钦二帝为金所虏，明英宗为瓦剌所俘，往往也讳称“北狩”。

800. 古代所说的“郊”是什么意思?

“郊”，亦称“郊祀”“郊天”，也是古代吉礼的一种，即天子祭天的大典，与祭地之礼合称为“郊社”。起源于上古时对天地的自然崇拜，所祀天神为昊天上帝。只有天子可以祭天，其用意为报答万物的根本上天及宗族的始祖，因而周代以本族始祖后稷配飨，汉代则以高祖刘邦配飨。祭天的“圆丘”，象征天圆，建于南郊。现存北京天坛，即圆丘，是明清皇帝郊天的祭坛。郊天于每年冬至日举行，祭地于每年夏至日在北郊举行。

801. “祈雨”的目的是什么?

“祈雨”是古代祈祝寿降雨的祭礼。因祈告对角及规模的不同，又分为大雩、祈太庙、祈太社、祈岳镇海渎等。旧时，遇久旱不雨，有“行雨”“谢雨”之俗。“行雨”时，由一伙寡妇、少女等沿街扫土，用柳条甩清水，众人举小旗，敲锣打鼓。另外，遇阴雨连绵或雨量过大，人们以朝空中放火枪、爆竹等方式向上天表示烦恼。

802. 古代“祭社稷”是什么意思?

“祭社稷”是古代吉礼的一种。“社”代表土地神，“稷”为谷神。古代中国以农业为本，土地及谷为最重要的原始崇拜物。新石器社会中期的母系氏族时代，已出现社稷祭祀，西安半仰韶文化遗址曾发现用陶罐盛满黍稷埋在土中献祭土地神的遗迹。至周代，社稷神成为仅次于昊天上帝的重要神祇，祭社稷也成为国之大典。天子与诸侯每年春季祭祀社稷，祈求丰年。秋季祭祀，表示报谢。

803. 古代帝王进行的“上陵”活动是什么?

“上陵”是古代吉礼的一种，即帝王拜扫祖先陵寝，该活动始于秦汉。每逢上陵的日子，皇室成员和大夫以上官员须陪同皇帝拜见祖先神座，并申告丰歉情况，以祈神灵保佑，各代沿之。

804. “牺牲”的本意是什么?

“牺牲”在我国古代指的是祭祀用的毛色纯而完整的牲畜，多指牛、羊、豕等。毛色纯曰“牺”，未加分解曰“牲”。春秋以后，牛、羊、豕三牲兼用称“太牢”，用羊、豕二牲称“少牢”等。祭神灵，必须献礼，牺牲是所献礼品中食品的一个部分。所用品种及多寡，因不同的祭祀对象、目的及主祭者的身份而不同。

805. 古代礼仪中的“太牢”“少牢”指的是什么？

“太牢”亦作“大牢”，指古代祭祀时所用畜生。在比较重要的祭典上，畜生在祀前须用栏圈（牢）畜养一段时间，故借称经过牢养的牛、羊、豕为“牢”。商代，“大牢”通常指牛牲，“少牢”（亦称“小牢”）指羊牲。春秋以后，由于用太牢一定兼用少牢，用少牢未必兼用太牢，故太牢一般指牛、羊、豕三牲，少牢一般指羊、豕二牲。有时，太牢也单指牛牲。周代礼仪，帝王、诸侯致祭宗庙，牛、羊、豕全备，用太牢，卿大夫致祭宗庙，用少牢。

806. 凶礼中的“丧礼”是什么意思？

“丧礼”是古代凶礼的一种，即安葬和悼念死者时所必须遵循的一整套礼仪制度。我国汉族丧礼，根源于上古社会的丧葬习俗，与灵魂不灭的观念有关。随着阶级社会的出现，习俗逐渐礼仪化，经统治阶级的推广实行，至周代大致定型，成为人生礼仪中的重要组成部分。由秦汉及隋唐，丧礼臻于完备。主要包括丧葬仪规、丧服制度、祭祀活动三个方面。

丧葬仪规，有属纩、招魂、停尸、小敛、报丧、吊唁、入殓、出殡、下葬。丧服制度，按血缘的亲疏远近，分为斩衰、齐衰、大功、小功、缌麻五等服，服期不一。祭祀活动，有奠、虞祭、卒哭、祔、小详、禫祭等。其核心为丧服制度，它具有重嫡系轻旁系、重长子轻庶子、重男轻女的显著特点，为儒家肯定和坚持，表现了对宗族内尊卑长幼秩序的维护，具有用宗法伦理道德思想教育族人、团结宗族的作用。

汉族丧礼在历史上曾影响过亚洲的日本等国家以及国内的部分兄弟民族。蒙、满、回、藏等少数民族也有本民族固有的丧葬礼俗。

807. “人殉”是怎样的一种习俗？

“人殉”是中国古代丧葬习俗的一种，即埋葬死人时又用活人陪葬。人殉起源于原始父氏族社会晚期。当时氏族内部出现阶级分化，氏族首领及氏族贵族占有大量财富及由战俘转化而来的奴隶、妻妾。继承人出于对鬼神的迷信，为让死者死后在阴间继续享受生时的生活，往往依据遗嘱将部分珍贵之物及奴隶一起殉葬。有时还包括妻妾在内。商代，殉葬为普遍现象。人殉现象充分表露了鬼神观念的愚昧以及奴隶主、封建帝王的自私残暴。

808. “人祭”是什么样的一种礼仪？

“人祭”是我国古代祭祀礼俗，即杀人作祭品来祭祀神灵。人祭起源于原始社会的部落战争，当时处于野蛮阶段，生产力低下，通常将女俘虏娶为妻，儿童或收养或杀害，将男俘虏杀祭于祖先灵前，以告胜利。春秋以后，人的价值提高，儒家“仁义”之说兴起，人祭现象大量减少，但用敌方首领祭于社，仍然存在。此后，聚众起事、发兵出师也有用人头盟祭者。

809. “死之称”对不同阶层的称呼有何规定?

在我国古代，社会等级制度极为森严，不同阶级、不同阶层的人死去，都必须使用不同的称呼。据反映周代礼俗的《礼记·曲礼》载，天子死曰“崩”，诸侯死曰“薨”，大夫死曰“卒”，士死曰“不禄”，庶人死曰“死”。至唐代以后，“卒”的用法不及过去严格，常用来泛指死。然“崩”与“薨”仍然只能用于帝后王侯等。此外，由于人们对死的恶厌心理而使用一些讳代词代指死，如物化、物故、就木、捐馆、不讳、殒坠、归道山等。殇及夭则用于称未成年者的死。死后，因身份的不同而有各自的专称，如父亲死后称考，俗称先考，母亲死后称妣，俗称先妣，合称考妣。

810. “奔丧”在古代有什么规定?

“奔丧”是古代汉族丧礼仪式之一，即居他处闻丧归，并服丧。周代礼仪规定，子女在外，如父母死，听到这个消息即应该以哭答使者，然后详问父母死因，哭毕即着深衣戴素冠急归故乡，途中素食，凡过一处皆哀哭过境，到家则自门外号哭至家中堂上。如因残病、临产、生育等原因不能奔丧，则寄物以吊。在封建社会，不奔父母丧，是属于大不孝的行为。

811. “出殡”在古代是怎样进行的?

“出殡”亦称“出灵”，属于古代汉族丧葬仪式之一，即将盛放尸体的灵柩送到安葬地或寄放地。旧时出殡，多用专人抬棺木，依贫富之分有不同标准。如贫苦之家使用八人抬棺木，称“八人杠”；小康之家的老丧，用十六杠、三十二杠；豪富之家用四十八杠、六十四杠；王公用八十四杠等。如皇帝出殡，则用一百〇八杠，叫“皇杠”。一般汉族地区出殡时，由长子双膝下跪，头顶丧盆，灵柩启动前将丧盆摔碎，号啕大哭，然后起行。孝子必须肩扛灵头幡，以孝带牵头杠，此称为“杠牵”。女儿或侄儿抱着领魂鸡随后而行。灵柩后为鼓乐队，然后是送葬亲友。至墓地，孝子先执锹挖土，众亲友接着打墓穴、安葬。

812. 我国古代的“丁忧”“夺情”指的是什么?

“丁忧”原指遇到父母丧事，后多专指官员居丧。古代，父母死后，子女按礼须持丧三年，其间不得行婚嫁之事，不预吉庆之典，任官者必须离职，称“丁忧”。该法源于汉代，至宋代，由太常礼院负责，凡官员有父母丧亡，须报请解官，服满后起复，后世大体相同。清代则规定，匿丧不报者，一律革职。而重臣要员解官离任会影响朝内外政务者，由皇帝下诏命其留任，称为“夺情”，即以权变改常礼，不使终制之意。此外，守丧未终而应朝廷之召起复任职者，也称“夺情”。晋代时，已有其制，历代相沿。

813. 葬礼中的“丧服”有何规定?

丧服制度属于中国旧时汉族丧礼制度，即按本人与死者血缘关系的亲疏远近，在服丧期间及丧葬仪式中穿戴不同的服饰和长短不同的期限。该制度起源于上古，至周代宗法社会，以白色麻衣为丧服，已成定制。《仪礼・丧服》中将丧服分为斩衰、齐衰、大功、小功、缌麻五种，也称“五服”，其制度的形成与我国古代传统的九族制直接相关。服丧主要是晚辈为长辈或平辈间尽哀，是古代九族制血缘观念具体形象的反映。自周至民国，历时约2000多年，多有变化。

814. “神位”是我们现在所说的“牌位”吗?

“神位”，亦称“神主”“木主”“位版”“灵位”“牌位”“灵牌”等，代表神灵或祖先的牌位。用木制作而成，置于庙宇或宗祠中，供祭祀之用。周代，王宫中有小宗伯掌理国中设立神位及祭祀等事，凡天、地、日、月、星、辰、风、雨、祖先均有神位，供祭于社稷、宗庙及各处坛位。诸侯、大夫、士亦各有宗庙宗祠，奉祀先代神主。本族中男子死后，皆以昭穆次序班祔于祖庙，立神位其中，供子孙祭祀。

815. “上墓”规定的内容有哪些?

“上墓”，俗称“上坟”，皇家则称“上陵”。该制起于上古，即祭扫先人陵墓，表示纪念。起初没有一定的日期，后来经过发展逐渐定于清明、社日、腊月等四时节日。汉代自天子至百姓，都十分注重此事。所祭扫的陵墓，除了自己的祖先之外，还包括已故的君主、长吏、主人、乡贤、朋友、臣下等。到了那个时候，还会会聚宗族、故旧，共同飨以酒食。

816. “射礼”在古代军礼中有什么规定?

“射礼”属于古代军礼的一种，在周代曾属嘉礼，起源于上古氏族社会的军事教育。射，指射箭技术的训练。在我国古代，射是征服野兽、抵御外敌的重要手段。商代时，射、御等教育，在学校中占有重要地位。至周代，统治者重视武力建设，射术为选士标准之一。在尊礼思想指导下，周人创制了射礼，共包括大射、宾射、燕射、乡射四种。

表3 周人的四种射礼

名称	内容
大射	天子、诸侯、卿大夫祭祖、祭神前所设之典，以射选择参加祭礼的贡士。
宾射	天子因诸侯来朝举行的射礼。
燕射	天子与群臣燕息之射，以表君臣之礼。
乡射	举行乡饮酒礼时所行的射礼，以竞技、选贤，表长幼之序。

四种射礼，仪节繁复庄重，对所用弓、箭、侯（箭靶）、乐舞等都有不同的规定，程序亦各不同，体现了鲜明的等级观念与奴隶制的伦理思想。

817. “出师”指的是什么？

“出师”是古代军礼的一种，指将帅及军队受命出征作战之际，整顿军纪、耀武扬威，以鼓舞军心。周代开始，每逢战争，大司马则巡阵而论赏罚。至汉代，以此建立出师相关的礼仪制度，后世沿用之。

818. “朝会”是什么活动？

“朝会”是古代嘉礼的一种，泛称诸侯、臣属等朝见君主，包括节日朝贺。每逢岁首举行“大朝会”，是始于西周的一种礼仪规格最高的朝仪，秦汉直至明清，历代承袭不衰。“大朝会”即百官朝见天子。诸侯、百官朝见天子的时辰是早晨，故称之曰“朝”。天子接见诸侯、百官的政治目的是“图天下之事”，同时询问地方的治理情况，谓之“图考绩”，类似今天对各级官员的“绩效考核”或曰“目标管理”。

819. “朝觐”在古代是怎样一种礼仪？

“朝觐”属于古代宾礼的一种，指诸侯藩国朝见天子的礼仪。周代开始，诸侯春季拜见天子曰“朝”，夏季曰“宗”，秋季曰“觐”，冬季曰“遇”，亦以朝觐借称朝见天子。

820. “朝贺”是哪一种礼仪？

“朝贺”是古代嘉礼的一种，指岁首、新正、冬至等重要节日，群臣拜贺皇帝，或宫内太子、妃嫔、命妇等拜贺皇帝皇后的礼仪。

821. “册封”在古代帝王礼仪中的地位如何？

“册封”，亦称“册立”“册命”“策命”等，原称“册”，属于古代嘉礼的一种，指的是为天子封立太子、皇后、妃嫔夫人、王侯、公主、郡主等，正式授予名号的礼仪。始于周代，后世沿之。举行仪式时，由天子派遣相应的大臣为使者，向受封者及有关人等宣读册文，并授以印玺，受封者的地位由此得到承认。

822. 古代“官员乘轿”是什么制度？

古代官员所乘轿子也是有一定标准的，属于舆服制度之一。古代自天子至群臣皆乘车，贫贱者乘牛车。及魏晋时，一般人都是乘牛车出行。南朝时以人力代步的工具则为肩舆，肩舆开始没有顶盖，后来加了遮风避雨之物，就成为今天的轿子。明初规定三品以上才能乘轿，而至明中叶，百官无论大小皆乘轿，因此举人、监生、秀才也多乘轿。清代规定，三品以上才能坐八抬大轿，如赴朝会，文武官员皆骑马，不坐轿。由于官员品阶不一，人数众多，抬轿人数也有限制，如三品以上京官，在京使用四人抬轿，出京则使用八人抬。外省督、抚使用八人抬轿，督、抚以下使用四人抬轿等。因此，乘坐四人或八人大轿，实际成为一种官品的标志，是乘坐者身份地位的象征。

823. “拜”礼是怎样一种礼节?

“拜”是古代表示恭敬的一种礼节，也为打躬作揖及下跪叩头的通称。不同的拜礼，用于不同的场合。周代有稽首、顿首、空首、振动、吉拜、凶拜、奇拜、褒拜、肃拜之分，称为“九拜”。稽首是拜跪于地上，左手按右手，拱手并缓缓引头至地，多时方起，也称“叩首”，俗称“磕头”，其礼最重。顿首是跪拜于地上，引头至地，但头顿地即起。一般用于地位相等的人之间，后用于下对上的敬礼，也用于书信的开头或结尾。古代常礼为两拜稽首，清初通行一跪三叩首，朝会大典臣下对皇上行三跪九叩首，为最隆重的礼仪。

824. 我国古代女子的拜礼称为什么?

古代女子的拜礼以“肃拜”为正式礼仪。如唐代女子“肃拜”的拜仪分为两种：一种是席地而坐时女子所行“肃拜”礼的拜仪，即两膝跪地，两手掌至地，腰与地平行，头略低。这种拜仪适合于妇女初见公公和婆婆、宫人对于国君和皇后（或皇太后）以及祭祀天地、祖先等重大场合。另一种是坐用床榻以后女子所行“肃拜”礼的拜仪，即“稍作鞠躬虚坐之状”。这种拜仪一般适合于大多数场合。

825. 日常生活中的“揖”在古代有什么规定?

“揖”，亦称“作揖”“揖礼”，属于古代礼节的一种。该礼起源于周代以前，其姿势为双手抱拳前举。至周代，统治阶级内部，作揖的形式已有多种，视双方的地位和关系而定，如王者之揖有土揖、时揖、天揖、特揖、旅揖、旁三揖之分。此外，还有长揖，即拱手高举，自上而下向人行礼。

表4 古代日常生活中的揖

土揖	拱手前伸而稍向下
时揖	拱手向前平伸
天揖	拱手前伸而稍上举
特揖	一个一个地作揖
旅揖	按等级分别作揖

826. “跪”礼是怎样进行的?

我国古代人们在进食、议事、看书时，只是在地上铺一条用芦苇、竹篾等编成的铺垫用具，即席子，人就坐在席子上，故称“席地而坐”。坐时要两膝着地，然后将臀部坐于后脚跟之上，脚掌向后向外。古人的“坐”，实际上就是我们现在的跪。在接待宾客中，每当“坐”着向客人致谢时，为了表示尊敬，往往伸直上半身，也就是“引身而起”，使坐变成了跪，然后俯身向下，就这样，逐渐形成了日常生活中的跪拜礼。古人坐于席上，当表示对长者尊敬，有急要之事或谢罪之时，则跪。其姿势为两膝着地，直身，臀部不着脚跟。

827. 我们经常提到的“请安”是什么?

“请安”是旧时的一种问候礼节，即问好，用于卑幼对尊长的问候。“请安”分为早、晚请安，以及远别和回归时的请安，平辈间有时亦互相为礼。起源于契丹族的辽代，女真族之金代，蒙古族之元代沿之，后成为满蒙人特有的问安习俗，清代则渗入汉族礼仪之中，尤盛行于北方。相见时，男女皆一足跪，一足着地，垂手近踝关节。后来演变为男子屈右膝，左腿半跪，左手着地，口称给某某请安，名为打千儿；女子则双手抚左膝，右膝弯曲，往下蹲身以为礼，“请双安”则以手抚双膝，且同时屈之。

828. 什么是“九拜”?

“九拜”是我国古代特有的向对方表示崇高敬意的跪拜礼。《周礼》谓“九拜”：“一曰稽首，二曰顿首，三日空首，四曰振动，五曰吉拜，六曰凶拜，七曰奇拜，八曰褒拜，九曰肃拜。”这是不同等级、不同身份的社会成员，在不同场合所使用的规定礼仪。其中，稽首、顿首和空首三拜为正拜。

表5　九拜礼仪

九拜	行礼
稽首	施礼者屈膝跪地，左手按右手，拱手于地，头也缓缓至于地。头至地须停留一段时间，手在膝前，头在后。属于拜礼中最重的一种
顿首	头碰地即起，因其头接触地面时间短暂，故称顿首。通常用于下对上及平辈间的敬礼
空首	两手拱地，引头至手而不着地，是拜礼中较轻者
振动	两手相击，振动其身而拜
吉拜	先拜而后稽颡，即将额头触地
凶拜	先稽颡而后再拜，头触地时表情严肃
奇拜	先屈一膝而拜，又称“雅拜”
褒拜	行拜礼后为回报他人行礼的再拜，也称“报拜”
肃拜	拱手礼，并不下跪，俯身拱身行礼。推手为揖，引手为肃。其实也就是揖。这是军礼，军人身披甲胄，不便跪拜，所以用肃拜

829. 什么是“拱手”?

“拱手”，也称“拱”“作揖”“拱作”，属于汉族等的交际礼节。见面时，双手合抱举前，向对方致意，上古时已有此俗，今有些老年人也行此礼。武术比赛、街头献艺时，或演员上场亮相时也行此礼。拱手时，一定是用左手扶抱右手，因为在古代，作揖礼有左手握右手为“吉拜”、相反则为“凶拜”的说法。这可能与古人的认识有关，他们习惯于用右手攻击他人，而左手抱住右手则为行礼者向对方的友好表示。

830. “婚礼”在古代是怎样规定的?

“婚礼”即婚嫁之礼，属于古代嘉礼的一种，即男女双方正式结为夫妇的礼仪形式。我国中原地区的婚姻礼仪，在原始社会晚期、对偶婚的末期与单偶婚（一夫一妻制）的初期。实行婚礼的程序和仪节，是父权制社会的人为达到生育自己的嫡亲子女，以继承自己的财产，并世代相传的目的。至周代，婚礼日趋完善，由简而繁，逐渐形成“六礼”之制。除“六礼”外，婚礼还包括正婚礼（拜堂、沃盥、对席、同牢合卺、馂馀设衽）、婚后礼（妇见舅姑、妇馈舅姑、舅姑飨妇、庙见）等。少数民族地区，社会发展阶段文明程度不一，亦各有礼、俗。

831. 古代的婚聘六礼是怎样的?

“六礼”是古代的婚姻礼仪，指从议婚至完婚过程中的六种礼节，即纳采、问名、纳吉、纳征、请期、亲迎。这一娶亲程式，周代即已确立，最早见于《礼记·昏义》。以后各代大多沿袭周礼，但名目和内容有所更动。汉平帝元始三年（3年）曾命刘歆制婚仪。汉朝以后至南北朝，皇太子成婚无亲迎礼。宋代官宦贵族仍依六礼，民间则嫌六礼烦琐，仅行四礼，省去问名和请期，分别归于纳采和纳征。清末后，六礼演变纷繁，也就逐渐衰落了。

832. “拜堂”在古代是怎样进行的?

“拜堂”也称“拜天地”，属于古代婚礼仪式之一。始自唐代，自皇室至士庶，普遍行之。宋以后，风行全国，所拜为天地、祖宗、舅姑（公婆），并夫妻交拜，表示从此女子成为男家家族的一员，因而成为婚礼过程中最重要的大礼。后来“拜堂”范围扩大，除天地祖先尊亲及交拜外，更须拜毕家族尊亲、友好宾朋。乡村于新婚次日拜宗祠（即古代“庙见”之礼）后，尚须拜揖乡党邻里，婚礼始告结束。

833. “交拜”是我们所说的“夫妻对拜”吗?

“交拜”是我国古代婚礼仪式之一，俗称“拜堂”，指举行婚礼时，新婚夫妇互相对拜。始自唐代，后世沿用，也就是我们现在所说的“夫妻对拜”。

834. 什么是弄璋弄瓦?

我国古人认为生下男孩子，就把一种玉器——璋给男孩子玩，希望儿子将来有玉一样的品德，后来就把生下男孩子称为“弄璋之喜”，而把生下女孩子称为“弄瓦之喜”。“弄璋、弄瓦”典出《诗经·小雅·斯干》:“乃生男子，载寝之床，载衣之裳，载弄之璋……乃生女子，载寝之地，载衣之裼，载弄之瓦。”瓦是纺车上的零件，男孩弄璋、女孩弄瓦，实为重男轻女的说法。

835. 什么是冠礼?

冠礼，是汉族嘉礼的一种，古代中国汉族男性的成年礼。冠礼表示男女青年至一定年龄，性已经成熟，可以婚嫁，并从此作为氏族的一个成年人，参加各项活动。成年礼（也称成丁礼）由氏族长辈依据传统为青年人举行一定的仪式，才能获得承认。

836. 什么是笄礼?

笄礼，俗称“上头”“上头礼”，即汉族女孩的成人礼，属于古代嘉礼的一种。笄，即簪子。自周代起，规定贵族女子在订婚（许嫁）以后出嫁之前行笄礼。一般在15岁举行，如果一直待嫁未许人，则年至20也行笄礼。冠（笄）之礼是我国汉族传统的成人仪礼，是汉族重要的人文遗产，它在历史上，对于个体成员成长的激励和鼓舞作用非常之大。

837. 古代的年龄称谓是什么?

我国古代人们的年龄有时候不用数字表示，而是用其他称谓来表示。

垂髫是三四岁至八九岁的儿童。髫，古代儿童头上下垂的头发。

总角是八九岁至十三四岁的少年。古代儿童将头发分作左右两半，在头顶各扎成一个结，形如两个羊角，故称“总角”。

豆蔻是十三四岁至十五六岁。豆蔻是一种初夏开花的植物，初夏还不是盛夏，比喻人还未成年，故称未成年的少年时代为“豆蔻年华”。

束发是男子15岁。到了15岁，男子要把原先的总角解散，扎成一束。

弱冠是男子20岁。古代男子20岁行冠礼，表示已经成人，因为还没达到壮年，故称“弱冠”。

表6　古代的年龄称谓

称谓	年龄	释义
而立	男子30岁	立，“立身、立志”之意
不惑	男子40岁	不惑，“不迷惑、不糊涂”之意
知命	男子50岁	知命，“知天命”之意

续表

称谓	年龄	释义
花甲	男子60岁	“花甲”来源于我国古代的干支纪年法
古稀	男子70岁	古来稀少，源于杜甫诗句“人生七十古来稀”
杖朝	男子80岁	源自周制允许80岁以上的老人拄着拐杖入朝
耄耋	男子八九十岁	语出《汉·曹操·对酒歌》“耄耋皆得以寿终”
期颐	男子100岁	源于汉时戴圣所辑的《礼记·曲记篇》，意思是人生以百年为

838. 什么是国讳?

国讳，指举国臣民，甚至包括皇帝本人，都必须遵循的避讳。本指皇帝本人及其父祖的名字，故又称君讳、公讳。后来扩大，讳及皇后及其父祖的名字、皇帝的字、前代年号、帝后谥号、皇帝陵名、皇帝生肖等等。

839. 什么是圣讳?

圣讳是对封建社会所推崇的圣人贤者的名讳。圣讳并不像国讳、家讳那样严格和广泛。在封建时代，既有朝廷规定的圣讳，又有人们自发的为圣贤避讳。圣讳各朝略有不同，一般有孔子、孟子、老子、黄帝、周公等。汉以后皇帝之名有时也称圣讳。有关朝廷所规定的圣人讳，最早大概是在宋代，而且这时所说的圣人的范围大大扩大。它包括中华民族的始祖黄帝，宋代帝王赐封的“至圣先师”孔子以及亚圣孟子，甚至还有周公等也列入避讳之列。

840. 什么是家讳?

家讳是旧时父祖的名讳，因与“国讳”相对，也叫“私讳”。家讳，是家族内部遵守的避开父祖之名的做法。如父祖之名为某某，都必须在言行、作文章时避开以此为名的事物。它其实是国讳的一种延伸，同圣讳一样是封建等级、伦理观念的体现。

第七章 衣食

841. 我们所说的衣裳在古代是一样的吗?

古时候，把上衣叫作衣，把下衣叫作裳。上衣，简称“衣”，以遮蔽身体。“裳”，亦作“常”，是专用于遮蔽下体的服装，男女尊卑均可穿着。由于古代纺织工具简陋，布的幅面很狭窄，所以一件下裳通常需用七幅布帛拼合而成，前三后四，样子像一幅腰围，另在腰部施褶，褶的多少视具体情况而定，两侧还各开一道缝隙。两汉以后，裳渐被裙取代，只在贵族祭祀和朝会时穿着的礼服中保留遗制。裳与裙大致相同，不过裳被制成两片，彼此分离，一片蔽前，一片挡后，上用布带系结于腰。裙则多被做成一片，穿时由前围向臀后。随着时代的发展，“衣”“裳”连用，往往泛指衣服。

842. 古代的礼服都是什么样子的?

中国古代的服饰与礼制紧密结合，如祭祀着祭服、朝会着朝服、公务着公服、居丧着凶服等，服饰从质料、色彩、花纹、款式无不为礼制所规范，被赋予天道伦理和身份地位的诸多含义，成为封建政治的图解和符号。传说，从黄帝、尧、舜到夏、商、西周时期的统治者都穿着一种上衣下裳的服装。故此，冠冕衣裳作为祭服之制沿用了2000多年。

两汉400年间，袍服一直被当作礼服。袍服的领子以袒领为主，大多裁成鸡心式，并以大袖为多，领、袖都饰有花边。

唐代至明代最具时代特色的礼服是常服，它是内有夹层的圆（盘）领连体长衣。此服皇帝与官员均可穿着，前者着黄色，后者以绯、紫、绿色等区别等级。

而明代对常服最大的改进是洪武二十五年（1392年）以后，朝廷要求文武官员袍服的胸前和后背各缀一方形补子，文官用飞禽，武官用走兽，以示区别，“衣冠禽兽”之称由此得来。此制被后来的清朝所沿用，称为“补服”。

843. 凤冠霞帔是什么样的服饰?

■ 凤冠霞帔

古代贵族妇女往往以凤凰为冠饰。霞帔亦称“霞披”“披帛”，因其艳丽如彩霞，故名。披帛以一幅丝帛绕过肩背，交于胸前。宋代定为命妇冠服，非恩赐不得服。明代始为命妇品级的服饰，自公侯一品至九品命妇，皆服用不同绣纹的霞帔。

844. 汉族服饰的五种“正色”是什么颜色?

在服饰的色彩上，汉族视青、红、皂、白、黄等五种颜色为“正色”。后来，不同朝代也各有其崇尚的颜色，一般来说是夏黑、商白、周赤、秦黑、汉赤，唐服色黄，旗帜赤，到了明代，则为赤色。但从唐代以后，黄色曾长期被视为尊贵的颜色，往往只有天子权贵才能穿用。

845. 为什么中国古代的染色技术被称为“中国术”?

中国古代的染织工艺技术先进、制作精美，因而在世界上享有盛誉。古代染织技术，特别是丝织方面，在相当长的时间内处于世界领先地位。古代的染色技术也极为卓越和先进，不仅颜色种类多，色泽艳美，而且染色牢固，不易褪色，被西方人誉为神秘的“中国术”。其染色方法大体可分为织花、印染、刺绣、书花四大类。

846. 我国古代服饰的装饰图案主要有哪些?

■ 古代服饰的装饰图案

我国古代服饰的装饰图案多采用动物、植物和几何纹样等。图案的表现方式，大致经历了由抽象、规范到写实等几个阶段。商周以前的图案，与原始的汉字一样，比较简练、概括，抽象性强烈。周朝至唐宋时期，图案日趋工整，上下均衡、左右对称，纹样布局严密。明清时期，已注重于写实手法，各种动物、植物往往被刻画得细腻、逼真、栩栩如生，仿佛直接采撷于现实生活而未作加工处理，充分显示了古人的勤劳与智慧。

847. 我国古代为什么以“黔首”代指平民?

黔，黑色。黔首，即以黑巾裹头，代指平民，也就是指本业为农业与小手工业，末业为小商贾等各种不事生产的人。战国时期，黔首之称已经广泛使用，它的含义与当时常见的“民”“庶民”同。秦统一天下后，秦始皇自以为得水德，衣服、旄旌、节旗皆尚黑。《史记·秦始皇本纪》记载，秦始皇二十六年（前221年）下诏令谓民为

“黔首”，这是秦统一中国后更定名物制度的内容之一。从此，“黔首”一词便伴随着这套封建土地制度和法令在全国范围内施行而成为固定称谓。

848. “缙绅”为什么指代士大夫?

缙绅，也就是插笏于绅带间，此为旧时官宦的装束，也借指士大夫。缙，也写作“搢”，意为插。绅，束在衣服外面的大带子。笏，是古代朝会时官宦所执的手板，有事就写在上面，用以记录。

849. 我们为什么将女子称为“巾帼”?

巾帼，本是古代妇女头上的头巾或装饰物，以此代表女性则来源于《三国志》。当时诸葛亮多次向司马懿挑战，司马懿不予应战，诸葛亮便把妇女的头饰遗下，以此辱笑司马懿还不如一个女性。自古以来，我们把妇女中的英雄豪杰称为“巾帼英雄”，故巾帼也代指女性。

850. “纨绔子弟”是什么意思?

纨绔是古代一种用细绢做成的裤子。古代富贵人家的子弟都穿细绢做的裤子，这很能反映出他们奢侈的特点。因此，人们常用纨绔来形容官僚、地主等有钱有势人家成天吃喝玩乐、不务正业的子弟。现指游手好闲的富家子弟。

851. 汉代的“长冠”“袍服”是什么样子的?

冠，汉高祖刘邦先前戴之，用竹皮编制，故称刘氏冠。后定为公乘以上官员的祭服，又称斋冠，湖南长沙马王堆汉墓出土的衣木俑所戴即为此冠。秦汉时期的男子服装，以袍为贵。袍服一直被当作礼服，它们的基本样式，以大袖为多，袖口有明显的收敛，领、袖都饰有花边。袍服的领子以袒领为主，大多裁成鸡心式，穿时露出内衣。这种袍服是汉代官吏的普通装束，不论文武职别都可穿着。

■ 汉高祖刘邦

852. 汉代的“曲裾深衣”是什么样子的?

曲裾深衣是汉代女子服饰中最为常见的一种服式，男子也可以穿戴。这种服装通身紧窄，长可曳地，下摆一般呈喇叭状，行不露足；衣袖有宽窄两式，袖口大多镶边；衣领部分很有特色，通常用交领，领口很低，以便露出里衣。如穿几件衣服，每层领子必露于外，最多的达三层以上，时称“三重衣”。

■ 曲裾深衣

853. 什么是“冕冠”“冕服”?

冕冠，是古代帝王臣僚参加祭祀典礼时所戴的礼冠。冕服，皇帝、公侯等所穿的祭服。冕冠的顶部，有一块前圆后方的长方形冕板，冕板前后垂有冕旒。冕旒依数量及质料的不同，是区分贵贱尊卑的重要标志。汉代规定，皇帝冕冠为十二旒（即十二排），为玉制。冕冠的颜色，以黑为主。冕冠两侧各有一孔，用以穿插玉笄，以与发髻拴结，在笄的两侧系上丝带，在颌下系结。在丝带上的两耳处，还各垂一颗珠玉，名叫“允耳”，不塞入耳内，只是系挂在耳旁，以提醒戴冠者切忌听信谗言，后世的“充耳不闻”一语，即由此而来。按规定，凡戴冕冠者，都要穿冕服。冕服以玄色上衣、朱色下裳，上下绘有章纹。此外还有蔽膝、佩绶、赤舄等，组成一套完整的服饰。这种服制始于周代，历经汉、唐、宋、元诸代，一直延续到清代，绵延2000多年。

■ 冕服

■ 冕冠

854. 隋代时期妇女的日常服饰有什么特点?

隋代时期妇女的日常服饰，大多以上身着襦、袄、衫，下身束裙子、短襦长裙为基本形式。它的一个特点是裙腰系得较高，一般都在腰部以上，有的甚至系在腋下，给人一种俏丽修长的感觉。

855. 唐代流行的“大袖衫”是怎样的?

盛唐以后，胡服的影响逐渐减弱，女服的样式日趋宽大。到了中晚唐时期，这种特点更加明显，一般妇女服装，袖宽往往4尺以上。这是中晚唐之际的贵族礼服，一般多在重要场合穿着，如朝参、礼见及出嫁等。穿着这种礼服，发上还簪有金翠花钿，所以又称“钿钗礼衣”。

856. 宋代贵妇礼服一般是什么样子的?

宋代大袖衫、长裙、披帛是晚唐五代遗留下来的服式，在北宋年间依然流行，多为贵族妇女所穿，是一种礼服。普通妇女不能穿着，穿着这种服装，必须配以华丽精致的首饰，其中包括发饰、面饰、耳饰、颈饰和胸饰等。

■ 宋代服饰

857. 明代服装“比甲”是什么样子的?

明代妇女的服装，主要有衫、袄、霞帔、背子、比甲及裙子等。衣服的基本样式，大多仿自唐宋，一般都为右衽，恢复了汉族的习俗。比甲的名称，见于宋元以后，但这种服饰的基本样式却早已存在。比甲为对襟、无袖，左右两侧开衩。隋唐时期的半臂，就是与比甲有着一定渊源关系。明代比甲大多为年轻妇女所穿，而且多流行在士庶妻女及奴婢之间。到了清代，这种服装更加流行，并不断有所变革，后来的马甲就是在此基础上经过加工改制而成的。

858. 以服装的颜色区分官品、等级从什么时候开始?

以服装的颜色区分官品、等级从隋开始，到唐成定制。隋时天子用赭黄袍，唐规定：黄色只有皇帝和皇室亲臣、贵臣才可用，他人用则为犯罪，因此黄色为皇权的特殊象征。当时，官职品级也以色彩区分，三品以上服紫色，五品以上服朱色，六品为绿色，七品为青色。

859. 春秋战国贵族与平民的服饰有什么区别?

春秋战国时，服饰已被纳入礼制和俗尚的重要系列，具有明贵贱，辨等级的作用。天子及诸侯以华衮博袍大裘鲜冠为服，此等服饰乃是最高权威的象征；卿大夫一般以“端委”礼衣、礼帽为朝服；至于士阶层以下，一般以低等裘皮或短衣紧身为服。在服装颜色方面，则以玄黑和赤两种颜色为正色、吉色，通用作贵族的礼服或朝服之色，被称为“正服色”，也受到平民世俗社会崇尚。这种“正服色”的观念尚未完全等级规范化，只是总体区分贵贱人群地位高下而已。

860. 唐代官服中最有时代特色的为什么是章服?

章服是唐时佩了鱼符、鱼袋的官服，鱼符、鱼袋均为唐朝官员朝服、礼服的一种。鱼袋是用来装鱼符的，通常系在大带上，武则天时改佩鱼为龟，中宗后又改为鱼，随身佩鱼，其作用一是用以明贵贱，二是臣子上朝面君、应皇帝召见进宫的凭证。鱼符之形为鲤鱼，是以“鲤”喻李，寓意李家天下的一种标志。

861. 我国古代的官民都可以戴帽子吗?

在奴隶社会时期，帽子不是为了隔热御寒，而是象征着统治权力和尊贵地位。此时，只有帝王和文武大臣可以戴帽子，标示其地位和权力的大小，其他平民百姓都没有戴帽子的权利。历经封建各朝各代的转变，帽子的样式和功能都有所改变，可是其权力和地位的象征标识则更加细化，更加精确。贵族讲究的是戴“冠”，平民规定的是戴“巾”。古人头发都很长，在戴帽子之前，要把头发盘好束成髻，然后用黑布把这撮头发套住，然后就可以把各式各样的“冠”戴在头上，用垂下来的“缨”在耳朵后面和下巴系好。"冠"的种类，根据身份的不同，可以分成通天冠、远游冠、高山冠等等。清朝入主中原以后，帽子才真正流行起来，发挥它真正的作用。

862. 清代主要的礼服是什么服装?

清代袍与褂为主要的礼服，而袍是否开叉和开叉多少是由穿着者的身份而定，一般官吏开两叉，皇族宗室开四叉。平民无叉，俗称"一裹圆"。开叉之袍又称箭衣，口上有箭袖，以便骑马射箭。袍子以龙袍最尊贵，其次为蟒袍，蟒袍又称"花衣"，是官吏和命妇的专用服饰，袍的颜色和蟒纹中爪的多少取决于官职与品级，而不绣爪的世人可穿。一品至三品绣五爪九蟒，四品至六品绣四爪八蟒，七品至九品绣四爪五蟒。长袍是满族服饰的特点，汉族以往都是上衣下裳制，旗袍是由满袍演变而来。

863. 满服中朝珠是怎样区分官员等级的?

满服中朝珠是高级官员区分等级的一种标志，进而成为高级的装饰品。文官五品、武官四品以上均佩朝珠，以琥珀、蜜蜡、象牙、奇楠等料制作，共计108颗。旁随小珠三串，佩戴时一边带一串，另一边带两串。男子两串小珠在左，命妇两串小珠在右。

864. 什么是弁服?

弁服是古代仅次于冕服的一种服式，一般在打猎、出征和日常朝政时用，它是以弁冠为配套而穿的服饰，弁由数块皮子合成，下大上小成尖状，形如两手对合，弁上形成的条状处镶有许多五彩珠玉，十分美观，文学上曾有"会弁如星"的形容。弁以彩珠数量区分等级，有12、9、7、5、3、1珠之分。

■ 弁服

865. 什么是元端?

元端是日常所用最多的礼服之一，自天子至士皆可穿着，为儒者、贤士的礼服。元端在周时为国家法服。元端，取端正之意，颜色皆为正色，衣袖都是2尺10寸宽的整幅方形，这与中国传统思想有关。中国历来讲究以规矩行事，要成方圆，万事要有模式、有典范，不可多变，这一点影响了中国服饰几千年。

■ 深衣

866. 什么是深衣?

深衣是一种上衣下裳分裁连制的长衣，它是为官者最低一级的礼服，又是百姓最高一级的礼服，许多衣服的形制都是从深衣发展过来的。《礼记·深衣》："古者深衣，盖有制度，以应规矩、绳、权衡……袂圆以应规，曲袷如矩以应方，负绳及踝以应直，下齐如权衡以应平。"文中还有："制有十二幅。以应十有二月。"这样一款古老而应用广泛的衣饰，具有很强、很突出的寓意和象征性。

867. 我国古代常见服装样式有哪些？

表1　古代常见服装样式

袍	上衣下裳分裁连制的形制，并是一种有夹里、可絮棉的长衣
衫	单层的长衣古代称其为衫
裘	毛皮制成的衣服，并且皮毛露于外叫裘，后渐渐演变为皮毛向里而穿
裼	先秦穿裘外加罩衣称裼，以保护皮毛
襦	单层的、无夹里的短衣称襦，又分长襦、短襦
袄	我国古代把有夹里或加絮的短衣称袄
裆	无袖短装，一片在前，一片在后
背子	一种对襟开叉外衣，在宋时极流行，从皇帝到平民，男女老幼皆穿

868. "步摇"是何种装饰品？

"步摇"是古代妇女的一种首饰，取其行步则动摇，故名。其制作多以黄金屈曲成龙、凤等形，其上缀以珠玉。六朝而下，花式愈繁，或伏成鸟兽、花枝等，晶莹辉耀，与钗钿相混杂，簪于发上。

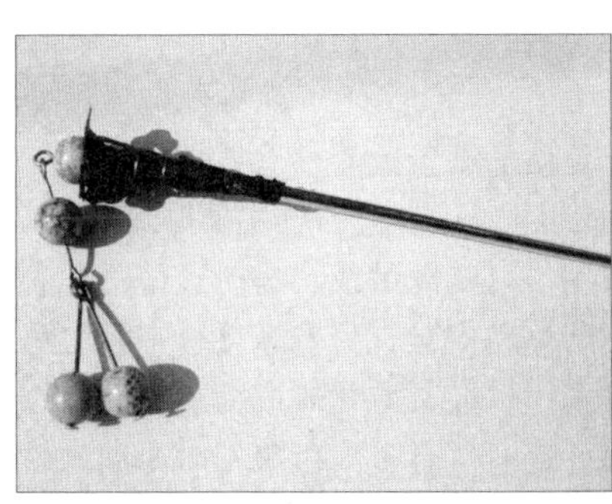
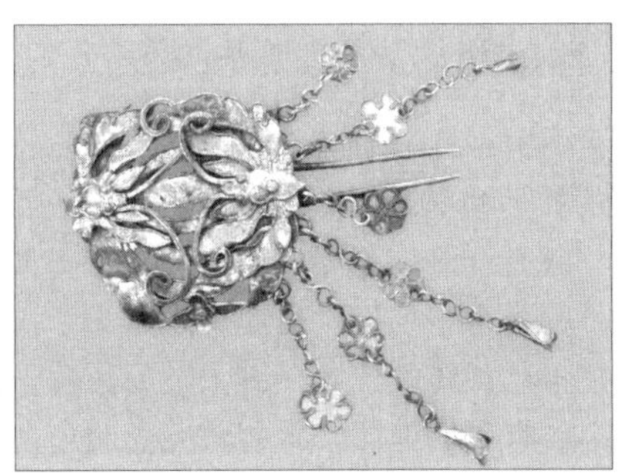

■ 步摇

869. 古时候人们所穿的袍是什么样的?

袍，亦称袍服，是直腰身、过膝的外衣，多为两层，冬季则纳以棉絮。其制起源较早，五代马缟《中华古今注》卷中“袍衫”条说：“袍者，自有虞氏即有之，故《国语》曰：袍以朝见也。秦始皇三品以上绿袍、深衣，庶人白袍，皆以绢为之。”战国以后较为常见，男女均可穿着，主要分为龙袍、官袍、民袍等。

870. 内衣在我国古时候叫什么?

内衣，在我国汉代叫作“抱腹”“心衣”，魏晋时期称为“两当”，唐代叫作“诃子”，宋代称为“抹胸”，元代又称作“合欢襟”，明代时叫作“主腰”，清代则称之为“兜肚”。古代内衣一般做成菱形，上有带，穿时套在颈间，腰部另有两条带子束在背后，下面呈倒三角形，遮过肚脐，达到小腹。材质以棉、丝绸居多。系束用的带子并不局限于绳，富贵之家多用金链，中等之家多用银链、铜链，小家碧玉则用红色丝绢。兜肚上有各类精美的刺绣，红色为兜肚常见的颜色。

871. 我们常穿的马甲和马褂跟马有联系吗?

过去人们穿在长袍外面的背心或短褂，因便于骑马，故名“马甲”“马褂”。马甲，又名背心、背子，无袖而短，通常着于衫外，古时妇女所着有长与衫同的，称为“长马甲”。发展至清代，男女均可穿着马甲，有大襟、一字襟、对襟及琵琶襟等形制，长度多到腰际，并常缀有花边。

872. 古人用什么当作腰带?

古人用于系腰带的东西称为“带钩”或“带镉”。制作带钩的原料，大多采用金属，如金、银、铜、铁等，也有用玉、石、骨、木做成的，但为数不多。带钩的造型，由于时代的不同和地区的差异，也有许多明显变化。有的做成棒形，有的做成耜形，有的做成兽形，有的做成鸟形，有的做成人形，有的做成龙形，另外还有琴形、匙形及琵琶形等。

873. 鞋在我国古代有哪些叫法?

在中国，鞋子的历史非常悠久。鞋的形象最早见于氏族社会时期的彩陶，现存最早的鞋是湖南长沙楚墓出土的一双用皮缝制的鞋。古代的鞋主要有屦、舄、屐、靸等，屦有麻屦、葛屦、皮屦等。麻屦最常用，以麻绳编成，编时边编边扎，使之结实。葛屦穿于夏天，皮屦穿于冬天。皮屦即早期皮鞋，另有革屦、韦屦之称。约自汉代以后，履取代屦，成了鞋的通称。自宋代，鞋又取代履成为总称。舄，即屦的别名。有单底为屦，木制复底的叫舄之别。复舄是帝王大臣祭祀时专用的鞋，故又称达屦。蹝是一种草编的鞋，被劳动者穿用。屐，即木屐。一种为平底木屐，一种为底下设齿木屐。此外，屐曾引申为鞋的泛称，如草屐、锦屐、帛屐等。靸，即拖鞋，深头、平底无跟，初以皮制，属韦履的一种；秦代始以蒲草制作，并称靸鞋。

874. “五味俱全”中的“五味”指什么？

食物按其“味”可分为辛、甘、酸、苦、咸五类。五味之中以甘味食物最多，咸味与酸味次之，辛味更少，苦味最少。

表2　五味的食物

甘味食物	米面杂粮、蔬菜、干鲜水果、鸡鸭鱼肉类等
酸味食物	西红柿、山楂、葡萄、杏、柠檬、橙子等
辛味食物	生姜、大葱、洋葱、辣椒、韭菜等
咸味食物	海产品、猪肉、狗肉、猪内脏等
苦味食物	苦瓜、苦菜等

875. 八珍指的是什么？

八珍，原指八种珍贵的食物，后来指八种稀有而珍贵的烹饪原料。八珍的提法最早见于《周礼·天官冢宰》，应该说中国历代八珍的内容各不相同。还有“珍用八物”一说，是指牛、羊、麋、鹿、马、豕（猪）、狗、狼。《礼记·内侧》所列八珍为：

表3　中国古代的八珍

淳熬	肉酱油浇饭
淳母	肉酱油浇黄米饭
炮豚	煨、烤、炸、炖乳猪
炮牂	煨、烤、炸、炖羔羊
捣珍	烧牛、羊、鹿里脊
渍	酒糖牛、羊肉
熬	类似五香牛肉干
肝	网油烤狗肝

876. 我国的八大菜系分别指什么?

菜系，也称“帮菜”，是指在选料、切配、烹饪等技艺方面，经长期演变而自成体系，具有鲜明的地方风味特色，并为社会所公认的中国的菜肴流派。我国的菜系，是指在一定区域内，由于气候、地理、历史、物产及饮食风俗的不同，经过漫长历史演变而形成的一整套自成体系的烹饪技艺和风味，并被全国各地所承认的地方菜肴。菜肴在烹饪中有许多流派，我国的八大菜系则指闽菜、鲁菜、川菜、粤菜、苏菜、浙菜、湘菜、徽菜。

表4　我国八大菜系

菜系	特点	烹调方法	代表菜色
鲁菜	清香、鲜嫩、味纯	爆、烧、炸、炒	“糖醋黄河鲤鱼”“清汤燕窝”等
川菜	酸、麻、辣、油重、味浓	烤、烧、干煸、蒸	“怪味鸡块”“麻婆豆腐”等
粤菜	鲜、嫩、爽、滑	煎、炸、烩、煸	“盐焗鸡”“烤乳猪”等
闽菜	色调美观，滋味清鲜	炒、熘、煨、糟	“佛跳墙”“荔枝肉”等
苏菜	浓中带淡，鲜香酥烂	炖、焖、烧、煨	“松鼠鳜鱼”“盐水鸭”等
浙菜	清、香、脆、嫩、爽、鲜	烩、熘、蒸、烧	“西湖醋鱼”“东坡肉”等
湘菜	口味香鲜、酸辣软嫩	腊、熏、煨、炖	“腊味合蒸”“东安仔鸡”等
徽菜	重油重色，保持原汁原味	烧、焖、炖	“符离集烧鸡”“红烧果子狸”等

877. 我国古人所喝的酒跟现代的酒有什么区别?

大约在6000年前，人工酿酒就已经开始了，最初酒应当是果酒和米酒。自夏之后，经商周、历秦汉，以至于唐宋，酿酒工艺皆是以果实、粮食蒸煮，加曲发酵、压榨之后出酒的，无论是吴姬压酒劝客尝，还是武松在景阳冈大碗豪饮，喝的就是果酒或米酒。随着科技的进一步发展，酿酒工艺也得到了进一步改进，由原来的蒸煮、曲酵、压榨，改而为蒸煮、曲酵、馏，最大的突破就是对酒精的提纯。元代以后才有蒸馏酒，通过蒸馏提高酒精浓度。

878. 豆腐是什么时候出现的?

豆腐，经历1000余年实践的检验而被证明是人类所发现和制造的最佳营养食品之一。据说豆腐是西汉刘安发明的，李时珍在《本草纲目》中说：“豆腐之法，始于汉淮南王刘安。”这个说法有人怀疑，因为《本草纲目》一书晚出。但是考古工作者在河南密县打虎亭汉墓发现的画像石中，已经有豆腐作坊的图像。这就证明，在汉代我国确实已经有了豆腐的生产。

879. 为什么说中国是茶的故乡？

中国是茶的故乡，制茶、饮茶已有几千年历史，名品荟萃，主要品种有绿茶、红茶、乌龙茶、花茶、白茶、黄茶、黑茶。茶的原产地在西南，经历了药用、食用、饮用几个发展阶段，汉唐是其普遍推广时期，大体由西南传入东南，由南方向北方推广，唐代普及于全国。茶有健身、治疾之药物疗效，又富欣赏情趣，可陶冶情操。以茶待客是中国个人高雅的娱乐和社交活动，坐茶馆、茶话会则是中国人社会性群体茶艺活动。中国茶艺在世界享有盛誉，在唐代就传入日本，形成日本茶道。

880. 什么是满汉全席？

满汉全席是清朝宫廷盛宴，既有宫廷菜肴之特色，又有地方风味之精华。满汉全席突出了满族菜点的特殊风味，烧烤、火锅、涮锅是不可缺少的菜点；同时又展示了汉族烹调的特色，扒、炸、炒、熘、烧等兼备，实乃中华菜系文化的瑰宝和最高境界。满汉全席原是清代宫廷中举办宴会时满人和汉人合做的一种宴席，菜品一般有108种，包括南菜54道和北菜54道，分三天吃完；菜式有咸有甜，有荤有素，取材广泛，用料精细，山珍海味无所不包。满汉全席起兴于清代，是集满族与汉族菜点之精华而形成的历史上最著名的中华大宴。

第八章 住行

881. 我国古代“房”和“屋”是一个意思吗?

房是古代宫室中供人居住的房间，位于堂之后，室之两侧。在室之东者为东房，室之西者为西房，又叫右房。东房、西房都有门与堂相通，东房后部还有阶通往后庭。后来，住宅内凡是居室皆可称房，而这与上古的房专指东房、西房不同。屋的本义是幄，后来屋指房屋，于是另造了幄字，屋即人来到这里居住之意。因此，房屋一般指上有屋顶，周围有墙，能防风避雨，御寒保温，供人们在其中生活和储藏物资，并具有固定基础的居住场所。

882. 我国古代建筑屋顶形式都有哪些?

中国古代木构建筑的屋顶千变万化，瑰丽多姿。带有纪念性或象征皇权、神权的宫殿和寺院大殿，它们的屋顶从总体看有五种主要形式，庑殿或重檐庑殿顶、歇山或重檐歇山顶、悬山顶、硬山顶和攒尖顶。带有游乐性的园林建筑，它们的屋顶虽然也是由上述几种几何形体所组成，但是通过巧妙的穿插组合后，那种相当简单的几何形体所固有的纪念特征全然消失了，而显现出生动活泼的风格。各式各样的屋顶不仅为中国古建筑在美观上增加了不少神韵，而且对建筑物的风格也起着十分重要的作用。

883. 什么是斗拱?

■ 斗拱

斗拱是中国古代建筑上特有的构件，它的产生和发展有着非常悠久的历史。其种类很多，形制复杂。按使用部位分，它可以分为内檐斗拱、外檐斗拱、平座斗拱。外檐斗拱中，又可分为柱头科斗拱（用于柱头位置上的斗拱）、角科斗拱（用于殿堂角上的斗拱）和平身科头拱。斗拱在中国古建筑中起着十分重要的作用，主要有三个方面：其一，它位于柱与梁之间，由屋面和上层构架传下来的荷载，要通过斗拱传给柱子，再由柱子传到基础，因此它起着承上启下、传递荷载的作用；其二，它向外出挑，可把最外层的桁檩挑出一定距离，使建筑物出檐更加深远，造型更加优美、壮观；其三，它构造精巧，造型美观，又是很好的装饰性构件。

884. 《营造法式》是怎样的一部著作?

宋崇宁二年（1103年）北宋政府为了管理宫室、坛庙、官署府第等建筑工作，颁行了《营造法式》一书，由李诫编修。全书共分五个部分，共357篇。该书是各种建筑的设计、结构、用料和施工的法令规范，展示了中国建筑技术史上的两大成就，一是施工管理的科学性，二是建筑设计的模数制，对促进宋代以后的建筑技术发展起到了积极作用。

885. 我国保存至今规模最大、最完整的古代建筑群组是什么建筑?

北京故宫的皇家建筑，集中地体现了中国古代建筑的特征，是我国保存至今规模最大、最完整的古代建筑群组。故宫是明清两代的皇宫，始建于明永乐四年（1406年），距今已有570多年的历史。故宫占地总面积达72万平方米，有宫殿楼阁近万间。四周有10米多高的城墙，墙外是52米宽的护城河。城上四角各有一座结构奇异、和谐美观的角楼。故宫有四个城门，南面的正门是午门，北门为神武门，东门为东华门，西门为西华门。

886. 我国古代最大的木构建筑是什么?

故宫建筑群中的宫殿建筑分前后两部分：前部以太和殿、中和殿、保和殿为主体；文华殿、武英殿为两翼，统称“外朝”。其中太和殿又叫金銮殿，是故宫最高大的一座建筑物，面阔11间，深5间，通高35米，用72根大木柱支撑梁架构成四面坡的屋面。这是我国最大的古代木构建筑，主要是皇帝举行盛大典礼的场所。

887. 我国古代建筑的主要特征是什么?

中国古代建筑以木构架结构为主要的结构方式，并创造了与这种结构相适应的各种平面和外观。中国古代木构架有抬梁、穿斗、井干三种不同的结构方式。

表1　我国古代建筑的主要特征

名称	描述
抬梁式	抬梁式使用范围较广，在三者中居于首位。它是沿着房屋的进深方向在基础上立柱，柱上架梁，再在梁上重叠数层柱和梁，最上层梁上立脊瓜柱，构成一组木构架。在相邻木架间架檩，檩间架椽，构成双坡顶房屋的空间骨架。抬梁式构架在春秋时已有，唐代发展成熟

续表

名称	描述
穿斗式	与抬梁式一样，也沿着房屋的进深方向立柱，但柱的间距较小使柱能直接承受檩的重量，不用架空的抬梁，而以数层贯通各柱，组成构架。这种结构技术大约在前2世纪（汉）已相当成熟，流传至今，为中国南方诸省所普遍采用
井干式	以圆木或矩形、六角形木料平行向上层层叠置，在转角处木料端不交叉咬合，形成房屋四壁，如同古代井上的木围栏，再在左右两侧壁上立矮柱承脊檩构成房屋。井干式结构需用大量木材，因此受到限制

888. 我国古代的建筑材料主要有哪些?

我国古代的建筑材料主要有陶瓦、砖等。陶瓦出现于西周，有板瓦、筒瓦、半圆瓦当和脊瓦等。瓦的各种纹饰也有数10种之多，那时的瓦是用泥条盘筑法烧制，先制成筒形的陶坯，然后剖开筒，入窑烧造。四剖或六剖为板瓦，对剖为筒瓦。古人称剖瓦为削，削开后谓之“瓦解”。

板瓦是仰铺在屋顶上，筒瓦是覆在两行板瓦之间，瓦当是屋檐前面的筒瓦的瓦头。战国时，半瓦当都印有花纹，并有了圆瓦当。秦国的圆瓦当上出现了卷云纹图案，沿用了很长时间。汉代用“延年益寿”“长乐未央”等作为瓦当的纹饰。唐代时屋檐前的板瓦上有了“滴水瓦”，板瓦有了滴水瓦和瓦当组合在一起，可以防止雨雪侵蚀屋檐和墙壁。琉璃瓦最初只用于檐脊不用于整个殿顶，到了宋代，才出现了铺满琉璃瓦的殿顶，从而使建筑物增加了绚丽华贵的色彩。

砖的出现比瓦要晚得多，最早的砖有方形的、曲形的和空心的。方砖多用于铺地面或屋壁四周的下部。铺地砖没有纹饰，包镶屋壁的砖多带有几何图案。还有雕刻有收获、渔猎、煮盐、宴乐等图案的画像砖。

889. 在我国古代建筑屋顶上，常有很多动物的形状，这种装饰被称为什么?

中国古代木构建筑屋顶，除了它风姿飘洒的屋面曲线和华丽动人的屋顶形式外，在正脊、垂脊、岔脊之上，置有大小不等、形状各异的吻兽。正脊两端，面朝里、口衔正脊的，名叫正吻，亦称大兽。在垂脊上有垂兽，在岔脊上有截兽，这些统称“兽头”。在兽头前面，垂脊和岔脊的末端，常常排着一队小兽，领头的是一个仙人，而后依次为龙、凤、狮子、天马、海马、狻猊、押鱼、獬豸、斗牛、行什。它的安装数量依建筑物的等级高低和规模大小而定，太和殿上十样俱全（仙人不计在内），其他地位和规模稍低的殿堂，则相应减少。吻兽是中国古建筑屋面上的一种特殊饰件，它既是建筑构件，又是珍贵的艺术品。

890. 我国常见的建筑——塔本来是干什么用的?

塔是宗教建筑物，我国建塔是从佛教传入开始的。古印度的释迦牟尼在前6—前5世纪创立了佛教。1世纪前后，佛教传入中国，在古代原有的高层建筑基础上，吸收了印度木塔的建筑形式，创造出独具中国风格的建筑——塔。塔最早是佛教徒用来供奉佛的舍利的，后来用于供奉佛像和经卷，也用来保存和尚的遗骸或遗物。我国的古塔有3000多座，其中有100多座已经有七八百年的历史。中国的塔一般是随着寺庙兴建而建造，但如今许多地方庙宇已经不复存在，而塔却依然耸立。

891. 我国古代的塔有哪些样式?

我国的古塔建筑多种多样，按结构分为实心塔和楼阁式塔两种。实心塔是用砖石材料砌出的实心体，有“阿育王”塔、密檐塔、喇嘛塔、金刚宝座塔四种式样，不能登临。楼阁式塔内有塔室，可以攀登眺远。楼阁式塔有密檐楼阁式、楼阁式、砖木混合式和砖石混合式四种形式，多为四方形、六角形、八角形、十二角形和圆形等，层数多为单数，主要由木、砖、石、琉璃、铁等建筑材料建造。

892. 中国现存最古老的密檐塔是什么?

河南登封嵩岳寺塔位于河南登封嵩山南麓。建于北魏正光四年（523年）塔身为十二角形，塔高41米，是中国现存最古老的密檐砖塔。全塔分为塔身、塔檐、塔刹三部分。塔室底层东、西、南、北四面都有入口，可直接进入塔心内室，内室除底层为正十二边形，往上直到顶部均为八角形直井式，中间用楼板分为10层。塔身外表为白色，轮廓柔和，外形刚健而秀丽。

893. 我国陕西有名的大雁塔是怎么样的?

大雁塔建于唐永徽三年（652年），坐落在陕西省西安市。雁塔的名称来源于印度佛教故事，据说有一位菩萨曾化身为雁舍身布施，因此后人为他建塔，取名为雁塔。大雁塔高64米，共7层。塔呈方形角锥状，用青砖仿木结构砌成。

894. 世界现存最高的古代木结构建筑是什么?

佛宫寺释迦塔建于辽清宁二年（1056年），在山西省应县佛宫寺内，平面八角形，共9层，塔高67.31米，底层直径30.27米，为中国现存最大最高的多层木结构建筑，也是世界现存最高的古代木结构建筑。塔的外观为五层六檐，内设九层，第二层以上各层平座内均为暗层。塔身为楼阁式，立在一个分为上下两层

■ 佛宫寺释迦塔

的砌石台基上。塔身明暗各层都有内外两圈柱子，所有的柱子用梁枋连接成筒形的框架。塔的每层由平座、柱、斗拱和屋檐组成，攒尖的塔顶，配以各层屋檐、平座和回廊。为避免各层重复韵律所产生的单调感，各层檐下斗拱造型各异，丰富多彩，共计60多种。每层都安置有泥塑佛像，底层的释迦牟尼坐像高达11米，至今保存完好。900多年来，应县木塔经历了地震10余次而毫无损坏，反映出中国木构建筑技术的水平。

895. 历史上最古老的一座桥梁是什么？

灞桥位于陕西西安城东12里，横跨灞水，是历史上最古老的一座桥梁，始建于汉代，为木桥。22年被烧毁。现在的灞桥是清道光十三年（1833年）重建，桥长386米，64孔，各孔跨度4—7米。

896. 世界上现存最早、保存最完善的古代敞肩石拱桥是什么？

赵州安济桥建成于隋大业十四年（618年），是古代中国南北交通的一条主要干道上的石桥，位于河北省赵县南门外的洨河上。7世纪时，每当山洪暴发，洨河流量陡增，水势凶猛，架桥极为困难。当时有一位匠师李春，因地制宜，发扬中国古代土木工程技术特点进行创造，亲自设计并主持建造了这座世界上最早的石拱敞肩桥。桥长50.82米，高7.23米，宽9.6米，跨度为37.37米，呈大弧形横跨洨河上，距今已有1300多年历史，虽然经历了洪水、地震等自然灾害的袭击，但一直没有间断过为南北交通运输服务，它反映了中国古代工程力学的成就。据文献记载，在赵州安济桥建成700年之后，欧洲才出现了结构相似的桥。

■ 赵州安济桥

897. 我国古代的城市规划是怎样的？

城市的形成是人类文明史上的一个飞跃，中国古代城市规划强调战略思想和整体观念，强调城市与自然结合，强调严格的等级观念，这些城市规划思想和中国古代各个历史时期城市规划的成就，集中体现在作为“四方之极”“首善之区”的都城建设上。

中国战国时期的都城采用了大小城制度，反映了“筑城以卫君，造郭以守民”的要求。西汉长安城将宫室与里坊结为一体，三国时曹魏邺城采用城市功能区分的规划形式。南北朝时期的洛阳城加强了全面规划，为中国古代前期城市建设的高峰——隋唐长安城的建设起到了先导作用。隋唐长安城将宫室、坛庙和官署位于南北纵轴线的两侧，道路网划分为若干棋盘格，每一棋盘格称为坊，绕以坊城，自成一区。长安城是当时中国政治、经济、文化中心，也是世界上规模最大的城市，它展示了唐代的建筑技术和文化发展水平。日本、朝鲜等国的都城建设都是仿长安城修建的。

元大都的规划吸取了春秋战国时理想都城的规划思想，而又做了因地制宜的处理，由大都城演变而成的明北京城已集中国古代都城城市规划之大成，清代在北京城远近郊区大力经营园林和离宫别馆，使北京城成为中国封建时代规划和建设的辉煌实例。

898. 我国迄今为止保存最完整的一座行宫御苑是什么？

颐和园位于北京的西北郊，利用昆明湖和万寿山为基址，以杭州西湖风景为蓝本，吸取江南园林的设计手法和意境建造的一座大型天然山水园，是保存最完整的一座行宫御苑。颐和园始建于清乾隆十五年（1750年），历时15年竣工，占地约290公顷。苑林区由万寿山和昆明湖为主体。昆明湖是清代皇家园林中最大的湖泊，湖中有一道长堤——西堤，把湖面划分为三个大小不等的水域，每个水域各有一湖心岛，象征着中国古老传说中的东海三神——蓬莱、方丈、瀛洲。颐和园以湖、山、岛、堤及其建筑形成如锦似绣的风景画卷。谐趣园是模仿无锡畅春园建成的一座园中园，以水景为主体，环池建有厅、堂、楼、榭、亭、轩等建筑，曲廊连接，使整个园林充满诗情画意。

899. “中国园林之母”指的是哪座园林？

拙政园始建于明朝正德年间，现园体为清末修复扩建的。它是江南园林的代表，也是苏州园林中面积最大的古典山水园林，被誉为“中国园林之母”，中国四大名园之一。全园面积为62亩，分为东区、中区和西区三部分。东区面积31亩，建有草坪、土山、木构亭，临水有水榭、曲桥。中区是全园精华所在，面积约18.5亩，其中水面占1/3，水面有分有聚，临水建有形态各不相同，位置参差错落的楼台亭榭多处，建筑处理和庭院布置都很雅致精巧。西区面积12.5亩，有曲折水面和中区相连，分南北两部，南部称“十八曼陀罗花馆”，北部名“三十六鸳鸯馆”，荷藻水禽、假山茶花构成秀美景色。

900. 古代屏风有哪些样式？

屏风的制作形式多种多样，主要有立式屏风、折叠式屏风等。后来出现了纯粹作为摆设的插屏，它娇小玲珑，饶有趣味。古时，王侯贵族的屏风制作非常讲究，用了云母、水晶、琉璃等材料，在镶嵌工艺上，用了象牙、玉石、珐琅、翡翠、金银等贵重物品。可谓极尽奢华。然而，民间的屏风制作大都崇尚实用朴素，大有陈设素屏者。而且，自魏晋以来，此风大盛。

■ 屏风

901. “床”“榻”有什么不同？

汉代以前人们是席地而坐的，并无椅凳家具，鉴于此，人们以床做坐具，并由此将“床”字延伸为椅凳的代用词。“胡床”，是汉代时从北方少数民族传入汉民族的一种折凳坐具。胡床虽与榻同为坐具，但已发生了本质的区别。榻源于床，人坐其上为盘足坐，或跪足坐，而胡床却是重足坐，因而在后来的岁月中，胡床便成为中国椅凳的鼻祖。另外，“床”字在汉代的指义，除卧具与坐具外，包含性很大，其他用具也有称床的，例如居床、欹床、册床、梳洗床、火炉床等。床与榻概念分明，是元以后的事。

902. 北京著名的四合院的典型格局是怎样的？

所谓四合，“四”指东、西、南、北四面，“合”即四面房屋围在一起，形成一个“口”字形的结构。经过数百年的营建，北京四合院从平面布局到内部结构、细部装修都形成了京师特有的京味风格。北京正规四合院一般以东西方向的胡同而坐北朝南，基本形制是分居四面的北房（正房）、南房（倒座房）和东、西厢房，四周再围以高墙形成四合，开一个门，大门辟于宅院东南角“巽”位。房间总数一般是北房三正二耳五间，东、西房各3间，南屋不算大门4间，连大门洞、垂花门共17间，如以每间11—12平方米计算，全部面积约200平方米。四合院中间是庭院，院落宽敞，庭院中植树栽花，备缸饲养金鱼，是四合院布局的中心，也是人们穿行、采光、通风、纳凉、休息、做家务劳动的场所。四合院是封闭式的住宅，对外只有一个街门，关起门来自成天地，具有很强的私密性，非常适合独家居住。

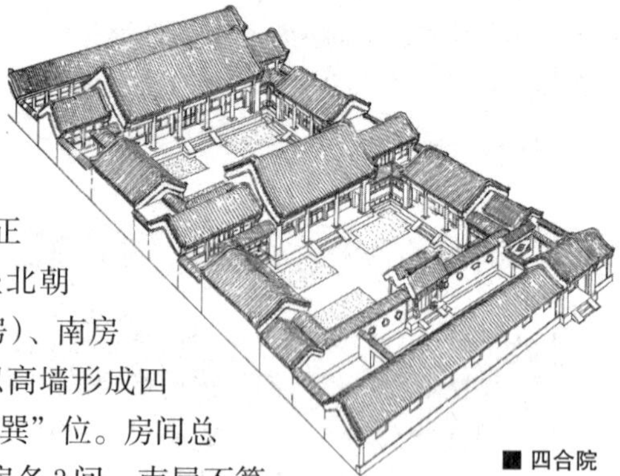

■ 四合院

903. 中国古代的城墙是如何建造的？

中国古代城墙是用土做的，用夯土打实、夯实筑成的，用当地黄土或黑土，用夯打得紧固，一层一层地打，每层打到15厘米的厚度。为了把城墙做得坚固耐久，城墙的墙面就不做成直线的，而是上部墙面向内收起成为“侧脚”。城墙的厚度，下部为4米，上部为3.5米，高7—10米不甚相同。到了明代，国势发达，经济繁荣，所以有能力烧砖，对各地城墙外皮进行包砖，成为砖城墙。

904. 影壁的种类有哪些？分别具有什么特点？

影壁，也称照壁，古称萧墙，是中国传统建筑中用于遮挡视线的墙壁。旧时人们认为自己的住宅中，不断有“鬼”来访。如果是自己祖宗的“魂魄”回家是被允许的，但是如果是孤魂野鬼溜进宅子，就要给自己带来灾祸。如果有影壁的话，“鬼”看到自己的影子，会被吓走。当然，影壁也有其功能上的作用，那就是遮挡住外人的视线，即使大门敞开，外人也看不到宅内。影壁还可以烘托气氛，增加住宅气势。

■ 影壁

表2 中国古代的影壁形式

琉璃影壁	主要用在皇宫和寺庙建筑，最具代表的是故宫和北海的九龙壁
砖雕影壁	大量出现在民间建筑中，是中国传统影壁的最主要形式
石制影壁	移建到北海公园的铁影壁就是完全用石头雕制的，民间很少出现
木制影壁	由于木制材料很难承受长久的风吹日晒，一般也比较少见
砖瓦影壁/土坯影壁	壁身完全披盖麻灰，素面上色，有的还雕嵌砖材图案或文字

905. 牌楼的形制和功能有哪些?

牌楼是一种有柱门形构筑物，一般较高大。旧时牌楼主要有木、石、木石、砖木、琉璃几种，多设于要道口。形式上分，牌楼只有两类。一类叫“冲天式”，另一类是“不出头”式。一般来说，牌楼不外乎是作为装饰性建筑，增加主体建筑的气势，表彰、纪念某人或某事，或者作为街巷区域的分界标志，等。北京的牌楼比别的城市多，数百年的国都使北京的殿堂、庙宇、大建筑群，以及需要纪念和表彰的事件、人物相对要多，作为装饰性的牌楼也就多了起来。

■ 牌楼

906. “台榭”是一种怎样的建筑物?

中国古代将地面上的夯土高墩称为台，台上的木构房屋称为榭，两者合称为台榭。春秋至汉代的六七百年间，台榭是宫室、宗庙中常用的一种建筑形式，具有防潮和防御的功能。最初的台榭是在夯土台上建造的有柱无壁、规模不大的敞厅，供眺望、宴饮、行射之用。

907. 斗拱在我国传统建筑中起什么作用?

斗拱，又称枓拱、枓栱，是中国木构架建筑结构的关键性部件，在横梁和立柱之间挑出以承重，将屋檐的荷载经斗拱传递到立柱。斗拱又有一定的装饰作用，是中国古典建筑显著特征之一。

■ 斗拱

908. 什么是“石阙”? 有哪些种类?

石阙，古建筑词汇，多立于宫庙陵墓之前，作铭记官爵、功绩或装饰用。古代建筑物屹立至今的，以石阙为主。阙都是立在建筑基址入口大道的两旁。石砌成的汉阙，具有两种形式：一种是碑形，但宽度与厚度的比例近方，扁平者较少。其上覆以模仿有瓦、吻、檐及斗栱的木构建筑物的石造屋顶，也有两重檐的。另一种是除上述的这一部分为主阙外，其外侧联以略矮小的子阙，子阙上面也覆以石造屋顶。后一种在现存实物中较多，砌在石阙上的石块，雕出画像及铭文。

■ 石阙

909. 《考工记》是一部怎样的书?

《考工记》是中国目前所见年代最早的手工业技术文献，这部著作记述了齐国官营手工业各个工种的设计规范和制造工艺，书中保留有先秦大量的手工业生产技术、工艺美术资料，记载了一系列的生产管理和营建制度，一定程度上反映了当时的思想观念。该书在中国科技史、工艺美术史和文化史上都占有重要地位，在当时世界上也是独一无二的。关于《考工记》的作者和成书年代，长期以来学术界有不同看法。目前多数学者认为，《考工记》是齐国官书（齐国政府制定的指导、监督和考核官府手工业、工匠劳动制度的书），作者为齐稷下学宫的学者。该书主体内容编纂于春秋末至战国初，部分内容补于战国中晚期。

910. 我国古代门窗纹饰及图案主要有哪些内容?

几何图案：门窗上的几何图案是最主要的装饰手段，它包括各种变体以及多种组合形式。几何图案中最单纯的有四方、六方、三角等形式，亦有星光、风车等富有文学含义的形式，还有拐弯处圆润处理的俗称“一根藤”，有扯不断的寓意。吉祥的形式，再加上多种几何形式的组合，比如外方内圆、大面积的冰裂纹等。几何图案作为装饰主体的长处是，规律性强，富有节奏韵律。大面积整齐划一的装饰，视觉冲击强烈，尤其窗扇、隔扇单片数量多时，效果非常明显。几何图案属抽象图案，所以寓意不那么直接。

树木花卉：树木花卉是古代吉祥图案中经常用的，古人赋予植物文学生命，注重各类植物内在的品质，加以倡扬。比如“梅兰竹菊”四君子，“松竹梅”岁寒三友等。植物的个性完全是社会道德规范的具体写照。在明清门窗中，出现了大量植物图案。

动物图案：在绘画中，凡禽鸟统称“翎毛”，凡兽统称“走兽”。这里所指动物图案还包括龙、凤、麒麟等神兽，鱼、龟、蛙及昆虫等。龙是中国人几千年前创造出的神兽，代表着皇权至高无上的权力。龙的外观集各类动物之长，鳄头、鹿角、蟒身、鹰爪、鱼鳞、虾眼，龙能够腾云驾雾，翻江倒海、上天入地、来去无踪。历朝历代对龙的描绘和塑造，尤其在皇家建筑上的使用不厌其烦。至于民间建筑门窗偶见龙纹，表现百姓对龙的信仰。凤凰、麒麟等瑞兽图案出现的原因也与龙纹雷同。其他兽类，大致可分为家禽与野兽。凡家养动物，如马、牛、羊等，代表着物阜民丰的年代；凡野生动物，如虎、蛇、猴等，寄托着美好愿望。生肖文化是中国古代独有的一种计年文化，中国传统的十二生肖在门窗纹饰中时有表现。至于家禽野鸟，或取其吉，或纳其祥，万变不离其宗。

山水风景：寄情山水，是中国历代文人的一种嗜好。生活富足，政治失意，均可在山水之间找到寄托。或远山近水，或一水两山，是典型的明清山水画的布局，在门窗浮雕板上均可寻到踪迹。使用山水画作为门窗装饰的绝对是少数，原因是山水画为文人较高层次的追求，而常人则认为过雅而不悦其目，故而弃之。

人物神仙：人物指历史上确有其人，代代相传；神仙指宗教、神话创造的人物，妇孺皆知，但亦有无名无姓的百姓，如渔樵耕读，只是百姓生活的真实写照。门窗在花板、中心盘等主要部分，常常深雕人物。这些人物题材中大致分为历史人物，如孔子、老子、苏东坡、李白等；文学人物，如《三国演义》中的刘、关、张等；神仙人物，如弥勒、八仙等；还有吉祥人物，如寿星、财神等，这部分人物出现频率最高，是封建社会整体社会心态的最直接反映。

911. “康庄大道”是什么意思?

“康庄大道”指的是宽阔平坦、四通八达的大路，也用来比喻美好光明的前途。该词出自西汉时期司马迁所作《史记》中的“康庄之衢”。齐国曾设稷下学宫，招揽文学游士数千人，成为战国时的学术中心。齐威王时，为嘉许聚集于稷下讲学议论的文学游士，为他们建筑高大的屋宅、平坦畅达的大路，他们备受尊重、恩宠。“康庄大道”这句成语就从这里演变而出，用来形容四通八达的大路，亦用来比喻光明的前途。

■ 指南车

912. “指南车”是什么样子的?

“指南车”，又称“司南车”，是中国古代用来指示方向的一种机械装置，也作为帝王的仪仗车辆。指南车起源很早，历代曾几度重制，但均未留下资料，直至宋代才有完整的资料。与指南针利用地磁效应不同，它是利用齿轮传动系统，根据车轮的转动，由车上的木人指示方向。不论车子转向何方，木人的手始终指向南方，“车虽回运而手常指南”，指南车的自动离合装置显示了古代机械技术的卓越成就。

913. 我国古代交通工具经过哪些变革？

我国远古黄帝时已有车服，谓之轩辕。轩，是古代一种前顶较高、有帐幕的车子。夏朝交通工具的种类很多，如“陆行乘车，水行乘船，泥行乘橇”。到了汉代，四川民间出现了“鸡公车”，系用硬木制造，长4尺，车架安设在独轮两侧，由一人掌扶两个车把推行。到了三国时期，诸葛亮六出祁山时在陕西黄河镇发明了“木牛流马”的交通工具，它比“鸡公车”进了一大步，可以爬坡上坎。“鸡公车”的第二次变革是在宋代，变一人推动为前后两人把架、两旁两人扶拐，前用驴拉，称“串车”。第三次变革是在明代，在“串车”的基础上加拱形席做顶，用来拉客，称为“双缱独轮车”。

914. “丝绸之路”在我国古代有着怎样重要的意义？

丝绸之路，简称丝路，是指西汉（前202—后8）时，由张骞出使西域开辟的以长安（今西安）为起点，经甘肃、新疆，到中亚、西亚，并联结地中海各国的陆上通道（这条道路也被称为“西北丝绸之路”，以区别日后另外两条冠以“丝绸之路”名称的交通路线）。因为由这条路西运的货物中以丝绸制品的影响最大，故得此名。其基本走向定于两汉时期，包括南道、中道、北道三条路线。丝绸之路的开辟，有力地促进了东西方的经济文化交流，对促成汉朝的兴盛产生了积极的作用。这条丝绸之路，至今仍是中西交往的一条重要通路。在工业化到来的时刻，完成了它的使命，被东起连云港，西至荷兰鹿特丹的10900公里长的新亚欧大陆桥所取代。

915. 我国古代的道路是怎样的？

我国古代的道路，都是沙石或泥土路，还没有用沥青或水泥铺成的道路。直至19世纪末期，我国才出现了铁路和公路。1876年，英帝国主义欺骗清政府，擅自修筑了吴淞到上海的铁路，这是在我国领土上的第一条铁路。而1881年建成的唐山到胥各庄的铁路，则是我国出资修建并延存下来的第一条铁路。我国最初的公路，是1908年苏元春驻守广西南部边防时兴建的龙州到那堪公路，可惜没有全部完工。1913年，湖南兴建了长约50公里的长沙到湘潭的公路。随着近代交通工具火车、轮船、汽车的相继兴起，铁路、公路、航线的不断开辟，我国古代的驿路交通系统终于完成了它的历史使命，逐渐趋于瓦解和废弃。

916. 先秦时代的车都是什么样式的？

先秦时代的车，总的说来分为“小车”和“大车”两大类。驾马、车厢小的叫

“小车”，也叫“轻车”或“戎车”。驾牛、车厢大的叫“大车”。小车除贵族出行乘坐外，主要用于战争。战国时，由于车战的发达，战车的多少成为一个国家强弱的标志，有所谓“千乘之国”“万乘之国”的说法。小车的制作很讲究，上面装饰有各类金属配件。那时大车被看作“平地任载之具”，只用来拉点笨重东西而已。商周时期的贵族有的把生前所用的车马连同驾车的奴隶一起殉葬，多的达几十辆车。

917. 汉朝时发明的“记里鼓车”是什么车？

汉朝杰出的科学家张衡发明了举世闻名的记里鼓车，这是一种利用减速齿轮系统带动车上小木人而报告车行里程的机械。每当车行1里或10里时，小木人就会自动击鼓一下，由击鼓的次数就可以了解已行走了多少路程，这是我国古代车辆机械方面取得的重要成就。

918. 古代的轿子的形制是怎样的？

古代的轿子，大致有两种形制或类型，一种是不上帷子的凉轿，也叫“亮轿”或“显轿”；一种是上帷子的暖轿，又称“暗轿”。不同的官品，在轿子的形制类型、帷子的用料颜色等方面都有严格的区分。如明清时期的一般官吏，得用蓝呢或绿呢作轿帷，所以有“蓝呢官轿”“绿呢官轿”之称。另外，轿子按其用途的不同，也有种种不同的名字：皇室王公所用的，称为“舆轿”；达官贵人所乘的，叫作“官轿”；人们娶亲所用的那种装饰华丽的轿子，则称为“花轿”。抬轿子的人有多有少，一般二至八人，民间多为二人抬便轿，官员所乘的轿子，有四人抬和八人抬之分。如清朝规定，凡是三品以上的京官，在京城乘“四人抬”，出京城乘“八人抬”；外省督抚乘“八人抬”，督抚部属乘“四人抬”；三品以上的钦差大臣，乘“八人抬”等。至于皇室贵戚所乘的轿子，则有多到十多人乃至三十多人抬的。此外，乘轿还有一些其他方面的规定，处处显示着封建社会里森严的等级制度。

■ 轿子

919. 车船是怎样的一种交通工具？

车船是我国古代用人力驱动运转的明轮船，也称轮船或车轮舸。在近代汽船问世前，人类船舶的推进，主要是借助风力和人力，前者用帆，后者用桨。车船是在桨的基础上加以改进和设计的，桨用手力，而车船使用脚力。据说由南齐大科学家祖冲之发明，“又造千里船，于新亭江试之，日行百余里”（《南齐书》卷五十二）。车船虽然没有风帆利用自然力那样经济，但是这也是一项伟大的发明，为后来船舶动力的改进提供了新的思路，在造船史上占有重要地位。

920. 京杭大运河的重大历史意义在哪里?

京杭大运河，是世界上里程最长、工程最大、最古老的运河之一。大运河肇始于春秋时期，形成于隋代，发展于唐宋，全长约1794公里，最终在元代成为沟通海河、黄河、淮河、长江、钱塘江五大水系、纵贯南北的水上交通要道。京杭大运河是我国仅次于长江的第二条黄金水道，价值堪比长城，它是世界上开凿最早、最长的一条人工河道，长度是苏伊士运河的16倍，巴拿马运河的33倍。京杭大运河一向为历代漕运要道，对南北经济和文化交流曾起到重大作用，特别是对沿线地区工农业经济的发展和城镇的兴起起了巨大作用。京杭大运河也是最古老的运河之一，它和万里长城并称为我国古代的两项伟大工程，闻名于全世界。

第九章　休闲

921. 中国象棋棋盘上的“楚河汉界”是怎么来的?

“楚河汉界”指的是河南省荥阳市黄河南岸广武山上的鸿沟。沟口宽约800米，深达200米，是古代的一处军事要地。西汉初年楚汉相争时，汉高祖刘邦和西楚霸王项羽仅在荥阳一带就爆发了“大战七十，小战四十”，因种种原因项羽“乃与汉约，中分天下，割鸿沟以西为汉，以东为楚”，鸿沟便成了楚汉的边界。现在鸿沟两边还有当年两军对垒的城址，东边是霸王城，西边是汉王城，后来演化用于中国象棋中对弈双方的分界线。

922. 古代的六博是什么样的游戏?

六博，又作“陆博”，是中国古代一种掷采行棋的博戏类游戏，因使用六根博箸所以称为六博，以吃子为胜。其中的古玩法大博，由于是与象棋一样要杀掉特定棋子为获胜，是很早期的兵种棋戏，被推论象棋类游戏可能从大博演变而来。六博创制、流传年代久远，棋具和棋局结构复杂，走棋方式变化多样，彩点名目繁复，由于年代久远，具体的玩法早已失传，只能从古籍的只言片语中猜度一二。

923. 樗蒲是一种什么样的游戏?

樗蒲是一种古代博戏。由于博戏中用于掷采的投子最初是用樗木制成，故称樗蒲。又由于这种木制掷具系五枚一组，所以又叫五木之戏，或简称五木。但是也有人根据宋郑樵《通志・草木略》“樗似椿……叶脱处有痕，为樗蒲子”的记载，认为樗蒲这个名字系由樗叶脱处所留痕迹而来，所以五木投子又被简称为“齿”，掷得采名称为“齿采”。准此，樗蒲别名“蒲戏”这一组五枚用木头斫成的掷具，都是两头圆锐，中间平广，像压扁的杏仁。每一枚掷具都有正反两面，一面涂黑，一面涂白，黑面上画有牛犊，白面上画有野鸡。

924. 斗鸡游戏起源于何时?

《史记》和《汉书》上多处记载有关“斗鸡走狗”之事。前770年，春秋战国时期的鲁季平子与郈昭伯因斗鸡而得罪了鲁昭公，竟互相打起架来。可见当时奴隶主玩斗鸡已颇盛行。魏曹时代，魏明帝于太和年间，在邺都（今河北省魏县）筑起了斗鸡台，赵王石虎玩斗鸡于此，曾有“斗鸡东郊道，走马长楸间”的诗句，可见当时玩斗鸡到了何等程度。明代高启（1336—1374）著有《书博鸡者事》。今陕西宝鸡还有以“斗鸡台”为地名的史迹。由此可见，中国斗鸡早在春秋时期就已经存在，历史悠久。

925. 古人如何斗鸭?

斗鸭，即使鸭相斗的博戏。在古代中国，人们有将饲养的家禽相互争斗以做娱乐的习俗，因此人们喜好斗鸡、斗鹅、斗雁。据历史记载，斗鸭最早可能出现于西汉初年，发展于六朝，鼎盛于隋唐。据《南史·王僧达传》记载，鲁恭王喜欢斗鸡、斗鸭等，为了精心饲养这些家禽，一年花费竟需米谷二千石。斗鸭虽然是与斗鸡相类的娱乐项目之一，但斗鸭受地域、时令等方面的制约，因此仅局限于长江中下游流域，未能像斗鸡一样广为流传。

926. 古人如何用花草进行比赛?

斗草是古代流行在女孩子中的一种游戏。斗草，又称“斗百草”，其最初的源起已无处可寻，最早见于文献是在魏晋南北朝时期，流行于中原和江南地区。起源无考，普遍认为与中医药学的产生有关。远古先民艰苦求存，生活单调，暇余以斗虫、斗草、斗兽等为戏自娱。随着游戏的发展，其最初的内容已有了很大变化，虽仍不离花草，但已平添了与此无关的内涵。到唐代，斗草更带有一种“赌”的色彩，其方式大概有这么两种：一种是比试草茎的韧性，方法是草茎相交结，两人各持一端向后拉扯，以断者为负，这种可以称之为“武斗”；另外一种则是采摘花草，互相比试谁采的花草种类最多，这就是“文斗”。后来，斗百草游戏还演变出妇女尤其喜好的斗花比赛。

927. 我国古人斗蛐蛐是怎样进行的?

斗蛐蛐，即斗蟋蟀，亦称“秋兴”“斗促织”，即用蟋蟀相斗取乐的娱乐活动。斗蟋蟀是中国一项古老的娱乐活动，但这种休闲方式很残酷。蟋蟀多为雄性，它们为保卫自己的领地或争夺配偶权而相互撕咬。二虫鏖战，战败一方或是逃之夭夭，或是退出争斗，鲜有“战死沙场”的情况。蟋蟀从原先的听其声，发展到现在的观其斗，从这一微小的侧面，也反映了社会历史的变化。蟋蟀相斗，要挑重量与大小差不多的，用蒸熟后特制的日菽草或马尾鬃引斗，让它们互相较量。旧时城镇、集市，多有斗蟋蟀的场所。

■ 斗蛐蛐

总之，这项活动自兴起之后，至今已有八九百年的历史，始终受到人们的广泛喜爱，长兴不衰。

928. 古代的投壶游戏怎么玩？

投壶是古代士大夫宴饮时玩的一种投掷游戏。春秋战国时期，诸侯宴请宾客时的礼仪之一就是请客人射箭。那时，成年男子不会射箭是一种耻辱，主人请客人射箭，客人是不能推辞的。后来，有的客人确实不会射箭，就用箭投酒壶代替，即搁一个壶在那儿，然后把箭投进去，输者喝酒。久而久之，投壶就代替了射箭，成为宴饮时的一种游戏。投壶在战国时很流行，当时的文士倾向于内心修养，投壶这种从容安详、讲究礼节的活动，正适合他们的需要。此外，由于社会发展，民间以投壶为乐的现象越来越普遍。宋朝以后，投壶游戏逐渐衰落下去，不再像汉唐那样盛行了。

929. 我国最早的纸牌是什么？

目前我们认为，现代扑克起源于中国的“叶子戏”。相传早在楚汉战争时期，韩信为了缓解将士们的思乡之愁而发明的，当时牌面大小像树叶一样，所以又称“叶子戏”，据说这就是扑克牌的雏形。后来据考证，唐代著名天文学家张遂（一行和尚），发明“叶子戏”供玄宗与宫娥玩耍。以后传入民间，很快流传开来。到五代时期，纸牌戏的记载已经大量涌现。到了明清时期，叶子戏已经成为社会上非常盛行的一种博戏形式，样式及打法已基本完善。叶子戏于元代传到西方，变化成了塔罗牌及现代扑克，而在中国则逐渐变成麻将及牌九。

930. 高跷戏是怎样的一种表演？

高跷，也称“拐子”，由表演者脚踩木跷表演。由于表演者高出一截，观众观踩高跷要仰起头来看或是站在高处观看，所以也有人把高跷称为“高瞧戏”。这种活动在山西全省境内流行甚为普遍，是一种群众喜闻乐见的民间文艺活动形式。今人所用的高跷，多为木质，表演有双跷、单跷之分。双跷多绑扎在小腿上，以便展示技艺；单跷则以双手持木跷的顶端，便于上下，动态风趣。其表演又有“文跷”和“武跷”之分，文跷重扮相与扭逗，武跷则强调个人技巧与绝招。各地高跷，都已形成鲜明的地域风格与民族色彩。

931. 古人喝酒时如何行酒令？

行酒令，是酒席上的一种助兴游戏，一般是指席间推举一人为令官，余者听令轮流说诗词、联语或其他类似游戏，违令者或负者罚饮，所以又称“行令饮酒”。酒令最早诞生于西周，完备于隋唐。饮酒行令在士大夫中特别风行，他们还常常赋诗撰文予以赞颂，行令方法主要有掷色子、抽签、划拳、猜数等。通令很容易造成酒宴中热闹的气氛，因此较流行。但通令掳拳奋臂，叫号喧争，有失风度，显得粗俗、单调、嘈杂。饮酒行令，不光要以酒助兴，有下酒菜，而且往往伴之以赋诗填词、猜谜行拳之举，它需要行酒令者敏捷机智，有文采和才华。因此，饮酒行令既是古人好客传统的表现，又是他们饮酒艺术与聪明才智的结晶。

932. 捉迷藏的游戏最早出现于什么时候?

捉迷藏，俗称“藏猫猫”“躲猫猫”，即首先选定一个范围，大家经过猜拳或一定规则之后，选定一个人先蒙上眼睛或背着大家数数，可长可短，而其他人必须在这段时间找到一个地方躲藏，时间到后那个人去找其他人，最先找到的人为下一轮找的人。没有被找到，且最后回到出发点没有被寻找者发现的人，将不参与第二局的猜拳，直接成为躲藏者，游戏可反复进行。捉迷藏游戏的历史十分久远，唐代就有了相关文字记载。

933. “打陀螺”的游戏是怎样进行的?

“打陀螺”是我国一项传统体育游戏，早在宋朝时就已经出现了类似的玩具，名字叫作“千千”。陀螺为木制的圆锥形，上大下尖。将尖头着地，以绳抽之，使之旋转。另有鸣声陀螺和菱形陀螺，鸣声陀螺以竹木制成中空圆筒，中间贯以旋轴，圆筒体开有狭长裂口，转动时由于气流作用能发声。菱形陀螺为两头小，中间大，以绳绕螺身。玩时将陀螺置地，顺势抽绳，使螺旋转。

934. 元宵节猜灯谜在我国的历史有多久?

灯谜，即写在彩灯上面的谜语，又叫“灯虎”，猜灯谜则叫“射灯虎”。谜语来源于民间口谜，后经文人加工成为谜，它在中国源远流长。春秋战国时期，出现了“隐语”或“庾词”。秦汉时则成为一种书面创作。三国时代，猜谜盛行。在宋代出现了灯谜，人们将谜条系于五彩花灯上，供人猜射。明清时代，猜灯谜在民间十分流行。

935. 端午节为什么赛龙舟?

赛龙舟是端午节的一项重要活动，在中国南方十分流行，它最早是古越族人祭水神或龙神的一种祭祀活动，其起源有可能始于原始社会末期。赛龙舟是中国民间传统水上体育娱乐项目，已流传2000多年，多是在喜庆节日举行，是多人集体划桨竞赛。史书记载，赛龙舟是为了纪念爱国诗人屈原而兴起的。由此可见，赛龙舟不仅是一种体育娱乐活动，更体现出人们心中的爱国主义和集体主义精神。龙舟船的大小因地而异。比赛是在规定距离内，同时起航，以到达终点先后决定名次。我国各族的龙舟赛也略有不同。汉族多在每年端午节举行，船长一般为20~30米，每艘

■ 赛龙舟

船上约30名水手，欢天喜地赛龙舟。

936. 什么是“蹴鞠”？

■ 蹴鞠

蹴鞠，最早载于《史记·苏秦列传》，又名“蹋鞠”“蹴球”“蹴圆”“筑球”“踢圆”等。“蹴”即用脚踢，“鞠”系皮制的球，“蹴鞠”就是用脚踢球，可以说是现代足球的雏形。它是中国一项古老的体育运动，有直接对抗、间接对抗和白打三种形式。由于我国古代以儒家思想为核心，导致传统文化讲求“和”与“中庸”，多数情况下的社会文化心理是重“文治”而轻“武功”。人们推崇谦谦君子的温文尔雅，鄙薄孔武之士的争强好胜。在这种社会文化背景下，蹴鞠也就由对抗性比赛逐步演变为表演性竞技。

937. 古时候的打马球活动是怎样的？

■ 打马球

马球，史称“击鞠”“击球”等，指骑在马背上用长柄球槌拍击木球的运动，是蒙古族民间马上游戏和运动项目，流行于内蒙古等地。相传唐初由波斯（今伊朗）传入，称“波罗球”，后传入蒙古，相沿至今。球小如拳，以草原、旷野为场地。游戏者乘马分两队，手持球槌，共击一球，以打入对方球门为胜。

938. 我们所讲的十八般武艺指的是什么？

十八般武艺，指能使用十八般兵器的本领，亦泛指多种武艺。现在我们一般认为十八般武器是刀、枪、剑、戟、棍、棒、槊、镋、斧、钺、铲、钯、鞭、锏、锤、叉、戈、矛。

939. 梨园行为什么是戏曲的代名词？

旧称京剧界的从业人员为“梨园行”。因为唐代的李隆基（唐玄宗）酷爱歌舞，将宫廷中的歌舞伎集中在梨园，学习歌舞、戏曲，以供宫廷宴乐，这可能是历史上最早的大规模培训戏曲歌舞演员的场所。除了请专门的人士来教习，还请当时有名的文人雅士为他们编撰节目，如唐朝著名的诗人李白、贺知章等人都为梨园编写过节目，这里成了历史上有名的集歌、舞、戏于一体的练习场所。所以京剧界追本溯源，称这一行业为“梨园行”。相传李隆基是戏曲界的祖师爷，京剧界把他当作老郎神供奉。

940. 我国古代是如何进行拔河的?

古代参加拔河的人数比现在的多得多。大绳正中插一根大旗，旗的两边画两条竖线，称为河界线。比赛时，以河界线为胜负标志，所以改称“钩拒之戏”为“拔河”。一声令下，河界线两边选手紧挽绳索，“使相牵引”，围观者“震鼓叫噪，为之鼓劲”。

根据中国唐代封演《封氏闻见记》，春秋时期的楚国一带，军中已经出现拔河运动，用来训练士兵，称为“牵钩”。书云：“拔河，古谓之牵钩。襄、汉风俗，常以正月望日为之。相传楚将伐吴，以为教战。”唐代起初的拔河活动以拉扯竹索为主，到了隋朝时期已将竹索改为大绳，绳长约50丈（即约167米），两头还分系小绳索数百条。在古代拔河时还要敲着大鼓，以壮士气。唐玄宗曾多次观看拔河比赛，拔河者多至千余人，呼声震天，中外观众，无不震骇。

941. 角抵是怎样的一种运动?

角抵是中国古代的一种竞技类活动形式，秦始皇统一中国后，禁止民间私藏兵器，作为徒手相搏斗的角抵兴盛起来。汉代，民间出现了一种由“蚩尤戏”发展而成的两个人在公开场合表演的竞技活动，已经具有后来摔跤的基本特色，并有着特定的文化内涵。20世纪70年代，山东省临沂金雀山汉墓出土的汉代帛画，画面上所出现的两个角抵者皆手臂大张，怒目逼视，做跃跃欲扑之状。画面左侧有一旁观者，拱袖而肃立，当为角抵者的裁判。晋代角抵出现了另一名称“相扑”。到了唐代，相扑、角抵二名称并行，其特点还是赛力性的竞技，且多在军中进行，后传入日本。

942. 古代的博戏是什么?

博戏是古代的一种赌输赢、决胜负的游戏。据《史记》和其他有关文字的记载，博戏的产生至少在殷纣王之前。我国最早的博戏叫“六博”，有6支箸和12个棋子，箸是一种长形的竹制品，相当于今天打麻将牌时所用的色子。据《颜氏家训·杂艺》所载，可知博戏又分大博、小博。大博的行棋之法已不可考，小博的玩法在《古博经》里有比较详细的记载。

943. 我国围棋的地位如何?

围棋是中华民族传统文化中的瑰宝，它体现了中华民族对智慧的追求，古人常以“琴棋书画”论及一个人的才华和修养，其中的“棋”指的就是围棋。古代的围棋被人们形象地比喻为黑白世界的围棋，是我国古人所喜爱的娱乐竞技活动，同时也是人类历史上最悠久的一种棋戏。由于它将科学、艺术和竞技三者融为一体，有着发展智力、培养意志

■ 围棋

品质和机动灵活的战略战术思想意识的特点，因而，几千年来长盛不衰，并逐渐地发展成了一种国际性的文化竞技活动。

944. 为什么要荡秋千?

秋千的起源，可追溯到几十万年前的上古时代。那时，我们的祖先为了谋生，不得不上树采摘野果或猎取野兽。在攀缘和奔跑中，他们往往抓住粗壮的蔓生植物，依靠藤条的摇荡摆动，上树或跨越沟涧，这是秋千最原始的雏形，发展到后来将绳索悬挂于木架、下拴踏板的秋千。荡秋千在古代主要为宫中、闺中女子的游戏或传统节日广场狂欢内容。汉武帝时宫中盛行荡秋千，在当时主要是为了强身健体。唐代宫廷也把荡秋千称为“半仙戏”。

■ 秋千

945. 踏青这一习俗指的是什么?

踏青，又叫探春、寻春，就是指春天到郊野去游览。我国的踏青习俗由来已久，传说远在先秦时已形成，也有说始于魏晋。唐代诗人杜甫在诗中也曾记载了皇家浩浩荡荡春游踏青的情景。据《晋书》记载，每年春天，人们都要结伴到郊外游春赏景，至唐宋尤盛。千百年来，踏青渐成了一种仪式，仿佛只有行了这种仪式，才真正拥有了春天。踏青虽在一年之春，但具体时日常有出入。明朝冯应京、元朝费著、唐朝李淖，分别在文中指明踏青时节为正月初八、二月二、三月初三。其实，人们心中最认同的那个时节，也是被称作“踏青节”的，是春暖花开的清明时分。在这个时节里，人们结队出游，在凭吊先人的同时，感受春天气息。

946. 踢毽子这一活动最早出现在什么时候?

踢毽子，又叫“打鸡”。该活动起源于汉代，盛行于南北朝和隋唐，至今已有2000多年的历史了，是中国民间体育活动之一，深受青少年儿童，尤其是少年女子的喜爱。在古代，毽子一般用禽类羽毛和金属钱币做成。传统的踢毽子对场地要求不高，只需一小块比较平坦的空地，五六平方米、三四平方米均可，越是技艺高的对场地要求越宽。在室内、室外均可进行，因此也是一项简便易行的健身活动。清代踢毽子的技艺已相当高，也为中国古代妇女所喜爱。清初著名词人陈维崧曾赞美女子踢毽子，说女子踢毽子比踢足球还巧妙，比下棋还有趣味。

■ 毽子

947. 起初进行放风筝这一活动的目的是什么?

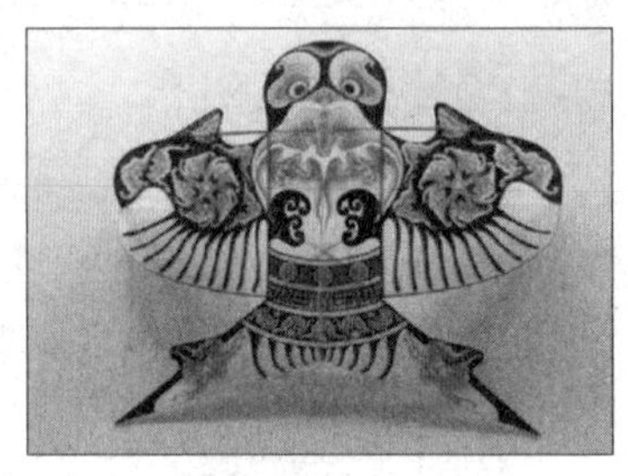
■ 风筝

风筝，亦称“风琴”“纸鹞”“鹞子”“纸鸢”，是一种比空气重的，能够借助风力在空中飘浮的制品。放风筝是中国民间广为盛行的一项传统体育运动，也是汉族及部分少数民族传统的娱乐风俗，流行于中国各地，至今已有2000余年的历史。风筝用细竹扎成骨架，再糊以纸或绢，系以长线，利用风力升入空中。最初，人们在放风筝的时候，待到风筝升上高空便将长线剪断，使风筝飘远，寓意为“放晦气”，希望风筝能将不好的运气带走。

948. 抖空竹是怎样的一种活动?

■ 空竹

空竹古称“胡敲”，也叫“地铃”“空钟”“风葫芦”等。抖空竹亦称“抖嗡”“抖地铃”“扯铃”，属于一种汉族民间游艺活动，流行于全国各地，而在天津、北京及辽宁、吉林、黑龙江等地尤为盛行。抖空竹原是庭院游戏，后经加工提高，有了竞技性质，并成为传统的杂技项目。空竹，以竹木为材料制成，中空，因而得名。玩的人双手各拿两根两尺长的小竹棍，顶端都系一根长约五尺的棉线绳，绕线轴一圈或两圈抖，一手提一手送，不断抖动，加速旋转时，铃便发出鸣声。在古时候年轻女子玩空竹被视为高雅之举，现代年轻女子表演空竹被视为绝妙之技。

949. 舞剑是怎样一种运动?

舞剑即舞蹈与剑术的结合，是我国最受欢迎的武术项目之一，极具中华武术魅力和东方传统文化色彩。舞剑之说由来已久，早在我国的秦汉时代，人们就已经把攻防技击的剑术与供娱乐观赏的宫廷舞艺有机地结合在一起。舞剑力求身法矫捷，飘逸洒脱，运剑自如，刚柔兼备，其中刚柔兼备是武术运动的基本法则，同时也是对立统一的典型范例。舞剑还和赋诗、书法、歌舞等文化艺术互相结合，起到了相辅相成、相得益彰的艺术效果。舞剑，其外形动作体现了中国古典美学的审美观，究其内涵颇具鲜明的古代阴阳哲理。

950. 什么是胡旋舞?

胡旋舞是由西域传来的民间舞，是唐代最盛行的舞蹈之一。此舞的传入，史书中多有记载，主要来自西域的康国（今乌兹别克斯坦撒马尔罕）等国。胡旋舞节拍鲜明奔腾欢快，多旋转蹬踏，故名胡旋。伴奏音乐以打击乐为主，与它快速的节奏、刚劲的风格相适应。其舞蹈特点是动作轻盈、急速旋转、节奏鲜明。在龟兹壁画中有大量的旋转舞女形象，两脚足尖交叉、左手叉腰、右手擎起，全身彩带飘逸，裙摆旋为弧形，这正是旋转的瞬间姿态。胡旋舞传入中原地区后，风靡一时，在宫廷尤为流行，为男女最为喜爱的交际舞蹈。唐朝时长安城内，学胡舞成了一时的风尚，大约50年的时间盛行不衰。

951. 古代的马戏是什么样的?

古代马戏和现今所说的马戏含义不同，现今马戏是各类驯兽表演的代称，而古代马戏则是指马上的各种技艺并包括驯马表演。中国马戏的起源，应从历史上畜牧马和使用马这两方面的发展情况来分析。战国时期的赵国国君赵武灵王首创了单骑作战，为马戏的产生了提供了重要条件，而汉政府对诸技艺的大肆提倡是中国马戏迅速发展的主要推动力量。马上技巧是马戏的主要表演形式之一，它取材广泛，造型生动，姿态优美内容丰富。中国马戏经过了漫长的岁月、艰难的历程，几经盛衰，在汉、唐、宋、元诸朝代作为国家艺术精华之一常常用来招待外国宾客。

952. 什么是相声?

相声是一种民间说唱曲艺，主要采用口头方式表演，是扎根于民间、源于生活、又深受群众欢迎的曲艺表演艺术形式。相声一词，古作像生，原指模拟别人的言行，后发展成为象声。象声又称隔壁象声，明朝即已盛行。象声起源于华北地区的民间说唱曲艺，经清朝时期的发展直至民国初年，象声逐渐从一个人模拟口技发展成为单口笑话，名称也就随之转变为相声。相声用诙谐的说话，尖酸、讥讽的嘲弄，以达到惹人“捧腹大笑”而娱人的目的。在这些笑料中，往往寄托了艺人们对统治者的嘲讽。

953. “说、学、逗、唱”分别指的是什么?

相声艺术讲究的是“说、学、逗、唱”，这是相声艺人所必备的基本功。相声艺人把“说、学、逗、唱”当作培训相声演员的“四门功课”。比如，通过说“绕口令”或“贯口”，练习语言节奏，矫正发音部位和发音方法；通过学“天上飞的，地下跑的，水里凫的，草棵里蹦的”，练习模拟生活的本领；通过你来我往，舌剑唇枪的打诨逗趣，练习抖落“包袱”，制造笑料；通过唱“太平歌词”、戏曲小调，练习演唱技巧。

表1 相声艺术中的“说、学、逗、唱”

说	笑话、故事、灯谜、酒令
学	学人言、鸟语、市声、叫声
逗	插科打诨，抓哏逗趣
唱	唱“太平歌词”、戏曲小调

954. 什么是“贯口”?

“贯口”是对口相声中常见的表现形式，也叫“背口”。“贯口”的“贯”字，是一气呵成，一贯到底的意思。表演“贯口”，要求吐字清晰，语言流畅，情绪饱满而连贯，语气轻重而适当，快而不乱，慢而不断，犹如断线珍珠，一气呵成。其中最主要的技巧，就是“气口”。气口也就是缓气的要领，只有运用好气口，背诵起贯口来，才能有节奏感。常见的相声段子如《报菜名》《八扇屏》《白事会》等都含有大段的贯口。

955. 为什么把相声中的笑料称为“抖包袱”?

包袱，指相声、独角戏、山东快书等曲种中组织笑料的方法。一个笑料在酝酿、组织时称“系包袱”，迸发时称“抖包袱”。“包袱”是相声的术语，指的是经过细密组织、铺垫达到的喜剧效果。相声演员认为，相声之所以令人发笑，是因为相声里有包袱。因此，包袱是相声的命根子。按照相声老艺人的说法，包袱是一个装满笑料的包裹。演员在观众不知不觉中将包袱皮儿打开，将笑料一件一件装在里面，然后偷偷系牢包袱，待时机成熟，突然解开包袱，把笑料抖搂出来。由于笑料是在观众不知不觉中装进去的，因此当抖落包袱时，观众出乎意料，不禁失声大笑，演员将此称之为“包袱响了”。又由于笑料是当着观众一件一件装进去的，所以观众在捧腹的同时又觉得合理可信。

956. 相声表演之前经常会听到的几句诗有什么作用?

相声演员在演出单口相声前，往往先念诵四句或八句诗，被称为“定场诗”。这些诗句往往诙谐幽默、短小精悍而让人印象深刻，为的是快速拢观众耳音，以便演员继续表演，这样演员就先定住了场。定场诗有不少都是摘自《三言二拍》《镜花缘》等，还有摘自一些风物小说和正统史书，不少都有很大文化价值，每段或有一定教育意义，或发人深省，或使人开怀大笑。

957. 什么是评书?

评书，又称“说书”，古代称为“说话”，是中国一种口头讲说的表演形式，在宋代开始流行。评书的表演为一人坐于桌后表演，道具有折扇和醒木，服装为长衫。至20世纪中叶，多不再用桌椅及折扇、醒木等道具，而以站立说演，服装也较不固定。流行于中国北方地区的评书艺术，作为一种独立的说书品种，大约形成于清代初期。许多渠道的资料证明，评书虽然是口头讲说的表演形式，但其艺人来源却多为“唱曲”的转行。

958. 说评书时用的醒木有什么作用?

醒木也叫“醒目”“响木”，是一块长方形的小硬木块。尺寸不一，一般长约1

寸，阔约半寸。上面抹边，共20条边线，10个平面，放在桌上外露9个平面，所以也叫“九方”。大多是红木、花梨、柴檀木、乌木制成。醒木多用于长篇评书、长篇鼓书或相声、双簧等曲种。评话艺人用名“止语”，开场时止住观众说语。老评书艺人有的叫醒木为“省悟”，唤起人们分辨善恶的意识，劝人学好，不往坏处走，不做坏事。一般来说，评书演员拍醒木，开始表演时拍，让观众安静、注意；结束时拍，让观众悬想回味；节目当中拍，用来烘托气氛。

959. 京韵大鼓是怎样一种表演形式?

京韵大鼓是由河北省沧州、河间一带流行的木板大鼓发展而来，形成于京津两地的表演艺术形式，属于鼓词类曲艺音乐。京韵大鼓唱词的基本句式是七字句，有的加入了嵌字、衬字及垛句。每篇唱词140—150句。用韵以北京十三辙为准，一个唱段大都一韵到底。京韵大鼓是唱中有说，说中有唱，所以韵白（包括在板眼节奏之内的韵白和没有板眼节奏的韵白）在演唱中也有重要的位置。韵白讲究语气韵味，要半说半唱，与唱腔自然衔接。京韵大鼓的表演形式是一人站唱，演员自击鼓板掌握节奏，主要伴奏一般为三人，所操乐器为大三弦、四胡、琵琶，有时佐以低胡。

■ 京韵大鼓

960. 什么是山东快书?

山东快书是起源于山东临清、济宁、菏泽、兖州一带的一种传统曲艺形式，流行于山东、华北、东北各地。起初专说武松故事，曾名“武老二”。山东快书都是站唱形式，演唱者一人手持竹板或铜板两块，以快节奏击板叙唱。山东快书以说唱为主，语言节奏性强，基本句式为“二、二、三”的七字句，为保证演唱的明快，一般句子最后为三个字。由于山东快书具有灵活简便、易演易编的特点，通常是一个或几个演员，用极简单的道具进行演唱，在瞬间就能收到较好的艺术效果。又由于它不受场地的限制，无论田头工地、车站码头、街头巷尾，均可随时演出，迅速地反映现实生活，所以几百年来长久不衰，有着极其广泛的群众基础，许多经典段子在群众中广为流传，深受群众喜爱。

第十章　风俗

961. 中国人的名字又称姓氏，姓氏具体指的是什么？有何深刻含义？

姓和氏最早并不是在一起称呼的，而是内涵不同的两种称谓，只是随着时间的推移，姓氏逐渐融为一个词。而在最初，先有姓，后有氏。姓原本指的是女性所生子女，是一种血缘关系的体现，同时也是家族基因的一种历史延续。在母系氏族社会，同一个母亲所生育的后代就是属于同一个姓的。随着社会的不断进步与发展，人口的壮大，居民被分割成若干的单位分散居住，在继承原有姓的基础上，有的单位为了与其他群族区别开，便另外给自己取一个姓作为标志，于是就产生了氏。也可以说，姓是一个家族共同的标志，氏则是从姓中演化发展而来的。

962. 古人为何要起“号”？如何起“号”？

在古代，人们除了名字以外，还会用号来作为自我的一个称呼，相当于别名。周朝时人们就已经开始取号了。《周礼》中对于号有这样的解释：“号，谓尊其名，更为美称焉。”意思是说，号是人在名、字之外的尊称或美称。古代的达官文人往往以居住地或者是山川河流来给自己命号，比如唐代的杜甫号少陵野老，宋代苏轼号东坡居士，清代郑燮号板桥，等。到了宋以后，儒雅文士之人往往以号相称，有些人的号使用率甚至超过名、字，如苏东坡、郑板桥。到了明清时代，人们把取号视为一种时髦，上至皇帝，下至黎民百姓，几乎人人有号。号的发展在古代姓氏文化中占有重要的地位，也成为我国姓氏文化的一个代表载体。

963. 传统观念中的“家族”有什么特殊含义？

家族指的就是以婚姻和血缘关系结成的亲属集团，它是社会的基本构成单位。家庭是用夫妻关系与亲子女关系构成的最小的社会生活共同体，它不断维持着最直接的人类社会的延续性，并形成家族体系。在我国传统观念中，家族代表的是同姓族群的共同集体，血缘较为单纯，并且存在严格的家族等级以及制度化的观念，通常维系家族的关键就是我们常说的家法，家法是建立在血缘关系以及家族等级制度上的，通过制度化的管理以及切实可行的手段，维系整个家族的整体利益。当然，这种基础也是建立在封建礼教制度下的。

964. “六亲不认”中的“六亲”是指哪些人？

历史上对于“六亲”的概念存在不同的定义，总结起来一般认为有以下几种说法：

表1　“六亲不认”的说法

第一种说法	父子、兄弟、从父兄弟、从祖兄弟、从曾祖兄弟、同族兄弟。（出自汉代贾谊《新书·六术》）
第二种说法	父子、兄弟、姑姊、甥舅、婚媾、姻娅。（出自《左传·昭公二十五
第三种说法	父母、兄弟、妻子。（出自《汉书·贾谊传》）
第四种说法	父子、兄弟、夫妇。（出自《老子》）
第五种说法	外祖父母、父母、姊妹、妻兄弟之子、从母之子、女之子。（出自《史记·管晏列传》）

965. 古代统治者对百姓的称呼有哪些？

历史上，由于社会制度的不同，文化习惯以及统治阶级的差异，对于老百姓的称呼也是多种多样的，这也反映出了古代社会的阶级性。

在我国奴隶制社会和封建社会时期，对于普通民众最常用的称呼就是黎民、百姓。战国时常用“黔首”一词指代普通民众。秦始皇时期特别下令要求将“黔首”作为百姓的固定称谓。

由于古时候的等级制度十分严格，老百姓只能穿着麻织的布，质粗而价低，因此“布衣”就成了平民百姓的代称。又因为平民长穿白色衣服，也以“白衣”代指百姓。百姓又被称作“百士”“白丁”，指没有功名的人，如刘禹锡《陋室铭》就说“谈笑有鸿儒，往来无白丁”。此外，“氓”也是古代对普通民众的称呼。

966. 古人所说的“三姑六婆”是指哪些人？

尼姑、道姑、卦姑就是我们常说的三姑，其中尼姑是佛教的，道姑是道教的，卦姑是专门占卦的。牙婆、媒婆、师婆、虔婆、药婆、稳婆就是我们常说的六婆。六婆其实也就是古代六种女性从事的职业代称，有时一人可以身兼数职。

表2　古人所说的六婆

牙婆	专门贩卖人口的人口贩子，专为人买卖奴婢、妾侍
媒婆	专为人介绍姻亲的女性
师婆	专门画符施咒、请神问命的巫婆
虔婆	妓院内的鸨母
药婆	专门卖药的女人
稳婆	专门接生的接生婆，有时会负责验查女尸

967. 为什么将故乡称为“桑梓”?

在古代，桑树和梓树与人们的衣食住行都有着密切的联系，因此人们通常在自己家的住宅周围植桑栽梓。并且，人们对于先辈所植栽的桑树和梓树往往心怀敬意，后来就用物代处所，用“桑梓”代称家乡。这一用法最迟在东汉时期就已形成，东汉张衡在其《南都赋》一文中即有句说：“永世克孝，怀桑梓焉；真人南巡，睹旧里焉。”赞扬某人为家乡造福，也往往用“功在桑梓”一词来形容。

968. 为什么要将岳父称作“泰山”?

在我国，一般将岳父称之为泰山，以表尊重。将岳父尊称为泰山始于唐代。相传唐明皇到泰山封禅，举行了轰轰烈烈的封禅仪式。事后，按惯例，除太尉、司徒、司空三公以外，凡随行官员都晋升一级，并大赦天下，以示皇恩。郑鉴本是九品小吏，由于他老丈人的作用，连升四级，骤迁五品，赐给大红官服，趾高气扬，威威武武，好不显赫。其他人早就看在眼里，气在心上，宫廷上下议论纷纷。这事传到唐明皇的耳朵里，皇帝马上召郑鉴的丈人张说进殿，问他是怎么回事，张说默不作声。这时，有个叫黄缁绰的人在旁边一语双关地为他开脱说：“此乃泰山之力也。”这件事情虽然在宫廷内外传为笑话，但是在以后，人们便把祭坛旁边的那个高耸入云的石峰取名叫“丈人峰”，因为泰山又称“东岳”，所以，自唐代开始，“泰山”“岳父”便成了妻父的专称，“丈人”也由原来泛指老人的含意而演变为“岳父”，沿袭至今。

969. 古代的东床为何专指女婿?

东晋时期，人们将东床用来专门指代女婿。据传王羲之16岁的时候，当时的太尉郗鉴，恰巧想为自己美丽且知书达理的女儿找一个门当户对的丈夫，于是郗鉴就派遣使者来到王家。当派遣的使者来到王家时，看到众多人中，只有一个人仍然神色自若，独自盘坐在东边的床上，旁若无人地袒腹嚼饼。回到郗府后，那名使者向郗鉴如实地报告了王家子弟们的表现。当使者向郗鉴汇报完了所见情况之后，郗鉴竟欣喜若狂地说：“那位独坐东床、毫不矫揉造作的王家子弟，正是我心目中的佳婿！”郗鉴当下便择定了吉日良辰，将女儿嫁给了王羲之。由此，东床也就成为古代女婿的代名词了。

970. “连襟”是什么意思?

唐代时，“连襟”一词开始出现。北宋时期的洪迈是最早将“连襟”一词用于表述姐妹丈夫之间关系的人。当时，洪迈有个堂兄在泉州做幕宾，很不得意，其妻的姐夫在江淮一带做节度使，得知此事后，便写了一封荐书，推荐洪迈的堂兄去京城供职。事成之后，洪迈的堂兄甚为感激，托洪迈替他写了一份谢启，寄给妻子的姐夫，里边有这样几句：“襟袂相连，夙愧末亲之孤陋；云泥悬望，分无通贵之哀怜。”这里的“襟袂相连”，就是用来形容姐妹的丈夫之间的密切关系了。后来，人们又将“襟袂相连”简化为“连襟”，成为姐妹的丈夫间专用称谓了。

971. “黄花闺女”指的是哪样的女人?

在我国传统民间用语中，有“黄花闺女”一词，专指还没婚嫁的女孩子。换句话说，也就是现在所指的处女。“黄花闺女”这种称谓在我国十分盛行。古时未婚女子在梳妆打扮时，喜爱“贴黄花”，用黄颜色在额上或脸部两颊上画成各种花纹，也有用黄纸剪成各种花样贴上的。同时，“黄花”又指菊花。因菊花能傲霜耐寒，常用来比喻人有节操。所以，在闺女前面加上“黄花”两字，也表达了闺女能保持贞节。

972. 新娘出嫁时为何要盖红盖头?

在中国结婚习俗中，最为常见的就是新娘子头上所盖的红色布块，又称“盖头”。盖头在我国婚俗史上的时间很长，并且影响范围也随着时间的推移不断地扩大。其实盖头就是新娘子为了遮盖羞颜，表现出女子柔情似水、温婉尔雅的一种方法。后人常以轻柔、美观的丝织品作为遮盖的用品，因此也就逐渐形成了盖盖头的婚俗。而之所以选用红色的盖头，是因为红色在古人心中是吉祥喜庆的象征。

■ 红盖头

973. 什么叫作“冥婚”?

我国古代存在一种“冥婚”风俗，又叫“阴婚”，其实就是为过世的人寻找配偶。有的少男少女在订婚后，未等迎娶过门就因故双亡。那时，老人们认为，如果不替他们完婚，他们的鬼魂就会作怪，使家宅不安。因此，一定要为他们举行一个阴婚仪式，最后将他们埋在一起，成为夫妻，并骨合葬，也免得男、女两家的茔地里出现孤坟。冥婚早在汉代以前就已经存在了，因为冥婚需要耗费众多的民间财力及人力，并且没有任何实质性的意义，因此曾经遭到古代政府的禁止。宋代，冥婚最为盛行。清代，这种以妇女殉葬冥合的习俗，随着贞节观的加强，仍很盛行，直至晚清封建礼教受到现代文明的冲击才逐渐消失。

974. “鄙人”是用来称什么人的?

“鄙人”，一般指对自身的谦称，此外还有鄙俗的人、居住在郊野的人两种意思，用作自称的谦辞。出自《史记·张释之冯唐列传》：“唐谢曰：‘鄙人不知忌讳。’”

975. “足下”是用来称呼什么人的?

“足下”是古时候下位称呼上位或者同辈相称的敬辞。“足下”一词在典籍中有较多记录，如《韩非子·难三》：“今足下虽强，未若知氏；韩、魏虽弱，未至如其在晋阳之下也。”“足下”一词，虽然和脚有关系，但词意并不是将朋友踩在脚底下，而是取其睹物思人，感怀昔日之情，而衍生出对朋友敬称之意。

976. “造次”是什么意思？

在古代小说和影视剧中经常会听到有人说“岂敢造次”一词，造次的意思是匆忙、仓促、轻率等。其实造次一词出现很早，但是其含义变化并不是很大。比如《红楼梦》中“宝玉一时情急，说得造次，不由红了脸”，意思是贾宝玉由于匆忙的原因，说了欠考虑的话。这种例子在古代的文化作品中还有很多，但是现在“造次”一词基本上不用了，代替的是匆忙、急忙等词。

977. 令人扫兴为什么叫杀风景？

杀风景最初的意思是损坏美好的景物，比喻在大家的兴致正高昂的时候，突然出现让人扫兴的事物或者事情，也作“煞风景”。“杀风景”一词最早出自唐李商隐《李义山杂纂》：“杀风景，谓花间喝道，看花泪下，苔上铺席，斫却垂杨，花下晒裈，游春重载，石笋系马，月下把火，妓筵说俗事，果园种菜，背山起楼，花架下养鸡。”

978. “难兄难弟”是指共同经历患难的人吗？

“难兄难弟”这则成语的原意比喻兄弟才德都好，难分高下，后来多形容两个同样坏的人或是共同落难之人。最早出自南朝宋时刘义庆的《世说新语·德行》：“元方难为兄，季方难为弟。”相传颍川有个叫陈实（寔）的人，有元方、季方两个儿子，都功业有成，尊长爱幼，德行甚佳。一次，陈元方的儿子长文，陈季方的儿子孝先，二小儿谈论人品问题，都极自豪地夸耀各自父亲的功德，争论得不可开交。长文和孝先二童僵持不下找祖父陈寔评理，陈寔笑看二孙争论，觉得他们的父亲元方和季方都是好样的，于是感叹道：“元方难为兄，季方难为弟！”

979. 什么人被称为佞人？

佞人就是指善于拍马屁、花言巧语、阿谀奉承的人。“佞”字的本义就是用花言巧语谄媚人。历史上关于佞人的作品提及很多，如《论语·卫灵公》：“放郑声，远佞人，郑声淫，佞人殆。”

980. “符合”一词是如何发展而来的？

我们经常会说到“符合”一词，意思就是与实际相合的意思。不过，符合的来源应与古代的“符”有关。在古代，带兵的将军一定要有两样东西，一个就是他的大将军印，另一个就是兵符。兵符是一个雕刻成老虎或者其他野兽形状的东西，从中一剖为二，带兵者手持一

■ 兵符

半，决策指挥者拿另一半，要调兵的时候就拿着这一半去到军中，把那一半拿过来对一下，这个东西就叫作符。这两片符如果对上了就叫作“符合”，而我们现在所说的“符合”也就是这样演变而来的。

981. 何谓英雄豪杰?

英雄豪杰指的是那些才能超众或勇武超群的人。在我国古代的典籍中，对英雄豪杰作了比较详细的定义解释，即“英”之为“草木之花”，为阴；“雄”则为“鸟之父”，属阳。“英雄”搭配，是运用道德标准与杰、豪等形容出类拔萃人才的需要而产生的相互排列，来突出某人的才能。逐渐形成“万人为英、千人为俊，百人为豪、十人为杰”的比拟格式，随后“英”“雄”乃为组合为一词，来描述圣、贤者的地位。

982. “酝酿”的本义是什么?

我们经常会在做一件事情之前先酝酿一下，意思就是提前规划或者计划，以便做到胸有成竹，遇事不慌，直达目的的效果。这里的“酝酿”其实一开始的本义并不是这样的。酝酿最初的意思其实指造酒的发酵过程，后来才慢慢发展为现在的意思。

983. “斟酌”为何专指反复多次的思考过程?

现在人们经常会在做出决定的时候，建议斟酌斟酌，意思就是再多加考虑以便达到最好效果与目的。斟酌一词含义较多，但最初本义是指倒酒、注酒。倒酒不满曰“斟”，太过曰“酌”，贵适其中，故凡事反复考虑、择善而定，亦称“斟酌”。后来，人们便逐渐将斟酌的本义引申为反复考虑，进而使每一件事情都能做到尽善尽美。

984. 为何把互相交流讨论叫作“切磋”?

切磋一词有一层意思是指一种器物加工的工艺名称，三国时期魏国阮侃所著《答嵇康诗》之一中说到“良玉须切磋”。另一层含义则是比喻道德学问方面相互研讨勉励，而这层意思也利用得最为广泛和长久。古代把加工兽骨、象牙、玉、石分别称为切、磋、琢、磨。后以“切磋琢磨”或“切磋”比喻道德学问上的互相研讨、砥砺。

985. 何谓九属?

九属即九代直系亲属，最早出自汉代扬雄的《太玄·数》:“九属：一为元孙，二为曾孙，三为仍孙，四为子，五为身，六为父，七为祖，八为曾祖父，九为高祖父。”有时也写成玄孙、曾孙、孙、子、身、父、祖父、曾祖父、高祖父。

986. 我国传统习俗中的“祭灶”是什么样的习俗?

祭灶，是一项在我国民间影响很大、流传极广的习俗。旧时，差不多家家灶间都设有“灶王爷”神位。人们称这尊神为“司命菩萨”或“灶君司命”，传说他是玉皇大帝封的“九天东厨司命灶王府君”，负责管理各家的灶火，被作为一家的保护神而受到崇拜。灶王龛大都设在灶房的北面或东面，中间供上灶王爷的神像。没有灶王龛的人家，也有将神像直接贴在墙上的。有的神像只画灶王爷一人，有的则有男女两人，女神被称为“灶王奶奶”。这大概是模仿人间夫妇的形象。灶王爷像上大都还印有这一年的日历，上书“东厨司命主”“人间监察神”“一家之主”等文字，以表明灶神的地位。两旁贴上“上天言好事，下界保平安”的对联，以保佑全家老小的平安。

987. 竹马指的是什么?

竹马是一种儿童玩具，典型的式样是一根杆子，一端有马头模型，有时另一端装轮子，孩子跨立上面，假作骑马，后用为称颂地方官吏之典。随着用法和引申意思的发展，竹马逐渐与青梅合用，即青梅竹马，男女幼年时亲密无间。

988. 古代重要的节日有哪些?

我国古代有着名目繁多的各种节日。作为中华民族传统文化的一个重要组成部分，人们对于节日的重视实际上是对未来美好生活的祝愿与向往。目前，广为人知的传统节日有除夕、春节、元宵节、花朝节、上巳节、寒食节、清明节、端午节、七夕节、中秋节、重阳节等。其实，还有很多现在人们并不熟悉的节日，比如挑菜节、燕九节等。

989. 春节的由来是什么?

春节是农历的正月初一，标志着新的一年的来临和春季的正式开始，因此成为中国人民一年之中最重大的节日。古时候，由于农业在生活中的重要地位，人们把谷物的生长周期称为“年”，《说文解字》中提到“年，谷熟也”，但古时的正月初一被称为“元旦”。直到中国近代辛亥革命胜利后，南京临时政府规定在民间使用夏历，在政府机关、厂矿、学校和团体中实行公历，以公历的元月一日为元旦，农历的正月初一称春节。

990. 春节的习俗有哪些?

春节的庆贺方式在我国几千年的历史发展中形成了一些较为固定的习惯，并相传至今。比如扫尘，按民间的说法：因“尘”与“陈”谐音，新春扫尘有“除陈布新”的含义，其用意是要把一切穷运、晦气统统扫出门。这一习俗寄托着人们破旧立新的愿望和辞旧迎新的祈求。还有贴春联、贴窗花、贴年画和倒贴“福”字等。在民间还有“开门爆竹”一说，即在新的一年到来之际，家家户户开门的第一件事就是燃放爆竹，以爆竹声除旧迎新。春节这天，人们都早早起来，打扮整齐，出门去走亲访友，相互拜年，恭祝来年大吉大利。

991. 元旦的由来是什么?

元旦是每年的第一天。在我国古代，农历的正月初一被称为“元旦”。1911年辛亥革命成功后，决定采用国际通行的公历，于是将农历元旦改为“春节”，而把公历的1月1日称为元旦。新中国成立之时，开始正式使用“公元纪年法”，把每年公历的1月1日定为元旦。现在，世界上大多数国家也把每年1月1日作为元旦。

992. 什么是人日?

人日是汉族的传统节日，即农历的正月初七。人日有“人的生日”之意，在我国已有至少2000年以上的历史。传说女娲创造苍生，按顺序造出了鸡、狗、猪、羊、牛、马等动物，在第七天造出人来，故初七为人的生日。

后来人们将这一天发展为一个节日。在正月初七这天，以七种菜合煮成羹汤，可以祛病避邪，并用五彩丝绢或金箔剪成人的形状贴在屏风上或戴在头鬓，作装饰避邪，或剪纸花互相馈赠，因此，人日也称“人胜节”。相传这一天如果天气晴好、人事和悦，就意味着新的一年里人丁兴旺、吉祥平安；若恰巧在这一天有孕妇分娩则更为喜庆。文人学士则喜欢在这一天登高赋诗，出游郊野。

993. 元宵节的由来是什么?

早在2000多年前的西汉时期，元宵节就已经产生。汉武帝的时候，汉室要祭祀一位叫“太一”的神明。据称太一是当时相当显赫的一位神明，地位在五帝之上，并有恩于汉帝，所以受到的奉祀比较隆盛。司马迁创建《太初历》时，就已将元宵节确定为重大节日。关于元宵节还有一个有趣的传说：

在很久以前，人间有很多凶禽猛兽四处作乱，人们在猎杀这些猛兽的同时误杀了神鸟，引起天帝震怒。于是天帝下令让天兵于正月十五到人间放火，天帝的女儿不忍心看百姓无辜受难，就偷偷驾着祥云来到人间，把这个消息告诉了人们，并说：“在正月十四、十五、十六日这三天，每户人家都在家里张灯结彩、点响爆竹、燃放烟火。”到了正月十五这天晚上，天帝往下一看，发觉人间一片红光，响声震天，连续三个夜晚都是如此，以为是大火燃烧的火焰，心中大快，此事便搁下不提了。从此每到正月十五，家家户户都悬挂灯笼，放烟火来纪念这个日子。

994. 元宵节的习俗有哪些?

元宵节的节期与节俗活动，是随历史的发展而延长、扩展的。就节期长短而言，汉代才一天，到唐代已为三天，宋代则长达五天，明代更是自初八点灯，一直到正月十七的夜里才落灯，整整十天。元宵节期间白昼为市，热闹非凡，夜间燃灯，蔚为壮观。特别是那精巧、多彩的灯笼，更使其成为春节期间娱乐活动的高潮。至清代，又增加了舞龙、舞狮、跑旱船、踩高跷、扭秧歌等“百戏”内容，只是节期缩短为四到五天。

995. 元宵节为什么要吃元宵?

■ 元宵

元宵又叫汤圆，历史上还有“面茧”“粉果”“圆不落角”等等别称，直至明永乐年间才被正式定名为“元宵”。元宵分有馅、无馅两种。无馅的个小，味甜，以白糖、桂圆、桂花、藕丁、蜜饯为佐料，又称“珍珠汤圆”。有馅的个大，状如核桃。北方元宵多为甜馅，有白糖、豆沙、芝麻、山楂等类，南方的则甜、咸、荤、素皆有。

相传汉武帝时宫中有一位宫女，名叫“元宵”。由于长年幽于宫中，十分思念父母，便终日以泪洗面。大臣东方朔决心帮助她，于是对汉武帝谎称，火神奉玉帝之命于正月十五火烧长安，要逃过劫难，唯一的办法是让元宵姑娘在正月十五这天做很多火神爱吃的汤圆，并由全体臣民张灯供奉。到了正月十五那天，满城张灯结彩，热闹非凡，元宵也得以与亲人团聚了。如此一夜，长安城果然平安无事。汉武帝大喜，便下令以后每到正月十五都做汤圆供火神君。因为元宵做的汤圆最好，人们就把汤圆叫作“元宵”，并在正月十五都做元宵、吃元宵。

996. 花朝节的由来是什么?

花朝节，简称花朝，又称花神节、百花生日等，最早在春秋的《陶朱公书》中有过记载。节期因地而异，中原和西南地区以夏历二月初二为花朝；江南和东北地区以二月十五为花朝，据说这是与八月十五中秋节相应，称“花朝”对“月夕”。此外，还有一些地区以二月十二或十八为花朝节。

民间认为，这天是花神的生日。花神，相传是北魏夫人的女弟子女夷，传说她善于种花养花，被后人尊为“花神”，并把花朝节附会成她的节日。二月仲春，正值芳菲盛开、绿枝红葩的时节，人们在此日会集花神庙前，杀牲供果以祝神诞，或演戏文娱神，引得成群结队的游客前来观看，形成热闹的庙会场景。江南一带，花朝节还有“赏红”活动。人们将红布或红纸制成小旗或彩条，缠系在花木树枝上或插在盆中，为花庆贺生日。

997. 上巳节的由来是什么?

上巳节俗称三月三，是古代举行“祓除畔浴”活动中最重要的节日。“上巳”最早出现在汉初的文献，但据记载，春秋时期上巳节已在流行。《周礼・春官・女巫》：“女巫掌岁时祓除血半俗。”郑玄注：“岁时祓除，如今三月上巳如水上之类。”该节日在汉代以前被定为三月上旬的巳日，后来固定在夏历三月初三。上巳节原出于祭祀，汉以后成为人们宴会游玩的活动，更是文人墨客赋诗的好机会。王羲之《兰亭集序》云：“暮春之初，会于会稽山阴之兰亭，修禊事也。”

998. 社日的由来是什么?

春、秋二社社日是古代人们祭祀土地神的节日，节期在春分前后。“社”，就是土地之神，传说具有主司农事、保护村社成员的职能。在原始社会的农耕时代，人们对土地十分崇拜，每年都举行祭祀土地之神的活动。祭礼社神的日子叫“社日”，汉以前只有春社，汉以后开始有春、秋二社。春社祈谷，祈求社神赐福、五谷丰登；秋社报神，在丰收之后，报告社神丰收喜讯，答谢社神。

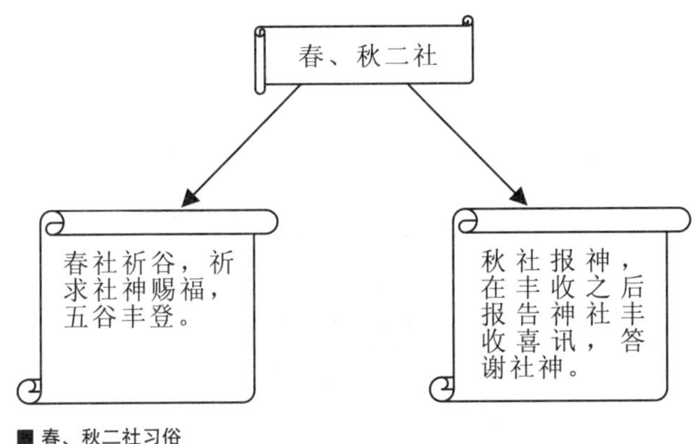

■ 春、秋二社习俗

自宋代起，以立春、立秋后的第五个戊日为社日。此时，惊蛰已过，雨水充足，万物复苏，一年的农事即将开始，人们都希望有一个良好的开端，欲求一个吉利，于是祭祀社神。春社这一天，人们在土地庙集会，准备酒肉祭神，有社酒、社肉、社饭、社面、社糕、社粥等。在祭祀完毕后，将食物分给大家共享。人们在享受丰盛味美的食物时，念念不忘土地之神的恩德。

999. 寒食节的由来是什么?

寒食节也叫“禁烟节”“冷节”“百五节”，节期在夏历冬至后105日，清明节前一二日，曾被称为民间第一大祭日。后来，由于与清明节节期相近，寒食节便慢慢与清明节合并为一天。每逢寒食，人们不生火做饭，只吃冷食。在北方，老百姓只吃事先做好的冷食如枣饼、麦糕等，在南方，则多为青团和糯米糖藕。

寒食节的源头，应为远古时期人类的火崇拜。古人便认为火有神灵，并为此举行隆重的祭祀活动。相沿成俗，祭祀活动演变为“禁火节”，人们在这天禁烟火，只吃冷食。后来为了纪念春秋时期晋国的名臣义士介子推，禁火节又转化为寒食节。传说晋文公流亡期间，介子推曾经割股为他充饥。晋文公归国为君后，分封群臣时却忘记了介子推。介子推不愿夸功争宠，携老母隐居于绵山。后来晋文公亲自到绵山恭请介子推，介子推不愿为官，躲藏山里。文公手下放火焚山，原意是想逼介子推露面，结果介子推抱着母亲被烧死在一棵大树下。为了纪念这位忠臣义士，于是晋文公下令：介子推死难之日不生火做饭，要吃冷食，称为寒食节。之后，寒食节逐渐推广，扩展到全国各地。

1000. 清明节的由来是什么?

清明节大约始于周代，距今已有2500多年的历史，节期在仲春与暮春之交，也就是冬至后的106天。清明不仅是农历二十四节气之一，也是我国相当重要的传统节日。据传清明节始于古代帝王将相“墓祭”之礼，后来民间亦相仿效，于此日祭祖扫墓，历代沿袭而成为中华民族一种固定的风俗。

照旧的习俗，扫墓时，人们要携带酒食果品、纸钱等物品到墓地，将食物供祭在亲人墓前，再将纸钱焚化，为坟墓培上新土，折几枝嫩绿的新枝插在坟上，然后叩头行礼祭拜，最后吃掉酒食回家。

同时，清明节也叫踏青节，按阳历来说，它是在每年的4月4日至6日之间，正是春光明媚草木吐绿的时节，也正是人们春游（古代叫“踏青”）的好时候，所以有清明踏青，并开展一系列体育活动的习俗。

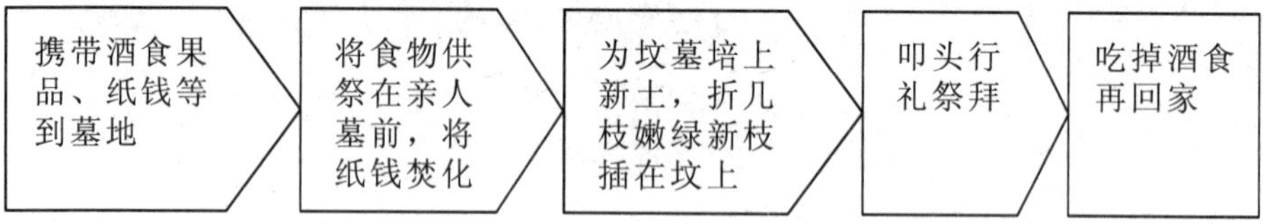

携带酒食果品、纸钱等到墓地

将食物供祭在亲人墓前，将纸钱焚化

为坟墓培上新土，折几枝嫩绿新枝插在坟上

叩头行礼祭拜

吃掉酒食再回家

■ 旧时清明节扫墓习俗

本来，寒食节与清明节是两个不同的节日，后来因两者日子相近，所以便将清明与寒食合并为一日。2006年5月20日，清明节经国务院批准列入第一批国家级非物质文化遗产名录。